· 教育家成长丛书 ·

丁继泉
与主动教育

DINGJIQUAN YU ZHUDONG JIAOYU

中国教育报刊社 · 人民教育家研究院 组编

丁继泉 著

北京师范大学出版集团
BEIJING NORMAL UNIVERSITY PUBLISHING GROUP
北京师范大学出版社

图书在版编目（CIP）数据

丁继泉与主动教育/丁继泉著；中国教育报刊社人民教育家研究
院组编．—北京：北京师范大学出版社，2015.10
　（教育家成长丛书）
　ISBN 978-7-303-19141-3

Ⅰ.①丁…　Ⅱ.①丁…②中…　Ⅲ.①素质教育－教学研究－中
学　Ⅳ.①G630

中国版本图书馆 CIP 数据核字（2015）第 134605 号

营 销 中 心 电 话　010-58802181 58802123
北师大出版社高等教育教材网　http://gaojiao.bnup.com
电 子 信 箱　gaojiao@bnupg.com

出版发行：北京师范大学出版社　www.bnup.com
　　　　　北京市海淀区新街口外大街 19 号
　　　　　邮政编码：100875
印　　刷：大厂回族自治县正兴印务有限公司
经　　销：全国新华书店
开　　本：787 mm×1092 mm　1/16
印　　张：25.75
字　　数：410 千字
版　　次：2015 年 10 月第 1 版
印　　次：2015 年 10 月第 1 次印刷
定　　价：54.00 元

策划编辑：倪　花　　　　责任编辑：陈佳宵
美术编辑：焦　丽　　　　装帧设计：焦　丽
责任校对：陈　民　　　　责任印制：陈　涛

教育家成长丛书

编 委 会

总 顾 问：柳 斌 顾明远
顾 问：叶 澜 田慧生 林崇德 陈玉琨
编委会主任：杨春茂
编 委：（按姓氏笔画为序）

于 漪 方展画 田慧生 成尚荣
任 勇 刘可钦 孙双金 杨九俊
杨春茂 李吉林 吴正宪 张志勇
张新洲 陈雨亭 郑国民 徐启建
唐江澎 龚春燕 韩立福 程红兵
赖配根 鲍东明 窦桂梅 魏书生

主 编：张新洲
副 主 编：徐启建 赖配根

总　序

　　教育是国家发展的基石，教师是基石的奠基者。古人云："国将兴，必贵师重傅。"兴国必先强教，强教必先重师。党中央、国务院高度重视教师队伍建设。2013 年教师节，习近平总书记在给全国广大教师的慰问信中指出："百年大计，教育为本。教师是立教之本、兴教之源，承担着让每个孩子健康成长、办好人民满意教育的重任。"2014 年，在第 30 个教师节前夕，习总书记到北京师范大学视察并发表重要讲话，指出："一个人遇到好老师是人生的幸运，一个学校拥有好老师是学校的光荣，一个民族源源不断涌现出一批又一批好老师则是民族的希望。"《国家中长期教育改革和发展规划纲要（2010－2020 年)》也明确提出，"有好的教师，才有好的教育"，要"努力造就一支师德高尚、业务精湛、结构合理、充满活力的高素质专业化教师队伍"。"倡导教育家办学"，要创造有利条件，鼓励教师和校长在实践中大胆探索，创新教育思想、教育模式和教育方法，形成教学特色和办学风格，造就一批教育家。"两个一百年"奋斗目标的实现、中华民族伟大复兴中国梦的实现，归根到底靠人才、靠教育，而支撑起教育光荣梦想的，是千百万的教师。

　　时代呼唤好老师。有一流的教师，才有一流的教育；有一流的教育，才有一流的国家。出名师、育英才、成伟业，是时代赋予我们教育战线的神圣使命。"大学者，非有大楼之谓也，有大师之谓也。"好学校、好教育的最重要标准，就是要有好老师。一所学校、一个地区乃至一个国家，如果教师有理想、有爱心、有学识、有高超的教育艺术，那么硬件设施即使有些简陋，家长、学生也会心向往之。教师是中国梦的奠基者。教师的重要使命，就是为每个孩子播种梦想、点燃梦想，并帮助他们实现梦想。每一间平凡的教室，每一节朴实的课堂，都不仅是知识的传递，更是人类文明精神的接续、人生梦想的起航。正是有亿万个孩子梦想的放飞、绽放，中国梦才更加光彩夺目。如果说中国梦最坚实的土壤是在学校，那么教师就是最伟大的"筑梦师"，他们用默默无闻、孜孜不倦的智慧劳动，让每一颗年轻的心灵都与中国梦激情相拥。

倡导教育家办学，造就一批好老师，首先要尊重、珍惜我们的本土智慧、本土创造。教育家不是凭空产生的，而是扎根于自己的民族文化土壤，同时吸收一切人类文明成果，从而创造出独特而生动的教育实践、教育智慧和教育文明。五千年源远流长的中华文明，不但形成了有我们民族特色的教育理论话语体系，而且涌现出了千千万万优秀的教育家，有被推崇为"大成至圣先师""万世师表"的孔子，有"匹夫而为百世师，一言而为天下法"的韩愈，有"捧着一颗心来，不带半根草去"的人民教育家陶行知，等等。改革开放30多年来，随着教育改革的不断深入，教育战线涌现出了一大批杰出教师。他们痴情教育事业，坚守理想信念和教育良知，在三尺讲台上默默耕耘、刻苦钻研，同时以敢为天下先的精神大胆创新，不断进取、不断超越，形成了各具特色的教育思想和教学风格。正是他们的成功探索和实践，创造了具有中国风格的教育经验，丰富了具有中国特色的教育理论宝库。原由教育部师范教育司组织编写，现由中国教育报刊社人民教育家研究院具体组织编写的《教育家成长丛书》，就是要向这些可贵的本土创造性的教育经验致敬。

当前，教育领域综合改革正在深入推进，考试招生制度改革的大幕已经拉开，立德树人、培育和践行社会主义核心价值观成为大中小学教育的头等任务。可以预见，中国教育将发生深刻的变革，将从"中国制造"向"中国创造"转变。"没有革命的理论，就没有革命的运动。"没有适合中国土壤、具有中国智慧的教育理论，就不可能为未来的中国教育改革提供有效的指导。我们的教育要向"中国创造"飞跃，必然要首先创造属于我们自己的教育理论，而不是"言必称希腊"或者老是贩卖欧美的教育理论。170 多年前，美国思想家、诗人爱默生发表了著名演说《美国学者》，号召美国知识界："我们依赖旁人的日子，我们师从他国的长期学徒期时代即将结束。在我们周围，有成百上千万的青年正在走向生活，他们不能老是依赖外国学识的残余来获得营养。"由此，美国迈入精神立国阶段。

如今，我们也面临与爱默生同样的情形。随着我国 GDP 已从世界第二向第一迈进，我们的经济崛起已成为事实，但在道德文明、文化精神等方面，我们还需急起直追。没有文明的崛起，经济崛起就难以持续。当务之急，是我们需要化解内心深处的文化自卑情结、摆脱对他国文明的精神依附，自觉养成强烈的"中国意识"、独立的中国文化品格，并由此去俯视世界，去改造本土实践，去创造属于我们自己的精神养料——这在教育界显得尤为紧迫。《教育家成长丛书》，就旨在把我们本土教育实践中蕴含的中国智慧提炼出来，从而形成具有时代意义的中国特色的教育话语体系，再以此去关照、引领、改造中国的教育实践，为伟大的教育改革提供经验、理论支持，也为未来的教育家提供丰富、可资借鉴的精神养料。

让我们为中国教育的伟大未来一起努力吧！

2015 年 3 月 9 日

前　言

　　见证着中国基础教育半个世纪的春华秋实，代表着中国基础教育教学成果最高成就的"首届基础教育国家级教学成果奖"中，闪耀着李吉林、窦桂梅、吴正宪、张思明、洪宗礼、唐江澎、邱学华、于永正、孙双金、薄俊生、龚春燕等一大批优秀教师的名字，而上述这些中小学教师的杰出代表恰恰都是《人民教育》"名师人生"栏目中最受读者喜爱的名师，都是《教育家成长丛书》的作者。

　　《教育家成长丛书》（以下简称《丛书》），是在第 20 个教师节前夕，"为了研究、总结、宣传和推广我国众多优秀中小学教师的先进教育思想和鲜活的宝贵的教育教学经验，培养造就一大批德才兼备的优秀教师和杰出的教育家，促进教师队伍整体素质的提高，根据教育部党组安排，由师范教育司组织编写"的一套凝聚着一大批教育家成长智慧的大型教育丛书。

　　《丛书》自 2006 年问世以来，不但得到国务院和教育部领导同志的高度重视，而且先后印刷多次尚不能满足广大读者的需求。这其中的奥秘何在？

　　当你翻开《丛书》，每一部著作都讲述着一位教育家成长的故事。这些著作主要从"成长历程""思想概述""课堂实录"和"社会反响"等方面全景式反映其教育思想、教育智慧、专业精神和专业人格的形成过程和教学实践过程，这是教育家成长的基本素质所在。

　　当你沿着教育家成长的足迹走近他们的时候，你会融进这些带有"草根色彩"，扎根中华教育实践大地，充满田野芳香的真实感人的教育故事中。

当你从《丛书》中，这些当年和自己一样的普通教师，成长为今天受人尊敬的教育家的成长过程中受到启迪，当你触摸着自己的爱心，把学生的成长和祖国的未来紧紧连在一起的时候，你会真切地感受到教育家离我们并不遥远。

当你用整个身心蘸着自己的生活积累去品味《丛书》中的每一部著作的"成长历程"时，在其浓缩着一位位名师在不断学习、不断超越自我、不断超越学科教学的求索足迹中，你会读懂"教育是事业，其意义在于奉献"的丰富内涵。

当你研读《丛书》中的每一部著作的"思想概述"，和每一位名师展开心灵对话的时候，都会深深地感受到，一个教师对教育独立的理解与执著的追求有多么重要。从思想成就一位普通的教师成长为受人尊敬的教育家的过程中，你会读懂"教育是科学，其价值在于求真"的深刻含义。透过《丛书》，你会看到一代代教师用爱与智慧塑造民族未来的教育理想。

随着我们从"知识核心时代"走向"核心素养时代"，教师教育教学活动的视野已拓展到人的生存与发展的方方面面。作为一名教师，要结合自己的教学实践去感悟"教育理念是指导教育行为的思想观念和精神追求"，应该把爱化为自己的教育行为，让爱充盈课堂、触摸到一个个灵动的生命，让爱产生智慧，让爱与智慧在学生心中留下岁月抹不去的美好回忆，让教育者和受教育者都感受到教育的幸福，这是《丛书》给我们的启示，也应是每位教师应有的胸怀和视野。

时代呼唤教育家。为了进一步把我们本土教育实践中蕴含的中国智慧提炼出来，从而形成具有时代意义的中国特色的教育话语体系，以此去关照、引领、创新中国的教育实践并在更大范围加以推广，《教育家成长丛书》将由中国教育报刊社人民教育家研究院继续组织编写，希望能够在更广大教师的心田中播种教育家成长的智慧，从而出更多的名师、育更多的英才、成就中华民族复兴的伟业，这是时代赋予广大教育工作者的神圣使命。如果广大教师能在每位教育家成长、探索教育智慧的过程中受到启迪，形成自己的教育智慧，则是我们编辑这套丛书的初衷。

《教育家成长丛书》
编委会
2015 年 3 月

目 录
CONTENTS
丁继泉与主动教育

主动教育的教育实践

主动教育精神的拓展

［社会反响］

我的成长之路

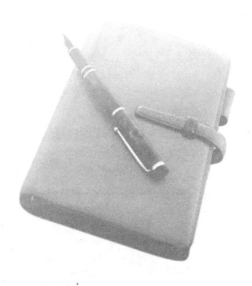

我的成长之路，是一条自强不息、勇于创新的道路。

"一个音乐老师，能当校长？能当好人民小学这所名校的校长？"——这是很多人当初对我存有的质疑。而我，就是在这样的质疑和期待中，一步一个脚印地跋涉在追寻教育理想的道路上。

因为我坚信，我就是为教育而生，就是为学校这片土地而生的。回顾自己三十多年的教育生涯，一刻也没有离开过我最热爱的校园、老师和我的孩子们，一刻也没缺少过自主自强、求真求新的主动精神。

当学科教师，我教过音乐、语文、英语……痴迷钻研音乐教学，数十次参加省、市、区级音乐优质课、研究课、公开课活动，曾五次获得省级音乐优质课竞赛一等奖，成为重庆市最早的小学音乐特级教师，参与新课程全国音乐教材编写，组织小主人童声合唱团获得全国青少年文艺调演一等奖，数十次获重庆市少儿合唱比赛一等奖，受邀与中国少年儿童代表一起参加了维也纳国际合唱节，并以儿童合唱团指挥的身份站在了维也纳金色大厅的指挥席上……

当少先队大队辅导员，举办科技、体育、艺术等各类活动，从策划、宣传、组织到实施我都认真干。1983年，我被评为"四川省优秀辅导员"、"全国优秀科技辅导员"。学校被评为"全国红旗大队"。

当副校长，德育处、教导处、科研室是我大刀阔斧进行教育教学改革的三驾马车，以"主动教育"为突破口深入实施素质教育的实践成果显著，学生群体个性鲜明、生动活泼，教师人才出类拔萃，五大学科十余人次教师获得全国优质课竞赛一等奖……

当校长，挖掘整理、创新发展学校"主人翁"特色文化，提炼学校办学理念，创新主动教育育人模式。学生中有二十多名获全国"宋庆龄基金"奖，一人获重庆市争光贡献奖，有两名成为"全国十佳少先队员"。培养了数十名特级教师和全国优秀教师及劳动模范。学校连续四届获得重庆市教改成果一等奖及首届政府教学成果一等奖，主持并主研教育部十一五重点课题《主动教育的理论与实践研究》。努力试点教育体制改革，自2000年任校长九年来，把一个学生规模1176人的学校，做到了现在有三个小学、两个幼儿园、师生规模达5100多人的学校，成功创办和良性运行了"人民融侨小学"和"大学城人民小学"的民办、公办教育模式，以及幼小衔接的学前加小学一体化模式。学校管理资产总额增长了18倍，教学用房增加近八倍。三校两园的校园环境一流，资金运作充足。教师的收入与学校的综合实力得到极大提高，良性扩大了优质教育资源。学校被评为全国文明单位，全国普教系统先进单位，全国巾帼文明岗，全国德育、体育、科技、艺术教育、家庭教育先进集体……在老百姓中树立了良好的口碑。2007年，作为重庆市基础教育界唯一的党员代表，参加了中国共产党第十七届全国代表大会。二十多年来历任三届重庆市党代会代表、三届四川省及重庆市政协委员、第九届全国妇代会委员代表、两届重庆市妇联执委。2008年，被聘为重庆市人民政府参事、重庆市人民政府督学。

陶行知先生曾说过一句话，让我时时回味，时时都给我警醒的力量。他说："校长是学校的灵魂"，"国家把整个的学校交给你，要你用整个的心去做整个学校的校长"。人民小学的事业就是我生命的全部——这是我对自己做校长的要求。我时刻铭记着这句话，时刻提醒自己教师的责任、校长的使命、母亲的胸怀与大爱，用全部的生命履行党和人民赋予我——一位教育工作者的神圣职责。

一、自由——我的童年

1952年，在重庆市渝中区小什字我出生了。

这一年，对刚刚诞生不久的新中国而言，不论是轰轰烈烈的"三反"、"五反"运动，还是可歌可泣的上甘岭战役，都让整个国家处于一种高度亢奋的精神状态中，就连文化教育领域也以全民运动的方式体现着自身的价值。在缝纫机厂工作的母亲回忆，就在那年开始了全国大规模扫盲运动。每到晚上，工人农民、男的女的、老的少的，都聚集到学校、礼堂、操场，接受扫盲教育。读书识字成为人们精神生活最重要的内容。全民族如饥似渴地吸收着文化知识，仿佛要在一夜之间把缺失了几千年的营养弥补回来。毛泽东同志亲笔题写的"好好学习，天天向上"，更是让全国上下几千万人踊跃地投入到了学习的热潮中。我就在这样一种全民族对知识和文化无限向往与渴望的激情中成长着。

记得小时候和母亲闲谈，好几次她都笑着责怪我，说如果不是那年生我，她可能已经成为一名教师了。现在想来，也许我后来从事教育事业，真的是有所注定，有所因缘，是对母亲的回报……

　　我的父亲宽厚、慈祥、能干，我的母亲纯洁、善良，他们对五个儿女倾注了全部的心血，既充满关爱，又严格要求，"溺爱"这个词，在他们的字典里是找不到的。父母工作很忙，繁重的家务压在我们兄妹肩上。我是家里的老二，在五个孩子中，我常常是出主意的，做事最有主见，就连姐姐也乐得让我做兄妹的头领。我做起家务事很在行，煮饭、烧菜、做清洁，都很能干。那时，父亲常夸我烧的菜好吃，母亲也称赞我会收拾房间。有一天，一位邻居趴在阳台上看我洗了一下午衣服，也逢人就夸"这小姑娘真会洗衣服！从衣领到袖口，有条有理"。我听了这些称赞，心里是很美，可也在想：大人们为什么表扬我呢？我是哪里做得好呢？我牢牢记住了那些做好家务的小窍门，每每还发明些自己的好办法，家务事越做越开心。是啊，生活的担子不会因为你是孩子就减轻几分，繁杂的工作不会因为你哭闹逃避就自动消减，那就勇敢迎上去吧，沉住气、有条理、有计划地去完成吧。现在回想，认真做好家务事的那些日子，还真是练就了我许多生存和工作的能力，也包括做事规划性和条理性的养成。也因为如此，我成了父母很器重的女儿。我也更暗下决心要成为父母的骄傲。

　　我最喜欢的是上学，不管哪门功课我都喜欢。语文、数学、历史、英语……我都感兴趣。很长一段时间，我沉迷在读图、解题之中。学习以外，我与邻居小孩一起跳绳，踢毽子，"修房子"，到长江边上游泳，到青年宫去滑冰……没有做不完的作业，没有刻意培养的某项特长，在那个物资匮乏的年代，宽松的家庭教育和学校教育却给了我自由呼吸、自由成长的空间，尤其是给了我丰富的想象力和自由驰骋的空间。

　　我小时候特别爱读小人书。到现在还清晰地记得那个常去租书的小摊儿。小摊儿不大，几个高高的书架，几把小马扎，老板就坐在旁边，只花一分钱就可以租一本小人书来读。我常常把家务劳动得来的一毛、两毛钱"奖金"，用来换取最新的小人书看。那种兴奋和激动恐怕是现在的孩子们难以想象到的！我最喜欢看的就是《岳飞传》、《杨家将》之类的关于古代爱国英雄的书。小人书图画很简单，多是白描或木刻图片，文字也很简略，多读几遍，那仅有的几句话我都能从头背到尾了。我常常捧着一摞书看上大半天，一边反复琢磨图中的人物，一边一遍遍地读文字，一边在头脑里浮现英雄的身影：岳飞跨上战马、擎着长枪、怒目圆睁、杀向敌营的飒爽英姿，或是佘老太君手拄龙杖、不怒自威的模样，还有神机妙算的诸葛亮、鲁莽憨直的黑张飞……每一本小人书里都有我的朋友，每一本小人书里藏着我的梦想，如果能在小书摊待上一下午，我就别提有多满足了。英雄的胜利常常让我一连兴奋好几天，连做晚饭时都忍不住把锅铲当做赵子龙的长枪挥舞几下，在餐桌上还以佘太君的口吻吩咐弟弟盛饭，逗得大家喷饭；我也常常为忠义之士的不幸遭遇而黯然伤心，好几天沉浸在《风波亭》里岳飞、岳云的悲剧结局中，没了神气。我对秦桧这样的奸臣最是恨之入骨，直到看到他的坟墓至今仍被万人唾弃方解了几分心头之恨……我的人生观、世界观、价值观就在这些高扬着爱国主义旗帜、洋溢着英雄主义情怀的小人书中，朦朦胧胧地书写着，如春天里的爬山虎，自由自在地滋长着。

二、激情——知青岁月

1969 年年底，在重庆二十五中早已初中毕业的我，响应知识青年上山下乡的号召，插队到了重庆西部农村——永川县石庙乡落户，那年我 17 岁。

像大多数知青一样，我也曾把农村的生活想象得非常美好，想象着自己在广阔的天地里像一棵小松树苗壮成长为顶天立地的大树。但当自己真的到了农村，才发现现实与想象的距离竟是那样的遥远。我从来不是一个怕困难的人，甚至越是困难的事情，越能激发起我的斗志。再苦再累的农活，我吭都不会吭一声。我总觉得再重的担子，咬咬牙总能挑得起来。但有那么一道坎，让我始终不能跨过，那就是对孤独的恐惧。

我是一个热爱集体生活的人。之所以踊跃报名下乡插队，往大了说是响应时代号召，往小了说也有内心深处一种对集体生活的向往。大街上，学校里，到处回荡着高音喇叭宣传的声音；报名点人头攒动，那么多同学都怀着火热的激情主动要求到最偏远最艰苦的地方去；要出发的同学披红挂绿，旌旗招展，就像即将出征的战士……这一切都感染着我、激励着我，让我热血沸腾。于是报名登记、等待分配、队伍出发……于是，同样的程序送走了一批又一批和我一样才十多岁的青年学生。

农村的天地真的是太广阔了。我们同一批出发的学生就像一把撒在筛子上的沙粒，一层一层地筛过，就一粒一粒落入不知是谁给设定好的新的轨迹。从车站出发时还数量庞大的队伍，在经历的县、公社、生产队的层层划分后，被勾勒出一条从整体到个体、从宏大到渺小的变化曲线。一起报名的同学朋友就这样被分散到了东南西北。

记不清有多少个夜晚，独自对着那一盏昏黄的煤油灯发愣。在这个生产队里，只有我一个是来自大城市的插队青年，几乎每天都是我一个人独处。白天很辛勤地劳作，晚上看着煤油灯颤颤巍巍跳动着，火苗似乎随时可能熄灭；看着昏暗的煤油灯下，自己被拉得长长的、随着荧荧灯火轻轻摇动的影子，真怕一不小心熄灭油灯，连影子也没有。白天挥汗洒泪都无所谓，可一到晚上，既没有伙伴谈天说地，也没有书籍报刊可以品读静思，这样的日子如同牢狱般煎熬着我。

有一天，生产队的会计告诉我乡里要集中人力修水库，水库要成立文艺宣传队，还要招募知青，考虑到我爱好文艺，又勤奋踏实，准备推荐我去。我高兴呀！终于可以有事做了！终于可以过上集体生活了！读书时我就一直是学校的文娱积极分子，喜欢唱歌，在只能唱"样板戏"的那些年代里，我也很喜欢听、唱、演"样板戏"。每次学校有表演活动，我都像过节一样兴奋。插队以来，每天面对的都是挖地挑水施肥插秧的农事，现在终于又有机会登上舞台了。更何况，听别人讲，宣传队是长期集中在修水库的工地上，平时就是干挑泥巴、打夯、推板车等较重的体力活，有演出任务时就可以集中排练和外出演出。想到我终于可以过上向往的集体生活了，心里涌起一阵难以抑制的激动，很快我就到宣传队报了到。

说是宣传队，也就是十来个从各生产大队抽调来、有一些文娱特长的知青。没有专业的化妆师、没有专业的文艺人员、没有专业的音控师、没有固定的节目单，十来个知青有商有量地策划着，拿出各自的看家本事，为维修水库的民工鼓劲，同时也可以为十四个大队作巡回演出。宣传队白天上水库工地劳动，拉板车、挑泥巴、打夯……排练的时间是在晚上，有重要的演出可以集中几天彩排。

我喜欢和这些同龄人讨论得热火朝天，喜欢我演的节目换来大家掌声连连，喜欢夜里许多人聚在一起为明天的节目忙碌的感觉。我告诉自己，我一定要留在这里。

宣传队的人员不是固定的。你可能因为擅长某一项表演而被选上，也很可能因为节目单一陈旧而被淘汰，还要根据上级对宣传工作的指示、根据当地群众对演出的认可喜爱程度，更换节目和相关人员。群众对宣传队员考评的方式很简单也很明确——看演出时的现场效果。谁出场时受到老乡们的欢呼多，谁的名字常常被老乡们喊到，谁在表演完后总会被老乡们叫道"再来一个"，谁就是优秀的。老乡们很真诚，很可爱，但也很直率。表演不好的，节目陈旧的，你还甭想他们给叫声好。真的身处其间了，才会感受到压力有多大。

　　还好我在学校什么活动都参加过，吹拉弹唱样样都能来上几段，到宣传队几场演出下来，就得到了大家的认可。可是，我想要的是一直留在宣传队里，不再回生产队过孤独的生活，我对自己的要求几近苛刻。不管是唱歌还是演样板戏，我一个也不落下，全身心地投入训练和表演中，摸爬滚打、嬉笑怒骂，节目需要什么，我就使出浑身解数表演什么，而且一定要演到家。不演出的时候就抢着上水库大坝去干繁重的体力活，肩挑背磨，和其他身强力壮的农民一样，把上百斤的泥巴挑上挑下。每天肩都疼得不行，常常肿得发亮，手碰一下都疼。但近百斤重的担子仍然得压上去，留着因疼痛压出来的泪水，迈着颤抖的步子，咬着牙坚持，再坚持。因为我能够清楚地听到自己内心的那个声音，"我不能回去！我要留下来，留在这里过集体生活！"

　　我很快就掌握了宣传队几个保留节目，也总会在表演时赢得观众们的喝彩，我为自己的进步感到万分的快乐和骄傲！但我觉得不够，生怕自己一停下来，说不定哪天就被淘汰回去了。我要不断地有自己的新节目，才能真正留在这里。于是，一种朦胧的创作意识在我的心里萌生了。一个个农民快乐劳动的场面在我的脑海里被勾画着，一曲曲赞美农民快乐生活的小调也随之诞生了，我把对这片土地和人民的热爱与赞美，融入我改编、排演的节目中，从独唱到集体舞，从快板到诗朗诵，从创作到编排，从化妆到表演，我的工作常常能贯穿整个节目的始终，我自然成为宣传队里最重要的成员。我不仅实现了留在宣传队的梦想，还一头扎在宣传队的全面工作中，享受着工作的乐趣。

　　这是我人生中一段不可磨灭的回忆。我刚从中学校园走出来，就一脚踏进农村社会的广阔天地，在懵懵懂懂的实践中经历了太多的磨炼和艰辛，回望那段时光，我更多的是感激。它给了我为梦想而奋斗的力量和勇气，它锻炼了我为梦想而坚持的踏实和毅力。

　　后来，我因为表现出色，被从宣传队调到了广播站做广播员。我很珍惜这样的机会，一边做一边学，选音乐，编音乐，编排播出节目，创作宣传文稿，什么都得自己一个人操办。但凭着一股不服输的劲头，我一边学习，一边实践，硬是闯过了一道又一道难关。我用不断的努力实现了自己的愿望——一直留在了宣传队。

吃过多少苦，受过多少累，早已不记得了。但那一段以生存压力为动力的奋斗历程留给我的人生财富却积淀了下来。吃苦耐劳的奋斗精神、不贪享受的生活态度、永不言败的坚强毅力，都深深地浸润到了我的血液里。

三、珍惜——辗转求学

农村广泛的社会活动，极大地锻炼了我，也越发让我感到自身文化知识的不足。只是初中毕业的我对读书有着强烈的渴望。但那个年代，高校早就停止了招生。知青朋友中好多人一边感叹着生不逢时，一边把上学读书当做一个可望而不可即的梦。

我却并不悲观，对未来总是抱着近乎完美的憧憬，我相信正义与真理终将赢得胜利，我们的人生不应该就这样消沉下去。转机在1973年终于出现了。这一年，邓小平同志复出，要恢复高考，我们又看到了希望。更让人激动的是，因为几年高招的停顿造成断档，所以这一年的考试对初中毕业生也敞开了大门。这就意味着我有了圆自己的大学梦的机会。我通过各种办法找来老初中、高中课本，抓紧时间在繁忙的广播站工作之余，开始了迎考复习。

奋斗后收获的果实是甜美的，因为如此，奋斗的过程再苦也值得。手捧考得的好成绩，我的心里全是进入高等学府后与书为伴、与师为友的美好情景。完全意想不到的是，经"四人帮"操纵的、名噪全国、勇交"白卷"的"反潮流英雄"张铁生，让这一年的招生发生了戏剧性的变化，我一番刻苦努力取得的考试成绩几乎不再作为录取的依据。大量考试分数极低的人凭借所谓"推荐保送"，以"血统"身份纷纷进入那些我们向往已久、如今却把我们拒之门外的各大名牌高校。二十出头的年轻人啊，哪里受得了这样的打击？有的愤而撕毁成绩，怒斥苍天不公，发誓永不再读书，有的转而口诛笔伐这样的考试与科举无异，更多的是选择了沉默、认命和放弃。我看着他们，如同看到一堆熊熊燃烧的火正在黯然熄灭。我也为自己难过。但我总觉得，即使社会再不公平，自己在时代洪流中再渺小如浮萍，我也要把自己的命运紧紧握在自己的手里。还好，我被降格录取到重庆合川师范学校的中师学习。不管什么样的学校，总算有了读书的机会。我坚信，这场噩梦终将会醒来，那时祖国的建设需要有知识有文化的人才，我不管到哪里，都要读书，都要时刻准备着把自己的才干施展到祖国的建设事业中。

经过严格的面试，我被分到了合川师范的音乐专业班。这得益于我两年的宣传队工作经历。我格外珍惜这样的求学机会，可以说，我是带着一种强烈的幸福感，推开师范学校的那扇大门的，带着无限的仰慕与崇敬走进了教室。

我很幸运，遇到了很多让我终生难忘的好老师。教我声乐的是黄文庆老师，清瘦的身材十分儒雅。他的音乐基本功扎实，声乐、钢琴、乐理、创作样样教学水平都很高，也是重庆市第一个评上特级的中师音乐教师。他的教学严格而诙谐，是我声乐学习的恩师，对我有很大的影响。教我钢琴的杜老师是个善良可亲、琴艺功夫十分了得的老太太。她对勤奋的人常给高分，我的琴法课就是在她的赏识下，跨越式地进步的，她给了我许多鼓励。她对虚心求学的人给予肯定帮助，给我留下深刻印象，对我做教师后怎样培养有好学精神的学生有很大的启发和影响。我的班主任蒋忠孝老师，朴实勤奋，他有优美的男中音音色，对人真诚无比，对学生十分关心，是我成为优秀教师的楷模。

走进他们的课堂，我才真正见识了什么是音乐课堂——以前的音乐课几乎就是"唱歌课"，即那种"梨园式"教师唱一句、学生跟一句的教法。我在他们的教导下，接受了更加专业的音乐教学，发声训练、视唱练耳、范唱、识谱、创作、艺术实践课……这些科学的教学方法给了我很大帮助，让我的专业技能得到迅速提高。

20世纪70年代的音乐课因受时代的影响，比较强调歌曲的政治内容。那时候唱得最多的歌曲是歌颂社会主义、歌颂毛主席、歌颂中国共产党的，如《毛主席的话儿记心上》、《唱支山歌给党听》、《台湾同胞，我的骨肉兄弟》……老师们教得十二分的投入，我们也唱得、弹得很认真。只是偶尔有一次课间，黄老师端坐琴前，手指轻抚过琴键，演绎了一段我从未听过却印象极其深刻的曲子——那有着圣咏般的和弦，从容而又威严，蕴含着令人敬畏的内在的力量，逐渐积累，汇成排山倒海式的爆发，继而又变得哀怨、悲痛，令人久久不能平息。我听得入神，只知道它和平日学的作品不一样，有种让人忧伤又沉醉的美，它深深地震撼了我。我才知道，原来音乐里有如此丰富的情感思绪，全然不是我之前所想的那样。傅雷先生说过"单靠音乐来培养音乐家是有很大弊害的"，那时候我也并不知晓，只是依稀中更留意去寻找不同的音乐蕴涵的丰富多样的感情，那些跳动着人类美好情感的音符，顿时活脱脱地跳出来了，推着我、拉着我、引着我进入音乐的深处……

除了音乐老师，教语文的谢永庆老师也给我留下颇深的印象。他最是风度翩翩、诙谐幽默，他的课堂永远充满了欢声笑语。他总是带着一口四川方音，给我们诵读高尔基的《海燕》、毛主席的《沁园春·雪》，他的文学课常常让我们听得如痴如醉。特别是讲鲁迅先生的诸多作品，更是思想深刻，让人感叹、震撼。老师们的学识渊博、严慈相济、风骨高洁深深地影响着我。

不过，"白卷"事件毕竟留下了后遗症。一些人藐视文化、践踏知识，以无知为荣，在以工农兵学员为主的学校中，读书无用论也影响着校园，总有那么几个人成天打着"运动革命"的旗号，干扰正常教学。我们痛恨他们的愚昧，同情他们的无知，但也因此更珍惜这来之不易的读书机会，愈发有一种发自内心的对真理的渴求，对知识和事业非常向往，我每每能自觉抵制他们的干扰和影响，更加用功学习。

也正是在这个时期，我有机会阅读了大量的文学作品。我反复读过《鲁迅全集》。我的体会是，读鲁迅的文章，一定要结合身边的人和事，那些"怒其不争，哀其不幸"的人啊，几百年来，不还在我们的身边吗？我常常在开怀大笑后，又有些深深的悲哀。后来我对苏联文学产生了浓厚兴趣。《钢铁是怎样炼成的》、《战争与和平》、《安娜·卡列尼娜》……作家笔下的世界带给我无穷无尽的想象，唤起了我对生活澎湃的热情和追求真理的朦胧意识。列夫·托尔斯泰的《复活》，肖洛霍夫的《静静的顿河》，小说里人物们的悲欢离合牵动着我的心，他们人性中的坚强和美丽以及那高尚纯洁的人道主义也一次次撞击着我的灵魂。我常常思考，人生总会经历磨难，但是生命终将战胜一切；要培养人与人之间的美好感情，建立人与人之间的平等关系，宣扬人与人之间的博大的爱，很多悲剧就不会重演。在那个年代，我如饥似渴地阅读着所有能找到的书刊和文学作品。

钢琴是我要挑战的一个难关。我的实践经验虽然已经比较丰富了，但在农村当知青时从没有摸过钢琴，完全没有基础，一切都要从头学起。为了跟上大家的进度，我常常一练就是好几个小时。学校的钢琴很少，更多的时候是用风琴来练习。为了争到有限的风琴练习时间，我总是用最短的时间吃完饭尽早赶到琴房。有好几次，为了抢到琴，我连晚饭都没有去吃。

书法是我们师范专业的必修课。被别人说字写得难看，是我自己不能接受的。小时候我妈妈常说："字是打门锤，一定要把字练好。"于是我下决心好好练字。我喜欢在墨香中静静临习，欣赏墨汁在纸间笔端晕染开去的美感。我临习的是颜真卿的楷书，不仅因为字体结体宽博、骨力遒劲，给人以端庄、阔大、豪放之美，更因为我从他的生平故事中，感受到他铮铮铁骨、大义凛然、刚正威武的气势、魄力和雄风，这是我一贯所崇尚和敬仰的。

两年的师范学习，快乐而充实，我感觉得到自己从内至外在气质修养上有了很大的进步。我个人的成长之路，就是在这样的主动追求和超越中，一步一步迈向越加广阔的新天地。那时的我，正急切地盼望着走上讲台一展身手，同我的学生们一道享受音乐艺术带来的美好。

四、憧憬——初为人师

1975 年我被分配到了永川县上游小学做一名音乐教师，永川县当时归四川省管辖，上游小学是这个县城的一所老学校，由以前的"文庙"改建，有 20 多个班。由于"文化大革命"的破坏，这个学校十分破旧，音乐课的教学设备非常欠缺。没有专门的音乐教室，只能每节课由音乐老师指挥学生抬风琴，风琴也非常破旧，每节课要用毛笔抄写大歌单，而黑板上根本挂不稳歌单。我就请一位男教师帮我用木棍做了一副架子，把歌单挂上架后，每节课抬着风琴和自制歌单架子游走于各间教室。我是学校第一个专职的、音乐专业毕业的音乐教师。我想，越是在这样落后的学校，越需要有正规的音乐教育吧，于是很快调整好心态，主动适应起这里的环境。我是怀着美好的教育理想走上讲台的，我觉得自己有责任在这里建立起真正的音乐课堂。我要用音乐的美去感染我的学生，在优美的旋律中，我们一起进入音乐神圣的殿堂；我要用音乐雕刻我的学生，让他们气质优雅，人格完美……像所有刚走上讲台的年轻教师一样，我憧憬着自己的事业，勾勒着自己的理想蓝图。

可现实很快就把我从一种纯粹理想的状态中打醒。

我精心准备的自我介绍，招来讲台下一群调皮孩子的哄堂大笑；我声情并茂演唱的几个音符，被他们放肆地、怪声怪气地模仿。在气恼和难过中，草草结束了自己的第一堂课。

这还不算完，从那节课后，几个调皮点的学生，不管走到哪儿，也不管人前人后，只要看到我，便在我身后怪叫一声"咪—嘛—咪"，再闪身逃开，臊得我满脸通红。那时的我真觉得这是极大的侮辱，不仅对我，更对我所热爱的音乐。之前我对音乐教育那种种美好的理想化设计都化为乌有了。

从这群稚嫩不懂事的小不点儿身上，我恍惚看到那些师范学校里漠视知识文化、把野蛮无理当有趣的无知青年的影子——他们难道要在精神的贫乏与荒芜中延续这一代人的悲剧？不，绝不能让无知扼杀了这些幼小鲜活的生命，如果那样，将是我们整个民族的悲剧……

气恼急躁改变不了现状，逃避退缩不是我的性格。我冷静地观察着、思考着。他们是多么纯真质朴的孩子，在这个本该认真读书，懂得做人的道理，吸纳知识的营养并充满各种幻想的年纪，却对教师不尊重，不知道怎样当学生，"文化大革命"的"造反有理"对他们有着深深的影响，对文化知识的学习很淡漠，音乐还能对他们的教化起作用吗？其实，儿童和音乐有着天然的联系，他们"滴滴笃笃"地敲竹棍，多么有节奏；他们朗朗上口的顺口溜，多么有韵律；甚至他们"咪—嘛—咪"的尖叫，不也透着一股天生的音乐模仿的冲动吗？苏霍姆林斯基说："音乐是情感记忆的源泉"，我必须通过音乐来唤起那些学生的兴趣，抚平他们的"文化大革命"创伤，如果我的音乐课不能带给他们快乐的感受，不能唤起他们记忆中的情感，就不能激起他们对音乐的热爱，更无从把他们引向对艺术的感受、欣赏和学习。

我还想到我的那些德高望重的老师们，他们在遇到这样的情景时，会怎么办？——掉转身离开，还是微笑着迎上前去？

我选择了后者。我坚持每一节课都热情洋溢地站上讲台——他们理解了老师的爱，才会懂得欣赏；坚持音乐课上用旋律与学生交流——开始他们不明白，但很聪明，不久就从由高到低或由低到高的音阶中，明白了类似于"请坐"或"请起立"的"邀请"——对于听惯了大声斥责或生硬指令的他们，这带来的不只是美妙和有趣吧。我还坚持为学生表演唱，坚持为有进步、会欣赏的孩子热情地唱上几段作为奖励，黑黑的小脸笑呀，有些难为情，但却溢着甜蜜……

渐渐地，我发现孩子们的举止轻柔了许多，对节奏和旋律的反应变得敏感而热烈，他们能听懂音乐中的请求和鼓励，能知道在最恰当的小节与我唱和。那几个调皮蛋成了我的小"粉丝"，围在我的琴边听我弹了一曲又一曲也不肯离开……音乐课，正在我的期待中逐渐形成。

陶醉于我的音乐课堂

我在欣喜之余，不由得感叹。师范学校所学的音乐是高雅的，理想中的音乐课堂是美妙的，但是它们和现实又是有差距的。而教师，就是这个理想与现实的联结，就是要为了把现实转化成理想付出创造性的劳动，包括体力的和脑力的劳动。任何忽视儿童现状、忽略具体情境、照搬书本知识、机械运用理论的教育，都是行不通的。要想达到教育的理想效果，一定要调动起孩子们的积极性，让他们感到"被需要"、"我还行"。

孩子们的变化是有目共睹的，只有我知道，那是音乐的神奇魅力。老师们惊讶于不起眼的音乐课做到了他们做不到的事，他们不知道孩子们的作文里那些奇妙的想象都来自哪里。后来，我组织孩子们参加县上的合唱比赛获得了一等奖，校长从此骄傲地把我们的孩子带到县里参加大大小小的演出。登台亮相多了，孩子们也更加自信了，学校在县里的知名度一下子提高了不少。这让曾玉辉校长——我的恩师之一，觉得很有光彩，以至于每次演出她都亲自来帮着做服务工作。我知道她像爱自己的家一样爱这所她守了十多年的学校，那份投入和认真足以让我感动。

冲着这份感动，我放弃了 1977 年的高考，尽管那是我多年梦寐以求的夙愿，而且我完全有信心能考上。但一番矛盾的挣扎后，特别是校长诚恳的挽留、孩子们不舍的眸子，让我彻底打消了这个念头。

随后，我在音乐教学的同时，担任起学校大队辅导员的工作。我常说自己是个

年轻的辅导员们朝气蓬勃

老德育工作者，就是从那时开始算起的。很自然地，我把艺术教育作为德育工作的突破口，这是后话。

　　高考恢复后，全国的学习风气有了很大改善。但是人们刚开始把"知识无用论"从头脑中剔除，却又陷入狭隘的"学好数理化，走遍天下都不怕"的思维之中。学校把重心放在了抓数理化、抓语文上，艺术学科仍然得不到足够的重视。为了实现我以艺术学科为突破口，推动德育工作的工作目标，我必须努力创新德育工作。我坚信"有了人思想的丰富，就有了学校活动、学校生活的丰富"。我拿出在农村宣传队时的那种劲头，不断创新。我创造了一批德育阵地，开辟橱窗，建立红领巾图书室，建立少先队队室；我充分利用艺术学科的表演功能，开展针对各项政策、各项活动的宣传；我利用有限的条件，创新工作方法和途径，自制表演服装，准备化妆品……正是这种不断创新的职业习惯，让我不断体验着教育生命"每天都有新东西"的生动。

　　当大队辅导员，首先要写少先队工作计划和总结。因为我从小喜欢文学，在农村修水库时也常常写点宣传稿，所以写计划和总结也还"无师自通"。曾玉辉校长发现了我这个特长，大喜，关键是在我的工作计划中，她发现了我对工作的"创造"。我认为当时永川上游小学的少先队工作是一张白纸，而我当年对少先队工作并

丰富的辅导员生活

不像现在这样有深刻和全面的认识，但当时我却从艺术学科的角度抓住了"少先队活动的有效载体和有效方式"，这些要求即便是在当前，也算是少先队时髦的工作要求。所以，我的少先队大队活动搞得有声有色，每学期校长的工作计划和总结，总要以我的工作计划和总结为主要内容。我感觉到自己肩上有责任，同时也有很强的成功感。少先队大队工作还有一个主要的特点，就是"外联内促"，对外要与团县委、妇联、县教委、宣传部、文化馆、艺术馆、少科站等联系，对内要向主任、校长汇报，要与各年级组长、各中队辅导员打交道，要与孩子们、家长们打交道。为了把工作做得很出色，我感觉到依靠个人的力量是不行的，所以我要借用、挖掘社会资源，来为我的工作助威，来为我的少先队员服务。所以，我必须克服所有的"面子观点"和心理障碍。在初为人师的日子里，我就为基础薄弱的少先队工作开展了"有效的外联"活动，而我自己也有了一定的社会交往能力。大队辅导员要与学校各类教师打交道，而且还要向他们宣传少先队工作的重要性、必要性，这不是单凭说教能完成的。因为老师们压根不会理你这个"新毛头"。我首先在工作上十分勤奋，不计时间，不计报酬。其次在业务上，我坚持任大队辅导员并每周上 12 节音乐课，还协助许多行政工作。老师们觉得这个人不仅工作做得特别多，埋头苦干，而且能力还很强，做出来的活动，说出来的话都很得体，所以他们接纳我、支持我。

在我初为人师时，为了我的少先队工作，我学会了什么叫"忍辱负重"，学会了"吃亏"，学会了"多做事"，学会了"团结所有的人"。因此，我有了坚实的领导支持和厚实的群众基础。比如我们大队工作常常需要主题鲜明的"中队主题队会"，我不是将工作布置给中队辅导员，而是与他们一起干，把中队辅导员动员到前台，因此，我任大队辅导员时，精心培养了一批优秀的班主任和中队辅导员，1981年经常与我亲密合作的班主任邓享惠老师被评为"全国优秀教师"。我也会发动体育老师与我一起编排大型团体集体舞、大型艺术体操等，让这位年轻的体育老师成了团县委、体委眼中的"红人"。我还调动许多教师来为孩子们化妆、做道具、做服装。沉闷的学校竟有这样的活动，老师的子女们只要有空，经常会到我的单身寝室里"为所欲为"。孩子们的家长们也来了。当时的县城不大，连晚上家长和孩子都常来找我"搞活动"、"拉家常"。我是真的很累，但"累并快乐着"。1982年是我工作的第八年，我被评为"四川省优秀少先队辅导员"；1983年被评为"全国优秀科技辅导员"。"优秀"称号开始青睐我了。

初为人师的八年中，前五年都是"单身汉"，在当时的物质条件贫乏的环境中，

广阔天地，自由驰骋

我的工作就是我生活的全部，这才养成了我敬业、勤奋工作的好习惯。我从不认为多做事不划算，我就喜欢思考，就喜欢干事。更重要的我学会了与人相处，学会了向别人学习，学会了善待他人，学会了来自内心深处的"爱"，学会了常怀感恩之心回报他人。我像爱妈妈一样珍爱我的老校长曾玉辉，我的老辅导员张学辉、邓享惠等人。在我36年教育生涯中，我到过两所学校，从事学校工作及社会工作的多种岗位，我都特别有人缘。2007年我当选全国党的十七大代表，在差额选举这么多人要落选的情况下，我在全市教育系统中高票当选，在全市党代会中又再次高票当选。我想，这绝不是偶然的。我感激我的"初为人师"的历程，它培养我吃苦耐劳，它让我自强不息，它让我学会做人，它让我茁壮成长！

随中共第十七届全国代表大会重庆市代表团，步入会场（二排右二）

五、追求——音乐人生

1983年，重庆与永川地区合并为单列市。我的先生由永川地区文教局调往重庆市教育局电化教育馆工作，我也就可以调回我的老家重庆市渝中区了。我在永川的工作搞得有声有色，当时我已经是学校的德育主任，工作担子很重，但重庆市人民小学是市直属学校，他们特别需要一位能顶得起工作的音乐教师，最好这个人能做音体美大组的组长，人民小学在这一方面太缺人了。人民小学周朝云校长知道了我的情况，她与我素未谋面，但却亲笔给我写了一封信。她情真意切的亲笔信深深地打动了我。她说能让我在人民小学找到作为一名真正的音乐教师的快乐。我始终有一种教书的情怀，更希望潜下心来，一头扎在热爱的音乐课上，我还有好多好多的设想需要在课堂去实现。所以我放弃了到主城另一所重点小学任德育主任的机会，1984年，我随先生回到渝中区，来到市人民小学当一名音乐教师，并担任音体美学科组长。

20世纪80年代，音乐专业教师严重缺乏。学校为了满足我的愿望，给了我非常宽松的空间。从紧张的校舍中为我腾出了宽敞的音乐教室，配了专用风琴。尤其是周朝云校长，对我的新奇古怪的课堂教学创新从不予干涉制止，只要是我上的课，一贯严肃的她总是笑眯眯地从开始听到结束还不肯离开。她的鼓励和期望给了我很大的创造空间，得以尽情地把自己的想法付诸实践。在这样宽松的环境下，我心无旁骛地驰骋在音乐教学的天地之中，尽情享受着一个音乐教师引领孩子们神游天籁的愉悦。对于一位热爱讲台的老师来说，没有什么比鼓励他专业自由发展更好的礼物了。

之前几年的积淀，加上现在可以专心致志地沉浸于自己的教学中，我对音乐学科的教学，真的做到了游刃有余。但是，我还是遇到了新问题。

和县城学校相比，主城学校音乐教学最大的难题是班级人数太多，孩子们活跃但秩序不好，单靠一架风琴，很难有效调动和组织学生，视唱和律动缺乏有效的引导。很多教师觉得这个问题没办法解决，请教谁都没有现成的答案。这让我陷入了苦恼。正巧从一本杂志上看到一篇介绍匈牙利音乐教育家柯达伊的短文。他提出的"全民音乐教育"，我对此很感兴趣。同时还说，柯达伊把手势和简单的肢体动作当做教学辅助工具，比自由的律动场面容易控制得多。

对呀，我怎么没想到？只需要一些简单的手势，不需要老师任何语言的提醒，就能让那些对学生而言抽象的音高变得形象起来，学生再多，不都可以在这样的手势指挥下统一起来了吗？

我茅塞顿开，苦苦查找，在当时有限的信息条件下，好不容易收集到一套"柯尔文手势"，借助七种不同手势和不同的高低位置来代表七个不同的唱名。这种方法一用到课堂上，顿时有了成效。不用一味地强调这个音符应该唱多高或多低，每个音符对应不同的手势，不同的手势再辅以不同的空间位置，可使学生产生对音符唱名及相对音高的联想，将学生觉得难以捉摸的音高在一定程度上直观形象地表现出来了。

后来，在合唱团的教学中，根据和声时几个声部不好融合的难点，我对手势进行了一番创新。我将左右表达不同音符的手，在空间位置上进行动态的迁移、重叠、组合，将几个声部和声的效果形象地表现了出来，合唱的难题迎刃而解。经过长期实践，这成为我特有的训练方式。

"柯尔文手势"是音乐课上最常用的教学方法

今天，"柯尔文手势"已经在音乐教学中得到了广泛的运用，被认为是最适合中国国情的音乐教学方法之一。但在当年，我及时捕捉到这种刚被介绍到中国的新方法，并有效地运用到教学实践中，这让我明白了学习和创新对于课堂教学是何等的重要，没有创新的课堂，就是没有生命的课堂。

　　我从不满足于一本教案走天下，每学期的教案都有新内容。因为学生在变化，环境在变化，老师的教案也必须发生变化。心中有学生，因材施教，是我上课的又一大诀窍。同一节音乐课的内容，我总会根据不同班级的情况，制定不同的教案，对活泼好动的班级在设计上可以增加活动环节，对学生性格相对沉稳凝重的班级则充分做好情绪的调动；同一首歌的唱法，对不同性格个性的学生，要有不同的讲法，慢热型的学生需要老师耐心的激励，急躁的学生要用最少、最精炼的语言达到教学的效果。因为我对每个孩子都关注，所以孩子们喜欢上我的音乐课，喜欢跟着我神采飞扬地唱歌。许多孩子在成为中学生后，还会回到我的课堂，听我给弟弟妹妹们上课，他们把这当做一种享受。我记得有一个小男孩上我的音乐课特别

用音乐熏陶孩子们的心灵

投入，可是始终唱不准乐音。为了保持他的学习热情，帮助他克服不足，我把他的座位安排在自己的钢琴边，常常用眼神、用手语对他进行暗示，这让他更认真地倾听，更用心地歌唱。毕业的时候，他已经能毫不怯场地准确唱一首完整的歌曲了，这让我很欣慰。二十多年后再见到这个男孩，他紧紧拉着我的手，说最要感谢的人是我，让他找到了自信，综合素质得到了提高。他进入军校上大学，他的音乐素质被公认为"很优秀"。

　　从刻苦练习基本功，到深入钻研教材，到走入学生内心，到课堂的反复调整实践，我对音乐课堂的驾驭愈发纯熟，成为一名受学生尊敬、爱戴甚至崇拜的音乐教师。

　　但我不是一个容易满足的人，我习惯于带着思考去看待自己的工作。"音乐是思维强有力的源泉。没有音乐教育，就没有儿童完全合乎要求的智力发展。""音乐乃

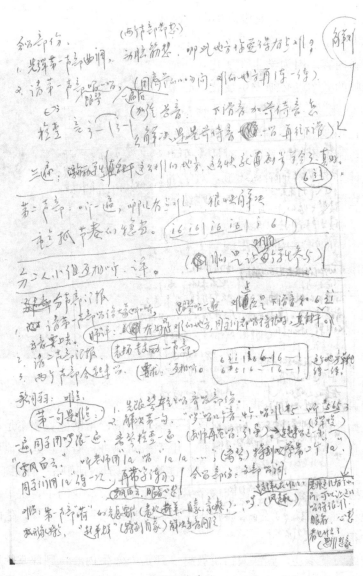

听课记录手稿

是一种使人迷恋善良、美和人道主义的最美妙、最精细的手段……"既然音乐对人的成长具有这么重要的意义和作用，那么我该如何去帮助孩子们从音乐里获取生活的快乐和成长的力量呢？

　　我的这些想法亟须得到实践的验证，那一刻，搞科研的想法自然而然地在心里开始萌生了。我以个人名义申报了题为《音乐感受力的培养》的市级课题。那一年我三十二岁。

　　搞课题研究，音乐课堂就是我的阵地。上完一节课，我总是要认真地记下自己的反思，提出新的问题留待下节课去试验。开学初的一本教案到期末往往就积累成厚厚的一叠。不仅如此，我还拓展了课外活动的空间。为了满足孩子们在课余时间学习音乐的愿望，我主动给自己加压，创建了人民小学"小主人合唱团"，开始了课内和课外"两条腿走路"。这样，我既有了课堂作主阵地，又有了合唱团作试验田。我就这样忙碌并快乐着。

初创时期的合唱团

　　1984年，是我教育人生重要转折的一年，我考上了重庆师范大学的中文本科函授班，学制五年，汉语言文学专业。1977年为了我热爱的少先队工作，我放弃了考大学，但现在我可以用这种方式来完成我的大学梦，这让我兴奋不已。我制订了苛刻的"工学结合学习计划"，我要让工作、读书双丰收。

　　那是一段相当充实的人生经历——一周六天上课、搞研究、指导合唱团、组织学生表演；周末、寒暑假，我把别人休闲的时间全用在了重庆师范大学的函授本科班学习上。好多同事对此都不理解，在他们看来，我已经是中师专业水平了，还要透支五年的寒、暑假，放弃周末休闲的好光阴，是多么可惜，还善意地提醒我别把自己弄得太累。我总是一笑以对之。我心里最清楚自己那个没能实现的求学梦，教育工作做得越久，渴望充电的念头就越强烈。我能忍受生活的简朴、工作的繁重，却实在不能忍受思想的苍白，不能忍受在麻木中重复前人或者自己的生命。

20 世纪 80 年代，人们的思想开始得到解放，各种新生事物悄然兴起，流行与时尚吸引了年轻人的眼球，悄悄改变着年轻人的生活方式。我喜欢这些改变，但我还是选择了一到周末就扎到大学里，因为在那些课堂上有我更喜欢的思想层面的转变，有与智者对话的乐趣。我甚至能从那里嗅到另一种充满活力、蓬勃向上的时尚与流行的味道。之所以选择中文系而不是音乐教育，是因为我从小受文学的熏陶，热爱文学，我的音乐课堂要具有更深的内涵和意蕴就离不开文学做底子。我认为在所有艺术形式中，音乐和文学是最能结合在一起的，也只有当它们发生结合，才会催生出最美的表现效果。也正是因为如此，在相对宽松的函授学习中，在很多人"60 分万岁"混文凭"学习"时，我却总是把 90 分划为自己的及格线，并为之付出了超过别人几倍的努力。同时，我也加强了教育理论的学习。

我的假期总是开始得比别人晚，结束得比别人早。有一年几近年关，家家户户都在忙着张罗年货了。而我即使在家里，也还在忙着为学生的重要演出做准备，忙着撰写实验报告，忙着为临近的函授考试复习，常常忘记了时间，忘记了吃饭。隔壁夏老师家总是一日三餐准时飘香，我却总是咽咽口水，又一头扎进书堆。那天，丈夫加班不在家，四岁多的孩子终于忍不住了，再也不管我定下的"打扰妈妈学习要被打屁股"的规矩，冲进来问我什么时候开饭。我这才从书里回过神儿来，发现家里什么吃的都没了，只得急匆匆地去菜市胡乱买点东西回家，草草凑合一顿了事。直到考试结束后，一贯给予我最大支持的丈夫才对我说起那天是大年三十。我愧疚地看了看还不懂事的孩子，什么也没说。很感谢丈夫对我的理解和支持，因为他和我一样都是那种把工作和学习看成最大快乐的人。在我们看来，快乐是多种多样的。一家人齐心协力操办一顿丰盛的晚餐是一种快乐；一家人相互支持对方忘我学习、忘我工作同样是一种快乐。我们选择了后一种，越是忙碌，越是充实，越是充满激情和快乐。幸好儿子也理解母亲，他后来的成长也是多靠自己，很少让父母操心。

科研、教学、学习……就这样，我在事业发展的道路上执著地、一步一个脚印地前行着，一分耕耘一分收获！

我永远的坚强后盾

1989年，我以优异的成绩取得了本科毕业证书，收获的不仅是文学修养的提升，还有更加坚定的人生观、世界观，以及对人、对时代、对社会、对教育、对未来更全面深刻的思考和认识。母校并不因为我是函授生将我打入另册。重庆师范大学的优秀校友名册中，我总是名列前茅，我的近照被挂在校园里作为后来者的榜样，我也被选为重庆师范大学校友会的常务理事。为此，我也深深感谢我的母校——重庆师范大学，我认真的工作也是对中等师范和师范大学我的两个母校的回报。

1987年，我的课题——《音乐感受力的培养》获得重庆市教改成果二等奖！老师们都很惊异，要知道当年能获奖的很多课题都是以单位集体名义申报的综合类课题，而由一位音乐教师组织的就一个学科的课题，能获得省级教改成果的二等奖，实在难得。

这期间，我参加了十多次区、市音乐优质课竞赛，每次都获得一等奖，两次参加四川省音乐优质课和研究课比赛，获得一等奖，在当时四川省音乐教育界引起了不小的轰动，被聘为四川省音乐教师基本功大赛评委、优质课大赛评委、教改成果评审会评委、重庆市音乐考级评委。很多人慕名前来人民小学向我学习。我也数十次应邀到重庆市江北、南岸、渝北、九龙坡、垫江、大足、万州、黔江、武隆、涪陵等区县，开展音乐教改的讲座、上研究课。老师们对我的到来非常欢迎，因为我不仅能讲上好音乐课的道理，还能亲自给他们示范怎么上课，这让老师们感到非常直观，一学就会。我也尽量把自己多年积累的经验毫无保留地传授给他们。同时，我还在学校以报告和现场课的形式，接待了来自全国、省市及区县数十上百次的观摩学习，接待了当时国家艺术教育委员会主任周荫昌同志等艺术教育专家的视察，得到了很高的评价。1993 年，我以音乐教师的身份被评为四川省特级教师，1998 年被评为中学音乐高级教师，参与了四川省、重庆市音乐教材的编写，当选重庆市中小学音乐教育专委会理事长后，数十次为各区县音乐教师开讲座，送课下乡，培训教研员，组织全市的音乐教改实验，为重庆和四川的音乐教育作出了我应有的贡献。领导、同行们给了我很多支持，1990 年我当选为重庆市优秀教师，1992 年我被评为全国优秀教师，并获得全国优秀教师奖章。

和农村教师们分享教学经验

做一名音乐教师取得的成绩，让我深深地体会到：一个教师的专业成长，离不开领导的关怀和同行的鼓励，但是如果没有自己内心主动强烈的愿望、全身心的投入、扎实的锻炼，是不可能成功的。实践出真知，只有靠勤奋踏实的实践，脚踏实地地走好每一步，才能实现美好的梦想；同样的道理，一位渴望进步的教师只埋头于实际操作也是不够的，必须不断学习教育理论，更新教育观念，积淀丰厚的学养，才能让教育生命之花常开。

　　我非常珍惜一生中做一名音乐教师的快乐，从没间断对音乐教学的关注。1994年我任人民小学副校长，但一直担任每周4节音乐课（五、六年级各一个班）。因为我要了解孩子，也要了解教师，更有一个秘密——我喜欢上课，这是我的音乐课情结，也是我的音乐人生。即使后来忙于一把手校长工作，也没有放弃对"小主人合唱团"的训练。一转眼，我一手创办的"小主人合唱团"已经有二十五年的历史了。二十五年来，"小主人合唱团"不仅培养了一批又一批"百灵鸟"，更形成了自力更生、团结向上的优良传统，不仅成为学校最受学生们拥戴、最负盛名的团队，也为学校、区、市争得了不少荣誉。多年来，我带领"小主人合唱团"数十次参加市级文艺调演、艺术节调研，获得一等奖、特等奖，2000年参加全国学生艺术节调演，获文艺表演类一等奖。

下课了，孩子们围着我的钢琴歌唱，不肯离去

　　2006年，在由教育部、文化部主办的"全国首届少儿合唱比赛"中，合唱团获得了"小云雀杯"奖，演唱的古诗《长歌行》得到了评委和观众的一致好评，受到了国务委员陈至立同志的亲切接见。

　　2008年的2月，对我而言具有特别的意义。"小主人合唱团"应邀代表中国儿童步入世界音乐的最高殿堂——维也纳金色大厅，参加了维也纳第二届国际春季合唱节，成为第一支以学校为单位的在这里演出的中国的少儿合唱团。

为了这次"小主人合唱团"的演出，我和我的同事们付出了艰辛的劳动。我已经是知名学校校长，整日为5000多名师生的发展操劳焦虑，还能站在舞台上去指挥孩子们吗？而且是这样高规格的世界音乐殿堂？我内心斗争很激烈，但音乐人生的情结战胜了我的顾虑。我义无反顾地担当起指挥的角色，既指挥三首音乐作品，又指挥整台节目演出的全过程，还要指挥45名人员组成赴维也纳演出的师生团队，同时我也要带我的徒弟——全国优秀辅导员谢晓梅老师。她也是优秀的音乐教师和优秀的童声合唱指挥。我还要指导她指挥四首歌曲。

我们成功了！演出在当地引起了极大的轰动，演出通过卫星向欧盟25个国家进行了转播。拥有五百多年历史，曾经培养了莫扎特、海顿、舒伯特等音乐大师的维也纳童声合唱团，破例选择了与我们同台演出。在我的激情指挥下，天籁般澄澈完美的童声在蓝色的多瑙河畔响起，流淌过金色大厅的每一个角落，铭刻在每一位听众的心里。中国驻奥地利文化参赞贾建新先生在欣赏完整场演出后，亲自到后台向孩子们表示祝贺，他说："唱得好！孩子们，感谢你们这样热情地宣传了奥运！宣传了北京！宣传了中国！"维也纳之行，不仅是音乐之旅，更是艺术之旅，是文化交流之旅。作为一名艺术教育工作者，让世界看到了我们三峡孩子的风采，那一刻，我无比激动。艺术没有国界，我期待着和世界音乐教育同行进行更深入、持久的交流……

作为一所大规模学校的校长，能在一把手的岗位上工作还亲自担任少儿合唱团的指挥，站在维也纳金色大厅的指挥席上，我也感到了自身的成功和价值。我在管理工作中运用了艺术的激情，使管理工作更加人性化；而在艺术表现中融入了管理的哲学，使艺术更有高度和深度。

2008年3月，我校赴维也纳金色大厅演出的原班人马，在人民小学的舞台上，向全市教育部门、音乐家协会、兄弟院校的领导们，向全体家长和社会各界作汇报演出，我再一次闪亮登场指挥三首中国少儿合唱曲，指挥曾与维也纳童声合唱团同台演唱的两首意大利原文演唱的合唱曲，汇报演出产生了轰动效应。为此，我付出了极大的心血，我登台时已经56岁，干一把手校长近9年，这对我来说是挑战，我成功了，这就是我的音乐教育人生。

"小主人合唱团"载誉归来的汇报演出

六、挑战——新的超越

　　1994 年，根据学校工作的需要，在保留两个音乐课教学班的情况下，我担任起人民小学副书记、副校长职务，分管教学工作以及教育科研工作。

　　一位教音乐出身的副科教师，当副校长？分管教学全面工作？很多人对此持怀疑态度。没有任何解释、证明的机会和时间，等着我的，是重庆市首届青年教师基本功大赛。

　　当时人民小学正处在教师青黄不接的时期，任教多年的老教师在教育观念、教育技术上明显落后。学校要发展，亟须一支强大的教师队伍，我立马召集了一批刚分配到学校的年轻教师，抓住其初为人师的兴奋期，借着他们的青春热情和满怀憧憬的力量，打好扎实的基本功，引导他们上路。我们在坚持日常繁忙工作的同时，开展了艰苦的基本功训练。从三笔字、普通话到简笔画，从说课、备课到上课，从仪态举止到语言艺术，从信息技术到教学设计和反思……我每天组织一帮年轻人勤学苦练，相互观摩。

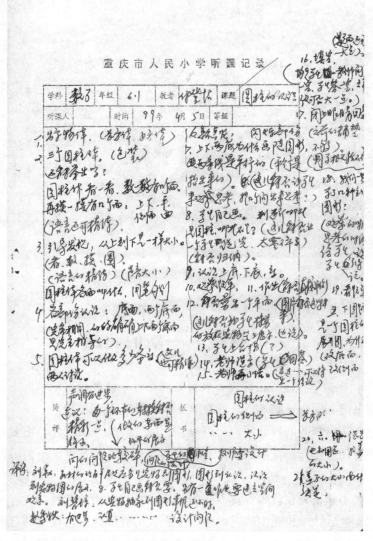

听课记录1

　　酷暑盛夏，我领着他们在办公室里练习三笔字，他们写字，我一边指导一边帮他们扇扇子；夜色阑珊，教室里传出他们慷慨激昂的演讲致辞；每天撰写一篇教学设计，我每篇必改，必做详细的批注；每周我都会轮流走进青年教师的课堂，专门指导课堂教学……比赛在二十多个区选送的学校和两所直属小学共计二十多所学校间展开竞争，我们的青年教师经过顽强的拼搏，获得了重庆市首届青年教师五项全能综合比赛一等奖的好成绩。多不容易啊！这批受过严格训练的青年教师如今都已成为学校教育教学的中坚力量，教师人才的储备从我任副校长工作的第一天，就在强大的压力下开始了。

听课记录 2

初战告捷，我并没有欣喜过望。我意识到了教师队伍的建设对学校发展的重要性。除了青年教师，我也开始关注骨干教师的成长。我找骨干教师谈话，让他们明确自己的定位和目标，帮助他们解决思想上、心理上、情绪上的困难，鼓励他们坚定信念、坚持梦想、坚守风格，尤其是更新观念，勇于创新，努力向更优秀迈进。

教学计划1

功夫不负有心人，很快，语文学科邹荣灿老师在四川省语文优质课竞赛上获一等奖，数学学科赵季秋老师在四川省数学优质课竞赛上获特等奖。四川同行、重庆同行惊呼人民小学正在崛起！而我，也在这样的磨炼中得到了越来越多老师的理解、

教学计划 2

支持和拥护。这一批骨干教师如今都成长为了名师，在重庆市乃至全国都有一定的影响。

　　我任人民小学副校长时，已经当了 11 年的音体美学科组大组长工作，并担任学校整体改革实验课题组的主研，对学校科任学科的课堂教学情况及教师队伍情况非常了解，而且长期抓学生"小主人社团"的课外活动，参与课改实验，对学校的德育活动和教育科研工作较为熟悉。但由于未担任过教导处工作，对语、数、英三大学科及招生、毕业生、教师考核等工作不太熟悉，从教师到直接抓教学工作的副校长，我又一次面对人生的转折和严峻挑战。

首先，我要转变我的思维方式。我钟情于音乐教育这么多年，之前一直比较单纯地思考我的业务工作和人际交往，现在我得跳出来：我要站在所有学科，而且高于所有学科的思维认识状态中，我要面对全体教师，面对不同学科、不同类型的教师，要与他们交朋友，要了解他们的生存状态，要了解他们的需要和渴求；我要了解孩子们在所有学科的表现，要了解孩子们的需要和渴求；我还要了解家长们，他们生活在复杂多样的生活环境文化背景下，他们的价值需求是多元的，不了解他们，教育教学工作就会不协调，也会违背事物发展的规律……怎么办？我有点惶恐，有点不知所措。

其次，我要分析我自己，我的弱势已经大致找到，那么我的优势呢？我一定要对自己有信心，我有中文本科的专业学习，对语文学科是有知识储备的；我有少先队的工作经历，对班主任、辅导员是了解的，而往往他们都是语文教师；和许多数学老师在我当科任老师时有很多接触，我是可以与他们交朋友的；我长期担任高年级音乐教学，与毕业班的师生是很熟悉的；我有管理工作的经历，关键是要找回状态，而最为重要的是——虚心向教师们学习，与孩子们交朋友。于是，我的"牛劲"又上来了，我要挑战自己、超越自己。

教室里、操场上，是我听课、向教师们学习的好地方，是我走进孩子们心灵的窗口；办公室、实验室，是我与教师们讨论、谈心的最佳场所；行政会、办公会，是我向老同志们学习的大好时机。我的老校长：舒德嘉、周朝云、张贵秀、黄玲臣、颜恩文……他们对我来讲，永远都是恩师。我从他们身上读懂了人民小学、读懂了光荣的革命传统和朴实的工作作风。

外出学习开会，我快速记笔记、边听边思考判断。我的速记能力和思考判断力是在大学本科时练就的；读教育科研书籍，"恶补"教育专业理论，最为重要的是，有几位重庆市教育科学研究院的老领导、老专家，成了我挖掘经验的重要社会资源。他们分别是王幼群老院长、黄志玉所长、龚奇柱副所长、唐果南副所长，以及万明春院长、王纬虹副院长、陈定凡副院长、龚春燕所长、李光树所长等，以及西南大学的宋乃庆校长、靳玉乐博士，重庆师范大学的黄翔副院长等。我从这些专家身上学到了他们特立独行的思维方式，他们的学识、他们的人品、他们的学风，都让我受益匪浅。我是站在这么多学术前辈和专家的肩膀上成长的，我今天如果有点成就，真的要感谢他们。

任副校长时，我每周上 4 节课，后来两年改成每周两节，指导合唱团训练两课时。每学期听课最少 60 多节，最多达到 130 多节，涉及各个学科，而且听课后多次与教师的交流和讨论。人民小学各个学科都有承担区市，乃至全国的研讨课、竞赛课的任务，学校有许多个类型的接待课和研讨会，这都是我学习的战场，是我与老师们践行教育理念的科学园地。我很快就找到了做副校长的感觉，我与教导主任一块研究、修订教育理念和教学理念，完善教导处的各类考核激励制度，我还决定设立科研室。1996 年我校"科研室"正式成立，由我亲任科研室主任，主持学校教育科研工作。我还亲自创办科研刊物《人民师苑报》，我担任主编，每期都亲自撰写文章，而且跑印刷厂，组织各学科的编辑人员，硬是把不愿写文章的老师们都调动了起来。通过《人民师苑报》倡导研究之风，"让学习成为生活习惯，让研究成为工作习惯"，其实这也是我个人成长的秘诀。现在人民小学的林晓宇主任已是第四任科研室主任，我们的科研刊物内容更加丰富多彩，投稿人、编辑、编委也是热情高涨，为此我这个老科研室主任非常欣喜。

对教育科研室，我有着深厚的感情。对"科研兴校"，我是高度重视的。我亲身感受和体会到我们学校名师的成长与教育科研的关系十分密切。

凭着我多年在德育工作、科任学科教学及组织"小主人合唱团"活动积累的理念和经验，我一头扎进以语、数两大学科为主的课堂教学研究中。在我向专家、老师们学习的过程中，在我与教师、学生、家长的交流中，我对课堂教学的改革产生了极大的兴趣，也觉得有许多话要说。

我注意到，在应试教育里，高考成为选拔人才的唯一途径，学生对原本快乐的学习，感到苦闷而无奈。这种苦不是因为学习任务的沉重，而是源于他们把学习当做是成人强加的负担，是为别人所受的痛苦。十来岁的孩子，应该是最快乐的时光，却在成人的压迫下，在应试教育的压力下，厌倦、抵触、消极、被动地接受教育。这样的孩子，在人民小学也有。可是同样的环境，为什么这里还有那么多天真活泼、充满着无限求知欲与好奇心的孩子，还有那么多能吃苦耐劳、勇敢自信的孩子呢？甚至在我的合唱团里，那么繁多的训练任务、那么紧张的训练节奏，为什么孩子们

以"名师成长苑"为平台打造教师队伍，邀请到贺
乐凡、周蕴玉教授讲自我教育的理论

都能勇敢地面对、认真克服，从来都乐此不疲、兴致高涨？

回忆自己的成长经历，也把自己的同龄人、把从教几十年来所教过的孩子们，一个个像放电影一样地在头脑中逐一显现过，我终于发现，那些快乐学习、快乐成长的孩子们与痛苦学习的孩子们相比，最大的区别在于一个是主动，一个是被动——有主动精神的孩子再大的困难也能克服并从中寻找乐趣，被动的孩子即使面前是一个小坎，也让他们觉得不可逾越。一个是为自己累，再苦也值；一个是为别人做，再甜也苦——何止是对孩子，成年人不也是如此？看来主动性是人能否自觉向上、健康成长的关键。知识是教不完的、本领不是挤出来的、经验是实践中来的，但是有了主动性，人就可以不断获取知识，就能刻苦钻研本领，就能不断实践积累、创新经验。如果教育改革能抓住"主动学习"这把金钥匙，立足于对学生主动性的培养，课堂教学的沉闷不就可以解决了吗？不就能为他们德、智、体全面发展奠定下坚实的基础吗？

这时有专家在参观了"小主人社团"后提出了主动教育的想法，说我们不妨把它作为学校办学特色进行全面推行，来一轮整体改革实验。这个意见给了我很大的启发。专家引领我们从学习、活动、生活三个方面对学生的综合素质进行了归纳，确立了通过学科课堂、小主人社团、闲暇生活三条途径，培养学生做"学习的小主人、活动的小主人、生活的小主人"的育人目标。有了些来自实践的思考，1985

年，一次以"实施主动教育，促进学生生动活泼地主动发展"为题的整体改革启动了。我在这项改革中，是领导小组副组长，我的老校长颜恩文担任组长，我协助老校长并成为改革计划、总结的执笔人。这也拉开了我校整体教改实验即后来的"主动教育"的第一轮实验的序幕。

这一轮主动教育改革涉及全校每一位教师，通过展开学习、讨论、观摩、实践，从思想观念上扫清障碍，引导教师们树立起正确的教育观、人才观、学生观。1998年上半年，五年级的一次语文教研活动，触发了我对"教师观"、"学生观"问题的反思和研究欲望。我发现相同的教材和课程，五年级有个班的学生十分活跃，一堂课有 36 位同学发言（全班 53 人），而且有 11 位同学发言的质量高，有思想、有主见，语言表达流畅，而教师准备很充分，总能在关键环节提出问题，引导学生思考。而五年级另一个班的课堂则沉闷、古板，教师较为辛苦、啰唆，学生发言的广度与深度都有一定问题。我以五年级语文教研组为核心，启动全校对确定新的"教师观"和"学生观"开展大讨论。在讨论过程中，老师们甚至展开了"辩论"。焦点有两个：1. 我提出教师观有三点，即主导性、服务性、激励性；学生观有三点，即主动性、实践性、发展性。但有一部分老师不同意"服务性"的提法（当时全国尚未开始新课程改革）。2. 大家讨论，由我执笔出台了一个《课堂教学评价标准》，我把"师生关系民主和谐"放在六条标准之首。一部分老师提出：应当把"教学目标"放在评价标准之首。围绕这两个焦点，大家又在实践中进行了证明。我再次强调大家要站在我校"实施主动教育特色"的角度去思考问题，去反复比较和判断得与失。通过这样产生于实践、研究于实践、解决于实践的方式，使我校的教学研究具有说服力、具有针对性、具有可操作性。老师们尝到了甜头，我的"科研兴校"思想也得到了落实。全校上下对教育观念有了新的理解、新的一致性。这对学校此后教师文化、学校文化的形成，奠定了扎实的基础。所以在 2001 年我才能提出主动教育要真正做到从应试教育向素质教育的转轨，一定要处理好三个关系：1. 传承与创新的关系——要认识到素质教育不是对传统教育的颠覆，而是要善于汲取传统教育中的精华。2. 文化学习与道德教育、才艺学习的关系——素质教育不是只学才艺特长，道德品质是最基本的素质，文化知识是一切素质的基础。3. 教与学的关系——始终坚持以教师为主导、学生为主体，主导服务于主体。处理好这三个关系，也就形成了三个观点，这成为我校主动教育重要的特征之一。

主动教育培养了王文斌和李默涵两位全国十佳队员

通过深入实际的研究、钻研，不断向老师、学生们学习，作为"主动教育"特色的积极倡导者，我再一次收获了成长，得到了全校上下的高度认同。通过教师们的积极参与和实践，这一轮主动教育改革的成果很快得到体现：孩子们对学习的积极性明显提高，学习信心极大增强，学习成绩显著提高；小主人社团的活动由孩子们自己组织、自己策划、自己管理、自己总结，孩子们的能力得到增强，开始在各项比赛中夺取奖项；我们还针对学生闲暇生活进行指导，培养学生关注社会、关注生活，学会自我料理、自我保护，做"生活的小主人"。1991年，我校主动教育改革获得了当年重庆市教改成果一等奖。我在这六年的改革中，历尽艰辛，努力学习实践，在教育研究能力方面有了质的飞跃。更为重要的是，在与各学科教师们探索的过程中，拜老师们为师，对各学科的教学改革不断熟悉了解，发现了许多教育的共同规律和不同学科的教学特点。

这轮主动教育改革解决了思想观念的问题，是涉及面较广的改革。为了把研究深入开展下去，乘胜追击，我又组织全校七八十名教师在六个年级、十多个学科、二十多个班级开展了"主动教育特色的学科教学研究"，这是主动教育的第二轮研究。我做了大量深入课堂的实践和研究。我从各科课堂教学中，努力挖掘、寻找、构建、完善了一套具有主动教育特色的教学组织、教学结构、教学方法、教学反馈，结合自己二十多年的教学经验，提出了以"厘清—突破—调整—发展"为核心的教师教法系统研究，将主动教育特色的课堂教学对老师的要求，明晰化为"课堂评价六条"，还总结出了学生的"会学十法"、教师"励志五法"等行之有效的自主学习方法和教学方法，使"主动教育特色的学科教学"的学法系统和教法系统得到了充实与完善。我根据研究情况撰写的《主动教育办学特色的研究》等十余篇论文发表在《人民教育》、《中国教育报》等报纸杂志上，组织教师编写了《主动教育特色的小学学科教学研究》一书，于2001年由西南师范大学出版社向全国出版发行。

现在想来，我们有特色的校本研究最初就是从1985年开始的。这是我参与的第二轮研究，也是我主研的第一轮研究，历时六年，这轮研究成果又获得了全市教改成果一等奖。1998年，李岚清副总理视察重庆的教育状况时，对我校的改革实践进行了较深入的了解，做了充分的肯定，并指示："素质教育不要去搞什么新花样，就向人民小学这样去做就行了，要提倡这种精神。"我想，这种精神，就是勇于挑战、不怕艰难、勤奋刻苦、不断创新的精神吧。

此时的我，仍旧是副校长，但是从老师们的眼光中，我不再看到怀疑和惊讶。丁继泉的名字和人民小学、和主动教育紧紧联系在一起，在省市具有很高的知名度，具有相当大的影响力。1996年，我获得第三届全国十佳杰出青年教师提名奖，被评为四川省巾帼建功标兵，当选为四川省七届政协委员、重庆市首届政协委员、重庆市首届党代会代表。

对存在的问题总是报以深刻的反思，这是我在当副校长期间养成的习惯。对教育现象和问题的反思，让我离教育的本质愈加接近，不断地挑战自己，就会有新的超越。

教育事业上的每一点进步和成绩，都是靠无数的汗水和智慧浇灌的。在担任副校长期间，我把自己全部的精力都投入到热爱的工作中，不管是对学生、对老师、对学校，都倾注了我全部的心血和精力。但工作再累，成绩再大，我还是尽量兼顾家庭。曾经因忙于工作，疏于照看儿子，儿子意外遭遇大腿骨折；没能侍奉父亲，以致他突然病发错过最佳救治时间。我记得父亲病危住进了重病监护室，但学校当时正承担着全省的教改现场会，有一位年龄较大的夏老师要上劳动学科的研究课。这课不太好上，我不能不管。这是多大的责任啊，所以我对父亲关照不太够，我总幻想父亲是不会离我而去的。而父亲的离开给了我很大的刺激，留给我终天之恨。家庭与事业的矛盾总是客观存在的，但我尽最大努力用我的爱和责任去将矛盾消融，在爱每一个学生、每一位教师的同时，负责任地爱家庭中的每一个人。爱不因分享而减少，爱在施予中变得博大和深厚。能得到丈夫的理解和支持，是我一生最大的

做小主人们的好朋友，我是幸福的

荣幸，那是我最坚实的精神支撑。而家庭的温情、友谊的真挚也在不断滋润着我、激励着我——教师没有完满的人生，没有丰厚的情感做生命的底色，抽象地谈人和人生，怎么能教育出完整的"人"？我希望，用我的爱给身边所有的人，带来人生最美好的情感，尽管难以兼顾，但这仍将是我所追求的完满和幸福。

七、使命——跨越发展

2000年，我接受了人民小学党总支书记和校长的任命。这是一副光荣而又沉甸甸的担子。虽然我已有多年从事教育教学管理的经验，但肩上要担着党、政的双重任务，面对着学校进入新世纪改革的压力，我感到前所未有的紧张和巨大的责任风险。重庆的夏天又闷又热，我几天几夜不能合眼。我又开始分析学校现状，以期寻找新的发展契机，也寻找对自己的挑战。

那时的人民小学有23个班，学生1176人，教师86人，是重庆市10所首批示范小学中办学规模最小的学校。因为是老学校，校舍陈旧，教学功能室短缺，操场是土操场，年久失修，下雨就充满积水不能上体育课。学校有很优秀的教师队伍，也能引导学生搞出很多好的活动来，但是由于学校宏观发展的思路较为单一，外联能力不强，以至于当时学生生源不够饱满，教师的收入较低，学校自筹资金的能力差，为此也引发教师队伍中人心不稳定、怨气较重的现象。长期以来，我给老师们的印象总是以无私奉献、勤奋工作、重视教育科研为主，这样的人来当校长，能给学校综合实力的发展包括教师的待遇带来新的希望吗？老师们满怀狐疑，拭目以待。面对学校整体发展的相对滞后，我沉心静气，给自己下了一道"死命令"，必须把"跨越式的发展"作为自己的历史使命，使人民小学重现辉煌。

9月1日的开学典礼，我施展多年从事德育管理工作的才能，与我的管理团队一块，提前对全校师生进行学习培训和严格训练，我们的大会主题鲜明，布置精当，全校师生激情飞扬、士气大振，重庆市教委欧可平主任亲自到校参加开学典礼，给予我们高度评价。我也找到了自信心，下定决心，一定要团结我的管理团队，用我博大的胸怀爱我的老师们和孩子们，我们一定要跨越发展，我们一定会重振雄风。这是我2000年任校长时的激情和理想。

我首先走访了我市发展得最好的几个重点中学，如重庆一中、南开中学、巴蜀中学，虚心向中学校长们学习，学习他们开拓进取的气魄和精神，学习他们对学校综合实力发展的眼光和推动能力。然后，我与学校人事、后勤、财务部门的各类人员谈心，了解情况，摸清家底，补充完善教代会，与党总支的全体成员、与教代会的热心群众开展交心活动，使学校上下空前团结。经过充分酝酿讨论，我制订出了人民小学的教育改革"十五"规划，任务与目标是"外联、内促、强校、富民"。从四个方面发力：改革使学校有影响力，质量使学校有战斗力，环境使学校有亲和力，人和使学校有凝聚力。而重点突破就是体制改革和环境改造。

针对学校规模不大、生源不太饱满、自筹资金严重短缺的情况，我开始与重庆市有名气的地产商洽谈，由开发商出钱修学校，我校可输出管理，以此筹集资金补充公办学校办学经费的不足。当时教育部也提倡"名校办民校"，这在当时不失为扩大优质教育的一种较好的办法。2002年我与著名爱国侨领林文镜先生麾下的福建融侨集团，经过近两年的谈判顺利签约。由融侨地产集团出资1亿元，占地53亩，修建可容纳1500名学生的高标准、高配置的民办小学，我校派管理团队和教师团队经营管理。融侨地产的业主子女可优惠缴费上学。校名即为"重庆人民（融侨）小学"。这个学校完全按照民办学校"四独立"的方式运作和办学。学校于 2004 年开学，如今融侨小学已招收学生 1200 人，已经是重庆市非常著名的民办学校。这个学校目前资金运作充足，校舍、设施设备一流，环境优美，学校办学理念清晰，教育质量优秀，是人民群众满意的优质学校。人民融侨小学没有花人民小学一分钱，却为人民小学自筹资金作出了贡献。

2003 年我又将人民小学旁边的一所有 50 多年历史的幼儿园——市委机关幼儿园合并接收。这所幼儿园占地 9 亩，原有 6 个班。我接手后，从环境改造、教师队伍建设、幼儿园文化建设、幼儿园教育设施设备增添等方面入手，全力打造，现在人民幼儿园已有教学班 14 个，幼儿 500 多名。2007 年，我又创办了民办幼儿园——中央美地幼儿园。该幼儿园两年来已有 6 个教学班，幼儿近 200 名。幼儿园的创办既为学校的自筹资金注入了活力，又为学校从幼儿到小学生的"幼小衔接研究"提供了广阔的研究平台，使学校的学生成长、教师队伍建设得到了充分保障，为学校教育质量的提升奠定了一定基础。

2007 年我又带领我的管理团队进驻沙坪坝区大学城，与沙坪坝区政府签约，创办了公办性质的"大学城人民小学"。我说服沙坪坝区政府，获得大学城新开发区的教育经费，优惠下拨政策。这个学校占地 60 亩，办学规模 36 个班，目前已收学生 200 多人。大学城人民小学创建才两年，已凸显了优质教育资源的快速提升。学校招收了 100 多名农民子女入学，这让我们的城乡教育统筹实验有了坚实的研究平台。我有这个愿望：我们人民小学可以把城市中心的孩子培养好，也能够把农村的孩子培养好。两年来，我们在大学城开发区做得很出色，学校迅速获得家长社会好评，特别是得到了农民家庭的高度称赞。为此我们付出了艰辛，也收获了成功。2008 年我带领人民小学实现了跨越式发展，三校两园占地共 155 亩，建筑面积 62000 平方米，师生人数共计 5100 多人，学校管理资产达 2 亿多元。

2000 年我接任校长工作时，人民小学本部校舍陈旧，设施短缺，资金紧张，为了重振名校雄风，我咬紧牙关，先后贷款 600 万元，改造学校校园环境。我这个从来不懂经济和建筑的"音乐秀才"被逼上了梁山，我虚心向建筑专家请教，向基建、财务方面的内行们学习，2002 年我带领团队完成了逸夫楼修建、学校中心广场建设，修建了 200 米标准塑胶操场；2003 年修建了功能齐备的体艺馆；至 2005 年"十五"规划完成时，学校本部占地 45 亩，绿化面积达 8000 平方米，建筑面积

28000 平方米，固定资产达 4260 万元。

三校两园 400 多名教职工都能在环境优美、绿树成荫的校园工作，都能在温馨舒适的办公室里办公，包括农村学生在内的孩子们都能在窗明几净的教室中读书，在绿草茵茵的操场上打滚儿，在雅致的食堂就餐，我们享受着在现代化条件下工作学习的快乐，老师们的奖金、课时费有了显著提高。我校的 56 位退休教师，他们除国家工资外，每月有生活补贴，逢年过节有丰富的慰问品和慰问金，他们也有了学校提供的"退休园地"，天天开展丰富多彩的活动，我要让退休老师们与我们共同享受改革的成果，能在为教育事业奉献一辈子后安享幸福的晚年。

人民小学是一个一流学校的品牌，办学水平和教学质量要一流，教师的工作环境和生活水平也应当一流，这就是我的"强校富民"的理想。2000 年这个理想写在了我的"十五"规划的蓝图上，2005 年我与老师们共同奋斗，把理想转化为了现实！

2000—2005 年，是我职业生涯中最劳心最劳力的时期，艰苦创业，艰苦探索，我几乎重建了三所学校，合并改建和创建了两个幼儿园。这三校两园呀，满含了我的爱心，浸透了我的心血，见证了我对学校事业的忠诚，凝聚着我全部的智慧。五年来我风尘仆仆来回奔波，超负荷的工作，超水平的发挥"外联"能力，我向我亲爱的老师们、孩子们交上了一份满意的答卷，我用事实和行动回答了他们：我不仅是钻研业务的校长，我也能做一个综合型的优秀校长，我能够带领我的团队意气风发地去实现"外联内促、强校富民"的激情和理想！

同时，我也向亲爱的党组织和人民交了一份满意的答卷。我不辱使命，把人民小学这个优质资源做大做强，我用高度的责任感、准确的政策水平，抓住机遇，解放思想，大胆改革，实现跨越发展，学校被评了全国文明单位、全国普教系统先进单位、全国巾帼文明示范岗，全国德育、体育、艺术、科技以及家庭教育先进单位，我也被评为重庆市劳动创新奖章、全国五一劳动奖章获得者，全国三八红旗手，重庆市十大女杰，重庆市首批学术技术带头人，重庆市优秀共产党员，全国普九工作先进个人，享受国务院政府津贴专家。

但是我还来不及喘口气，我的另一项光荣使命已紧随而至。2005 年 11 月，人民小学六十周年校庆的序幕已经拉开。

我们人民小学创办于 1945 年的河北邯郸。1950 年学校随刘邓大军穿过硝烟、冒着弹火，从古城邯郸辗转来到了重庆，落户在中山四路当时的西南局（后来的中

和航天英雄杨利伟攀谈，把"特别能吃苦、特别能战斗、特别能攻关、特别能奉献"的航天精神带给孩子们

共重庆市委）旁边。学校在邓小平、刘伯承、贺龙等老一辈革命家的亲自关心下，一步步发展壮大。刘伯承元帅为学校题写了校训，贺龙元帅任学校的董事长，邓小平同志的夫人卓琳同志任学校首任校长，挑起了培养革命后代的重担。50年代百废待兴中修建起来的人民小学，用炮弹壳做成的撞钟敲响，那是上课的铃声；卓校长带领教师亲自纺纱织布，军装的边角布料被老师们的巧手做成了整齐的校服；军事化的学校管理、生动活泼的劳动技术教育、英雄模范的言传身教……这样的传统一代代保留了下来，全校上下师生们艰苦办学、勤俭兴校，为国家和民族培养了许许多多栋梁之材，邓朴方、邓林、万伯翱、刘京、贺鹏飞、贺小明、彭云、马千真、吴云等校友就是其中的优秀代表。

　　我亲自挂帅担任了校庆领导小组的组长，对校庆工作的整体部署作了缜密的思考。我亲笔给卓琳校长写信，并寄上了反映学校近况的相关资料，向老校长汇报学校今天的成绩。我还亲笔给邓朴方等校友写信，汇报校庆工作的进展，真诚地希望他们为校庆工作提供宝贵的资料。

　　亲爱的卓琳校长在年近九旬的高龄，通过中央军委原小平同志办公室经重庆市委办公厅，寄发了《致重庆市人民小学全体师生的一封信》和她本人的一张近照。全国政协副主席邓朴方校友不辞劳苦，多方联系，组织北京校友，寄来的不仅有情真意切的贺信，还有首任大队长的诗作、众多校友的签名合影，甚至每位在京校友的联系方式，对母校的赤诚之心溢于言表。公安部副部长刘京校友（五十多年前那个坐在贺龙元帅膝头上留影的孩子），受校友们之托，在来渝工作之余，回到了学校，目睹了学校的发展变化，热情鼓励我们办好校庆，这是对老一辈革命家的缅怀和纪念。原国家领导人万里委员长的儿子万伯翱校友，代表卓琳校长、邓朴方、邓林校友及全家、贺龙元帅全家、万里委员长全家及全体在京校友，亲赴我校六十周年庆典仪式现场，并代表卓琳校长作了热情洋溢的致辞。教育部给学校发来了贺信，称赞学校"为基础教育事业作出了积极贡献"。原国家领导人李鹏委员长欣然为学校题词："六十载桃李花千树，看今朝繁星耀九州。"重庆市委黄镇东书记、市政府王鸿举市长、分管教育的黄奇帆常务副市长，以及市人大、市政协的领导们、市教委各个时期的各位领导、重庆市各部委办局的领导们（其中许多是学校的校友，对母校有很深的感情）、各国驻重庆领事馆或海外友好学校、各大学、中学、小学等友邻学校 100 多所，纷纷为学校发来贺信或题词祝贺……

老校友刘京，时隔五十多年重回人民小学，回忆起小学生活难忘的点点滴滴

人民小学六十周年校庆，全校欢腾

庆典仪式当天的盛况至今仍深深地印刻在我的脑海里。修葺一新的人民小学校园花团锦簇、姹紫嫣红、歌声飞扬，五彩缤纷的运动场上汇集了来自天南海北的新老校友们、社会各界的朋友、激动万分的师生……在依靠学校自身、尽量简朴的前提下，举办如此高规格、高水准、高品质的校庆典礼，我和我的团队付出了大量的心血。盘点历时三个月的校庆筹备及庆典活动，我和我的学校都收获了很多。

通过校庆，我们回顾了老一辈革命家创办学校的光荣历史，回顾了从建校至今，学校几代师生沿着老一辈革命家指引的道路，爱党爱国、艰苦奋斗、自强不息、励精图治的发展历程，回顾了靠学校光荣的革命传统培养的一大批国家和民族的栋梁之材，他们不论在哪一个国家、哪一个单位、哪一个岗位，不做娇骄儿，不搞特殊化，不争名，不求利，默默无闻，扎实肯干，崇尚奉献，追求卓越。正如校友们所言："人民小学教会他们的，不只是读书写字，更是一种信仰、一个理想和一种精神，它们汇聚成了我们民族的光荣传统，铸造了几代人坚强不屈的灵魂。"这些传统，都是人民小学最宝贵的精神财富，积淀着人民小学深厚的文化底蕴。

通过校庆，我们挖掘、整理、留存了大量珍贵的历史资料。它们生动地反映了共和国的开国元勋们是怎样心系民族振兴大业，对新生的人民共和国的教育事业满怀憧憬、倍加关怀，对于我们深刻认识党的教育方针、进一步明确办学方向、坚定为社会主义事业培养建设者和接班人的决心，具有非常重要的现实意义。尤其是卓校长对于师生的三十二字寄语，我已经把它刻在了"寄语碑"上，立在学校大门口校前广场上。卓琳校长寄语将成为我们全校师生的行动指南。特别值得一提的是，我与校园文化室的同志们一道，邀请了我校 24 位小画家，选取卓琳校长学习、工作和生活过的校园场景，用线描的艺术形式，为卓琳校长绘制了一幅九米长的画卷。画卷作为卓琳校长九十岁生日的贺礼被送到北京，深得卓琳校长的喜爱，如今它已作为市委办公厅对外交流、赠送给兄弟省市领导或外国政要的珍贵礼物。

通过校庆，还极大地凝聚了人心，极大地提升了每一位人民小学教职员工以及每一位校友和学生的光荣感、使命感、责任感，极大地调动起了每一个人的集体主义精神，是对每一位师生进行的最生动的爱校、爱师、爱生教育。

通过校庆，我们还募集到融侨地产集团和吴云校友所在的庆铃集团对学校捐助的奖学金，并分别设立了总额 10 万元的"庆铃杯小主人奖"和总额 50 万元的"融侨杯成就主人基金奖"，每年用来表彰优秀学生和优秀教师。

六十周年校庆，将我校"十五"规划的发展推向了新的高潮，圆满完成了"外联内促、强校富民"的"十五"规划目标，以激荡人心的方式，实现了我校"十五"规划最完美的谢幕！

校庆产生了巨大的影响，为重庆市中小学校树立了一个典范。校庆的意义已经远远超过了一个学校的范畴，全市许多中小学不仅争相学习模仿、创新校庆活动，以此扩大学校影响，扩大基础教育的影响；更重要的是，它们受到了一次办学思想、综合实力的震撼和洗礼，深刻认识到发展学校特色，全面提升学校综合实力的重要意义和可行之路。在后来相当长的时间里，我参加了我市十多个区县学校的校庆活动，它们都以校庆为契机，从学校的硬件、软件建设着手推动学校向前发展，同时他们都非常感谢人民小学校庆带给他们的启示和引领作用，这对于重庆市优质教育的扩大、城乡教育统筹发展起到了积极的示范作用和推动作用。

市委市府领导对我的工作、对学校的发展予以了高度评价

八、引航——"整个的校长"

2000 年，初任校长的我为经费短缺发愁，为学校环境校舍陈旧发愁，为教师工作生活状况不佳发愁，同时也对学校精神文化的不鲜明深深地担忧着。学校在当时有主动教育的小学特色，但没有鲜明的文化精神。我是学文科出身的，对文化有着深厚的眷念之情。我深知没有精神的引领，没有文化的引领，这样的学校是没有凝聚力和战斗力的，教师们会找不到自己的"精神家园"，孩子们的个性发展会缺乏鲜明的特色，学校也会因为没有文化特色而降低品牌价值。作为校长的我，责任重大，我应当成为学校文化的旗手，应当成为学校发展的精神支柱，从思想、文化、行动以及个人魅力上引领，我要努力用整个的心，做"整个的校长"。

思想引领，传承创新

校长要用怎样的思想引领学校，集中地反映在校长提出的办学理念上。2000 年当我接任校长工作时，同类学校的办学理念都成为响亮的口号了，而人民小学的办学理念还处在一片空白。对此，我陷入了深深的焦虑。

2000 年 6 月 10 日，李岚清副总理来渝视察，在重庆大学召开了教育工作座谈会。在听取了我校工作汇报后，李岚清副总理当即指出："……就把刘伯承同志这几条规范落实就行了，不要再提更高的不切实际的要求……人民小学是一个老学校，你们要把革命传统真正变成宝贵的精神财富，变成不断前进的动力。"

副总理的话，如醍醐灌顶，开启了我对办学理念的全新认识和思考。人民小学是一所老学校，绝不能隔断它与历史、传统的密切联系。但老学校易僵化保守，我一定要有清楚的工作方向，于是我确定了我的工作方针——传承与创新相结合。我仔细琢磨刘伯承元帅为人民小学题写的校训，反复咀嚼其中的滋味——"我们要为将来建设社会主义新中国培育人才，他们必须有文化、有道德、爱劳动、爱祖国，具有创造精神和铁的纪律。这个办学宗旨一定要明确，千万不能培养特殊阶层和娇骄儿。""两有"、"两爱"，涵盖了对德智体美劳全面发展的要求。"具有创造精神和铁的纪律"、"千万不能培养特殊阶层和娇骄儿"，凸显了这所具有光荣革命传统的学校独有的办学宗旨。当年新中国诞生，人民沉浸在翻身做主人的喜悦中时，老一辈革命家高瞻远瞩，已经将目光投向了培养保卫和建设新中国的小主人上，要让红色的江山代代相传，要让民族腾飞的梦想化为现实。我被开国元勋们的远见卓识深深折服。人民小学，昔日"马背上的摇篮"，今天被赋予了新的历史使命，要培养党的事业的接班人和社会主义建设的高素质人才，人民小学，就是"小主人成长的摇篮"！这一办学理念的确立，满怀着我对老一辈革命家的无限敬仰、对教育理想的热切追求。它既是对元帅们办学思想的继承，又融入了时代的气息，强调"小主人"，是凸显主动教育"以人为本"的人本教育思想，这也是新课程改革的核心。"小主人成长的摇篮"，体现了教育理念的传承与创新，也是人民小学历史与未来结合的真实写照。

我从刘伯承元帅的校训中还归纳总结出八个字作为校风："不娇不躁、求真求新"。"不娇不躁"是对元帅校训的继承，不娇气、不骄横、不急躁、不浮躁，沉住气，敢担当；"求真求新"是对时代精神的主动追求，求真理，求真知，不虚伪，不造作，实事求是，与时俱进，不拘一格，开拓创新。"两有"、"两爱"则启发了我，从学习、活动、生活三条具体途径，培养学生个性鲜明的全面发展。"做学习的主人、活动的主人、生活的主人"，就是人民小学的特色育人目标。

人民小学校风

人民小学办学理念

人民小学特色育人目标

　　办学理念的提出，不是依靠专家，也不参考别家，靠的是我自己对学校实际情况的分析和判断，它融入了我对传承学校光荣传统的自豪、深深的感情以及重重的责任，还有我所追求的教育理想！

　　我对办学理念的思考得到了市教科院万明春院长、王纬虹副院长、龚春燕所长的热情称赞与鼓励。他们认为，有了"小主人成长的摇篮"这一办学理念，有了

"三个小主人"的特色育人目标，主动教育的办学特色显得更加充实和鲜明了。这个育人目标的提出，既体现了邓小平同志提出的教育要"三个面向"，又具有学校历史传统的特点，还具有非常深远的现实意义。

在这样的"传承与创新相结合"的思想指引下，围绕"小主人成长的摇篮"这一办学理念，我率领全校教师，以"十年磨一剑"的劲头，把主动教育的办学特色坚持了下来，转眼间就是二十五年。不论是在整体改革时期，还是在新课程改革的浪潮中，不论经历怎样的教育思想的纷繁混杂和迷茫，我始终以最饱满的热情、最执著的态度积极应对教育改革的一次次挑战。但是我坚决反对因为改革就抛弃传统教育的优点，坚决反对因为创新就去赶风潮、赶时髦，而不尊重历史、不尊重规律。正是有了这样冷静的思考和谨慎的判断，才没有让人民小学的教育改革和办学发展受到"折腾"或者停步不前。主动教育始于 20 世纪 80 年代初，历时二十五年走到今天，它仍然具有旺盛的生命活力。它传承了老一辈革命家们的"艰苦朴素，自力更生"的光荣传统，传承了因材施教、知行统一的传统教育精髓，传承了我校几代教育人在不同历史时期教育改革的经验和成果；它也创新了全新的主动教育育人模式，创新了主动教育特色的学校文化，创新了学校与众不同的特色发展。

2004 年，重庆市基础教育新课程改革工作会上，我做了题为《二十年磨一剑，学校特色与新课程共生》的专题发言。2005 年，周济部长到重庆视察工作，我代表重庆市小学界，以《潜心实践　主动发展》为题，介绍了学校以主动教育为突破口、深入推进新课程改革、贯彻落实素质教育的情况，得到周济部长的称赞，这更加增添了我的信心。2007 年，在全国特色学校高峰论坛上，我发表了题为《学校的特色发展是教育科学发展之路》的演讲，进一步阐释了学校以主动教育特色化发展，迈向教育现代化的理想和实践。2008 年，在全国整体改革专委会主办的学术年会上，我做了题为《文化治校　政通人和》的汇报，向全国的专家同行介绍了我校以主人翁文化治校育人取得的成果，得到了专家同行们的认可。

2005 年年底，我又亲自主持制定了学校"十一五"规划，在跨越式发展的基础上，我着眼于可持续发展和综合性发展，把传承作为发展的基石，把创新当成发展的动力，积极寻找学校在新的历史时期的生长点、创新点。我提出了"努力创'三高'，同心建'五园'，稳步进小康，勇奔现代化"的总体目标，得到了全校师生的积极响应。三高，即"高质量的学习、高水平的活动、高品位的生活"，这是全校师

2005年7月17日，国家教育部周济部长来渝，在西南大学内召开了素质教育调研座谈会。我作为重庆市小学的唯一代表，在会上以《潜心实践　主动发展》为题，向周济部长汇报了我校二十多年来以"主动教育"为特色、实施素质教育的情况

生要共同追求的发展目标。"十一五"提出"三高"的目标，来自"十五"规划中对学生的培养目标"做学习的小主人、做活动的小主人、做生活的小主人"。但是"十一五"规划中的"三高"是对全校师生的共同要求，它发展了，创新了。"五园"，即"健康之园、园林之园、主人翁之园、科学之园、幸福之园"。"五园"是实现"三高"的载体，如今这五园的开园仪式已全部完成，我带领我的团队和全校师生，为了"三高"的理想，坚实地行走在"五园"的道路上。我要让我的老师们、孩子们，在"主人翁之园"张扬个性，在"科学之园"追求真理，在"健康之园"欢歌笑语，在"园林之园"修身养性，我要让人民小学成为教育之园、文化之园、和谐之园、硕果之园，更成为师生共同追求的幸福之园！

走近孩子，与小主人对话

别人因此而评价，我是进入了"不惑之年"的校长、有思想的校长。我想，思想是建立在多年不间断的学习积累上的，是30多年的教育生涯历练了这份不惑与成熟。同时，我的思想和坚持，也是源于我对这所学校、对学校师生的深情热爱，对教育事业的执著努力，对自己的严格要求、永不懈怠。温家宝总理常引用黑格尔的话："一个民族有一些关注天空的人，他们才有希望；一个民族只是关心脚下的事情，那是没有未来的。"一位导航引路的校长，应当具有更为远大的教育理想，应该永远保有一双"仰望星空"的眼睛。

文化引领，政通人和

当学校建设解决了物质硬件问题、办学目标引领了思想理念的时候，我强烈地意识到要有鲜明的学校特色文化和相应的文化符号，要用文化的力量影响人、关注人、激励人、培养人。

2002年，我创建了"学校文化工作室"，为学校设计了具有特色的文化符号和一系列的文化产品，更重要的是要让全校师生和家长共同认可，并不断提倡具有特色的"文化精神"。2005年12月在我校"主人翁之园"的开园仪式上，我正式提出了学校的"主人翁文化精神"。主人翁文化的核心就是对人的积极性、主动性和潜力的充分挖掘与展示，其核心价值观，就是要让人性中真、善、美的东西得到淋漓尽致的发挥。"主人翁之园"的创建就是要培育创新主人翁文化精神，而校长要做主人翁文化浸润下学校风气培育的引航人，要潜移默化地孕育学校的特色文化校风。所以，我的学校从上到下坚守着"去伪存真"的法则——老师的公开课不作假，否则会抬不起头；学生的活动要靠自己刻苦训练，"坐等靠"的行为不受欢迎；科研就得遵循科学规律，虚假课题做不得；校园建设要用真材实料，豆腐渣工程修不得；而我自己也是亲身垂范，虽然是一把手校长，但作为音乐特级教师，依然披挂上阵，亲自执棒指挥学生合唱团在维也纳金色大厅成功演出，用我的实际行动证明了教师应有真本事……学校由内而外散发着"真意"，说真话、办实事、讲真理、树正气，如此才造就了众多真才实学的小主人、真知灼见的好教师、真抓实干的管理者，才有了"真金不怕火炼"的过硬质量，才有了群众心中的纯正品牌。

有了"求真"的共同目标，就有了师生之间、家校之间、干群之间的信任、尊

主人翁之园引领科学管理的研讨，倡导求真务实之风

重、理解和宽容，学校从上至下充满着"扬善抑恶"的氛围——为了满足都市儿童对自然的向往，校园被改造成鸟语花香的植物园，让孩子们在蒲葵林里尽情嬉戏，在绿荫丛中泼洒丹青，在蚁穴鸟窝前悉心观察，在小农场里挥洒汗滴；校长理解老师们发展专业的强烈愿望，在有限的基建条件下，优先考虑为专业教师们留足配好专业场馆池，让教师有一试身手、全力施展的舞台……学校善待学生，校长善待教师，孩子们用对母校的眷恋、老师们用丰硕优异的成绩回报着善意，并且将这份善意在校园里传递——寒冬腊月，老师从家里烧来热水供学生洗抹布做清洁；教研会上，直言不讳的批评与自我批评换来共同的进步……

在求真、向善的文化氛围中，我们以"和"为美，以"爱"立德，以"礼"导行，以"达"健心，以"俭"励志，以"勤"育人，全校上下交汇成"崇雅尚美"的潮流——唱经典歌曲、诵经典诗词，我们的心灵得到振奋和鼓舞；为校园增一抹亮绿，园美人和春永驻，室雅德馨爱长存；民主和谐的课堂，师生携手追求精神世界的美好；充实繁忙的假日，不计报酬不计得失的劳动，赢得孩子们的笑脸、家长们的赞许……校园里洋溢着纯真健康的美、团结向上的美、自信认真的美、乐观坚毅的美！

2005年年底，学校连续两年在市教委的行风评议中保持"零投诉"的优势，2006年、2008年，我校在重庆市两届督导评估检查中均荣获一等奖，主人翁文化为

我们赢得师生热爱、家长称道、社会认可推崇的和谐局面。学校在2007年获得全国普教系统先进单位，2008年获全国文明单位，这标志着浸润于主人翁文化中的人民小学，在政通人和的新境界中展现着青春的活力与生机！

行动引领，务实高效

中国不缺乏思想家，缺少的是把思想转化为行动、创造出奇迹的实干家。而我，不愿做一个囿于书斋的空想家，我要通过有效的实干，把我的教育理想转化为现实！我常戏称自己是个既能当好"帅"，又能做"将"，还能当好"兵"的校长。

2004年年底，李鹏同志的夫人、全国关工委副主任朱琳同志到重庆视察，要参观一所小学，组织一场演出。市教委首先推荐了人民小学。任务紧要，我要让领导了解祖国西部的学校也是可以成为中国最好的学校之一的。我对准备工作进行了充分的构思和设计。能入选的节目很多，节目的筛选尤为重要。我针对朱琳同志熟谙外语、重视交流的特点，专门编排了生动有趣的英语小品剧，有效地调动了会场气氛。我还调动了小画家专门现场作画，孩子们富有特色的线描画让朱奶奶十分惊叹，给朱奶奶留下了很深的印象。朱奶奶不仅逐一参观了小主人丹青书画社、合唱团，与孩子们零距离接触，还兴致勃勃地用英语与学生交流了起来，临行时高兴地赠送给孩子们一批书籍文具。

这样的考验时有发生。2007年的一天，上午十点，我突然接到市委办公厅紧急电话，通知我下午三点有首长来校视察，希望我们做好接待工作，仅此而已，具体细节保密。时间紧迫，任务繁重，分管副校长外出开会，我立即召集相关人员开会，不到半个小时对安全工作、会场布置、校园参观、节目演出等作了周密的部署，并对各部门准备情况作了逐一细致的核查落实。四个多小时后，在市教委彭智勇主任的陪同下，江泽民同志的夫人王冶平女士来到了学校。接待活动非常成功，王冶平夫人非常满意。在这么短的时间内，我们完成了这么高规格的接待，完成了这么高质量的演出活动，这真是体现了一种"务实高效"，也体现了平时功夫的真实和扎实。

重庆成为年轻的直辖市后，常有重要的国际接待活动。每学期，我都会在繁忙的正常工作之余，接连不断地接待来自美国、英国、加拿大、日本等国家和中国台湾、香港等地区的教育访问团。特别是2005年的亚太地区市长峰会在重庆召开，几

我陪同江泽民同志的夫人——王冶平女士观看孩子们用
画笔勾勒美好的生活

亚太城市市长峰会期间，接待英国莱斯特市议长先生

十个国家和地区参加市长峰会的夫人们都要到我校参观。我与管理团队精心准备，抓住弘扬中华民族传统文化这一主题，创新接待内容和形式，除了表演武术、艺体、剪纸、民乐、民舞等外，我们还利用废旧物品和折纸艺术做了许多精美的小礼物，送给外国市长夫人们。夫人们离开学校时，带着琳琅满目的礼品，既丰富多彩，充满童趣，又显示了我们从娃娃抓起的"环保教育意识"。这些活动除了展示出人民小

学优秀的师生素质和强大的综合实力外，也充分展示了校长这个组织者的创新能力、策划能力和执行能力。

作为一个集"帅、将、兵"功能于一身的校长，要务实高效，最重要的是要厘清自己的思路，要善于在任何时候分析自己的优势和问题，并迅速作出调整和改进。校长要当好"帅"，最重要的是办学的思路要清晰，要能够不断发现问题、解决问题；当团队中的某个"将"有时难以胜任高难度任务时，作为"帅"的校长能够补充上去做好"将"的工作；校长还要懂得怎样当个"好兵"，而且随时能做一个"优秀的兵"。校长更要明白肩上的责任，所以我的每一个决策，都是经过深思熟虑的结果，都是广泛地听取意见、择其善者而从之的结果，为的是避免错误指挥，浪费人力物力。"想"是"干"的前提，充分地思考才会有果断的判定、正确的指挥、直切重点难点的身体力行。

要实现校长的办学理念，单靠校长一个人不行，只靠几位骨干老师也不够。怎样把教育的思想、理念和理想变成可操作的模式，纳入学校课程并得到保障，落实到教育教学中的每一个细节？这就需要一支高素质的管理团队。用对人，用好人，是高效的前提。善于发掘每个人的潜能，把他们放在最适合的岗位上，是我的又一大秘诀。

我总是根据干部的不同特质，把他们放在各自最适合的岗位上，充分挖掘干部的潜在能力，不断给干部以成功的鼓励。夏崇德老师，在学校工作近三十年，兢兢业业，勤勤恳恳，我发现了他具有细致周到、勤俭节约的好作风，任命他为融侨新学校的后勤主任。四年来，他把新学校的常规后勤工作管理得井井有条，对财物精打细算，对设施设备严格规范管理，为学校节约了大量资金。在我的鼓励下，他还把小主人农场充分运用起来，让它成为学生从小了解农业知识，学习农业科研技术的实践基地。一学期下来，在师生们的精心管理下，农场获得大丰收，仅2~6月就收莴笋1275斤，瓢白400斤，生菜190斤，黄秧白700斤，苞谷120斤，共收绿色蔬菜2685斤，收获的同时也丰富了学生食堂的菜篮子，为食堂节省了一笔支出。更重要的是学生们通过亲身参加农场劳动，受到生动而深刻的劳动教育，克服了平时爱挑食、不喜欢吃蔬菜的缺点，浪费的行为也少了，创造了效益的最大化，真正做到了科学服务、科学育人。夏老师怎么也没想到，自己在将近退休的年纪，还能为学校作出这么大的贡献。我想，只要能给干部提供适合自己的平台，他们就是最优秀的。

管理团队团结和谐，无私奉献，务实创新；以德为首，以和为美，以新为荣；杜绝空谈，注重实效，兼顾效益的多元化和最大化。几年来，干部队伍欣欣向荣地发展起来并日益成熟，这样的队伍，必将把主人翁文化精髓延续下去，发扬光大。

务实高效的工作还得益于我对制度建设的重视和强力推进、不断完善，科学的管理制度，就是高效的保障。通过纵横两条管理线来规范、生成、整合学校管理，"纵"是各学校的年级学科组、处室、校长三级的重规范、重督导的管理；"横"是各大园区的相互生成、整合的管理。尤其是把责任落实到年级学科组长们肩上，让他们行使对所辖范围的人财物事的职责和权力。将管理的重心下移，集大家的智慧和力量办事，也调动了更多人的积极性，效率自然就提高了。

成为全国劳动模范，孩子们用鲜花和微笑表扬我的进步

魅力引领，主动生动

作为一校之长，老师们却常亲切地叫我"丁妈"。我的确是毫无保留地把学校当作了家，老师们习惯地把我当做这个大家庭的妈妈。而我，正是把学校当做家来经营，把老师们当做亲人来关怀，"集忠诚与智慧于一身"，以校长的人格魅力引领着教师们、孩子们主动生动地发展。

作为教育界代表，我当选了重庆市十大女杰之一

学高为师，身正为范。我认为，校长是老师的老师，更应当具有高尚的品德和情操。在我任校长的这些年，就像爱护自己的生命一样，维护着学校的声誉，以高度的责任心和自律到近乎苛刻的方式，捍卫着学校的声誉。即使在21世纪之初学校建设最缺资金的时候，一些企业或个人主动提出帮助学校渡过难关，以换取他们所希望的利益，我都婉言谢绝了。我宁可自己乘一元钱的公共汽车奔波于有关单位争取资金投入，也绝不拿人民小学的品牌作交换，更不会以学校的名义为个人谋取任何私利。人民小学，这神圣不容侵犯的名字，容不得名利与个人主义的丝毫玷污。有所为，有所不为，我的坚守与执著，赢得了老师们的信赖。多少次，对于学校关键性重大决策的判断和指挥，对政策法规的准确把握，也让我赢得了老师们的敬重。

对事业永无止境的热情，对老师、学生、家长等不同角色的人的高度关注，与生俱来的坚定的原则性，这是我给很多老师留下的印象。和许多常年在外奔波的校长不同，一待硬件建设的使命结束，我就会把更多的时间扑在参加教师的学习活动上。"主人翁之园"研讨会、"科学育人"论坛、教研会反思会……我仔细聆听老师们的发言，鼓励老师们思想上的交流碰撞，设身处地从教师的工作需要和成长出发，真诚地肯定教师的创新，毫无保留地把自己的经验与大家交流。我能敏锐地从老师的发言中，发现他存在的问题，并且严肃认真地指出，公开及时地开展探讨，讲出我的认识和希望。我组织的任何学术研讨活动，大家都勇于打破情面，实事求是，我的讲原则、讲正气、真诚友善，营造了教师成长的民主宽松氛围。因为是真的为老师们好，老师们对我的指导心服口服，觉得我真是讲到了他们为之烦恼的症结上，有顿悟的感觉。我和老师们深厚的感情，就是建立在这样真诚的鼓励、无私的帮助上。

与年轻老师磨课

　　坚持原则和宽容理解并不矛盾。对每一位教师的深度了解并给予其最想要的帮助，是我让老师们尤为折服之处。有的教师，德才兼备、教艺精湛，在教育教学上日臻成熟，在校内外颇有影响，我对他们冠以"名师"之称，鼓励他们通过科研提炼经验，指导培养晚辈教师；有的教师，不一定是"全能型"教师，但在某个方面——动手制作、班级管理、语言表达等——有突出成绩，我鼓励他们发展优势，博学深钻，成为"特色之师"；还有年富力强的"骨干教师"、崭露头角的"教坛新秀"、初出茅庐的"明日之星"……于是，每位教师都有自己的定位和目标，"特色之师"特色更鲜明，骨干教师、青年教师挑战优秀，名师追求卓越，每位教师都有希望收获自己最大的成功……为了满足专业教师对发展学科教学的需要，我在制定学校建设规划时，为他们留足了个性设计的空间。为了节省体育老师的精力，克服用地困难，我把体育器材保管室建在操场边上；为美术老师在教室配上了清洁用水装置；为科学老师在校园配备种植了200多种植物……老师们在校长的关爱中感动，在感动中更加努力奋斗。我提供经费保障，支持教师们建设起各类体育团队、艺术组织、读书沙龙等俱乐部，高雅充实的业余生活，提升了教师的精神境界。能成就我的老师们事业的成功，我是幸福的。

我们一起用歌声抒发心中的激情

我乐于发挥自己的专长帮助任何需要帮助的人，而且尽挑硬骨头、敢于打硬仗。回想十年前，我乘着充斥着柴油刺鼻气味的汽车，在泥泞的山路上颠簸数小时，晕车、呕吐数十次，才终于站在垫江县五洞镇小学前的情景，我真是感慨万千。十年间，在频繁的书信、移位教学、科研交流等往来中，这所房舍破旧、设备简陋、教师短缺、观念陈旧的农村学校，发展成了一所中心校带动5所村校、点校，师生共计2500多人的规模较大的学校，师资力量得到加强，教育教学质量显著提高，办学

人民小学城乡儿童"手拉手"庆祝六一

水平迈上新台阶，综合实力不断增强。学校还被评为全国流动人口子女、农村留守儿童示范家长学校、重庆市文明单位。能帮助一所学校依靠自己的力量赢得巨变，这让我感到再苦再累也值得。2007 年，根据胡锦涛总书记"314"讲话精神，重庆市推进城乡统筹改革试点，全市掀起了城乡教育统筹发展的高潮。作为党的"十七大"代表，我先后多次到农村学校实地调研，先后选派我的精兵强将数百余人次，对农村薄弱学校、库区学校进行帮扶，足迹遍及城口、巫山、巫溪、奉节、垫江、涪陵等 30 多个区县，行程上万公里。2008 年 1 月，经全国教育科学规划办审批，我校"主动教育理论与实践"研究课题成为全国教育科学"十一五"规划课题。课题吸纳大足县龙岗实验一小和垫江县五洞镇小学作为子课题单位，一所渝西地区的县城学校，一所三峡库区的乡镇学校，两所学校根据学校自身特点，分别开展"城镇小学生自主活动、主动发展模式研究"和"基于主动教育的农村小学合作教育研究"，可以预见主动教育的辐射示范作用将进一步扩大。教育的城乡统筹，不只是给孩子一张书桌，更要让农村孩子平等地享受优质教育。目前以我校"主动教育"为核心已形成了一个素质教育协作区，人民小学正以优质教育资源的共享来帮助农村学校、师资薄弱学校实现教育观念、教育技术、教育策略上的进步。这是人民小学

代表重庆市的党员们投上神圣的一票

这样的学校、也是我这样的校长，应当承担的责任和义务。

2007年10月，在党的"十七大"代表大会上，我在人民大会堂聆听了胡锦涛总书记的报告，当天下午两点，我们重庆代表团就要在人民大会堂重庆厅接受中外记者的现场采访。我们的代表团团长——中共中央政治局委员、重庆市委书记汪洋同志要我在采访会上发言，从基层代表的角度来评价胡总书记的报告，而且要结合自己的工作实际。听完总书记报告到发言的时间只有中午的两个小时，这个时间紧迫、难度很大、政治要求很高的任务，我没有任何退却和推辞。作为重庆市基础教

认真履行党代表职责

育战线高票选出的十七大代表，这是我的责任。我以"主人翁文化精神"为战斗力，结合我平时的所思所想所干的事，结合我多年对重庆市基础教育的调查研究，做了20分钟精彩的发言，得到了汪洋书记、王鸿举市长及与会代表的高度评价。汪书记称赞我："一定是教语文出身的校长吧，有这么强的概括能力和准确的表达能力。"我想我这样的发言机会已经不是代表自己了，而是代表重庆市基础教育战线的形象。我要通过自己的表现，展示中国小学校长的风采和魅力。

高质量的学习、高水平的活动、高品位的生活，我为老师们描绘的一幅幅蓝图一一实现，我也拥有了一支格外优秀的教师队伍，他们就是一所学校最重要的资源。曾经，我校一位老师在全国竞赛中获奖后，被一所全国著名学校以重金相邀，她微笑着婉拒了；另一位教师在出国培训后主动放弃留任该校的机会，坚持回到了学校自己的岗位；还有一位教师放弃了考上的公务员职位，愉快地走进人民小学……我知道，吸引他们不约而同地坚守在人民小学的原因，是这里有我们共同的事业，是他们与我之间不能割舍的感情，是人民小学有适合他们个性成长的环境，有让他们作为教师最大的自豪和骄傲……

作为人民小学第九任校长，我没有辜负老一辈革命家和卓琳老校长的希望，尽我最大的努力，用整个的心、整个的人生，做着"整个的校长"，把党和国家交给我的这所光荣的学校引向了新的高度，交上了一份满意的答卷！追求教育理想的征程是没有止境的，既然我的一生注定和教育事业连在一起，我就要为着教育的理想而倾尽全力、永不止步，做一个躬耕实践者！如今，人民小学正以鲜明的"主动教育"办学特色，扛起了创长江上游教育中心和西部教育高地、迈向教育现代化的大旗；而我，仍以挑战优秀、追求卓越、争当一流的气魄和胸襟，为党和人民的教育事业不懈地努力！

"十七大"谏言献策座谈会，把一线老师们的心声带到"十七大"

我的主动教育思想

一、主动教育的理论研究基础

教育，作为一种培养人的社会实践活动，是人"直接以塑造和建构主体自身为对象的实践领域"。现代教育培养的人应该是有主体性的人，只有这样的人才能主动、积极地参与社会生活，并为社会进步作出贡献。主动教育是实现这一要求的必要环节。对主动教育的研究始于 20 世纪 80 年代中期，至今历时 25 年。25 年来，主动教育不断针对学校教育中出现的现实矛盾，按照教育发展的科学规律，在教育实践中调整和改进研究方向、研究重心、研究力度，使主动教育的研究得到系统化、科学化的推进，在发展过程中不断丰富、提高、开拓，成为我校全面推动素质教育的有效途径。

（一）主动教育研究的背景和历程

1978 年，教育界开展了对教育本质的大讨论，一时百花齐放，蔚为壮观；1983 年，邓小平同志为景山学校题写的"三个面向"成为我国教育理论和实践的旗帜；1985 年，全国教育工作会议《中共中央关于教育体制改革的决定》指出：人才是现代化建设成败的关键，没有教育就没有人才。发展教育和改革教育体制，这是关系到"四化"成败的全局问题、战略问题。教育体制改革的根本目的是多出人才、出好人才。培养人才，一定要按照新时代的需要来培养。为了实现四化的宏伟目标，我们一定要把教育体制的改革坚持下去，直到完全达到目的。这些认识，让我校在主动教育形成之初，就明确了它的价值取向——既要全面贯彻党的教育方针、促进学生全面发展，又要培养具有强烈主动性、个性鲜明、能力突出的社会主义建设事业所需要的人才。因此，我在 1984—1992 年主动教育第一阶段的研究中作为主研人员，在老校长颜恩文的主持下，结合学校优良的革命传统和具体实际，侧重于通过"小主人社团"探索主动教育特色办学的整体改革，培养全面发展、个性鲜明的"三个小主人"。1992 年，整体改革实验获重庆市教育科研成果一等奖。

1993 年，中共中央、国务院颁发的《中国教育改革和发展纲要》中指出："中小学要由'应试教育'转向全面提高国民素质的轨道，面向全体学生，全面提高学生的思想道德、文化科学、劳动技能和身体心理素质，促进学生生动活泼地发展，办出各自的特色。"这里，十分明确地指明了素质教育的三个要义：面向全体，全面提高，主动发展。因此，主动教育第二阶段的研究，找准"应试教育"中学生"被动学"、老师"被动教"的弊端，从学校教育的主阵地——课堂教学切入，进行了为期十年的"主动教育特色的课堂教学"研究。通过课堂中学生学习方式和教师教学方式的改革，调动起每一个学生的学习积极性、主动性，让学生主动地、生动活泼地发展，从而全面贯彻了教育方针，全面提高了教育质量。主动教育的学生观、质量观得以端正，"小主人社团"和"主动教育特色的学科课堂"成为主动教育重要且成熟的育人途径，主动教育育人模式初步形成，主动教育的特色进一步凸显，风格日益鲜明。课题《实施主动教育，促进学生生动活泼地主动发展》和《主动教育特色的学科教学研究》均荣获重庆市教育科研成果一等奖。2009 年我主持主研的《主动教育特色的学科教学研究》获重庆市政府颁发的重庆市教学成果一等奖。

在这两个阶段研究进行的同时，我们也看到：改革开放，以经济建设为中心和市场经济的兴起，使本来重智育、重科技、重理轻文的有违全面发展的"应试教育"，又受到功利主义、个人主义的影响，对素质教育的推进形成新的阻力；另一方面，改革开放所带来的价值多元化，给人的成长带来强大的冲击，教育界也因此出现了忽视思想品德教育的现象，导致道德滑坡、人文精神失落、理性与信仰萎缩的倾向。这让我们意识到素质教育要实现提高全民族素质的远大目标，要从根本上提高学生的人文素质，树立学生积极的、具有优良民族传统的精神价值追求。2003 年，我带领师生，充分挖掘学校光荣的革命传统和深厚的文化积淀，提出了主动教育要培养学生"主人翁精神"、培育学校"主人翁文化"的价值追求，极大地丰富了主动教育的内涵，在全市基础教育战线率先掀起了研究"学校文化建设"的改革浪潮。

21 世纪初我国提出"加快构建符合素质教育要求的新的基础教育课程体系"，2001 年秋季，我校首批进入新课程改革。在新课程改革中，我们坚持以"十年磨一剑"的精神，把对主动教育的深入研究和丰富完善，作为新课程改革的途径，作为切实推进素质教育的推进器。尤其关注了教师的发展，把教师发展作为主动教育学

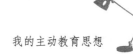

校课程建设的重点，主动教育的育人目标从"三小"（三个小主人）向师生的"三高"（高质量的学习、高水平的活动、高品位的生活）拓展，育人途径涵盖了培养学生的小主人社团、学科课堂，还有培养各类教师的名师成长苑，并有面向全体师生的综合评价系统予以保障。师生在学校"主人翁之园、健康之园、科学之园、园林之园、幸福之园"五园的教育实践中，健康成长，主动发展，践行着"人民小学——小主人成长的摇篮"办学理念。2005 年，教育部周济部长来渝考察座谈，听取了我的题为《潜心实践，主动发展》的汇报发言，肯定了学校实施素质教育的长期坚持和突破性进展。

25 年主动教育的研究，使学校素质教育成果显著，办学水平日益提高，学校先后被评为全国精神文明单位，全国教育系统先进集体，全国德育、体育、艺术教育、科技教育先进单位。2008 年，"主动教育理论与实践"的系统研究被纳入"全国教育科学'十一五'规划 2007 年度教育部规划课题"，着力进行主动教育理论与实践的深入研究以及主动教育推广运用的研究。

回顾 25 年主动教育研究发展的历程，2007 年我在"全国特色学校建设高峰论坛"上总结出三大特点：

第一，主动教育的形成，经历了"追寻、创立、挖掘、系统"四大历程，总结了较为整体的实践经验，提炼了较为精炼的理论成果，涉及学校的历史传统、文化理念、目标、途径、方法到评价等诸方面，使主动教育办学特色具有系统性、整体性和可操作性。它从一个角度诠释着素质教育的内涵、任务、目标和运行机制。

第二，主动教育研究，深入学校的德育、教学、科研、校园文化、小主人社团、名师成长苑、家长委员会、社区等各个部门，具有广泛而坚实的群众基础，研究的周期长，持之以恒，不懈追求，不断完善，具有很高的认同感，使办学特色在学校和社区中具有强大的生命力。

第三，主动教育的特色使学校校长、教师、学生乃至家长具有了鲜明的个性色彩，并能将主动教育的个性融入实施素质教育的共性要求之中，个性与共性高度结合。主动教育特色办学，能够使学校的办学水平和办学质量得到不断提升，为学校教育迈向教育现代化奠定坚实的基础。

（二）主动教育的界定

"主动"在《现代汉语词典》的解释有两种：一是不待外力推动而行动（与被动相对）；二是能够造成有利局面使事情按照自己的意图进行（与被动相对）。我们认为，在学生学习过程中的"主动"是不需要教师过多地牵引而学生自觉践行学习过程，形成知识的意义建构；在教师职业生活中的"主动"，是不需要上级或外界逼迫施压，教师自觉担当岗位职责，自定进行职业规划并积极实践，推进事业发展；在人的发展过程中的"主动"，是不需要别人包办代替，人自觉规划人生，积极追求人生目标，构建健康幸福的人生。

与主动教育相关联的研究，提得最多的是"主体教育"。我们认为，"主动"与"主体"在内涵上不尽相同。"主体"强调的是人的地位、身份、角色，而"主动"不仅明确了主体的角色地位，还强调了主体要自觉积极地付诸行动，发挥作用。

我们认为，主动教育，从根本上说，是在承认人的主体地位的前提下，追求人的解放，把成长的主动权还给学生，培养学生主动性，形成主动力，为学生全面、可持续发展奠定基础。

具体地说，我们认为主动教育是在国家的教育方针指引下，注重培养受教育者的态度、情感、意志与能力，使学生充分发挥主观能动作用，按照社会的要求和自身发展的需要，主动求教，自觉进取，积极参与教育教学过程，从而得到全面发展的教育。主动教育把转变学生思想作为前提，以全面提高学生素质为目标，以马克思主义哲学、心理科学和教育理论科学为理论基础，以改革教育教学方法为中心，始终把学生放在主体的位置，通过尊重、信任、引导和激励等影响作用，最大限度地调动学生的内在动力，为每个学生都提供表现自己个性与才能的机会和环境，促其主动修身，主动求知，主动劳动，主动管理，主动参与，最后达到主动发展的目的。

主动教育的核心观点有：其一，人的发展从根本上说是主体性的发展。没有主体内在潜能的开发，没有外在文化知识经发展主体的内化，人的发展是不可能的。其二，教育中的双主体性。教育是人施之于人的活动，是教师和学生双边活动的过程，其核心关系是教与学的关系，教师和学生都是主体。这就是说，主体的发展不仅不否定教师的作用，而且把教师也视为并列活动主体，且发挥着指导者的作用。这就是教育中的"双主体性"。这样，只有双方的主体作用都得到充分的发挥，并且配合协调，教育才能获得最佳效果。其三，主体的发展是在认识和实践中完成的。也就是说，主体性教育将重点放在尊重和唤醒主体意识、倡导和发挥学生的主动性与创造性上，也就是所有教育的最终落脚点——促进学生的主动发展。

（三）主动教育的思想溯源

主动教育既是一个历史的又是一个现实的课题。在历史上，许多教育家都曾直接或间接地提到过主动教育的思想。

老子强调自我认识、自我改造、人的主动作为。提倡学生要"好学"、"乐学"，好仁不好学，其蔽也愚；好知不好学，其蔽也荡；好信不好学，其蔽也贼；好直不好学，其蔽也绞；好勇不好学，其蔽也乱；好刚不好学，其蔽也狂。实际上这就是主动教育思想的最初萌芽。孔子要求学生"自行束以上"，其用意主要是考察学生是否具有求学的主动性和自觉性。在入门仪式上，孔子重视学生择师的主动性和自觉性；当学生另择他门时，孔子的态度也十分宽容。孔子的学生子贡在回答南郭惠子"夫子之门何其杂也"的疑问时说，"君子正身以俟，欲来者不拒，欲去者不止"（《荀子·法行》）。孟子也指出："夫子之设科也，往者不追，来者不拒，苟以是心至，斯受之而已矣。"（《孟子·尽心下》）从这些记载中可以看出孔子强调的是受教育者的"心至"，重视的是学生主动性的高低和学习动机的有无。儒家这一"不叩不鸣"的教育风格与墨家"强说人"精神形成了强烈的对比。教育观的这一特色表明，孔子对学生的主动性在教育中的重要作用有着深刻的理解，这充分展示了儒家"择善而从"的宽容精神。类似的思想还有"三人行必有我师焉"（《述而》），学无"常师"（《子张》），"敏而好学，不耻下问"（《公冶长》）等。孔子有此言亦有此行，少正卯在鲁讲学，曾使"孔子之门，三盈三虚"（《论衡·讲瑞篇》），但孔子并不因此对那些曾经弃他而去的学生不满或歧视，足见他对学生的主动性的重视。

孟子强调"引而不发"，要让学生自己去"发"，实际上也就是倡导在教师的引导下学生主动地学习。他提倡的"深造自得"与我们今天提倡的要学生加强自学，变灌输为主为自学为主很有相似之处。他认为知识的学习，并非从外而来，必须经过自己主动自觉地努力钻研，才能彻底领悟，他认为高深的造诣要有正确的方法，这就是要通过自觉地追求得到。而自觉地追求得到，把握得比较牢固，牢固地把握而不动摇，就能积蓄很深，积蓄很深便能取之不尽，左右逢源，所以要自觉地有所得。追求探索便会得到，放弃便会失掉，这就是益于收获的追求，这就是说，要重视学生自得，自觉得到的知识才能成为自己的知识。

朱熹认为学者首先要立志，树立明确高尚的志向。他说："问为学功夫，以何为先？曰：亦不过如前所说，专在人自立志。既知这道理，办得坚固心，一味向前，何患不进。只患立志不坚，只听人言语，看人文字，终是无得于已"。又说："书不记，熟读可记。义不精，细思可精。惟有志不立，直是无着力处。"所谓立志，即是树立要做尧舜或圣贤的目标。"学者大要立志"，"才学便要做圣人是也"，"所谓志者，不是将意气去盖他人，只是直截要学尧舜"。但一般自暴自弃的人，多半不能树立做圣贤的明确高尚的目的。他说："学者立志，须教勇猛，自当有进。何谓勇猛坚决呢？就是如饥思食、渴思饮的态度。"所以他又说："立志要如饥渴立于饮食。才有悠悠便是志不立。"朱熹认为立志要明确高尚、勇猛坚决，这样就会有坚强的信心，何患不进？只有人立下大志，才能主动追求目标，奋勇向前。

陶行知是最提倡主动教育的人之一，陶行知认为，有创造力的学生集体既有"自动的能力"，又有"自觉的纪律"来影响和引导着全体学生，它能够以集体的努力共同探讨追求真理，以集体的力量创造"健康之堡垒"、"艺术之环境"、"生产之图地"及"学问之气候"。他把主动教育与创造结合起来，认为只有主动教育才能培养有创造性的人才。同时在谈到儿童教育时曾提出过教育要解放人的身心的"六个解放"：第一，解放儿童的头脑，使他们能想。第二，解放儿童的双手，使他们能干。第三，解放儿童的眼睛，使他们能看。第四，解放儿童的嘴，使他们能说。第五，解放儿童的空间，使他们能到大自然、大社会里去扩大认识的眼界，取得丰富的学问。第六，解放儿童的时间，使他们有一些空闲消化学问，并且学一些他们渴望学习的学问，干一点他们高兴干的事情。这是非常有见地的。他道出了教育的本旨——教育首先要解放人，而不是束缚人，更不是压抑人、压制人，而是发展"主动"的人。

在西方国家，古希腊的苏格拉底创立"产婆术"教育法，就是让学生主动地去学。在教学的方法上，苏格拉底通过长期的教学实践，形成了自己一套独特的教学法，人们称之为"苏格拉底方法"，他本人则称之为"产婆术"。他母亲的产婆术是为婴儿接生，而他的"产婆术"教学法则是为思想接生，是要引导人们产生正确的思想，引导学生主动地学习。

"苏格拉底方法"自始至终是以师生问答的形式进行的，所以又叫"问答法"。苏格拉底在教学生获得某种概念时，不是把这种概念直接告诉学生，而是先向学生提出问题，让学生回答，如果学生回答错了，他也不直接纠正，而是提出另外的问题引导学生思考，从而一步一步得出正确的结论，放手让学生主动践行，直到解决问题，就像产妇自己生孩子一样。

（四）主动教育的理论基础

1. "内因自育"论

毛泽东在《矛盾论》中指出：内因是根据，外因通过内因起作用。一切教育活动都要通过学生自己主动教育才能起作用。也只有学生学会了"自育"才能适应瞬息万变的社会发展，才能达到叶圣陶先生所说的"教是为了达到不需要教"的目的。研究发现个体对自身认知过程存在反审认知即元认知，能对自己的认知过程进行评价和调节。可见，学生具有自我意识、自我教育、自我调控的潜能，这为指导学生主动学习提供了可能。学习是学生逐渐学会运用元认知能力强化自我认知意识、逐渐完善自我的过程。这个过程包括三个前后衔接互相渗透的阶段：认识自我、发展自我和自我发展。认识自我包含认识自我和智能、情趣、个性、行为的现状及其发展可能性。个体要知道："我怎么样？""我为什么这样？""我还可以怎么样？"把自己的认知当做客体来认知。发展自我指学生在教师的引导下学会运用元认知来发展自己智能、情趣、个性、行为并达到协同的过程。自我发展指把学到的发展自我的本领用到实践中去，用到学习劳动、社交活动、科技活动和其他活动中去，从中实践自我。即把主体化的类本质力量外化到客体的过程中发展自我，最终达到自育。

2. "学生中心"论

教育家杜威的"学生中心"理论更把这种思想发展到了极致。"教者之事，不过在本其较丰富之经验与较成熟之判断，以助儿童生活之发达而已。"不是学生围着教师转，而是教师围着学生转。他主张社会必须充分尊重每个人的兴趣和爱好，在社会实践中每个人都应发挥自己的个性和创造性，努力实现自身的抱负。这表现在教育哲学上，意味着教育必须充分重视学生的个性和兴趣，教育在发展学生的自由个性时还要发展他们的合作精神，发展他们的进取心和创造力，发展学生主动适应环境的能力，学生即儿童成为教育的中心或主体。

3. "全面发展"论

马克思关于人的全面发展理论强调主体的发展是教育的最高目的，并指出，只有当人所从事的活动转化为"自由的自觉的活动"时，才能使个人的全面发展得到充分的体现，实现主体是人的本质的最高层次的表现，是全面发展的人的根本特征。主动性是人成为主体的前提和基础，是人支配自我参与实践的权利和能力。实践性则在时空上为人正确认识自己、实现自我、发展自我提供了根本保证。

4. "人道主义"论

苏霍姆林斯基教育思想的核心是人道主义。相信人，相信每一个孩子是他的教育信条。他说："每一个儿童身上都蕴藏着某些尚未萌芽的素质。这些素质就像火花，要点燃它，就需要火星……"教育最最重要的任务之一，就是不要让任何一颗心灵里的火药未被点燃，而是要使一切天赋和才能都最充分地发挥出来。"也就是说，每个人身上都具有某些好的素质，教师要善于挖掘这些素质。是啊，学生是一个个活生生的生命体，有自己的性情、有自己的爱好、有自己的特长……"可谓各有各的精彩。在苏霍姆林斯基看来，学生都是具体的，没有抽象的学生。学生的禀赋、才能、爱好和特长是各不相同的，要让他们充分发展，就要提供良好的条件。而我们要做的就是要扬长避短，让学生在他最擅长的方面自信而快乐地成长，成为最精彩的自己。正因为这样，主动教育在人的发展问题上，不仅要重视全面发展，同时也要考虑到个性的发展。

（五）主动教育的意义

1. 研究意义

主动教育是针对被动教育而提出的一种整体性的革新。现实的教育有巨大的成就，也有不少缺陷，其中最大的缺陷就是被动性。这一缺陷在教育的各个方面都有不同程度、不同形式的表现。在教育的外部关系中，例如教育与政治、经济、科技等的关系，往往是被动地受决定、受制约，或者是被动地去适应、去服务。这种被动性扭曲了教育在社会系统中应有的正常的地位和作用。在教育的内部关系中，教师与学生都不同形式地存在被动性。教师被动地扮演社会"传声筒"的角色，对学生的个性、人格构建缺乏自主意识和设计，近年来又日渐把教材、教法、考法归依于各级教研室，从教的内容，到作业、试卷，都是别人给准备好的，教学研究与探索的主动性、创造性减少了；学生则存在着被动地学的现象，从学什么，到如何学，学成什么样，都是由别人安排和计划的，自己只是一个被动的"执行者"。在生活中，学生是"小皇帝"，"饭来张口，衣来伸手"，完全是家长们安排好的，处于完全被动的地位；在活动中，活动的设计、活动的参与、活动的体验和总结都是教师设计好的，学生只是盲目地参与，很少有学生自己设计一些实践性的活动主动去践行，并从中体验成功。

被动性的活动、生活和学习培养出来的人不可能主动发展，由这样的人组成的社会是一个缺乏生气的社会。虽然教育中被动的消极影响还没有达到如此严重的程度，但是它也足以引起我们的高度重视，必须进行必要的改革，使被动的教育变为主动的教育。主动教育的本质内涵是全面的、综合的，概括地说主要包括两个基本的、相互关联的方面，即教育外部关系中的主动教育与教育内部关系中的主动教育。前者旨在确立教育在整个社会系统中独立的、主动性的地位；后者旨在确立教师与学生，尤其是学生在教育系统中主体的、能动的地位。这两个方面的主动教育既相互联系，又相互区别，表现出不同的特点。

2. 基本含义

主动教育是我校实施素质教育的特色教育。它由办学理念、学校文化精神、学校特色育人目标、学校特色育人模式、特色操作系统五大部分组成。

主动教育以人为本，强调人的整体性（全面素质）、强调全体性（面向全体学生），特别强调发展性（学生的可持续发展），它是把培养人的主观能动性作为教育培养目标，把主体的身心健康全面发展作为最高的育人目标。它提出要培养学生做学习的主人、活动的主人、生活的主人。使学生的成长具有主动性、实践性和创新性。它为学生主体思维素质的培养创造了十分有利的环境和条件，通过学校、教师、学生、家庭的共同努力，形成学生主动学习、主动思考、主动提高、生动活泼的局面。

主动教育既重视学生的主动发展，又重视教师的主动发展，提出了在成就学生的同时成就教师，倡导教师作专业发展的主人，做科学管理的主人，做幸福生活的主人。它倡导教师用"主动教导"来激发学生"主动学习"，使教师的教导具有主导性、服务性、激励性。

主动教育既是一种特色的办学思想又是实施素质教育的一种育人模式，学校在主动教育特色办学理念的引领下，从文化、管理、教育、教学等方面都凸显了主动教育"自主自强、求真求新"的精神内涵，主动发展，追求卓越，体现了学校发展的科学性、特色化、持续性。

3. 发展意义

主动教育的研究历时 25 年，经过了"追寻、创立、挖掘、系统"四大阶段，从小主人社团一个"点"上的研究，到学校办学特色的全面思考，又回到学科教学特色这个点的深入研究，再到主动教育育人模式的逐步建构，最后到对主动教育理论与实践的研究，我们经历了"实践—认识—再实践"的不断发展过程，体现了"部分—整体—部分—整体"的可持续发展过程。它总结了较为整体、有效的实践经验，提炼了较为精炼的理论成果，涉及学校的历史传统、文化理念、目标、途径、方法到评价等诸方面。主动教育的研究，涉及课堂教学、德育、科研、校园文化、小主人社团、名师成长苑、家长委员会、社区等各个部门和环节，具有系统性、整体性和可操作性，获得了广泛而坚实的群众基础，在师生、家长、社会中有很高的认同感。学校以此为鲜明特色，办学水平和办学质量不断提升，为学校教育迈向教育现代化奠定了坚实的基础。主动教育有广阔的发展空间和研究空间，它是我国基础教育战线中深化实施素质教育的特色教育，也是新课程改革中的校本课程研究模式，它必将在我国 21 世纪教育改革中结出丰硕的成果。

（六）主动教育的基本原则

在主动教育理论指导下，我们根据需要调整取舍、不断概括总结，确立了主动教育的基本原则。

1. 激励性原则

激励性原则是教师在育人过程中最大限度地调动学生主动参与的自觉性和积

极性，激活学生的各种心理需求以激发其内在动机，使学生自尊自信；激励学生的兴趣、好奇心与激情，诱导学生的想象与创新，促进学生情感、认知技能的发展。

2. 主体性原则

主体性原则，就是承认、重视并坚持主体在认识和实践活动中的地位和作用的原则。其核心是突出人的主体性。这种主体性主要包括能动性、自主性、意识性、选择性、实践性和创造性。

3. 能动性原则

能动性原则是指相信学生在学习、生活和活动中有目的、有计划、积极主动的活动能力。这里指人的主观能动性。

4. 发展性原则

发展性原则是主动教育评价中最重要的原则，是指依据一定的教育发展目标和发展价值观，评价者与学生配合，制定双方认可的发展目标，由评价者与学生共同承担实现发展目标的职责，运用多种评价技术和方法，对学生的学习过程、活动经历、生活方式、实践能力、创造能力和素质发展进行价值判断，使学生在评价活动中不断认识自我、发展自我、完善自我、超越自我，发展潜能、掌握方法、养成习惯，逐步实现不同层次的发展目标，优化自我素质结构，自觉地发自内心地改掉缺点，发扬优点，不断实现发展目标的过程。

5. 创造性原则

创造性原则立意在创和造上。我们要求教师创造性地教，学生创造性地学，创造性地活动，创造性地生活。而对学生来说，主要途径是探究，没有探究就没有发现，就没有创新。

进行主动教育改革，必须坚持创造性原则。坚持了这一原则，主动教育才能从生动活泼的浅层次上升到高水平发展的深层次，达到理想的境界。

（七）主动教育的育人模式

在现代教育学和心理学的指导下，我们通过多年的实践，总结出了主动教育的育人模式。其结构见下所示。

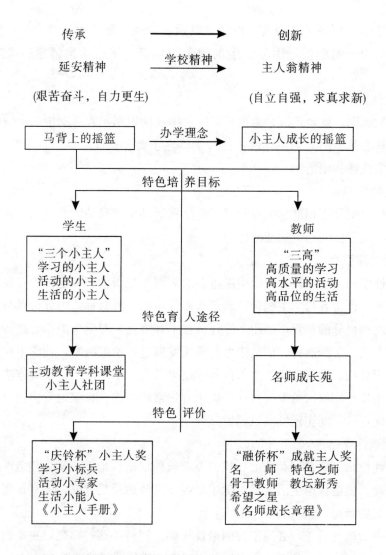

传承 ⟶ 创新

延安精神 —学校精神→ 主人翁精神

(艰苦奋斗，自力更生) (自立自强，求真求新)

| 马背上的摇篮 | —办学理念→ | 小主人成长的摇篮 |

特色培养目标

学生

"三个小主人"
学习的小主人
活动的小主人
生活的小主人

教师

"三高"
高质量的学习
高水平的活动
高品位的生活

特色育人途径

主动教育学科课堂
小主人社团

名师成长苑

特色评价

"庆铃杯"小主人奖
学习小标兵
活动小专家
生活小能人
《小主人手册》

"融侨杯"成就主人奖
名　师　特色之师
骨干教师　教坛新秀
希望之星
《名师成长章程》

（八）主动教育特色的学科教学操作系统

主动教育的主阵地在课堂，所以，下面重点介绍在主动教育思想指导下的学科教学模式的操作系统。

1. 以"厘清—调整—突破—发展"为要素的教法系统

（1）厘清：厘清学科特点和教学目标，厘清教材重难点和教学思路，厘清学生的学习状况。

（2）调整：根据社会生活、学生实际需要，学生是否能接受、能调动、能参与、能发展来调整教学目标，取舍教学内容，修改教学过程及方法。

（3）突破：在调动学生主动学习，指导学生善于学习、创新学习方法上有突破，在新的教学指导思想与个性化的教学方法的结合上有突破。

（4）发展：施教中的设计、过程、结果要能使每个学生有所发展，而学生的发展还能促进教师自身的不断发展。

2. 以"趣、情、思、议、练、评"为要素的学法系统

（1）趣：游戏中激趣，情景中激趣，合作中获趣，探究中获趣，体验中寻趣，成功中寻趣。

（2）情：以景入情，由趣引情，启发激情。

（3）思：指观察、阅读、操作等实践中的思维活动；集中、发散、逆向、批判、创新等思维品质。

（4）议：敢于议论，敢于质疑，敢于发表个人见解，有独立性与自信心。形式为个人议论、同桌议论、小组议论、争议、辩论。

（5）练：口头练习、书面练习、实践探索练习、动脑思考练习。

（6）评：自评、组评、班评、生评、师评、家长评。

3. 以"关系、目标、形式、方法、结构、评价"为要素的评价系统

（1）师生关系民主和谐。

（2）教学目标整体综合。

（3）学习形式生动活泼。

（4）教学方式启发感染。

（5）教学结构多样灵活。

（6）教学评价调控激励。

二、主动教育的学生观

（一）主动教育的育人目标

1985 年，学校整体改革试验时，确定了以主动教育为办学特色，并进行了课题研究。当时，我们对主动教育的认识还比较粗浅，认为它是针对"被动教育"而提出的一种整体性的教育革新。主动教育"以人为本"的本质属性就是促进人的主体性的发展。主动教育的"以人为本"，把学生这一主体作为主动教育的出发点和落脚点，培养人的主体性，把重视人的持续性发展、弘扬人的主动精神、发挥人的主观能动作用作为教育培养目标，把主体的身心健康、全面发展作为最高的育人目标。我们认为要在国家教育方针下，明确提出主动教育的特色育人目标，体现主动教育特有的价值追求。但是，主动教育的育人目标是什么呢？

正在我们痛苦思考的时候，贺龙元帅的女儿贺小明女士，也是学校的校友，回访母校，启发我们开始了对学校历史资料的整理。原来，人民小学诞生于河北邯郸，前身是晋冀鲁豫军区干部子弟学校。后来，这所子弟学校在战火的洗礼中不断发展扩大，后迁到重庆，正式定名为西南人民小学，由邓小平同志的夫人卓琳同志担任校长。原来，刘伯承元帅还亲自提出了校训：我们要为将来建设社会主义新中国培养人才，他们必须有文化、有道德、爱劳动、爱祖国，具有创造精神和铁的纪律。这个办学宗旨一定要明确，千万不能培养特殊阶层和娇骄儿。没想到学校竟有如此特殊的历史。

刘伯承元帅校训碑，立于学校中心

五星大楼，原晋冀鲁豫军区干部子弟学校宿舍

于是我们借鉴我校的历史，提炼我校的校训，提出了主动教育的育人目标为：

做学习的小主人　做活动的小主人　做生活的小主人

这三个小主人的特色目标，由"九自"的序列来呈现，"三主九自"为：

做学习的小主人——自学、自练、自评

做活动的小主人——自愿、自主、自治

做生活的小主人——自律、自理、自护

"三主九自"的目标序列确定后，我们先从"做活动的小主人"着手改革。

1. 做活动的小主人——我的活动，我做主

"我的活动，我做主"，这句话是做活动小主人的核心价值。活动是小学生成长不可缺少的部分。在活动中，孩子们能够感受情感上的愉悦，全身心地投入到自己喜欢的活动中，活动时轻松自如，不同的孩子都能够最大可能地找到适合自己，并能发挥自己爱好和特长的平台。活动的过程，是孩子参与和实践的过程，多种感官密切配合，协调行动，能够实现做中学，学中做，教、学、做合一。杜威曾提出教育应以儿童实际经验为起点，以自由活动为方式，发挥儿童的主动性和创造性。他认为从经验中学使得学校里知识的获得与生活过程中的活动联系了起来。正是由于

孩子们参与的多样性活动，使孩子们真正地"活"了起来，处于一种宽松、和谐、愉快的氛围之中，处于"激活"的状态。正是由于活动高度的适应性，才能使我们的主动教育照顾学生的个别差异，使教育具有相当大的弹性，有利于培养学生多方面的能力和良好的思维品质。

我们从"自愿、自主、自治"三个方面来落实学生"做活动的小主人"。

和孩子们一起庆祝新年，多么快乐

自 愿

自愿，也就是学生是否愿意参与活动，什么时候、和哪些人、参与什么活动，都是根据自己的内在需要、自己的实际情况所作出的判断和选择，是出于自己的意愿，而不是被成人所迫或所强制规定的结果。

我们发现，过去老师整齐划一的安排、硬性规定的方式，往往忽略了学生个体在情感、兴趣、爱好、个性特征等方面的差异。即使是良好的愿望，也得不到学生热情的回应。有的孩子选择航模活动，可能是因为有当航天员的梦想；有的孩子选择动物饲养，可能源于对幼时亲近的小动物的离失感到愧疚；有的学生一年级选择舞蹈、四年级可能选择绘画，因为她发现自己在美术上更有天赋……学生的兴趣千

"小主人合唱团"创建于 20 世纪 80 年代初

差万别，已有的生活体验、知识经验也各不相同，并且不断发生着变化，让学生被动地接受老师的安排，让学生面对自己不喜欢、完全陌生的活动内容、活动形式，学生即使有再高涨的参与热情也会逐渐消退。再好的活动内容、再合理的活动设计，如果没有孩子的自觉、自愿，即使有外在的约束和强迫，孩子们往往也只是应付了事。因此，自愿参与是前提。自愿是孩子们全身心投入到活动中的强大动力。这是千差万别的孩子们共有的特点。"在人的心灵深处都有一种非常根深蒂固的需要，这就是希望自己是一个发现者、研究者、探索者，而在儿童的精神世界中，这种需要特别强烈。"（苏霍姆林斯基）这种动力能激发（引起）和维持个体进行活动，并导致该活动朝向某一目标。在孩子们感兴趣、愿意参与的活动中，即使遇到困难和挫折，他们都能战胜，这样才能真正调动起他们的积极性和主动性。

到底该如何激励学生找准自己的兴趣点、自愿地参与活动呢？

（1）情趣为首，体验快乐

爱因斯坦有句名言："兴趣是最好的老师。"古人亦云："知之者不如好之者，好之者不如乐之者。"兴趣对学生的成长有着神奇的内驱动作用，能变无效为有效，化低效为高效。充分激发学生的兴趣是学生参与活动、体验快乐的最有效途径之一。

儿童的生活范围、生活方式，决定了他们天生对活动充满热情，因为活动是他们认识世界、体验世界的首要途径。他们渴望参与各种各样丰富多彩的活动，渴望在活动中发现究竟蚂蚁的窝和蜂巢有什么不同、去研究种子开花的秘密、去探索一个未知的世界。这种儿童特有的特殊的求知欲、好奇心，这种对快乐的无限向往，是他们成长的强大动力。可是，孩子们的差异实在太大了，不同的孩子可能会用不同的方式来表达他们的好奇、渴望与快乐。有些外向的孩子会大呼小叫地跑到你跟前，强烈要求参与活动；有些内向的孩子即使内心是渴望的，但非得要老师询问才会表达自己的愿望……对于内向的孩子，我们是关注的。他们或不够自信，或不善言辞，抑或比较孤僻。即使内心充满着强烈的渴求，他们也不会主动地诉说内心的愿望。我们是了解和呵护孩子的，对于这类孩子，我们从小主人社团制度上去保护他们，避免孩子们受到伤害而退缩。在各种社团的活动中，每当他们表现得好，老师们就会放大地去表扬，甚至让他把自己的经验介绍给大家，或者当小老师教教大家；每当他们表现得不好，老师们也不会批评，而是真诚地问他们愿不愿意听听同学的建议。想方设法用这些委婉的方式，让他们明白自己不足的地方。每当老师觉得有些地方他们可能会遇到困难时，就会先找一些比较优秀的孩子来示范。然后，让内向的孩子当评委来点评哪些地方唱得好。随即，请他也来学着做一做。活动中关照了"差异性"，体验了快乐。

（2）打破陈规，鼓励"新异"

活动的小主人，重点培养的是学生的个性。常规的活动方式，并非都能让有个性需要的学生得到真正的发展。比如：有的学生在参加了两年的书法活动后，发现自己在绘画上的兴趣更浓、特长更突出，她能不能自愿选择到丹青书画社？有的孩子痴迷于电子制作，三年级就具备了六年级孩子的水平，他渴望到六年级的电子制作社团参加活动，这样也可以吗？……这就需要我们的小主人社团有不拘一格、打破陈规的组织制度，以充分保护和满足学生们的个性需要。

记得，曾有两个二年级的小女生跑来找我，央求我让她们加入合唱团。两个可爱的孩子似乎让我无法拒绝，我让她们到合唱团旁听。虽然只是旁听，但她们却非常的满足和兴奋。可能，她们觉得自己已经是合唱团的预备队员了吧！我想，也许孩子们的兴趣只能维持两三天，过不了多久，她们就不再来了吧。可是，出乎我的意料，每次合唱团训练，她们总会认认真真地坐在旁边，跟着学。专心的架势丝毫不逊于合唱团的孩子。一次，合唱团外出表演，刚好一个孩子生病不能参加。没有别的办法，赶鸭子上架，只能让旁听中的一个女生来试试。她甜美而准确的歌声震惊了我们，于是决定让她一起参加表演。可是，她还是一个二年级的孩子，矮了其他孩子一大截，就是安排在第一排也不行呀！怎么办呢？迫于无奈，只能让孩子回家找来两块砖，站在砖上，排在第二排，才勉强和其他孩子一样高。就这样，通过了考验的这个孩子终于加入了合唱团。从那时候开始，孩子每次训练和比赛，都得自己带上两块厚厚的砖，训练后又背回去。许多年后，我的脑海里仍旧会浮现出那个二年级的小女生，小小的身子背着几斤重的砖离去的情景。孩子们对音乐的兴趣与好奇是宝贵的，我从来都是小心翼翼地去引导和保护，生怕自己的一句话、一个行为就摧残了它。对于孩子，我们所做的就是为他们提供机会和平台，使这种自愿的热情燃得越来越旺。这个提着砖头上合唱团的二年级小女生——王娜，后来成了北京大学的优秀学生。

（3）营造氛围，相互影响

二年级的孩子，加入了五、六年级孩子们组建的合唱团，在全校引起了不小的轰动。不仅对这个孩子，对很多想要参加合唱团，但又不具备资格的孩子是很大的震动。那一年，自愿报名参加合唱团的孩子特别多，合唱团不得不成立了一团、二团、三团。参与合唱团的积极性同时也影响并蔓延到其他社团，孩子们终于找到了自己的阵地。

"命令只能指挥人，榜样却能吸引人。"（威·亚历山大）榜样的力量是无穷的，孩子们能通过观察榜样的行为习得新的思想和行为方式，利用榜样的影响往往能收到潜移默化的教育效果。孩子们的积极参与正是由于他们容易受榜样的影响，容易受周围环境的感染呀！孩子正是潜在的宝贵资源啊！用孩子影响孩子，营造相互影响的氛围，孩子们能不愿意参与吗？于是，我们评选出活动的小主人作为榜样，小科学家李默涵便是其中的一位。回想小学的生活，李默涵觉得十分丰富，印象最深的是做收音机。为了焊好一个点，往往要付出很多努力，甚至不惜返工重做。因为听反了老师的话，一块好好的松香被故意摔得粉碎，或者三极管被烙铁的高温烧坏。当电路板终于做好后，就得总装了。事先孩子们买来水果糖，一起拼命地吃掉，然后拿塑料糖盒来做收音机的外壳，并用糖的名字来做收音机的名字。最激动人心的自然是打开电源，调节电容寻找无线电信号的那一刻：每个孩子都屏住呼吸，期待着在电流的杂音中能浮现出一丝从电台传来的声音。当耳机中传来音乐时，孩子们是何等的激动和高兴。坚实的考察之旅，让他成为全国闻名的中国少年科学院小院士、第五届全国十佳少先队员、重庆市首届争光奖获得者。

自   主

自主是指作为主体的学生指导和调控自己活动的能力。简单地讲，就是自己的事情自己做主，不依赖于别人。孩子作为活动的主人，除了自愿参与到活动中，还得能够自主决定活动过程。活动是学生的，学生就应该是主人，能够策划并实施自己的活动。然而在当时，很多老师对学生的活动或指手画脚，或一切包办。学生在老师规定的活动形式、活动内容中变得越来越没有生气，而"自己的事情自己做"也流于形式。学生天生就是活动的主人，在自己喜欢和爱好的活动里，在忙忙碌碌之间，孩子们是能够独立地活动的，是能够极富灵动性地创造的。

毕业典礼是孩子们在学校的最后一课，让他们铭记从小立志，勇于担当

到底怎样才能使学生真正自主呢？自主不能仅仅停留于行动上，而更应该是一种意识和能力。我们的原则是：

（1）相信孩子，提升自主意识

既然要培养小主人，就得让孩子们在活动中始终掌握着自己的活动权，能够根据自己的能力和需要策划与调整活动。我们相信孩子，相信他们潜藏着巨大的力量。然而孩子毕竟是孩子，真的能够自主吗？刚开始，我们心中充满着疑问。但既然相信，就要尝试；既然相信，就要放手让他们去做。于是，在满腹猜疑中，我们开始了学生自主的尝试。我们试着由学生自行制定活动方案，自由选择活动主题，自主安排活动过程。老师在其中仅仅只是提供建议和帮助孩子们完善活动安排等。如"巧巧手"的指导老师在如何从传统的剪纸符号发展引申到现代的剪纸艺术方面的指导；"开心英语"的指导老师通过图片、游戏、猜谜等丰富多彩的活动，结合学生的生活实际，创设过年的喜庆场景，引导学生进行新单词新句型的学习。这样的改变，让孩子们的积极性更高了。

（2）珍视好奇心，培养自主能力

小小的改变竟能产生如此大的效果，在惊讶之余，老师们更有信心进一步尝试了。难道只需要调动起孩子们的积极性，就达到目的了吗？显然不是。孩子们对于未知的好奇心引起了我们的注意。对于他们感兴趣的问题，他们常常会寻根问底，常常会想尽办法寻找答案。积极性调动起来之后，我们得利用他们的好奇心，这成为大家的共识。以前，我们都是带着孩子们去解决问题，为什么不能把问题留给他们自己去解决呢？想来想去，我们决定尝试让孩子们自己解决问题。对于任何东西，他们都喜欢问为什么？可是这时，我们再也不会急着去给孩子们讲解，而是把很多有价值的问题，留给他们去讨论、去思考、去探询。这些问题对他们是充满诱惑力的，自然也不必担心他们不去解决。在各种社团中，常常可以看到，孩子们在老师的引导下，四处查阅资料，相互热烈讨论和争辩。

绿树成荫的美丽校园，是孩子们活动的乐园。在蒲葵林里追逐，在墙角边研究蚂蚁的栖息。花草树木成了孩子们最好的朋友。孩子们总爱指着这棵植物问问它的名字，指着那朵小花问问它的来历。日子久了，老师们有了一个念头，让孩子们对校园里的植物进行整理，制作一份翔实的资料来介绍校园植物。孩子们对植物充满着好奇，这些植物通过查阅资料是可以找到的，对于孩子们来说并不难，是可以做一做的。于是，在老师的引领下，孩子们就真的行动起来了，开始了校园植物系列研究活动。孩子们自行制订调查计划、自行安排调查时间、自行设计调查成果展示等。令人意想不到的是，除了老师，他们还建立了自己的组织，推选出负责的同学，并根据不同的任务进行了不同的分工。虽然只是一个活动，但孩子们做起来是那样的认真和投入。他们对校园内的植物做了普查，记录了各类植物的种名、学名、科名、生活环境和分布区域。2003年9月调查了75种校园植物，2004年5月增加到157种，到2004年12月增加到270种。其中乔木植物36种561株，灌木植物45种9000余株，草本花卉67种4100余株，野生植物32种以上。原始记录齐备后，孩

植物图谱

子们又立刻进行了校园植物卡制作。你一群，我一组，或上网查资料下图片，或整理和记录。那段时间，校园里处处能看到孩子们忙碌的身影，常常能听到激励的争辩声或者兴奋的欢呼声……通过鉴定植物，收集资料，没过多久，一本漂亮的《重庆市人民小学校园植物图谱》终于问世了。虽然有些稚嫩，虽然并不是那么精美，但毕竟是孩子们自己设计和策划的。校园里的植物在图谱上都有了自己的家，其他的孩子也能知道这些小伙伴的名字和特性了。有些老师还感慨地说："原来校园里还有这么多种植物呀！以前挺陌生的，现在可都熟悉了，都能叫出名字来。"而孩子们手捧这份心爱的作品时，是那样的激动与快乐。当他们把作品作为礼物，送给学校时，我们如获至宝。这不是一件简单的植物图谱，它是孩子们自主能力提升的结果，也是活动小主人们成长的最好见证。

孩子们探索科学的道路，从绿色的校园起步，更向广阔的自然延伸。为梁滩河的污染忧虑，对金佛山的古树着迷，农科所里第一次尝到摘柑橘的甜蜜，一篇篇考察论文，记录下了孩子们的足迹。

自　治

陶行知在《学生自治问题之研究》一文中，从"自动主义"，即智育注重自学，体育注重自强，德育注重自治的思想出发，提倡学生自治和学生自治的教育。他给学生自治下了定义："学生自治是学生结起团体来，大家学习自己管理自己的手续"；从学校这方面说，就是"为学生预备种种机会，使学生能够组织起来，养成他们自己管理自己的能力"。

（1）自治之因

孩子们在自己的活动中那样的投入、那样的出色，我们备受鼓舞。活动是孩子们自己的，能否让孩子们自己管理自己的活动，让他们更加主动地投入其中呢？陶行知先生的学生自治与我们的主张并不完全一样，但他的认识坚定了我们实行学生自治的决心。我们认识到学生是能够管理自己的，同时通过管理可以养成管理自己的能力。但是，这些未成年的孩子，年龄还那么小，他们能够管理好自己吗？反复的斟酌和讨论后，我们还是愿意尝试的。理由有三：一是孩子们还处在求学阶段，除了学知识，还得有机会"练习自治"。孩子们遇到问题，也会想办法去解决。解决的问题越多，他所获得的经验也越多，自治的能力也就越强。另外，学生的道德品质、修养、团队意识和责任感等，都能在团队中、在自治中养成。二是我们成年人与孩子们的思维方式不同，经验不同，成长环境不同，我们所满意和乐衷的事，未必合乎孩子们的意。我们在活动中的安排、制定的规则，往往不能被孩子们所认同，在孩子们自己的活动中，不免就会对他们造成阻碍甚至伤害。因而，孩子们自治很有必要。三是孩子们在自己组建的组织中，在自己认定和通过的规则里，他们会出于认同而自愿遵守规则，减少不必要的冲突和违纪行为。

（2）自治之举

既然自治对于小主人的成长有如此大的作用，那么怎样才能真正实现学生自治呢？多年大队辅导员的经历，让我立刻想到了少先队——这一小学生特有的组织。活动是少先队的生命，通过这一组织，小主人们是能够实现自治的。少先队活动是学生做活动主人的重要阵地。为了培养学生的自主、自治精神和能力，我们倡导少先队活动做到"五自"，即"自己设计方案，自己安排活动程序，自制表演道具，自己主持活动，自己评价总结"。对于少先队小干部自治能力的培养，我们采取"扶、放相结合"的方法，每周辅导员参加小干部会，听取小干部汇报工作，提出指导性意见，小干部则按照"小干部自治条例"开展工作，即选举自治、分工自治、岗位自治、会议自治、评比检查自治。

学生兴趣活动的组织是小主人社团。社团小干部由少代会选举产生，下设艺术团、科学院、新苗文学社、红领巾广播站、卫生院、军乐团等 8 个组织。口号是"参与、自主、竞争、创新"。由大队部、小主人社团和辅导员老师共同组织课外活动的各种竞赛，如科技活动月、艺术节、运动会，少先队主题队会竞赛、小能人竞赛、劳动技能竞赛等，让学生充分展示小主人的风采。

（3）自治之益

学生自治能够使学生成为活动的小主人，推而远之，也一定能够成为未来祖国和社会的主人。这不仅仅是一个主人的诞生，而是一群群主人的涌现，孩子们在自治中成就着彼此。在练习自治的过程中，孩子们不仅习得了重要的自治能力，更为

每年一届少代会，是小主人们光荣的传统

看到孩子们向我汇报的累累硕果，我满心欢喜

宝贵的是在与人的交流和沟通中，学会了组织与协调。正所谓学生自治"必须办到一个地位，使凡参与和旁观的人，都觉得它宝贵，都不得不欣赏它，爱慕它。办到这个地位，才算是高尚的人生美术，才算是真正的学生自治"。于是，我们欣喜地看到，"小主人合唱团"的学生团长，有条不紊地组织合唱团的日常工作：从介绍团队的组织、结构、成绩和指导老师，到进行常规的基本训练、及时地评价和信息反馈，

都表现得落落大方、井井有条;"巧巧手"的小干部,有序地组织着同学对剪纸方法
进行研究和讨论;"开心英语"的小老师带领同学进行"记忆反应"游戏,对学过的
英语单词进行复习和巩固。

在任何活动中,特别是这种以儿童经验为起点、全身心体验的活动中,孩子必
然是主体。如果不能自主,如果不能积极地、主动地、愉悦地参与到自己的活动中,
就没有主体自由的体验,那活动的小主人必将成为一句空话。而我们,作为活动中
的一员,有着复杂的身份。我们既是引领者,要求"牵而弗强",又是合作者和同
伴,在活动中与孩子们一起探索未知、自由体验和快乐成长。现在想来,这确实是
我们当时之所以成功的关键。

孩子们邀请我一起走进央视"金螺号",与鞠萍姐姐畅谈小主人的校园文化

2. 做学习的小主人——我的学习,我努力

这是"做学习的小主人"的核心与关键。在社团活动中,孩子们得到了很大的
锻炼,成为一个个生动活泼的小主人。那学习呢? 学习是孩子们的主要任务,在活
动小主人培养已初见成效之时,我们要做的就是课堂,让每一个学科课堂成为学习
小主人的阵地,让孩子们在各个学科中都能主动地、健康地、快乐地成长。那时,
我也刚好担任学校分管教学的副校长。于是,我把目光投入了对学校课堂教学的研

究，致力于培养学习的小主人。

"学习是主动的，它包含着心理的积极开展。它包括从心理内部开始的有机体的同化作用。毫不夸张地说，我们必须站在儿童的立场上，并且以儿童为自己的出发点。"（杜威《儿童与课程》）学习是孩子们自己的事情，因为"学习是学习者主动建构内部心理表征的过程"。学习并不是把知识从外界搬到记忆中，而是学生以自己的已有经验为基础，通过主动积极地内化和建构，形成属于自己的知识体系的过程。学习不再是简单地提取，更重要的是主动地构建，因而学习更要强调学习者的主动性。基于此，我们认识到，学生要从外部刺激的被动接受者和知识的灌输对象转变为学习的主人、知识意义的主动建构者；同时，教师也要由知识的传递者、灌输者转变为学生主动学习的帮助者和促进者。我们的教学应该是以学生为主体，教师起组织者、指导者和促进者的作用，充分发挥学生的主动性、积极性。"与其把学生当做天津鸭填入一些零碎知识，不如给他们几把钥匙，使他们可以自动地去开发文化的金库和宇宙之宝藏。"（陶行知）

在主动学习的情况下，学生就能以自主、主动、探索学习为基本形式，充分发挥自己的能动性，通过自己的参与和探讨获取知识。在当今的信息化社会里，掌握知识的多少已经不是最重要的，如何掌握知识才是至关重要的。所以，学生的学习更重要的是掌握学习的方法，培养终身学习的愿望与能力。因而，我们围绕"三自一主"，让学生成为学习小主人。"三自一主"即"自学、自练、自评，做学习的小主人"。

自　学

学习是人的天性，人一生都处于自觉和不自觉的学习之中。学生是一个处在发展中的、未成熟的生命体，只有在不断地学习中才能发展和完善自己。除了学校教育，伴随人一生的是个人的自学，因而，要让学生成为学习的主人，首先就得让他们学会自学。学习是学习者自己的事情，他人包括老师给予的只是有限的资源，怎么选择、如何判断、怎么内化与建构只能由学生自己来作决定。联合国教科文组织关于教育的报告《学会生存》中，告诫人们"新的教育精神使个人成为他自己文化进步的主人和创造者。自学，尤其是在帮助下的自学，在任何教育体系中，都具有无可替代的价值"。

学习的小主人，首先应该具备基本的自学能力，即独立获取知识的能力，这比单纯地接受知识更为重要。好的自学方法会让孩子们的学习事半功倍，让他们真正成为"会学"的主人。自学方法有很多，我们认为较为重要的是以下几个。

（1）制定目标

学习是有目的的，在目标的指引下，学习活动才更具有目的性和方向性，学生学习才更有动力。学生的学习目标可以有长期、中期和短期之分，可以是一周的、一月的，甚至一学期的、一学年的。无论是目标的长短，还是目标的内容，都应该是学生根据客观需要和自己的实际情况而制定的。因而，学生学习制定目标，就是要学会"量体裁衣"。具体而言，要分析客观需要及其变化，比如知识范围、能力要求等；要了解自己的实际情况，如知识状况、能力水平等；要清楚自己和客观要求之间的差距与造成差距的原因。了解了这些方面，就能从自身实际出发，确定适宜自己的目标。

（2）确定学习内容

人的精力和时间是有限的，而学习的内容是无限的，特别是在这个知识信息爆炸的时代。学习的小主人应该不是学习只局限于书本的孩子，而是那种在浩瀚的知识、信息世界中，会选择、利用和开发学习资源的孩子。因此，在培养孩子确定学习内容的过程中，我们一方面珍视孩子的爱好和兴趣，这是他们学习的源头活水。对所学内容感兴趣，他们将会更加投入地学习、探究和专研。"热爱是最好的老师"，正是在拆装玩具的兴趣驱使下，才会有无数电子制作的发明和创造。另一方面，这种选择不是仅凭主观愿望的任意而为，而是和学习目标、学习要求相联系的。学生在很清楚自己与目标差距的情况下，选择适合自己的学习内容。

（3）制订学习计划

学习是讲求计划和条理的，这样才能保证学习的效率。学习的小主人必须应当具有制订学习计划的能力，有合理安排自己学习的能力。学习计划也有时间长短之分，但不论什么样的学习计划，都要求学生能够学会自己制订。包括作息时间表、学习内容安排、学习用具的准备等。制订学习计划，除了能让孩子有计划性和条理性，还能使他们学会抓紧和利用时间。时间就是生命，让孩子学会抓住现在和今天，一日事一日毕；在孩子学会统筹安排，分清主次；让孩子学会计划有意义的事情，排除无意义的干扰。这些都是制订学习计划最重要的意义所在。

自　练

　　"在学校不能单靠教科书和练习，讲堂功课固然要紧；自动自习，随时注意自己发现求学的门径和学问的兴趣，更为要紧。"（蔡元培）自练便是学生自己参与的动手操作、练习等实践活动，既包括学生个体的行为，又是学生个体间的行为。

　　在减负的那个阶段，学校的很多老师都很少布置或不布置作业了。但就是在这样的情况下，学生的学习成绩并没有下降。现在想来，正是我们所提倡的自练起到了积极的作用。自练，能够让孩子根据个人特点，结合实际情况，选择适合的方式，自己定量和定时学习，最终提高他们的学习效率。在自己的学习上，孩子有了更大的主动支配权。在课堂上学生能够有自由支配的时间，独立进行练习，将所学的知识加以巩固；课堂外，孩子们也能够根据自己的情况，将所学的知识加以拓展或者运用，在自己的动手实践和全身心投入中，获得了宝贵的个体体验和对所学知识更深刻的理解。

　　在新课程改革背景下，自练不再只是学生一个人的事情，而更重要的是践行合作学习、探究性学习等学习方式。这些学习方式为不同学习能力的学生提供了参与学习、体验成功的机会。如在合作学习中有明确的分工，能促进学生之间有效地交流；有平等对话所产生的思维碰撞，使灵感的火花得以闪现。比如，低年级的语文识字教学，学生在合作练习中，就能自己编顺口溜来记住生字。在探究性学习中，教师通过问题情境的设置，促使学生独立、自主地发现问题与解决问题。学生通过实验、操作、调整、信息搜集与处理、表达与交流等活动，经历探究过程，获取知识，发展能力。通过这种探究，通过发现问题的欣喜、分析问题的困惑和解决问题的畅快，体验思考的快乐和成功的喜悦。

自　评

　　教育目标是使学生获得全面、主动发展的能力，最终形成独特的富有创造性的个性。要实现学生的主动发展，很重要的一点是要培养学生的自主评价能力，即自评能力。我们所讲的自评是学生作为评价主体自觉地、主动地对自己的学习作出的评价。它包括学生个体的自评和学生个体之间的互评。不管是哪种评价，目的都是要突出学生在评价中的主体地位，改变以教师评价为主的评价方式。

（1）个体自评

个体评价是指学生个体主动地对自己的学习进行的评价。主要是学习过程评价和学习结果评价。

学习过程评价首先是对已有知识结构的自评。新的知识结构是在已有知识结构的基础上建立起来的，只有学生对自己已有知识水平进行评价，才能准确地把握新旧知识的联系点和知识的侧重点，使新知识的建构系统化。其次，是探索性的自评。主动学习的特质是学习的自觉性、主动性。而这一特质达到一定程度时就体现出探索性。课堂中应注重培养学生的探索性自评。体现在教学中，主要是培养学生主动质疑问难的意识和习惯。因为学生一旦有了质疑问难的意识和习惯，说明学生发现了自己已有的知识一直处于不完整或有待发展的阶段，我们把它叫做知识缺陷性的自评。它会时刻激励学生去主动学习，勇于探索未知领域，最终不断完善自己。最后是创新性自评。主动教育的最终目标是使人主动发展为具有创造性的人才，这就要求应从小培养学生的创新意识，并逐渐让学生学会用创新性标准来评价自己的学习，即学会创新性自评。具体做法是，在教学中教师不断激励学生提出与众不同的问题，思考出独特的解题办法，使学生不断在创新中获得学习的兴趣、信心和动力。

再者，是学习结果的自评。主动教育强调学生学习发展的过程，但也注重学习的结果。因为学习结果能从很大程度上反映学习的过程，并且客观地体现教学的质量和效果。培养学生对学习结果的自主评价，有利于学生在学习中不断总结学习的方法和经验，指导以后的学习。自评主要体现在学生对开放性提问的多种思考。例如，在新知识教学后，老师让学生自己小结，提出这样的问题：通过学习，你觉得有什么收获？学生就会回忆学习了哪些新知识或掌握了哪些新方法。通过回答问题，让学生切实体会到学习的成果，并且用这些成果来评价自己的学习质量和水平，促使自己掌握好的学习方法。

（2）互评

互评是指学生个体之间的评价。在实践中，主要有两种形式。

异议性互评。学生在讨论学习的过程中，对同一问题肯定有各自的观点和看法。在这时，老师就应鼓励学生敢于提出自己的观点，阐明自己的见解。同时，如果对别人的观点有异议，就要提出自己的理由和观点。这样，课堂就会形成讨论、交流的氛围。在这种氛围中，学生才会发现问题，探索问题，敢于创新；学生才会发现他人和自己，才会提高自己。

互补性互评。学生除了个体独立思考外，更重要的是在合作学习中，相互交流，互为补充。所以，除了有异议性互评外，还要有互补性互评。具体说，学生在对别人的意见提出异议时，应发现和合理评价别人意见的可取之处，并用来丰富和完善或修正自己的观点。通过这种互评方式，学生能看到别人的长处，以别人的强势来弥补自己，以别人的不足来告诫自己。

不管是哪种评价，作为主体的学生在其中都是主动、积极的。在评价中，他们能够伴随着评价的过程，看到自己成长与进步的点滴，发现自己的优点，有助于培养他们的自信心和成功感；在评价别人的过程中，孩子们找到参照的对象，才能发现自己的不足，在不断地反思和追赶中获得发展；在互相交流和沟通中，孩子们才能学会欣赏和理解他人，才能学会与人沟通和分享。

音乐教学的经历让我获得了一个制胜法宝，即善于调动起孩子们的主动性。他们需要什么，我就满足什么；他们有什么样的特点，我就去呵护、启发和引导。现在，我们是要培养学生在学习上成为主人，就更需要调动起他们的主动性。只有他们真正参与了，并非被老师牵着鼻子走的，才有可能成为主人。

围绕"三自一主"，我们总结出"会学十法"。

①主动预习法。即动脑预习法。课前预习、寻找疑难。这是主动学习的首要环节。

②主动听课法。即动脑听课法。带着问题听课，听、思、记相结合，听清、听懂、记准。

③主动阅读法。即动脑阅读法。读、思、记相结合，读通，读懂，读熟。

④主动观察法。即动脑观察法。观察、思考、记录、表述相结合，看清、看懂、记准、述清。

⑤口语表述优化法。回答问题声音洪亮，口齿清楚，思维清晰，语言通顺，表述流畅。

⑥迁移比较法。抓好新、旧知识联系，旧知识迁移到新知，寻找规律，举一反三。

⑦独立解题法。独立审题，独立分析，独立解决问题。

⑧独立操作法。弄懂操作要领，掌握操作技能，手脑并用。

⑨自我评价法。对学习过程进行分析、总结、自查、自评。

⑩自我矫正法。对学习效果进行判定，主动及时修正错误。

3. 做生活的小主人——我的生活，我能行

"生活就是发展，而不断发展，不断生长，就是生活。用教育术语来说，就是：第一，教育过程在它的自身以外无目的；它就是它自己的目的。第二，教育过程是一个不断改组、不断改造和不断转化的过程。"（杜威）学生是为了未来或当下的生活而学习，而不是为了迎合老师的教学，为了某一个学科而学习。因而，真正的学习，应该是和孩子们的生活紧密联系在一起的。他们能够自由地运用他们在校外所获得的全部经验；同时，也能够把学校所学的东西应用到自己的生活中。

培养生活的小主人这一目标，决定着我们的教育内容是宽泛的，是动态的。我们的教育不再仅仅局限于书本、课堂或者学校，而是一种开放式的，延伸到社会。强调学校和社会的联系，加强社会实践，引导学生从实际生活中发现问题，提出问题。可以选取学生感兴趣的、有疑问的身边小事；可以邀请社会人事（例如家长、专家等）共同参与学习，这也是一种"教学相长"；可以利用学生的课余时间；可以让孩子们走出去，亲密地接触社会，在生活中学习和成长。

刘伯承元帅曾希望学校千万不能培养特殊阶层和娇骄儿。建校初期也要求学生"自己的事，自己做，不吃现成饭，不享现成福"。在当今社会，独生子女多，娇骄二气容易滋生，物质生活较为优越，我们的孩子不应该迷失自我，更应该成为自己生活的主人，"学会生活"。这绝不是学会享受优越的物质生活，而是能够适应社会生活，有主人意识和责任感，最基本的便是要做到"自律、自理、自护"。

自　　律

自律就是对自己的情感、行为进行控制和调节。情感和情绪对人的行为影响很大。积极的情感具有促进作用，它能激励孩子们努力学习，从而主动、积极、有效地完成学习。人的意志是通往成功的桥梁，而克服外部和内部的困难，意志力起到重要的作用。孔子说："以约失之者鲜矣。"（《论语·里仁》）就是说能节制、约束自己而不犯过失的人，是少见的。怎样才能使学生学会自律呢？

（1）目标引导

也就是让学生确定目标，用目标引导和约束自己的行为。每一个孩子在他成长的过程中，都会遇到很多的困难或挫折，学会自律，学会坚守目标，学会百折不挠

地为目标而奋斗，其实是一种主动而积极的生活态度。也只有在克服困难的生活实践中，孩子才能真正成长为生活的主人。困难往往是一把"双刃剑"，它能挫伤人的斗志，也能磨炼人的意志，成为宝贵财富。教会孩子生活，培养孩子生活的能力，首先就得培养他们一种坚强的生活态度，坚守自己的目标，勇敢地面对生活，而不逃避。应对生活中的困难不仅需要毅力，同时也需要智慧。面对困难，学会分析困难存在的原因，学会寻找解决困难的方法，学会树立信心，采取克服困难的行动，是每一个生活的小主人应当具备的生活智慧。

（2）自我调控

自我调控是指教会学生自己对自己负责。以往的教育，往往强调老师对学生的监督和控制，这种外在的约束与强制，却适得其反，使学生变得更为叛逆。而主动教育则不再完全通过外在的强制力去控制学生，而是更强调让学生学会自我调控，让学生自己对自己讲道理，让自己能够发自内心地认同，并纠正自己的行为。生活的小主人，应当是有责任感，能控制自己的行为，并对自己的行为负责的孩子。他们不仅要"自己的事情自己做"，还要自己的事情自己负责。在主张学生自主调控的同时，并不是说完全不需要外在的约束了。孩子们的自我调控实际上是建立在对周围事物的认识基础之上的。因而，基本的行为规范、基本的养成教育能使学生更好地进行自我调控。

（3）听取意见

自律并不意味着不听取老师、同学的意见和建议，而是要教会学生借助外力激励或约束自己，主动听取别人的意见，从他人的鼓励中汲取力量，从他人的批评中领悟自己在意识或行动上的偏差。生活其实是与人打交道的过程，生活的小主人所具有的生活能力，同时也是一种沟通交往的能力。生活的每一天，都是在和人打交道，没有哪一个人只靠自己就可以解决一切问题的。每一个人都需要帮助，在遇到困难的时候需要鼓励，在困惑之时需要建议，在得意之时需要鞭策。学生的自律，也需要听取意见。

自　　理

"人类通过努力而获得独立。所谓独立，就是不需要别人的帮助而能独自做某事。儿童一旦获得了独立，就能迅速取得进步。否则，其进步就会十分缓慢。领悟了这些道理，我们就会明白该怎样对待并有效地管理儿童。儿童自己的行动可引导他走向独立之路。"（蒙台梭利）自理是指学生的自我管理。自我管理是管理的最高境界，也是最难的方式。而"自理"能力的培养，是这种境界的基础。主动教育所培养的生活小主人，就是希望为孩子奠定良好的人生基础。

（1）在生活琐事中学会"自理"

"学会生存"是国际教科委组织向 21 世纪教育发出的倡议，缺少必要的生活自理能力，就谈不上生存，更谈不上发展。陶行知先生的诗中写道："流自己的汗，吃自己的饭，靠天靠地靠父母，不算是好汉！"培养学生自理能力，首先要解决家长们和学生们的观念问题。现在生活条件好了，父母爱子心切、望子成才，认为学生的任务就是学习，很多生活琐事都给"代劳"了，有的孩子连洗脸都有保姆递上拧干的毛巾，剥夺了孩子在生活琐事中锻炼自理能力的机会。学校在各种场合传达这样的理念——"自己的事情自己做"，鼓励孩子们以独立完成自己的事为荣，以依赖、懒惰、笨拙为耻，鼓励家长放心、放手、放权，随时随地，培养孩子独立做事的愿望、方法、能力，从小事做起。动起手来，自己料理，孩子们学会一些必要的生活技能，如保持个人卫生、穿戴梳洗、自己物品的整理、房间的整理，等等，自己的衣服、鞋子、袜子自己洗、自己晒；自己叠被子，整理床铺、衣物，收拾房间；整理好自己的书包，而不至于到上课找书时手忙脚乱。自己照顾自己，是理所当然的事情。在此基础上，还能帮爸爸妈妈洗碗、擦桌子、扫地板，帮助家人做力所能及的事情，那就更加了不起。对孩子生活技能的培养，可以帮助孩子合理、科学地安排自己的生活，掌握必要的生活知识和能力。

（2）在学习活动中学会"自理"

孩子们的生活与学科学习和各种活动紧密联系，学习和活动也是培养孩子们自理能力的重要途径。除了自己准备学习用具，还要学会自己制订学习计划，从学会有效的预习做起。对将要到来的新课，先熟悉课文内容，再解决部分难题，还要提出自己的问题，可以用哪些办法去寻找到答案，上课时要对什么问题特别留心……怎样用"结构树"对单元进行小结，怎样用时间表来开展期末的复习……学习不只是学知识，也是在摸索最适合自己的学习方法，训练自己做事的计划性。同样，小主人社团、班集体的各种活动，也极大地锻炼了孩子们自我料理的能力。如果不是长期在合唱训练中坚持鼓励孩子们自己动手化妆、自己整理道具、自己收拾行李，远赴维也纳的演出之行就不会这样顺顺利利。学知识、搞活动，不是学校教育的目

和人民融侨小学的孩子们一起动手，了解劳动的艰辛

的，在学习和活动中培养孩子们自己动手、动脑，锻炼他们的独立自主，能让他们一生受益。

（3）在人际交往中学会"自理"

自我管理，不只是行动上的管理，还应该有意志、情绪、个性上的自我控制、疏导和调节。独生子女在人际交往上存在的以自我为中心、任性或孤僻等诸多问题，要在具体的人际交往环境中，去学习如何通过管理自己得到改进。行为懒散、思想放松、任性骄横的孩子，很难交到朋友，对于这样的孩子，要引导他疏导自己的情绪，用友善的行为向朋友示好，答应别人的事要记在心上一定办到，通过这样的自我管理，赢得大家的尊重和好评。而有的孩子性格孤僻，知道要在大家面前勇敢展示自己，却怎么也做不到。这样的孩子，就要教会她自我激励的方法，安排一点一点地尝试，一步一步地改进。只有能自我管理，才能成为受大家喜欢的人、受大家尊重的人，成为能从容、有效与人交往的人。

自　护

自护即指学生要学会自己保护自己。小学生是未成年人，他们的自我保护和防范意外事故的意识和能力比较薄弱，在日常生活中，很容易因为缺少生活常识等导致对自身或他人的伤害。因而，要培养学生成为生活的小主人，就必须要学会自护。

（1）约定守护生命

孩子是学校、班级的主人，更是自己生命的主人。因而，保护自己的生命应该是主动的有意识的行为。我们学校甚至每一个班级都没有苛刻的规章制度来约束学生，都是学生在老师的指导下，主动地一起约定，为了自身及别人的安全，应该从哪些方面加以约束和管理自己。孩子们的约定涉及学习、生活的方方面面。如：

上课、做作业坐姿端正，预防近视。

课间活动时慢慢走，不追打，不疯跑。

避免在楼梯、栏杆、阳台等危险地方攀爬，玩耍。

集会、集合不拥挤，按秩序走。

坐校车，讲文明，不随意走动。

既然是约定，就是孩子们自己提出和自愿履行的，老师在其中起到了更好的引导和提醒的作用。当孩子们出现问题时，少先队大队、中队的孩子们就会写一张张"温馨提醒"善意地告知犯错误的孩子。温馨的小条既不会伤害孩子的自尊心，又能够及时地提醒孩子改正自己的不足。

（2）用知识守护生命

除了对学生日常行为的引导和规范，还需要他们进行自我保护的策略和方法教育与指导，使得他们在危险面前具备一定的自我保护技巧。用知识保护生命在今天这个时代显得那么必要。孩子学会了有关煤气泄漏的知识，就会在关键时刻，切断气源，打开窗户，拨打求助电话，在短短的时间里挽救家人的性命；孩子学会了地震等意外灾害时的防身及疏散知识，就能够在关键时候安全撤离，保护自己及他人的生命。"守护生命十大法则"为我们提供了自护教育的最好范本。

人生命，要守护，十条法则要记住，一旦灾害发生时，及时应用心有数。

一、地震：遇地震，先躲避，桌子床下找空隙，靠在墙角曲身体，抓住机会逃出去，远离所有建筑物，余震蹲在开阔地。

二、火灾：火灾起，怕烟熏，鼻口捂住湿毛巾，身上起火地上滚，不乘电梯往下奔，阳台滑下捆绳索，盲目跳楼会伤身。

三、洪水：洪水猛，高处行，土房顶上待不成，睡床桌子扎木筏，大树能拴救命绳，准备食物手电筒，穿暖衣服度险情。

四、台风：台风来，听预报，加固堤坝通水道，煤气电路检修好，临时建筑整牢靠，船进港口深抛锚，减少出行看信号。

　　五、泥石流：下暴雨，泥石流，危险处地是下游，逃离别顺沟底走，横向快爬上山头，野外宿营不选沟，进山一定看气候。

　　六、雷击：阴雨天，生雷电，避雨别在树下站，铁塔线杆要离远，打雷家中也防患，关好门窗切电源，避免雷火屋里窜。

　　七、暴雪：暴雪天，人慢跑，背着风向别停脚，身体冻僵无知觉，千万不能用火烤，冰雪搓洗血循环，慢慢温暖才见好。

　　八、龙卷风：龙卷风，强风暴，一旦袭来进地窖，室内躲避离门窗，电源水源全关掉，室外趴在低洼地，汽车里面不可靠。

　　九、疫情：对疫情，别麻痹，预防传染做仔细，发现患者即隔离，通风消毒餐用具，人受感染早就医，公共场所要少去。

　　十、防化：化学品，有危险，遗弃物品不要捡，预防烟火燃毒气，报警说明出事点，运输泄漏别围观，人在风头要离远。

　　人生命，重于山，防灾避险于未然，掌握技能常演练，祝愿人人保平安。

　　这一法则以童谣的形式，读起来朗朗上口，孩子们也不觉得枯燥。在不知不觉间，便能把知识牢记于心。除了知识的宣传和讲解外，学校还经常开展安全演习，学生们能秩序井然地按照规定路线在规定时间内集中到一起；经常开展消防宣传活动，通过消防官兵的表演，学生既感兴趣，又收获了不少的知识。

　　除此之外，我们还经常给孩子们传递在遇到人身危险时的知识，如绑架、勒索等。朱宇晟同学，是我校四年级学生，面对歹徒的绑架，沉着冷静，机智勇敢。在被歹徒丢进下水道后，运用在学校安全教育中学到的逃生技能，巧妙地解开捆绑在手上的绳索，凭着坚强的意志，克服了严寒、饥饿、恐惧、黑暗、恶臭等一系列常人难以忍受的痛苦，沿着下水道顽强爬行，面对歹徒的追堵，他利用下水道中的岔口，机智地留下解下的绳索引歹徒向错误的方向追去，最终利用在爬行过程中捡拾的细竹竿，把颜色鲜艳的袜子伸出下水道井盖的缝隙求救，在历经九个多小时的生死考验后成功自救的事迹，成为我校学生中珍爱生命、学会生存的典型代表。我在好几次教改研讨会上都介绍过朱宇晟同学自护自强的事迹，我每次都会感动、流泪，也为孩子们有这么强的自护能力而骄傲。

　　无论是杜威提倡的"教育即生活"，还是陶行知提倡的"生活即教育"，他们都主张教育与生活的一致性，其中重要的一点就是要学生走出教室，在生活中学习。在陶行知先生看来，"生活教育是给生活以教育，用生活来教育，为生活向前向上的需要而教育"。同时，"教育要通过生活才能发生力量而成为真正的教育"。生活的小主人不仅是今天的小主人，同样也能够成为未来生活的小主人。

4. 九大目标序列

三个小主人的育人目标，是出于对主体的人的尊重，是对尚处于发展阶段的学生的尊重。学习、活动、生活是学生完整而全面的生命活动。但不管是哪一方面，都仅仅是对作为一个成长中的主体最基本的要求。它并不是绝对的全面，并不是要求学生每个方面都做得最好，而是允许每一个具体的学生在某一个方面成为他自己。

正因为如此，根据每个学段学生身心规律和特点的不同，我们设计了九大目标序列，对三大特色育人目标进行了具体的落实。如下表所示：

三大特色目标	九大目标序列		
	低年级	中年级	高年级
学习的小主人	初步建立学习的兴趣，养成良好的学习习惯，具有初步解决问题的能力。	学习兴趣浓厚，有较好的学习习惯，能发现问题并努力寻求解决问题的方法，初步具有创新的意识。	能主动参与到学习过程中，发现问题、分析问题、解决问题，勇于创新，具有一定的创新能力，具备初步合作学习、创新学习的能力。
活动的小主人	对活动充满好奇，乐于参与，有一定的动手动脑的习惯和能力。	坚持对活动的兴趣，有集体意识、参与意识、自主意识和管理意识。	有较强的参与能力与组织能力，能做到活动的"三自"能在活动中很好发挥自己的特长。
生活的小主人	活泼开朗，有参与生活的愿望与兴趣，养成良好的生活习惯，能与小伙伴友好相处。	热情大方，具有初步的生存能力，能独立思考、克服生活中各种问题，能与他人和睦相处。	能做到生活的"三自"、"十会"，自立、自强，具有较强的个人生存能力和社会交际能力。

随着时代的发展，三个小主人的目标必将逐渐发展与完善。中、低年级将继续

坚持"学习的小主人、生活的小主人、活动的小主人"的培养目标，而高年级将会向"学校的小主人、国家的小主人、生命的小主人"的更高追求发展。

（二）学生观

随着主动教育育人目标不断地发展和完善，随着一批批活动的小主人、学习的小主人、生活的小主人不断地涌现，我的学生观渐渐清晰。正是在学生观的引导下，我的主动教育之路才更加坚定与执著。

学生是一个个活生生的生命体，是一个个有血有肉、有思想感情、有自己特殊内心世界和独特创造价值的能动体。正因为这样，孩子们就不能仅仅被视为认知体，被视为知识的容器。他们都是一个个丰富、复杂、具体，而又不断发展和生长的生命体。

1. 学生是发展中的生命体

教育的最终目的是为了学生的发展，而学生的发展是一个自主能动的过程，不管外界的力量多么的强大，如果没有学生的主动性，他们就很难有充分的发展。"在人的内部存在着一种向一定方向成长的趋势或需要，这个方向一般可以概括为自我实现，或心理的健康成长。"（马斯洛）人的自我实现，是个人自身的内在价值更充分的把握和认可，旨在使人得到更充分的发展。自我实现是人的本质需要，其动力来源于人的主动追求。

学生是发展中的生命体，具有一定的规律。教育必须依据人的天性，人永远都是教育的中心。认识小学阶段孩子身心发展的规律，遵循这种规律是我们做好工作的前提。每一个年龄阶段的孩子，都有不同的身心发展特点和规律，这就决定了我们必须准确地把握孩子的身心发展规律，更好地促进孩子们健康成长。

学生是发展中的生命体，具有巨大而多元的发展潜能。正因为这样，学生才具有巨大的可塑性。这是教育能够影响和培育人的前提与基础。我始终坚信每个学生都是可以积极成长的，是有培养前途的，是追求进步和完善的，是可以获得成功的。因而，我们的主动教育，始终不会放弃任何一个孩子。生命体是具体而多样的，因而蕴藏着多元的发展潜力。有的孩子善于画画，有的孩子善于数学，有的孩子善于音乐，有的孩子善于人际交往。一百个孩子就有一百种精彩。这已为多元智力理论与实际研究所证实。每个学生都有自身的优势和弱势，这不是问题，问题是能否扬长避短。某方面的弱势，或许恰恰就是另一方面的优势。学校教育的宗旨应该是开发多种智能，并能帮助学生发现适合其智能特点的职业和业余爱好。以此来让孩子成为自我发展的主人，调动其内在的主动性和潜力。

学生是处于发展过程中的生命体。虽然蕴藏着巨大的发展潜力，但毕竟不成熟，毕竟需要不断地成长和发展。"一切教育努力的根本目的应该是帮助男女儿童尽其可能达到最高度的个人发展。"（沛西·能：《教育原理》）这意味着学生是在教育过程中发展起来的，是在教师指导下成长起来的。教育应该根据学生的发展规律和需要，按照对待儿童的方式对待儿童，而不是把学生当做小大人。教育应该看到学生的未完成性，给学生创造发展的环境和机会，特别是教师对每一位学生的持久的期望会给学生更强大的发展动力。

2. 学生是独特而完整的生命体

如同世上没有两片完全相同的叶子一样，也没有两个完全相同的人。不同的遗传条件，不同的后天生活、环境、教育条件，都会使人有不同的发展，形成不同的个性。所以，人"都是作为无可替代的独立个性存在着"的。教育的对象是人，是独特而具体的生命体。"每个人的心灵有他自己的方式，必须按他的方式去指导他；必须通过他这种形式而不能通过其他的形式去教育，才能使你对他花费的苦心取得成效。"因此，我们在主动教育的实践中，竭尽全力地走进和理解孩子，少一点整齐划一，多一点选择与弹性，为孩子的成长创设不同的途径，把学生发展的可能转化为现实。主动教育适应每一个孩子，就必然需要发挥学生的主动选择性，满足他们发展的不同的需求。学校小主人社团，正是在统一化的集体教育中，开拓出满足不同层次、不同类型的学生需求的途径，使孩子们能够得到充分而独特的发展，使学校教育呈现丰富多彩的面貌。

孩子是多面多彩的人，是完整的生命体。"人的生命是完整的，不仅包括动物性的自然生命，也包括人特有的价值生命、社会生命；不仅包括知识、技能、智慧等认知因素，而且包括情感、意志、态度、价值观等情意因素。生命是肉体与精神、知情意的统一体。"在学校教育这个背景下，学生就不再是单纯的抽象的学习者，而是具体而完整的人。因而，我们的孩子应该有深厚的智慧力量和人格力量，有完整的生活世界、丰富的精神生活。正因为如此，主动教育力求于做到"授受知识、启迪智慧、润泽心灵"的统一。"在掌握知识、发展智力和培养能力的同时，必须使人的情感得以升华，心性得以陶冶，人格得以完善。"因而，我们提出"创三高，建五园"；我们确立学校的核心价值观："主动生动，视野开阔，底蕴深厚，品位高雅。"

我们相信"在学习社会中，每一个要学习的不只是谋生能力，更重要的是成为一个完整的、充满活力的人"（赫钦斯）。

3. 学生是具有主体性的生命体

人的主体性是指"人作为社会实践活动的主体的质的规定性，是人在与客体相互作用中不断得到发展的自觉能动性和创造的特征"。具体而言，一是能动性，标志着对客体的认识、选择与改造；二是自主性，人是他自己命运的主宰者；三是自为性，表现主体活动的尺度和根据。学生是具有主体性的生命体，他们的主体性在学习这一个特殊的实践活动中得以体现。

学生是学习的主体。学习的过程是主体主动建构的过程。教师传递的信息，必须通过学生主动的建构才能形成他自己的知识体系。因而，学习是学生自己的事情，谁也代替不了。因此只有学生全身心地投入于学习活动中，才能主动积极地参与。在参与学习的过程中，儿童的求知欲、好奇心得以满足，他们的内心是那样的舒坦、快乐。主动教育是在探索其实践的可能，努力将主动权还给学生。对于学生而言，是主动地思考、交流、表达，主动地探索与创造。我们希望我们的课堂及学校真正成为孩子们学习和发展的乐园，把主动权还给孩子们。给他们充足和广阔的主动探索、自主支配的时间与空间，实施自主学习、探究学习、合作学习，使学生的生命处于最大限度的主动激活状态，激发生命的主动性和超越性，促进生命创造性地发展。

人民小学"三个小主人"的典型代表

学生是发展的、完整而独特的，是有主体性的生命体，对学生的这些基本认识，反映着我们对学生的无限尊重，全心呵护和满心期待，用爱与信任的明灯引领着小主人们一路前行。

三、主动教育的教师观

（一）主动教育的教师发展目标

主动教育的初衷再好，如果不能变成教师们的日常教育教学实践，如果没有一支理解它、热爱它、有能力实践它并热情推动它向前发展的教师队伍，再好的愿景也只是空中楼阁。

回想 80 年代我提出培养"三个小主人"的特色育人目标，曾经在人民小学的老师当中引起了强烈的反响。一些老师质疑："学生都成'主人'了，老师不成'仆人'了？"这反映出传统教育中专制、权威的教师形象对教师们的影响有多大。这也引发了我的思考：要挖掘释放学生的主动性，是不是就要以抑制教师的主动性为代价，教师在学生成为主人的同时，又应当以怎样的身份和状态存在于学校的教育生态中？

我们对教师发展目标定位在三点：做专业发展的主人、做科学管理的主人、做幸福生活的主人。

1. 做专业发展的主人

记得 2002 年年初，一位教龄近二十年的教师一脸愁容地找到我，诉说自己内心的苦闷和委屈。她不理解，自己最近上的一堂课遭到了专家的批判，说她的课讲解太多，没有体现新课程学生合作学习、探究学习的理念。可是我知道，她就是一位擅长语言交流的教师，学生喜欢听她精彩的讲解，她的教学素以"扎实、有效"著称。看得出她很失落。类似的事例我也颇多耳闻。有的学校公开课以跑表计时，告诫教师讲解不能超过 10 分钟，一定要让学生自主学习，绝不能被圈入"满堂灌"、"一言堂"。就这样，教师在一节课中几乎不讲解，学生自学、自读、自练成了课堂主线。课后，评课者意见纷纷，莫衷一是，上课者彷徨了，听课者也迷茫了。

　　无独有偶，我校一位音乐教师代表全市参加全国优质课竞赛。在磨课的过程中，参与研究的教研员们设计了许多"体现新课程精神"的环节，其中一些观点，和我对她的指导有冲突的地方。这位音乐老师有些犹豫，一时不能取舍。"都新课改了，现在是要打倒那些过去的'中高特级'了！"有教研员提醒她。结果，"新课程理念"指导下的这堂音乐课，在全国赛课中栽了跟头。

　　——教改，到底应该听谁的？教师专业发展，到底谁说了算？

　　教师专业发展的最终实现一定是建立在教师自身需求与追求基础上的。在教师专业发展中，"教师不仅是专业发展的对象，更是自身专业发展的主人"。作为自身专业发展的主人，教师有权利对自己的专业发展进行规划、管理，有兴趣在自己的专业领域施展才能，有责任通过自主学习丰富专业生活。对专业的发展，教师既有内在的需求，又有主动的追求，还有自律的行为，教师专业发展不是虚幻的景象。从这一角度出发，如果学校仅依靠原有的一套制度、运用行政的手段来促进教师专业发展，就有可能表现出某些不适应。因此，需要建立一套与"教师是自身专业发展的主人"这一思想相匹配的专业取向的学校制度。

　　丰子恺先生有一幅漫画：一双大手把着一人形木模，将一个学童模样的孩子，往木模里按压，使之中规中矩，孩子痛苦得泪雨滂沱。这幅图警示人们莫以"千人一面、削足适履"的方式教育儿童。而反观我们已有的教师培训工作，我们是不是也在用同样"千人一面、削足适履"的方式培养教师，却期待能培养出有个性、有特色的教师呢？"一个精神丰富、道德高尚、智力突出的教

丰子恺先生漫画

师，才能尊重和陶冶自己的学生的个性，而一个无任何个性特色的教师，他培养的学生也不会有任何特色，他只能造成精神的贫乏。"（苏霍姆林斯基）基本功的训练、阅读写作的要求、各级各类的讲座培训，在过去的改革中，的确是起到了提高教师素质的作用。但是，主动教育发展到今天，人民小学成长到现在，这些都是每位教师所需要的吗？只有这些足以让教师适应新课程的发展吗？

　　2004年，人民小学"名师成长苑"就是在这样的思考中诞生的。它的目的是培养具有人民小学主动教育特色的各类、各色名师。2005年，我又筹措资金50万元，

设立了"融侨杯成就主人奖",用以资助"名师成长苑"的发展。

名师成长苑,是由名师领衔,名师、特色教师、骨干教师、教坛新秀和新进教师共同组成的学术团队。它根据每位教师的已有水平、风格特色、个人目标等,对不同教师提出不同的要求,搭建不同的成长阶梯,提供不同的发展条件,让每一位教师都能获得专业知识、专业技能和专业精神的提升。

名师成长苑从三个方面,帮助教师作专业发展的主人。

(1) 在学习、研究、沟通状态下的思想交流

新课程的一个重要理念是"以人为本",即对人的发展进行全方位的关注和关怀。它不仅体现在教师与学生课内外的平等对话,也体现在教师之间、学校管理者与教师之间、教师与家长社会之间,平等的沟通、反思、碰撞、协商、研究和交流。在新课程背景下,这种基于学习、研究、交流状态下的教师思想教育,才能适应新课程所倡导的"教育生命的平等对话",才能实现"学校是学习者的共同体"的使命。

在这样平等务实的思想引领下,我校教师群体涌现出一批在政治上成熟、在思想上过硬的优秀典型,他们顾全大局,廉洁自律,为人师表,乐岗敬业,受到社会和家长广泛的认同。

(2) 坚持传承与创新相结合的文化浸润

国家民族的生存延续是通过"文化"来发展的,新课程的实施承担着建设发展社会文化的重任,学校教育的根本在于"育人",学校的重要任务是学校文化,用先进的文化育人。教师有知识不够,还要有文化,教师的文化水平决定着学校的教育哲学思想和文化品位。人民小学的教师和学生一样,既是主人翁文化的受益者,又是主人翁文化的创生者。

(3) 因材施教、分层落实专业技能

思想观念的转变、文化内涵的提升,消灭了使教师平庸化的温床;而教师的成长,最终还要落实到教师专业能力的长进上。

①共性要求:寻找教师专业全面发展的基点

主动教育要求教师充分发挥教育的主导性、服务性、激励性,这是我校对教师专业共性的基本要求。为此,我们提出了课堂教学"新基本功"——语言表达能力、对教材的把握能力和心理适应能力。教师们通过"新基本功"的培训、练习,不断完善课堂教学与课外教育的策略,教育实践能力得以强化提高,仅在2004年重庆市

首届中小学赛课中，我校同时派出了 7 个学科 7 位教师参与了竞赛，其中 4 个学科获得全市一等奖的前三位，3 个学科获二等奖。截至 2008 年 7 月，我校语文、数学、英语、音乐、体育 5 个学科、7 位教师分别在全国优质课竞赛中获一等奖。

一学期一届的教研会形成传统，至今已开展 47 届

②个性要求：谋求教师专业个性张扬的空间

除了进行各种通识培训、基本功培训，专业能力的培养还应该是落实到每一位教师的个性化的专业培养。"名师"、"骨干教师"、"特色教师"、"教坛新秀"、"新进教师"，都根据自己的实际情况，制定了不同的专业发展目标和路径。

师德高尚、学识渊博、融会贯通的名师，挑起培养新一批骨干教师的责任，一边总结自己成功的实践经验，一边深入教育教学科研，在指导新教师的过程中，学习并探索教师教育"传、帮、带"的有效方法。

拥有一技之长、在某一领域独树一帜的"特色之师"，不妨搞个小型专题研讨，亮出自己的独门绝技、拿手功夫，特别擅长手工制作的、特别擅长班级管理的、特别能指导学生写出一手漂亮字的……许多教师就是特色亮相，找到了个人的兴趣特长和教育教学的结合点，各种创新层出不穷，从"一技之长"向"全面综合"发展。

崭露头角、年富力强、充满希望的骨干教师，通过自加担子、自添压力，主动争取各种成长的机会。教研会、汇报课、研讨会……骨干教师的全面发展要为今后向名师的转型奠定基础。

初露锋芒的教坛新秀，主动向前辈教师学习，立足课堂教学，反复对各种类型、各个年段的课例进行说课、上课、磨课的训练，上出亮点、上出特色……

③校本教研：搭建教师专业提升共建的平台

校本教研是新时期教师适应和实施新课程的必然要求，也是教师专业发展的必由之路。名师成长苑，对五类教师开展了不同学科、不同层次、不同课题的校本研究。

• 不同学科的校本研究：每个学科所独有的魅力都集中体现在其学科的特色上。教师的教学不只是对学科知识的传递，更是要传达出不同学科领域的文化信息，与学生一起共生出各自学科课堂的文化特色，以充分展现所任学科的无穷魅力。

丰富生动的校本教材

• 不同层次的校本研究："名师、骨干教师、特色之师、教坛新秀、青年教师"五类型，根据"名师成长苑"的《成长章程》，对自己德、能、绩的发展作出了个性化的成长规划，在各层次内部展开专题学术讨论和研究，使教师在各自的起点上获得不同程度的专业成长。

• 不同课题的学术文化：名师成长苑，将课题研究视为促进教师迅速成长的绿色通道，根据课题研究的需要，将不同学科和不同层次的教师集合在一起，发挥各自所长，协同作战，攻破难关，充分体现了各学科和各层次之间的交流融合；围绕不同课题的各自内涵，课题组之间在研究风格上又呈现出不同特色；同一课题组内教师们对学术问题的研究，将教育教学的理论与实际紧密结合，各尽其能，畅所欲言，体现出求真务实、勇于创新、和而不同的学术研究特色。

不同学科、层次和课题的学术活动，为教师们营造了舒心的学术环境，在专业上找到发展方向；以《成就主人》校刊、《人民师苑》校报为平台，分享学术文化，自觉发挥潜力，培育更高品质的学术文化。名师成长苑，如同一个"孵化器"，"名师"引领，"骨干教师"、"特色之师"、"教坛新秀"在其中得到不同程度的成长。

2. 做科学管理的主人

美国前总统艾森豪威尔在担任哥伦比亚大学校长时，称物理教授莱比（Rabi）为"学校的雇员"。这位诺贝尔物理奖获得者回敬道："尊敬的校长，我是这个学校的教授，你才是学校的雇员。"

对于一所学校而言，教师永远都是学校的主人。"平民总理"温家宝曾经说过："政府的一切权力都是人民赋予的，一切属于人民，一切为了人民，一切依靠人民，一切归功于人民。"的确，《宪法》规定了人民是国家和各类行政机构的主人，领导是国家和各类行政机构的公仆；《教师法》等法律文本，确认了教代会应该是学校的最高权力机关，教师应该是各种规则制定的参与者，参与学校的管理与决策。

学校不是一个简单的行政事业单位。学校营造的应该是读书研究学问和教书育人的良好氛围，崇尚的应该是建立在追求公平公正公开、自由平等和民主科学基础之上的人本精神。因此，作为校长，不能以行政官员的身份去领导教师，而应当是教育思想上的领导。

记得 2000 年，我刚接任校长，开始对校园环境的改造修缮。一砖一瓦的设计、

贺龙塑像落成典礼，几千名少先队员面对塑像庄严宣誓：
继承传统，开拓创新

一草一木的选择，都融入了我自己非常明确的办学理念。方方正正的中心广场，分三级阶梯直上，三面是高高耸立的教学楼，大气整饬，不失庄严。一尊汉白玉雕塑《贺龙与孩子们》屹立在第二级台阶中央，与五星大楼（原晋冀鲁豫干部子弟学校学生宿舍）遥相呼应。与塑像相对的，是刘伯承元帅的校训碑。我力图将学校的历史文化传统物化，呈现在校园的每个角落，成为对学生进行光荣革命传统、爱校教育的生动的隐形资源。

但是，没曾想这一举动却招来了少数人的非议。"把死人的东西翻出来做什么，把学校搞得像烈士陵园一样。"有教师甚至嘀咕。

我在错愕之余，展开了深刻的反思。第一，校园建设工程是通过了教代会决议的，但没想到有个别教师还是提出反对意见，而这意见是在教代会上没有反映出来的。说明教代会对教师意见采集的面还不够广泛，调研的深度还不够。第二，对学校进行校园建设工程的意图没有阐明，"环境与人"的教育理念，仍有少部分（哪怕是极少部分）教师没有接受和领会。它反映出我们的教师要在新课程中转变观念，还有很长的路要走。2002年开始我就大力倡导"校园文化"的学习宣传，在改造学校硬件建设的过程中，学校环境文化的打造终于让师生们及家长们形成共识，并给予了高度的认可。

带孩子们诵读卓琳校长寄语碑，把校园文化的种子播撒在孩子们心田

　　而理念的转变，用行政命令，行得通吗？新课程呼唤教师发挥主观能动性、积极创新，强制要求教师，能出质量吗？显然不行。没有教师对主动教育思想发自内心的认同，就不会有扎实有效地主动教育的实践。

　　首先重要的是管理者要转变观念，树立行政权力应该是为学校教师以及学校的教育教学服务的观念。人民小学的管理，目的是要保障管理者管理的自主权、教师们教育的自主权和学生们学习的自主权。"相信和依靠教师是管理的基础。"只有建立科学民主、公平公正公开透明的现代学校管理制度，更好地保障作为人民一分子——教师的合法权益，使教师成为学校管理的"主人"和"局内人"，才能最大限度地发挥聪明才智，构建和谐的学校发展环境，原本初衷良好的教育改革措施也才能得到预期的结果。

　　（1）传承和保留具有生命力的科学制度

　　60多年办学历史中，形成了我校几代教师共有的"艰苦奋斗、自立自强"的精神特质和"服务于学生"的特色教育思想，并在实践中留下了一系列章程制度。其中一些制度条款，如学习制度、研究制度、家访制度等，历经实践的考验，符合教育教学以及教育管理的规律，反映了全校师生在长期共同生活中积淀下来的共同的价值观，体现了我校特有的"严谨务实、严于律己"的工作作风，至今仍旧发挥着积极的作用。但是，旧的管理制度也存在着对教师个性的不尊重，以及教师对学生教育方式的不民主的弊端，对师生个体生硬、苛刻甚至粗暴的制度条例，亟须革除。

　　（2）校长坚持在教育思想上的领导权

　　苏霍姆林斯基说："校长的领导首先是教育思想的领导。"校长要塑造学校，树立自己的办学理念，形成体现办学理想的价值观和信仰，具有设计学校、创新学校的能力。在独具个性的教育理念的引导下，我拟定了学校跨越式发展的"十五"规划、"十一五"规划、"校园整体建设"规划、"体制改革"规划，构建"主动教育育人模式"，并带领自己的管理团队，全面提升教育教学质量，使学校全面和谐持续发展。应该看到，校长所领导的学校教育思想，既是建立在校长对学校几代教师共同意愿和追求的深入理解基础上，又是学校办学意志的坚定不移的集中体现。我非常重视每学期的学校工作计划和总结，也非常重视学校阶段性规划和总结。这些计划总结我都亲自精心撰写，并召开各类会，如教代会、组长会、中干会、行政会、教师大会……进行宣讲和听取反馈意见。这些时候，我总是充满理性思考，又燃烧着深深的激情，我的管理团队和老师们都戏称我是"人民小学的精神领袖"，我满意自己有这样的称号。

（3）打造有共同理想，团结协作的管理团队

校长的教育理念和教育思想必须有志同道合的管理团队来支撑，我非常重视管理团队的建设。我的管理团队由副校长、中层干部、二级中干、年级组长、学科组长、课题组长、工会组长等组成。由于校长将评聘、分配、奖惩等责、权、利赋予相关处、科、级管理人员，充分调动起管理人员的积极性，使他们由过去只能机械地操作，转变为对所辖工作进行主动谋划，创意执行。管理团队的成员，深谙校长办学思想的精髓，是校长办学思想的拥戴者；在体现办学思想的制度中矢志不渝地努力实践，是学校制度的贯彻者；依靠自己的影响力主动发挥对校长办学思想的辐射作用，又是管理文化的创生者、管理条例的传播者。

教代会上与老师们运筹规划，勾勒学校蓝图

（4）营造"科学管理与自觉认同、主动践行"的文化氛围

管理制度以"教代会"等形式，产生于教师之中，它既遵守法律政策，又尊重教师的工作学习特点、合乎教师成长意愿，且遵循管理规律，因而得到教师群体的

广泛认同。——在制度建设的过程中，个人与个人、个人与集体、小团队与大集体的价值观，已经经过磨合碰撞逐渐实现了平衡统一，制度更像是盟约一般，自然地转化成为每个人的自觉行为。一方面管理评价"融侨杯成就主人奖"实行严格的程序，以辩证综合的眼光，既衡量教师工作学习的结果，更看重对教师工作过程的综合评价；既有对教师教育教学常规上严格详细的刚性要求，更体现对鼓励教师不断创新的人文关怀。另一方面，由于制度产生于教师之中，得到教师群体的广泛认同，而不是领导或少数几个人的闭门造车，教师学习制度就更容易地转化成为教师的自觉行为，而不再是被动接受。优越的制度吸引了教师群体，统一了教师群体共同的价值取向，形成了教师队伍心齐气顺、团结和谐的人际关系和求真务实的工作作风，促进了教师根据时代发展和学校课程建设需要，自觉地发掘自己的特长和潜力，明确自己的专业发展方向，获得自己专业的成长，为更好地开发和实施学校课程，培养全面发展和个性鲜明的小主人服务。教师教育成为每一位教师的内在需要，自主地进行自我教育。教师们还勤于反思，不断地为学校发展、主动教育的改革出谋划策，乐于躬身践行，优秀的教师学习传统代代相传，从而形成了我校独有的以主人翁精神为核心、科学、民主、开放、和谐的主人翁管理文化，推动着我们去实现主动教育共同的理想。

　　3. 做幸福生活的主人

> "幸福需要一个更全面的定义，而不是仅仅限于没有痛苦的欢乐。"
>
> ——马斯洛《幸福心理学》

　　教育生活，带给我自己的是如此幸福的人生；我也希望，我的教师们都能成为幸福生活的主人。

　　人，生来就有不懈追求幸福的本能。只是对于幸福的理解，人人各有不同。对幸福的误读，如人在行走途中，错误地把行走当作目的而忽略了观赏沿途的风景，造成人生的错乱。教师们是否幸福同样取决于对幸福的解读。

　　"十一五"期间，我提出了人民小学的教师，要在"精神文明"和"物质文明"建设的完美结合中进入小康社会，意气风发地迈向教育现代化——幸福是团队实现共同追求的目标。

要更新观念、不断提高思想认识，要以主人翁文化精神"挑战自我，超越自我"——幸福是对自我的把握和刷新。

要以"艰苦奋斗，潜心实践"的工作风格落实自我，要求自我——幸福是对自我的肯定和打磨。

更要有"勇于创新，追求卓越"的高标准鞭策自我，创造自我——幸福是对自我的无尽探索。

我们将用我们的思想、智慧、心血、汗水精心浇灌和培育更加灿烂辉煌的"十一五"——幸福是把"我"融入"我们"去奋斗和拼搏！

教育应是心灵的事业，更应是幸福的事业。就教师个体的生命而言，教育教学活动占据了工作的核心部分，如果在教育教学过程中寻找不到人生的幸福，那么他整个人生的幸福又在何处？所以，从这个意义上说，做个幸福的教师，幸福地做教师，既是教育事业的必需，也是教师个体生命的必需。一个不幸福的教师当然也无法让学生获得人生的幸福，教师自己要成为一个幸福的人，是自己的需要更是教育的需要。

（二）教师观

校长作为"老师的老师"，要带出一支高质量的教师队伍，一定要有自己对教师发展的准确定位，要有明确的教师观。主动教育的教师观，体现了教师个体成长的能动性，体现了教师"在成就学生的同时成就自己"的指导思想。

1. 从"被动教"到"主动教"

主动教育从创生之初，就在强调学生"主动学"的同时，把教师"主动教"放在了同等重要的位置——没有教师"主动教"，就没有学生"主动学"；为了学生"主动学"，教师就要"主动教"。

这个"主动教"，不是指教师包办代替学生的学习，掌握教学的主动权，或高高在上，以知识的象征、权威的代表形象，控制学生的学习；而是针对应试教育中教师"被动教"提出的新的教学方式。

我清楚地记得，80年代初，一些有思想的教师多么渴望为发展中的国家培养人才，却痛苦地发现全无施展抱负的空间。因为，传统的应试教育以考试为中心，考试内容成了指导教师教学的指挥棒，教师对教学内容、教学方式、教学设计没有丝毫自主权。他们或者"唯教材论"——教什么由"神圣不可侵犯"的教科书说了算，不管正确与否、适时与否、偏难与否；或者"唯知识论"——教学的重要目标或唯一目标就是完成知识性的任务，教师想训练能力、想培养情感态度、想渗透道德教育、审美教育、情意教育，却被知识教育挤占了时间和空间；或者"唯教案论"——容不得教师去考虑学生的需要，只要按照设计好的教案走就好，不然完不成知识教学的任务，于是少数学习好的被老师牵着走，而大多数学生成了"观众"；还有"唯课堂论"——考试的全部内容仅限于教材，课堂教学是教学活动的全部，教师的精力不可能投放到学校课堂以外的地方，以保证学生的考试质量……正是因为许多教师在教学中出现了上述的角色定位和行为方式，所以教学活动变得机械、沉闷、刻板、程式化，少了智慧的启迪和好奇心的刺激，少了生气和人文的关怀，课堂是死寂的、窒息的，学生是如服刑役般被押着、赶着做着知识的奴隶，做着考试的奴隶。许多教师工作缺乏创造性、科学性和艺术性，自此他们也就一步步地沦为了传统的"教书匠"或特殊场所里的"技术工"。教师的一生，是对别人人生和自己过去的重复，乏善可陈，了无生趣。

因此，主动教育在致力于学生由"被动学"向"主动学"转变的同时，提出了教师要由"被动教"向"主动教"转变——教师主动研究学生，根据学生整体实际和个体差异，主动选择教学内容，主动设计教学过程，主动调整教学评价，主动改进教学方式……总之，"教的法子根据学的法子，怎样学就须怎样教；学得多，教得多；学得少，教得少；学得快，教得快；学得慢，教得慢"。以学定教，因材施教，保证教学内容能适应学生学习和发展的需要，保证主动教育培养的小主人具有自主的个性、主动的习惯。较之传统的"师讲生授式"，这显然对教师和教师群体都提出了更高的要求。主动教育，需要教师全方位的主动成长——知识教育中，教师是为了装满学生的"一瓢水"，而充实自己的"一桶水"；但在主动教育中，怎样让学生渴望学、主动学、很会学，恐怕"一池水"也远远不够。教师重量轻质的做法已经完全不能满足主动教育中学生成长的要求了。

2. 从"被动适应"到"自我超越"

有人说，新课程改革，触动最大的是教师。的确，新课程改革的推进和深入，无疑引发了教师角色的一系列历史性转换——由课程规范的复制者变成新课程的创造者，由课程知识的施予者变成教育学意义上的交往者，由课程分数的评判者变成学生自主性学习的促进者……习惯于被动教学的教师，是很难适应新课程改革对教师带来的各种转变的。而教师观念、行为转变的速度和程度，又决定着新课程改革的进程和成败。这就要求教师发展与改革、与时代同步跟进，教师要与新课程一同成长。这一切，和教育现实存在着一定差距。

即使是人民小学的教师，已经历过由"被动教"到"主动教"的转变，面对新课程改革，也仍然有自己的困惑：有的教师找不着"自己"了，对于专家们的讲座，"听起来热血沸腾，做起来迷迷糊糊"；有的教师坚决反对新课改"一刀切"的做法，固守传统教法不动摇；有的教师把自己置身于"课程"之外，坐等"上面"的指示；还有个别教师习惯了按部就班的工作，少了激情和活力，徘徊在新课程改革的边缘……

面对这些情况，我很清楚：新课程改革，是自上而下的改革，它不以学校、教师的个人意志为转移。它是中国教育适应全球化、适应现代社会发展的必由之路。如果不能站在一定的高度来认识这场新课程改革，只是被动地去适应改革，就会丧失教育发展、学校发展、教师发展的时机和优势，就会被时代所淘汰。要直面改革带来的阵痛，老师们就必须要从"被动适应"向"主动超越"转变，要把对学生的服务性和教师个人的发展性联系起来，提高服务学生的意识、观念、能力、策略、才能，才能用自己的发展应对被新课程改革淘汰的危机。

我常常思考：人的主动争取、主动追求、主动作为，是为了什么呢？什么能为教师们提供着永远勇往直前、自觉去创造追求的动能呢？——用马斯洛的话说，是每个人都有对"自我实现"的需要吧。这种自我实现，与人的高低贵贱无关、与长幼尊卑无关。"自我实现蕴藏于人们对生活的某种态度中。米开朗基罗似的艺术家能体验到自我实现，一个退休的老木匠制作船模式自我实现，甚至一个普通的家庭主妇对自己新居室的整理与布置，在某种程度上也是一种自我实现。但是自我实现需要一种创造性的力量。反过来，这种创造的力量不仅能给他的主体带来满足感，而且还能促进主体精神上（甚至包括生理上）的健康。"——身为任何一种从业者，倘若失去了自我实现的高峰体验，该是怎样的苦楚？

自我实现，是主动教育对每一个受教育者，也是对教育工作者们的终极关怀。——或者，我们可以说，新课程改革给了我们一个机会：过去，相当多的教师终其一生也无法体会教师职业的幸福，因为圣贤的要求离他们太远；而新课程中，教师可以在体会一个个小成功、小喜悦中，一步步离"圣贤"近些、再近些。

霍懋征老师的成长经历深深地感染着我，窦桂梅老师的语文课也深深地感动着我……那么多优秀的老师在不断地创造着崭新自己的同时，也不断创造着教育生涯的新境界！

那么，践行主动教育的教师们，又应当是怎样的教师呢？——是一定要像他们一样蜚声教坛才算成功吗？还是像他们一样永远都处在超越自己、挑战自己的"路上"呢？

我们也许做不了第二个霍懋征老师，也许不能将窦桂梅老师的成长之路翻版复制，但是，我的老师们，可以超越那个过去的自己，成为最好的"我"！

"以爱立德，教书育人，继承传统，努力创新。"和很多教育家一样，卓琳校长在给我校教师们的寄语中，把爱放在了教育的首位。我想，"爱"就是每一位教师挑战自己、超越自己的原动力！有爱，就有创新，只有当教师把对民族的大爱、对孩子的热爱、对生活的热爱和个人的发展结合起来的时候，才能获得超越自己的无限能量。试想作为教师，如果个人的成长离开了为学生发展服务的目的，不就失去教师自我实现的意义？

"在成就学生的同时成就自己"，主动教育的这一基本的教师观让主动教育不仅吸引着学生，也鼓舞教师走向幸福完满的人生，做幸福的教育人。

四、主动教育特色的学科教学操作系统

学科教学是实施素质教育的主阵地，也是主动教育培养小主人的重要途径。总结二十多年的教学改革经验，我与我的管理团队经过各学科的研讨、各部门的碰撞，经过无数次教研会的争论，我们有了这样的共识：要在学科教学中充分体现学校主动教育特色，必须处理好三个关系：

第一，正确处理传承与创新的关系。辩证地反思传统教育，弘扬中华民族倡导自觉自悟、自省自律、自我修养、自我完善的传统，继承革命年代我校培养"艰苦奋斗、自力更生"精神的特色，结合时代的要求，明确了教学要以充分激发人的主体性为核心，激励学生"自主自立自强、求真求活求新"。

第二，正确处理文化学习与道德教育、才艺能力培养的关系。认真解读元帅校训中"有文化、有道德、爱劳动、爱祖国"、"具有创新精神和铁的纪律"的要求，将道德教育、才艺能力的培养自然地融于学科教学中，形成学科教学整体综合、全面育人的目标。

第三，正确处理教与学的关系。始终坚持以教师为主导、学生为主体、主导服务于主体，突出了教师的服务性原则，体现"小主人成长的摇篮"的办学理念。教师的主导性体现在对学习方法上的指导，教师的服务性体现在教学的设计和实施，教师的激励性体现在语言的评价上；而学生的主体性则体现在以兴趣带动的主动性，在学习过程中落实实践性，在互动运用中体现的创新性。

在此基础上，我们逐步构建和完善了主动教育特色的学科教学模式的操作系统。

（一）以"厘清—调整—突破—发展"为要素的教法系统

"教为主导，学为主体"，师生充分发挥双主动精神，才能确保主动教育特色的课堂教学的实施。要真正发挥学生主体作用，培养其创新精神和实践能力，关键在于教师如何把握角色，进行科学的"导"。通过多年的教学实践，我提出了教师主动教导应按"厘清—调整—突破—发展"四步来实现"导"为"学"服务。

1. 厘清：厘清学科特点和教学目标，厘清教材重难点和教学思路

明确教学目标是教学的基本原则之一，随意性是教学之大忌。所以，教师要掌握引导的主动权，有条不紊地开展教学、发挥主导作用，就必须在思想上高度重视和明确教学目标。

在新课程标准出台之前，我校就将教学目标明确为三点——知识点、训练点、育人点，它与新课标的三维目标几乎一致。制定教学目标要吃透教材，准确把握教材重难点，充分掌握学生基本能力和创新能力。教学目标除包含教材本身的知识目标，还应体现学生主动学习的情感目标、创新发展的能力目标。如高年级美术课《纸造型》，基本目标是综合学习纸的卷、撕、编等表现技法和搓、揉、拉、皱等技法；情感目标定位是培养学生感受美好事物，热爱生活，让废旧物品美化人们的生活，保护人们生存的环境；创新目标锁定在纸造型创作过程。如音乐课《叮铃铃》，老师制定的基本目标是引导学生唱好"♯5"下滑音，倚音—顿音，唱好二部合唱歌曲，培养良好合唱习惯；情感目标和创新目标是初步学习歌词，体会歌曲表现意境，

激发音乐学习的兴趣和主动性以及对生活的热爱之情，挖掘音乐创造潜能。此外，还须明确基本目标和发展目标的层次性、目标选择的准确性。就目标的层次性来讲，要符合儿童认知规律，跳跃超前的过分要求定将学生置于被动状态。准确选择目标也事关重要，如语文教材是以一篇完整的课文形式提供给老师，并不能明确体现训练的有序性，正如叶圣陶先生说："语文教材无非是个例子，凭这个例子要使学生能够举一反三，练成阅读和作文的熟练技能。"可见训练点必须选择准确适当，可迁移、可概括类比。目标设计全面、准确、适度，有利于调动学生积极性。

2. 调整：调整教学目标，调整教学设计

"调整"以掌握学情为前提。调整后的程序、内容更合理有效，充分体现"导"为"学"服务的旨意。

教学过程本来就是一种复杂的思维活动。有些问题难以预料，教师要根据课堂上临时出现的情况相机适当调整，除基础知识、能力训练的增减，还有结构顺序的调整。如果在教学中本是水到渠成的事，教师却生硬地照原教学设计按部就班，不仅浪费时间，使教学重复乏味，而且违背了素质教育学生主体原则。比如，教师预计在下一环节进行的内容，学生提前触及，教师应当尊重学生主体，调整教学程序。对学生自己能学会的知识、弄懂的问题，教师要大胆割舍，不惜调整原设计中精彩的导学内容，鼓励学生主动探究、主动创新、获取成功。有时教学卡壳，或因教材内容远离学生生活实际，或对学生能力估计不当，教师就应及时增补助解或训练的内容。"调整"切实做到从学生实际出发，充分体现"导"为"学"服务的旨意，是达成预定教学目标、落实学生主体地位不可忽略的环节。

3. 突破：突破传统模式，优化教学过程

"教为主导，学要主体"必须改变传统教学模式，通过优化教学结构、方法及学习氛围来实现学生课堂学习的主体地位。

优化教学结构要变"教师讲—学生听"这种点对点的"满堂灌"教学结构为"教师为主导，学生为主体，训练为主线"的"训练型"课堂教学结构。训练内容包括理解性训练、积累性训练、运用性训练、复习巩固性训练。体现训练型教学结构特点的教学有：第一，以"启发思维，掌握读书方法的预习—质疑—择疑—解疑"的质疑式。第二，以"提出任务，指导方法—自学勾批，教师巡视—集体交流，反馈矫正"的自学式。第三，以"基础知识重点、单元训练重点、思想教育要点于一体"的导学式。第四，以"提出问题、探究问题、解决问题"的合作讨论式等。在训练型教学结构中，设计调动学生主动学习的诸多环节，教师导航、点拨，不仅落实了对学生学、看、思、议、练、做等活动的指导训练，更重要的是还给了学生学习的权利，使学生有创新学习的时空。

优化教学方法是通过采用一些具体的操作手段，吸引每个学生积极投入学习。我们初步归纳了十种调动学生主动学习的方法：自主学习法、启发导学法、激趣乐学法、激情导读法、情景感悟法、动脑观察法、辩证求异法、迁移比较法、实践操作法、自我评价矫正法。其中，"激趣乐学法"包括游戏激趣、动手操作激趣、创设情境激趣、现代教学手段激趣、设疑激趣。"自主学习法"不仅培养学生养成自学勾批的习惯，还训练学生找准质疑点，读懂学习内容。如语文课从课题及记叙要素质疑，弄清写什么；从文章思路及重点词句质疑，知道怎么写；从课文中心部分质疑，明确为什么写。"辩证求异法"是根据学情确定的素质教育导学法，不仅有利于培养学生求异思维能力，形成辩证思考的学习品质，而且通过分类指导、个别指导、随机指导，更有效地提高每个学生的学习素质。"启发导学法"要求老师从四个善于入手：善于激发学生主动学习的志趣，善于培养学生参加学习活动的独立性，善于教给学生科学的学习方法，善于培养学生主动学习的习惯。学生掌握了学习的方法，就具备了会学的能力，也就掌握了学习的主动权。

优化学习氛围是落实学生主体地位极其重要的因素。师生之间、生生之间关系亲切融洽，在民主和谐、宽松愉悦的氛围中，教师的热忱教导将顺利换来学生的乐学会学。教学评价的作用也不可低估，主动教育特色的教学评价具有导向性、激动性、全面性、多样性。要正确衡量学生能动作用的发挥，激发学生热情饱满、充满自信地学习。课堂教学是情感信息交流的过程，教师生动、准确的语言，以至动作、神情都是交流思想、传递信息、左右课堂教学效果的重要因素。所以，教师还要不断提高教学艺术，艺术化使用有声语言和肢体语言，在良好的氛围中，调动学生学习激情，营造学生主动、师生互动、形式生动的教学局面，使教学收到喜人的效果。

4. 发展：发展综合素养，全面提高学生素质

21世纪是一个激烈竞争时代，对人才素质要求高，发展学生综合素养，就是从育人的高度体现教师主导的最高目标。

首先，教师要树立整合效益观，注重知识的纵横渗透与延伸发展，把对学生进

行学科基础知识、基本技能训练与思想教育结合起来，与各科知识联系起来，与生活实际和课外学习结合起来，把创新思维与实践能力的培养结合起来，使其学得灵活生动，有创意，善实践。

在培养学生学习能力的同时，对其进行未来人才素质的培养刻不容缓。即，培养学生与他人建立友好合作学习关系的合作能力；意志坚强，勇于拼搏进取的抗挫能力；大胆创异，并通过认识冲突和思维碰撞获取真知的创新能力。其中，创新能力培养尤为重要。

主动教育特色的"主体创新性"教学以"导"为"学"服务，按以上四步开展教学，培养学生主体创新精神，学生学得轻松愉快，学习习惯好，能力强，从真正意义上落实了学生主体地位，体现了主动教育课堂教学的特点。

（二）以"趣、情、思、议、练、评"为要素的学法系统

肖川老师说过：学习方式，决定着人的生存方式。新课程改革尤其重视学生学习方式的转变。我在 25 年的音乐课堂教学中总结了学生有"趣、情、思、议、练、评"六种学习状态，我又用七年副校长的生涯听各个学科的课堂教学随堂课近千节，不断验证学生的这六种学习状态。这六个字既是对学生理想学习状态的描述，也是师生共同努力的目标，还是学生主动学习的具体操作方法。

1. 趣 —— 激兴趣，有乐趣

现代心理学研究表明，学生的求知欲、好奇心、学习兴趣、情绪态度等是学生"学习过程的内部激发力量"。美国心理学家布鲁纳曾经指出："学习的最好刺激乃是对所学知识的兴趣。"主动教育要培养学生的学习能力，首先要培养学生善于从学习的内容中发掘兴趣，根据自己的已有经验找到自己的兴趣点，才能在学习中体会发现、挑战、超越的喜悦。而教师，则要充分发挥"教"的主导性、服务性和激励性，不断制造惊喜，不断尝试刺激不同学生兴奋点的角度和方式，并且帮助学生体验成功的快乐。

在课堂中激发学生的兴趣，唤起学生心灵的共鸣，并以此为动力推动学生不懈地学习，使他们自始至终以积极、主动的态度参与学习活动，最大限度地发挥其主观能动性。教师应激发学生的学习动机、兴趣和追求的意向，是推动学生参与认知活动的基本动力。教师还要保持与学生的情感交流，使学生乐学、好学，使教学过

程始终对学生有一种吸引力，吸引他们主动去探索问题、发现规律。

2. 情——展激情，含真情

从心理规律上讲，学习活动这一认识过程是情感过程的基础，情感过程反过来又是认识活动的动力，并能对认识过程加以调控。情感过程对学习这种认识活动的影响直接决定了学习的效率。学生要学会主动学习，就要学会在学习过程中，投入、调控、表现自己的感情，学习用积极的感情的力量促进自己的学习。

而教师的作用，则体现在：第一，传达和谐的师生情感，构建宽松和谐的学习氛围，让学生处于愉悦、兴奋、饱满、振奋的情绪状态之中，为认知活动也为情感的陶冶创设良好的情绪背景。第二，营造生动的情境，调动学生的直观感受，让学生在接受认知信息的同时，获得各种积极情感和高尚情操的陶冶。第三，教师激励学生积极的情感投入，使之成为推动学生学习的动力，让学生对学习活动本身产生积极的情感体验，形成良好的学习心向——好学、乐学的人格特征。

如语文教学中的激情导读法。《丰碑》一课，教师首先用缓慢的节奏、凝重的情感渲染出悲壮的氛围。接着抓住主人公的高大形象和将军强烈的情感转化。让学生在跌宕起伏、回肠荡气的情感体验中，让学生在心灵的强烈震撼中，感受到悲壮美和崇高美。

激情导读法"激之以情，导之以读"，是一种激发学生内在的饱满的情感，以读为主、以读代讲、以读代答的教学方法。激情导读法的特点是：在整个阅读教学过程中，把学生的读书与情感体验放在首位，"教师致力于教，学生循导学读"，达到"阅读教学要拿出足够的时间让学生读书，做到人人读，人人多读"的教学要求。

"感人心者莫先乎情"，所谓"情"，就是要求教师的课堂语言，饱含情感，能把自己的、作者的感受、体验、理智等融会到波澜起伏的语流中去，做到有声有色、声情并茂。讲解课文时，要设身处地，绘声绘色，如临其境。表达自己的思想时，要赋予语言以喜、怒、哀、乐的情感，以情动人，寓理于情。教学实践证明，只有情感丰富的课堂语言才能够感染学生，激发学生学习的兴趣。

任何优秀的文学作品，大到描绘历史长河的鸿篇巨制，小到勾画生活琐事的散文诗话，无不倾注着作者的思想感情。"情动而辞发"，教学中教师激发学生与作者的情感产生共鸣，更有利于体会作品的内容。例如散文诗《桂林山水》就是一篇文质兼美的课文，教师应该通过优美的语言、抑扬顿挫的节奏、音乐一样的旋律，像高明的导游一样把儿童带入这些美的情境中去；而《十里长街送总理》这篇课文表达了人民送别总理的灵车时的无限沉痛悲伤的心情，抒发了人们对总理的爱戴和崇敬。教学成功的关键就在于有真情，教师通过背景简介、创设情境、有感情的范读朗读等教学手段声情并茂地引领学生进入文章的情感氛围中。在《再见了，亲人》一课的教学中，教师的开讲便是一段饱含深情的演讲。这一段有情感的叙述不仅吸引了学生的注意力，在真情实感中让学生迅速地进入课文的情景中去，为全课的学习打下了深厚的情感基调。

"声情并茂"是我校主动教育课堂的最大特色，如音乐课，无论是合唱课、唱游课、欣赏课，在情感熏陶中，以情动人，以情育人，在美听、美唱、美律中享受情感的升华，音乐课完全是"声情并茂"的高级享受。

又如美术课，无论是线条的美、色彩的美、造型的美，都倾注一个"情"与景交融，让所有的点、线、色、形都用"情"的脑与手，都用"情"的眼与心去观察、创造、欣赏，那也是何等的感人至深呀！

3. 思——爱思考，善思维

"思路决定出路"，在知识经济时代，促使个人成功的重要因素不是高学历、高智商或身怀某种特殊技能，而是人的思路。比尔·盖茨、马云、丁磊等成功人士在回顾来路时，莫不坦言"学会了思考"。学生主动的思考活动，是构成学生认知学习的首要要素。主动教育要在学习实践中，建立良好的思维方式，掌握正确的思维方法，灵活运用各种思维的组合，为学生的终身学习打下坚实的基础。

小学生的年龄特征决定了观察是他们学习的主要方式，小学生的年龄特征也决定了他们的思维带有明显的形象性。教导学生将思维与观察结合起来投入学习，有助于培养他们爱观察、爱动脑、主动观察、独立思考的兴趣、习惯和方法。

如科学课《保持水土》一课教学时，为了让学生深刻地意识到保护环境的重要性，教师精心准备了观察内容，首先准备了对比观察实验：在草地上铲一块草皮和相应的松软土壤，做水土流失的对比实验，学生不难发现有草的土壤水土都没有流失，而同时松软的土壤水土流失了。其次，教师不失时机地将学生所熟知的1998年长江下游洪水泛滥的实例，以录像的形式让学生回顾，从而使学生通过对比实验、录像观察而深刻理解到保持水土的重要性及保持水土的最根本的方法就是植树种草，绿化荒山。又如语文课《画杨桃》，从文章内容来看，只是日常生活的记叙，并不难理解，难就难在要引导学生以小见大，从画画这件事，明白做任何事都要实事求是的道理。所以教师利用多媒体，让学生从正面、侧面多角度对杨桃进行观察，让学生直观地感受到看的角度不同，杨桃的样子就真的不一样，有时的确像个五角星。是的，很多事只有通过自己动脑思考、仔细观察，才会记得牢、印象深刻，相信做事要实事求是的道理一定会在学生心里留下深深的烙印。

4. 议——敢质疑，爱讨论

孔子治学的第二重境界，是与志同道合者讲谈、研讨、论辩，从而加深造诣，使学问提升到高级阶段。《学记》说："独学而无友，必孤陋而寡闻。"通过同"友"、"朋"的讲谈、研讨和论辩，可以互相启发，互相促进，思维的火花在碰撞中迸发，使大家的学问、思想渐渐进入新的境界。这与新课程所提到的互动学习颇为相似。但是，传统教学中，教师往往扮演了教学的权威者，掌握了教学的话语权；而学生只能做沉默的羔羊。主动教育要培养学生做学习的主人，就要创设民主的教与学的氛围，让学生敢于议论，敢于质疑、敢于发表个人见解，在研讨中树立自己明确的主见和自信。

议，源自于学习主体强烈的学习动机。"议中质疑"，"学贵知疑"。"问题意识"是衡量主体性的重要标尺。没有"问题意识"就谈不上主体性的发挥，也谈不上创新。坚持以问题为纽带组织教学。"以不疑有疑，方是进矣。"如讲授《琥珀》一文时，教师抓住教学有利时机，抓住关键内容，不断启发诱导学生思考、质疑，使学生思维一直处于积极活动状态，表现出对自然科学探求的浓厚兴趣。对于文中"松脂球的形成"一节教师作重点引导，启发学生思考松脂球形成需要的条件，并说明理由。同时要学生思考该节描写太阳的句子的用意，这样为大滴大滴松脂淹没了两只小虫预设了条件。当学生对此有了清楚的了解之后，教师便通过假设提问（假如不是有这么"巧"，会发生什么情况呢？）诱发的办法、找准突破点，示意学生展开丰富想象、假设情景，想象各种可能。进而体会作者考虑周到、推理严密的逻辑思维。在学生厘清作者思路的基础上，教师进一步诱导学生在遣词造句、谋篇布局等方面进行探索，步步升华，使语言文字的训练与科学知识的传授达到了和谐的统一。在这样的过程中，学生始终由"未知→已知→未知"。因而，学生的探索精神、创新精神、分析问题和解决问题的能力得到了培养。

议，议论纷纷，相互讨论这是学生主动探究的主要过程。如在进行《黄河象》

一文的教学中，有个学生提出本文的重点到底是什么？老师抓住这一"发难"的契机，组织学生探究讨论，重点到底是介绍黄河象化石的样子，还是黄河象的来历？是介绍黄河象，还是说明黄河象化石保存完整的原因？当学生争得难分难解的时候，老师指出介绍黄河象化石的样子容易，说明黄河象的化石为什么保存得那样完整难。科学家为了说明黄河象化石保存完整的原因，对黄河象的来历进行了严密的假想，我们应该着重讨论作者怎么详写科学家假想黄河象的来历。学生的问题很快转向假想的事实依据。老师的点拨对学生解决的争议起了"山穷水复疑无路，柳暗花明又一村"的作用。

议，是学生学习中交互的体验性实践活动。与灌输式不同，畅所欲言的互动讨论，使教学活动真正建立在学生自主活动、主动探索的基础上，进而有利于学生主体精神、创新意识、创新能力的健康发展。如，作文课上，教师在教学中出示下面一段话，请学生读后猜猜是班上的哪位同学？

> 他是一个男生，有一张脸、一双眼睛，他穿着衣服和鞋子。

学生讨论猜不出的原因，得出在写人物外貌时要抓住主要特征的结论。老师再将上面一段话修改，又请学生猜猜他是谁？

> 他是一个男生，有一张瓜子脸，一双小眼睛，他穿着运动鞋和运动装。

学生仍然猜错。在老师引导下，进一步讨论猜错的原因是没有把主要特征写具体。教师再次修改，让学生猜。

> 他是一个会搞笑的男生，瓜子脸，一双小小的眼睛前面架着一副浅蓝色的眼镜。平时喜欢穿白色的运动鞋和一身大红色的运动装。上课爱讲话，常常逗笑大家。

学生一下猜出后，在讨论的基础上小结出写人物外貌时不仅要抓住特征，而且要写具体。

5. 练——认真练，落实练

"学而时习之"是孔子重要的教育思想，《论语》的编著者把它放在开篇第一句，绝非偶然。对此，清代思想家、教育家颜元理解得最深刻，他说："孔子开章第一句，道尽学宗。"（《习斋言行录》卷下）"学而时习之"，包括读书、练习、复习、实习，甚至包括社会实践。然而一段时间来，有的地方以为"减轻学生过重的课业负担"就是不要练习了，这种认识显然是片面和肤浅的。

作业练习只是练习的一种方式。它可以养成学生温习巩固的好习惯。教师不是简单地给学生布置作业，而是指导学生从根据自己需要选择作业，到自己安排复习内容、复习时间、复习方式，它们可以是口头练习、书面练习、实践探索练习、动脑思考练习。完成作业不是目的，目的是让学生找到、形成最适合自己的方式。

练习，不是简单的模仿和重复，应该是产生问题和发现的新起点。比如在教学自然课"水蒸发吸热"这一知识时，老师提供给学生每组一杯水、两支温度计，让他们一支测气温，一支测水温。读出气温和水温后，让他们猜一猜："从水中拿出的温度计，读数会有什么变化？"因为气温比水温高，学生都会说："会上升。"而当他们从水中拿出温度计进行读数时都会惊奇地发现温度计的液柱下降了。这时他们就很想弄明白其中的道理。就这样，学生怀着浓厚的兴趣展开热烈的讨论和研究，把教师想要教的变为学生想探究的知识、想解决的问题，教师教得轻松，学生也学得轻松。

动手操作，是一种重要的练习方法。著名的心理学家鲁宾斯坦曾经这样讲："任何思维，不论是多么抽象的或多么理论的，都是从分析经验材料开始……"学生视动手操作是一种乐趣，学生通过自己的实践操作，在掌握了大量感性材料的基础上进行分析、思考、总结，从而达到解决问题、掌握知识的目的，主动参与教学过程。

实践操作是一种动态过程，它顺应了小学生好奇好动的心理特点，激发了其学习兴趣，使学生在"亲自创造"的事物中快快乐乐地获得"真正的理解"。教学实践表明：在老师指导下，在和谐、融洽的教学氛围中，让学生动手操作实践，获得直接感性知识，经手、脑并用，建立起清晰鲜明的表象，架起达到抽象的桥梁。实践出真知，操作过程把学生带进了一个全新的天地。它不但能培养学生具体的操作技能技巧，而且对于学生认识能力、思维能力、创造才能的发展以及情感的培养、意志的锻炼都有着重要意义。

6. 评——重自评，会互评

学生的自主学习开展得怎样，作为学习主体的自己应该有清醒的自我认识：是否对学习有兴趣，有多少兴趣，最感兴趣的是什么，是否喜欢这样的教学方式，学起来是不是专注投入，对学习的知识掌握了多少，作业完成的情况如何，衡量自己学习能力、技能上与别人的差距和优势……这样的自我评价，有助于学习主体有意识地进行学习行为的反思、修正、提高，是成为"学习的小主人"非常重要的指标。

相互评价，是互为学习伙伴的学生（可以是同桌、组员、班上的其他同学甚至是班级以外的同学……）按照一定的标准相互成为评价者和被评价的对象进行评价。它具体表现在：评价标准定量化；评价方法行为化；评价手段自动化；评价过程统一化。互相评价除了强调得到客观的评价结果外，更是让孩子在"互评"的过程中体现主人翁意识、竞争意识、团队合作的意识，学会与人沟通……例如学生的朗读、发音是否准确，情感是否充沛……学生的计算方法是否简洁，答案是否正确，可否另辟蹊径……学生的表演是否具有表现力，表情肢体语言是否生动……我们都可以让孩子们相互评价。把所学知识，所形成的能力真实地运用。即评价既有"自动"又有"互动"，充分地体现了学生学习的"主动性"和"实践性"。

具有自我意识的小主人，还应当在学习中学会发展地看待自己、全面地评价自己，教师更要通过评价促进学生的可持续发展。

（三）以"关系、目标、形式、方法、结构、评价"为要素的评价系统

主动教育特色的学科教学评价是根据主动教育的价值观或教育目标，运用可行的科学的手段，通过系统地搜集信息、资料和分析整理，对主动教育学科教学的活动、过程和结果进行价值判断，从而为不断自我完善和为教育决策提供依据的过程。它在主动教育学科教学中的意义主要体现在管理功能、导向功能、调控功能、激发功能、诊治功能五大功能上，并体现出方向性、科学性、可行性和过程的教育性四项原则。

多年来，我们对主动教育学科课堂进行评价的基本标准有以下六条。

1. 师生关系民主和谐

学生要主动学习，必须有平等、和谐、宽松的教学氛围，能够容纳学生不同的思想认识和行为方式。教师的主导通过"热情耐心"来展示，学生的主体通过"愉悦主动"来展示，让师生之间既是探真理的伙伴关系；又是解决问题发挥创造潜能的合作关系。

是否具有主动教育特色的学科课堂，很重要的评价标准就是"师生关系民主和

谐"的真正落实，它不光是教师与学生能够平等的对话，更重要的是注重落实学生为主体，尊重学生学习的权利，学生真正成为课堂学习的主人。

如课堂上师生互动方式有明显改变，课堂上有相当的时间和空间能由学生自己参与实践，进入学习的"有我之境"，实现教师指导下的主体自控，师生教学活动同题、同步、同频，达到心理共鸣，保证教学信息的最佳传递，让孩子们在教师的热情耐心关注下，不知不觉进入学习的"操作流程"，学生能全身心进入主体状态，课堂上孩子们的状态是投入的、愉悦的甚至是忘我的，这就是主动教育学科课堂的高境界。

民主和谐的师生关系还要充分体现"教学相长"，充分体现教师的"教"为学生的"学"而服务。如教师应站在学生的角色地位上"反串"角色，用学生价值观念和思维方式去洞察学生的学习心理，理解他们的需要和愿望，挖掘他们的潜力，尊重他们的独立人格和创造精神，有了这样的基础，教师就能很好地服务于学生，同时在教学过程中，教师蹲下身来，与学生同教同学、同心同乐，还会发现孩子们的许多优点，充分体验"教学相长"，充分享受"共同成长"。

2. 教学目标整体综合

1998 年，我校主动教育的改革试验第二阶段结题时，我们就确定了课堂教学的目标要"整体综合"，针对传统教育课堂只注意"知识体系传授的目标要求"这一弊病，我们提出了四大目标要求，即知识技能目标、意志情感目标、个性特长目标、创新思维目标。这与新课程改革的三维目标有许多相似之处。

主动教育的教学活动，是在教育方针的指导下制定的，是遵循人的综合素质的提高和整体发展要求来确定的，是要在每个学科、每堂课中体现出整体综合性。只有这样的教学目标，才能指导教学过程，让教学过程精彩纷呈，让教学过程体现教师的教服务于学生的学，让教学过程充满教育性；只有这样的目标，才能在教学活动中落实教师主导、学生主体的地位，才能让学生主动参与，主动发展。

（1）知识技能目标

每门学科中，知识的传授是十分重要的，技能的培养也是十分必要的。知识的积累会促进技能的发展，而技能的发展反过来又会促进知识的积累。

何为技能？即学生在获取知识中形成的动手能力、动口能力、思维能力、审美能力等。能力是不会从天而降的，是不可能在知识的空壳内产生的，离开了知识的传授，没有最起码的知识依托，说不上能力的培养。高明的教师善于巧妙地运用一些具体知识去训练、培养学生的能力，而不是让学生死记硬背或脱离书本去做简单的模仿。在主动教育的教学中，首先就要衡量教师是否依据（教材）的知识要求及学生实际而制定出相应的技能培养目标。例如语文低段的归类识字课，每课生字量大，由于没有简单的故事作载体，学生学起来枯燥。如果老师在课堂上只是教学生读，然后反复练写。那么，一堂课下来，学生可能只是学到了几个生字，会写（当然不一定掌握），收获不大。如果老师注意了知识与技能的联系，教学时教给学生认字记字的方法，如加偏旁法、换偏旁法、熟字带生字法等。让学生自己运用这些方法学生字，那么一课堂下来，学生不仅学会了生字，还掌握了一点自学生字的方法，久而久之，学生自学生字的能力也就形成了。这样教师在课堂中就做到了在知识传授的同时，培养学生的能力。

（2）意志情感目标

对学生意志情感的培养，是培养人的综合素质的重要方面，是学生整体发展所不可缺少的部分。主动教育教学目标中提出的情感意志，是要在课堂中对学生的情感进行正常的引导，使它们发展正常。当然意志与情感目标的实现，常常是伴随着课堂中知识的传授、能力的形成、师生关系和谐及情境的创造而实现的。它不是简单的说教，不需教师长篇大论的讲解，是需要教师做到心中有目的，把握准教学中的某些契机，对学生进行潜移默化的感染。如：数学课中解题时，老师故意引导学生探究不同的解法，当有学生发言说自己独特的见解时，教师即抓住这发散思维的契机，对这位学生进行肯定。这样，不仅能激发该生对数学的喜爱，还会暗示其他学生去追寻更广的解题方法。语文课中，让学生有感情地朗读课文，使学生在朗读中体会作者的思想感情，与作者产生共鸣，使学生的情感在读中得以产生。读《狼牙山五壮士》，受到强烈的爱国主义情感的震撼；读《十里长街送总理》感受总理爱人民、人民爱总理的情感；读《海上日出》感受自然的伟大、壮丽。这些发自内心的情感撞击，让学生分清是非、善恶、美丑，树立起正确的人生观，并逐步落实到自己的行动上，用顽强的意志去克服困难，以达到自己确定的目的。

（3）个性特长目标

课堂教学是针对学生共性进行的教学活动。但在主动教育的教学活动中，不仅要遵循共性，还得发展其个性特长。我们知道，培养共性是集体对学生的普遍要求，但在培养共性的同时，我们不应该扼杀其个性，应该遵循学生的个性制定出不同的教学目标，表现在实际的课堂教学中即成为分层要求，分层作业。

班级中的孩子不可能是一样齐的，在对知识的接收上有快有慢。主动教育的学科教学目标在制定时，就应该根据学生的情况，制定出 A、B、C 三个等级的知识技能目标。在课堂教学中，大部分孩子应达到目标 B，这是针对全班普遍的共性而言的。一些学生达到目标 A，这是针对那些有天赋的孩子确定的。教师应该让他们吃饱，并成为带动其他学生追赶的头羊，从而带动目标 B 的提高。少数接收迟一点的学生达到目标 C（即最基本的），就可以了。因为，他们可能在其他科中出众，而成为有特殊天赋的学生。当然个性特长目标的实施应该放在其知识技能训练中，是隐性的、巧妙的、具有激励性的，而不是公开的把学生划为几等进行的。在教学中，教师应做到心中有数，以褒为主，抓住共性，发展个性，让学生更好地得到发展。

（4）创新思维目标

江泽民主席指出：创新是一个民族进步的灵魂，是一个国家民族不断发展的动力。那么，何为创新呢？普遍的看法是：根据一定目的，运用一切已知信息产生出某种新颖、独特的，有社会或个人价值的产品。创新，需要有创新思维才行。可创新思维是不能被传授的，传授之后就不是创新了。主动教育的教学目标中所要制定的创新思维，实则是要求教师在课堂中保护学生先天的创新思维，留给学生时间和空间，给学生的创新思维有施展的地方。这一点除了要求教师在课堂中抓住契机外，还要进行充分的设计。注重学生创新思维形成的教师，在设计教案时，常常要注重在教材的某点上留给足够的时空让学生去思索、去探究、去发挥、去独辟蹊径。在教学实践活动中，对学生独到的见解加以鼓励而注意不让他们钻牛角尖。例如：数学教学中，常常让学生运用已知的知识去寻避多种解题思路。在付老师上的《长方体表面积的认识》一课中，老师在教学中设计了这样一个问题：你能用什么方法来证明长方体的对面完全相等。学生先小组讨论。这时，教师留给了学生足够的时空去思索，让学生的思维能够围绕中心问题向四面八方辐射，运用联想、想象去探究问题的解决方法。学生们各抒己见，踊跃发言，大胆谈出自己的方法，许多的方法都是新颖独特的。虽然有的方法在成人看来是幼稚的，可老师却一样给予了肯定。这样的课堂教学，就激活了学生的创新思维。美术课中的创作绘画，教师也注意让学生运用以前学到的知识，创造出表现同一主题的，但表现手法是新颖、独特的画来。教学中，教师注意了求异思维的训练，你很少看见两幅相像的画面。还有个别的学生在求异中创新，画出了较高质量的创作画。这样的课堂设计，就能激发学生创新思维的火花。

在主动教育的教学目标中，只有从知识技能、意志情感、个性特长、创新思维几方面整体综合，才能指导教学过程，达到全面育人的目的。

3. 学习形式生动活泼

在所有的学科课堂中，学习形式的好坏，决定着学习质量的品质。我眼中的主动教育课堂的学习形式应当要突出"生动活泼"的特点。在30多年的教育生涯中，我接触过许多班级和学科的课堂，接触过对学习有不同状态的学生，我感到在生动活泼的环境中学习的孩子，心里的压力减少，即使有一定数量的作业、有一定难度的问题要思考、回答、书写，但他们都是愉快的，我认为这是"减轻学生过重负担"的一个重要方面，也是让孩子们能主动学习、对学习感兴趣、在学习有困难时能坚持始终的重要的吸引方式。

学习形式看起来是学生学习的方式，但学习方式的组织引导者是教师。我特别提醒我的老师在各学科课堂中均要重视学生的学习形式，均要让孩子们的学习形式体现生动活泼的特点，这对教师的要求难度增大，要求教师必须要有服务意识，要能换位思考，要能因材施教；还要求教师们要认真备课，做好充分的课前准备，教师从精神、气质到方法、手段，都要为使学习状态生动活泼服务，尤其是教师的组织调动能力相当重要。只有在生动活泼的学习状态中，才能点燃孩子们智慧的火花，滋润情感的幼芽，才能显示孩子们的聪明才智，发掘潜在的力量，让孩子们获得认知的快乐、道德向上的快乐、创造的快乐、成功的快乐。

对学习形式的设计要防止作秀，防止做花架子，搞得华而不实。生动活泼的学习形式一定要符合学生的生理需要和心理需要，也要符合教学质量的需要。

（1）在探究的乐趣中变被动学习为自我需要

教学应把学生带入一定的情境，在探究的乐趣中，激发他们的学习动机。而激发学习动机，在导入新课时进行，这是尤为重要的一步。根据不同的教材，采用不同的形式：或创设问题情境，造成悬念，让学生因好奇而要学；或描绘画面，呈现形象，产生美感，因爱美而要学；或展示实物，在观察中引起思考，因探究而要学；

或联系学生已有的经验，产生亲切感，因亲切而想学；或触及学生的情绪领域，唤起心灵的共鸣，因情感的驱动而要学……

学生学习动机被激起后，若教学过程刻板、单一，学生又会因失望而使已形成的动力弱化，以致消失。因此在把学生带入情境后，根据课文情节的发展，内容的需要，应使情境成为一个连续的动态的客体。教师有意识地把学生一步步带入课文描写的相关情境，让学生感到"情境即在眼前"、"我即在情境中"。课文中描写的一个个人物形象栩栩如生地再现在学生眼前；课文中描写的一个个特定空间，学生可涉足其间，仿佛进入了其人可见、其声可闻、其景可观、其物可赏的境地。客观的教学情境一环环引人入胜；学生进入情境后的热烈情绪又反过来丰富了入胜的情境。他们发自内心地微笑，忍不住地哭泣，震动心灵地义愤，争先恐后地表述自己的感受、见解……都使学生的学习动机在这种"情"与"境"相互作用的持续中得以强化。教学就成为"我"高兴参与的有趣而有意义的活动。如《燕子》一课就在美读的基础上让学生摆脱被动应付的状态，在轻松愉悦的氛围中体会到大自然春景的无限美好，从而达到教学目的。

（2）在体验审美的乐趣中变单一的"听分析"为多方面的感受

小学语文教材的题材一般有写人、记事、写景、状物四大类，即由美的人、事、景、物交织而成，课文的这些美感是以形象为载体展现到读者跟前的。由于美感的综合运用，学生在此过程中可以获得多方面的感受，丰富形象的感染、真切情感的体验、潜在智慧的启迪，从而较好地掌握语言文字。其收获远远超过单一的"听分析"。

①丰富形象的感染。直观手段与语言描绘的结合，可以使小学语文教学获得想不到的效果。情境向学生展示的是可感的生活场景、生动的画面、音乐的旋律、角色的扮演或是实物的演示，这些具体生动的形象，为学生理解语言做好认识上的准备，而且是笼罩着情感色彩的认识的准备。在进入情境后，学生通过感官与心智去感受，去体验。引导学生用他们的眼睛去凝望，用他们耳朵去倾听，用心灵去体验……在形象的感染中他们渐渐地感受到作品赋予的美，一种轻柔之美、一种壮阔之美，或是一种崇高之美……

②真切情感的体验。学生在情境中感受着形象的同时，教师的语言描绘不仅支配着他们的注意，而且促使他们因美感的愉悦，愿意对情境这一客体持续地注意，主动地接受，从而产生或满意的，或愉悦的，或悲伤的，或热爱的，或憎恨的，或

愤怒的态度的体验。学习描绘祖国山河的课文，通过假想旅行进入情境，祖国南方的《富饶的西沙群岛》、《桂林山水》，北方的《草原》、《美丽的小兴安岭》，都可以徜徉其间，感受祖国山水的秀美和壮美；学习有关英雄人物的课文，教师深情的语言描绘辅以恰当的音乐或图画，创设想象情境，越过历史长河，让黄继光、邱少云、王若飞、叶挺等英雄的光辉形象，呈现在孩子的眼前，从孩子们屏住呼吸倾听，发自内心地有感情朗读，可见他们都深深地为英雄的壮举而激动不已。学习科普文、说明文，就让学生扮演他们喜闻乐见的"科学家"、"小博士"、"潜水员"等向往已久的角色，体验创造成功的快乐，产生热爱科学、探求未知的情感。

③潜在智慧的启迪。丰富形象的感染，真切情感的体验，不仅为学生提供了"能源"，而且热烈的情绪使学生的思维活动进入最佳的心理状态，如上《苦柚》一课，为了读出伯文说话时的"意味深长"，就可让学生结合全文体会感情，读出意味深长的感觉，在读中领悟伯文对小姑娘善良、纯洁心灵的由衷赞叹。这样，词义、词的形象、词的感情色彩及细微的差别，孩子们都一一领悟了。学生就将抽象的词变为具体可感，体会到了课文所包含的思想感情。

总之，课堂教学形式的生动活泼，会给课堂带来生气，带来欢乐，它针对学生思维特点和认识规律，以"形"为手段，以"美"为突破口，以"情"为纽带，以"周围世界"为智慧的源泉，促使学生合理地使用大脑，且又有和谐的师生关系为保证，学生在学习语文的过程中，终于获得探究的乐趣、审美的乐趣、认识的乐趣、创造的乐趣，从而使教学真正成为生动活泼、自我需求的活动。让学生快活地、朝气蓬勃地驾驭着现代化，走向世界，走向未来。

4. 教学方法启发感染

教学方法与教学思想密切相关，甚至可以说教学方法反映教学思想，是完成教学目标的重要途径。教师对于教学的一般思考常常是在规律、方针、目的与原则、细则、方法之间运作的。教师教学中，就应该从规律、目的、原则一直思考到具体方法。主动教育的学科教学方法重在启发与感染两个方面。

启发式教学，是主动教学方法的核心。教师备课思考时要运用前面总结出来的"激趣五法、励志五法、会学十法"，从学生发展的需要出发，站在学生角度去考虑、去设计，完全为学生发展的需要服务。

感染式教学是采用多种教学手段，运用多种教学媒体，突出教学过程的直观、生动、形象。多种教学媒体是指：第一，教师的器官媒体。如教师课堂中的语言、表情、手势、形体等。教师的语言要有激励性，运用表情、手势、形体创造出亲切、和谐的学习氛围。第二，实物媒体、计算机网络媒体。这些媒体的运用，是让学生从直观形象之中去理解、体会抽象的文字叙述，辅助学生学习或创造出身临其境的氛围。教学手段和媒体在实际操作中是紧密相连的，不可分割的。它们的落脚点都是调动学生、感染学生，使学生的观察、思维、想象、动手等综合能力和个性品质得到发展。

由此看出，主动教育研究中要充分体现学生的主体地位，其教学中的启发式教学和感染式教学是实现这一目标的最重要途径。教师在备课时必须从启发与感染入手。但一味地强调教师的方法设计是违背主动教育中服务性原则的。方法运用得再多，教师表现得再完美，均不是其目的。还得看这些方法、手段是不是为学生服务的。即应该看运用了这些方法后，学生的学习是否从被动到主动，从学会到会学，从模仿到创造。

（1）学生的学习是否从被动到主动

学生是课堂学习的实践者，是学习的主人。在每一次教育教学活动中，教师要找到学生和所授知识的结合点，用激趣法激发学生的学习动机，使他们在整个学习活动中处于寻求知识的状态之中。然后教师再给他们提供足够的时空，引导他们展开讨论、争论。学生在"自动、互动"中寻求学习方法和学习结果。如在熊老师上的《作文片断训练》中，教师通过引导学生读、比较，让学生在读中自己悟出：写人物外貌得从抓住人物的特点到抓住人物独有的特点。再让学生讨论得出：抓人物特点从哪几方面入手。最后让学生根据自己总结出的几点修改自己对人物外貌描写的草稿。整堂课中，学生获得的新知识都是在教师引导、点拨下，学生联系以前的旧知识自悟、自得出来的，其课堂中学生的活动量占了三分之二，课堂具有浓厚的讨论氛围，有主动探究的时空，学生在"主动探究"中学会了应掌握的知识。再如：英语活动中的对话练习，学生对英语的学习常常是兴趣一过就觉得练读枯燥无味。教师将教授的口语编写成有趣的小故事，让学生演出。小故事情节吸引了学生，他们在演故事中不仅练习了口语，还自己自编小故事在课后练，激发了他们的学习积极性。练习由被动到了主动。主动教育评价，就是要看教师采用的方法、手段有没有这样的效果及延伸性。

（2）学生的学习是否从学会到会学

叶圣陶说过：今天的学就是为了明天的不学。这就是告诉我们，教师在传授知识时只教给了学生知识，是远远不够的，还应该教给学生学习的方法，培养学生学习的能力。

从学会到会学这两对关系来看，它们是相辅相成的，学会是为会学打基础，而会学了就能学会更高、更高深的知识。要让学生从学会到会学，教师在运用教学方法时，就应根据教材和学生的实际，注重培养学生的学习能力，其包括动手能力、阅读能力、表达能力，多种思维能力等。教给他们学习的方法，引导他们运用已掌握的方法去学习新的知识，让他们的能力逐步形成，最后达到不教的目的。例如：低段语文的生字教学，教师在进行生字教学时，除了让学生学会生字，还引导他们分析生字的结构，以掌握汉字的构成规律，当学生有了一定的基础，就教给他们自己记、分析生字的方法。有：①熟字带生字法，就是运用以前学会的字来记生字，这其中就包括给熟字加偏旁组成新的字，给熟字换偏旁，组成另外一个生字等。②运用汉字的构字特点分析形声字来学习生字。学生掌握了这种方法，可以举一反三，以一个基本字带出一长串的字进行学习。像教学"梢"字，让学生知道这是一个左形右声的字，"木"字旁表示这个字的意思，树梢和木有关，"肖"（xiao）表示这个字的读音，然后学生可依次带出"哨、消、霄、削"学习，并运用形声字的构字特点来记住字形，区别字意。③用会意字的构字特点学记生字。像三人为"众"，三日为"晶"，人木为"休"，不正即"歪"等，学生在读顺口溜的同时，即记了字形，又区别了意思。随着学生掌握学记生字方法的增加，教师就在课堂中让他们大量地运用，教师不讲也能自己学会生字。这样学生即由"学会"到"会学"了。主动教育的教学方法运用得当否，就得看教师所采用的手段、方法有没有这样的效果。

（3）看学生的学习是否从模仿到创造

模仿是教学的初始阶段，亦是教学常用的方法。学生课堂实践的开始就是模仿，在模仿活动中，学生的眼、耳、脑、手均得到训练，并和谐发展。可是一味地模仿是不行的。模仿得再好，也不是自己的东西。主动教育要求学生主动、创新地学习，教师要在引导学生模仿的同时，激发他们的好奇心，鼓励他们大胆质疑，让他们的联想与想象得以发挥，进行创造性地学习。

例如劳动课"纸条工艺——金鱼"教学中，学生在看了教师示范和观察录像后，已初步了解了纸条金鱼的制作过程，但这时教师并没有鼓励孩子动手制作，而是让他们对制作的难点部分提出了质疑。学生们有的认为"金鱼的身体部分较难掌握"，有的认为"眼睛制作不容易掌握"，学生通过大胆质疑，把难点制作步骤又进行了分解和观察，扫除了技能训练的障碍，为创造性学习打下基础。在制作金鱼尾巴的过程中，学生并未完全按照老师示范的椭圆形样品来做，而是创造性地将金鱼的尾巴做成了"菱形、多角形、重叠形、不规则形"等。充分表现了自己想象中的形态各异的金鱼。在活动中，教师使用的录像、图画展示、启发式的教学，都是为了让学生的学习由单纯地对作品的模仿到有创造性地学习而服务的，让学生由模仿走向创造，就是符合主动教育规律的。

5. 教学结构多样灵活

主动教育课堂结构不能限于固定的课的图式，其结构应围绕教学目标，根据教学内容，将课的成分有机组合，其组合形势要根据学生主体的需要、兴趣、思维、能力、潜力的发展来设计。优化课堂教学结构应遵循几个原则：

第一，目的性原则。课堂结构的优化应围绕课堂教学目的进行，并为实现教学目的而选择最佳的课堂途径。

第二，开放性原则。优化课堂结构模式要发挥各种教学媒体的功能，充分利用学生的各种器官，特别是耳、眼、口、手、脑，充分体现其开放性，使学生全方面地投放，有效而牢固地占有知识，掌握技能，发展能力。

第三，思维核心性原则。优化课堂结构的各环节都要充分激发学生的思维，使学生掌握思维方法，提高思维能力。

第四，有序可控原则。优化课堂结构模式要根据课堂内容的内在联系，使课堂活动过程程序化，课堂知识结构化，既充分发挥学生的主体作用，又加强教师的主导作用，教师能充分利用各种反馈信息及时调整课堂运行过程。整个课堂活动活而不乱，忙而有序，课堂气氛和谐。

以语文的阅读教学为例，可以根据不同的培养目标设计不同的教学结构。

(1)"发现、质疑"型。其重点放在指导学生在阅读中发现并提出疑难问题，然后通过各种方式去解决问题。比如，《我家还缺啥》一文中，学生会提出："爸爸为什么说我家还缺知识？"由此直接引入对课文重点难点的学习，使本堂课的所有教学活动围绕这一个问题展开，教学目标非常突出，在好奇心的驱使下，学生主动积极地讨论解答，教师在教学活动中相机培养了学生质疑问难的能力。

（2）"自我生疑解惑"型。重点在培养独立思考问题的愿望和解答问题的积极性。不仅能提出问题，而且能主动解答问题。这种结构比较适合内容浅显的独立阅读课文。比如，《彩色的翅膀》一文，学生自己提出疑问：为什么战士要把昆虫带到海岛上？为什么要在岛上种西瓜？由于课文内容简单，学生可以充分发挥四人小组的团结协作功能，逐步找到答案，解决问题，充分锻炼自己的独立思考能力，培养自学能力。

（3）"分析感受"型。学生基本扫除课文的阅读障碍之后，紧接着就是揣摩课文内容，为下一步组织讨论、深入理解文章思想感情做好准备。揣摩是这种课堂结构的基点。叶圣陶先生说，一篇好作品"要理解得透，必须多揣摩，读过一遍再读三遍，自己提出些问题来自己解答，是有效办法之一。这儿说的有效，就是增进理解的意思"。揣摩时不用再提问题，直接遵循文章中心或主线边读边分析、感受，然后交流讨论。比如，《詹天佑》一课，可以围绕中心句——"他是我国杰出的、爱国的工程师"来学习课文，学生在课文中找出有关的段落或词句，分析他杰出、爱国的具体表现，在交流讨论中深化认识，达到对中心深入的理解，并训练了自己的分析理解能力。

（4）"品赏"课型。对写景、状物之类文章以感情朗读，品赏景物特点、精美片断、优美词句，讨论观察和写作方法等方式感受，交流。比如《桂林山水》、《镜泊湖奇观》等写景抒情的文章，课前老师把握住课文最基本、最主要的知识和学习的难点所在，在讨论中及时适当地点拨。点拨的原则大体是"学生理解到重点关键处，教师给予肯定并加以强化，使理解巩固加深；学生的理解停留在表面时，教师启发引导，帮助学生理解深化；学生理解错的，教师给予启发指导，帮助订正；既是重点又是难点部分，学生不理解的，教师引导学生回到语言文字中去揣摩并讲透"。教师站在教材的最高点统帅讨论的全过程，并随时有机地渗透思想政治教育，结合学法指导，传授学习规律。

（5）"七嘴八舌"课型。以小组展开自学交流、互问或围绕一两个问题七嘴八舌讨论，然后围绕中心或主线进行全班交流，鼓励争论。形式活泼，参与讨论面广，为中差生创设表达、互助的机会。讨论是在学生各自揣摩的基础上进行的，它使学生自学得到深化。学生自学的水平有高有低，理解不理解，领会对不对，由学生提出疑难问题或不同见解在学生中或师生间讨论解决。讨论形式可以在教师的主导下，以两人、四人为小组或全班师生一起讨论，也可以先小组讨论，后向全班同学汇报交流。形成课堂教学的主体结构、多维的信息交流。比如，《跳水》一课中，鼓励学生思考："船长还有没有别的方法救孩子?"让学生充分讨论分析，发表看法，既在讨论中深刻认识了船长的机智勇敢，又训练了学生的创新思维能力。"讨论"可以针对全文，也可以抓重点问题、重点段落讨论。如《黄继光》一文，学生围绕重点段中的"顽强"一词展开讨论，联系"持续"、"挪动"、"……望着……望着……望着……望着"等词句，领会黄继光的顽强战斗精神。

（6）"专题学法指导"课型。专为培养某种学习能力的专题指导课。进行某种学法指导后，就随课文教学加以训练、巩固引导。教学中必须有教师的引导，帮助学生运用已有知识、能力进行理解运用，最大限度地达到自悟自得。教师最重要的是让学生在训练中真正掌握学法。比如，学完读写例话《前后照应》以后，就让学生按例话的要求去分析本单元的课文中哪些地方采用了前后照应的写法，加深感知，从而指导自己的写作。

而在数学课中，也有一些教学结构可以灵活运用，比如复习课，主要有"五个阶段"的课堂结构，即：①组建知识结构→②学生独立练习→③小组讨论→④教师讲解→⑤学生自己订正。

练习课，主要有"三个阶段"的课堂结构，即：①巩固阶段，重在"双基"→②深化阶段，变换练习，重在思维训练→③综合阶段，发展思维的广度与深度。

衡量教学结构优化标准的方法是看其能否保证主体满足的多样性与灵活性。要做到这两性，可以实施以下方法。

首先，要精选材料，优化材料。教师必须根据学生的年龄、心理特点、认知水平和教育目的等配合最佳的教学材料，并力求各类材料相互配合，取长补短，相得益彰。教师在备课和上课时，要思考和讲究各类材料使用的时间、方法及在课堂中的作用、效果以及如何与别的材料配合，从而达到整体优化，发挥整体功能。

其次，要优化课堂的时间分配。课堂活动要在固定的时间内完成一定的教学内容，必须把握好课堂各个环节的时间分布。教师应根据课堂内容和活动程序，合理地分配时间，严谨有序，有张有弛。

再次，要优化课堂的知识结构。课堂上讲什么、讲多少，这是必须考虑的问题。

优化知识结构，首先要明确讲什么，加强基础知识、基本理论的学习。因此，课堂必须十分讲究知识的结构性，以达到优化学生知识结构和技能结构的目的。优化课堂结构还要在"点"上下功夫，要抓住要点，突出重点，攻破难点，实现以点带面。

最后，要优化课堂的教学方法。教学方法是教学过程中最活跃的因素，只有教师善教，学生才能善学。因此，教师必须根据教学任务、教学内容和学生的实际情况选择教学方法，最大限度地满足学生的学习需求。在教学中，我们尝试使用探究式、讨论式、模拟式、辩论式和自学辅导式等多种教学方法，取得了良好的教学效果。

课堂结构虽不可能找到一个固定的万能的模式，但其中的基本思想是不可不进行研究的，课堂教学应自始至终都注意激发学生学习的兴趣，组织好教材，采用好的方法，不仅让学生学会知识，而且更重要的还要学会学习方法。我们认为，对优化教学课堂结构的研究，基本点应放在"花费最少的时间和精力，而达到最好的效果"。总的来说，应强调以学生为主体；重视训练，加强信息反馈；灵活多样，反对机械搬用模式。

6. 教学评价调控激励

教学评价是提高教学质量的重要动力，是指导教学发展的指挥棒，是调动教师教书育人的基本手段，是深化教学改革强有力的措施。教学评价不是为了单纯判断学生在学习中的好坏优劣，而是为了充分发挥教学评价调控导向作用、激励奋进作用、反馈矫正作用。

"调控"是突出评价的信息反馈功能，根据学生主体的能动性，运用评价及时调节，修正教学过程及环节。"激励"则着眼于学生的成长与发展，激励性评价既注重学生学习结果，更注重学生学习过程和情感态度价值观。对学生的学习过程与结果给予肯定、赞扬、鼓励，使激励性评价服务于学生"乐学、会学"的学习氛围。其衡量的标准有两个参量：能动性的调节参量、积极性的调动参量。

在具体的教学过程中，由于教学活动形式的多样性，必然对教学评价的形式提出与之相适应的多样性要求，故产生了以下几种基本评价类型的细分形式，即适合各类教学活动的教学评价形式："知识技能"型评价；"教学互动"型评价；"教学反馈"型评价；"成果分享"型评价；"答案认可"型评价；"动态把握"型评价。

五、主动教育的学校观

有专家告诉我：学校教育改革是属于中观层次的教育改革。在学校教育改革这个层面上，学校观非常重要的，建议我要梳理并明确主动教育的学校观。以前只是很模糊地在心中描绘自己理想的学校应该是什么样子，却很少静下心来、试图用简明的话语作描述。但是，这样的思考一旦起头，就如同爬山虎伸出了藤蔓，迅速地在我的脑海里滋长蔓延，一刻也停不下来了。随着人民小学进入了一个跨时代的发展时期，学校观对于整个学校教育改革具有了总体指导意义。如果没有一个科学的学校观，不能对学校的历史地位及作用有一个准确的把握和科学的定位，就很难办出时代精神和代表时代方向的学校来。

据我观察，"应试教育"下的学校，教师"为应试而教"、学生"为应试而学"、学校"为应试而办"，人们对学校教育认识是片面的、狭隘的：有的把学校视为实施教育的唯一机构，从而过分强调学校教育在人们成长和成才中的作用；有的片面突出学校对人才的甄别和筛选功能，而忽略了学校的育人功能及其他社会功能；有的片面强调智育，将教育主要理解为知识的传授和获得过程，把学校视为传授和获得知识的场所；有的在对学校与政府、校长与教师、教师与学生的关系的理解上，主体地位不明确，认为学校是政府的学校、是校长的学校、是教师的学校，而唯独不是学生的学校……

教育现代化是世界各国教育发展的必然趋势，也是中国教育发展的必然选择。那么，教育现代化需要怎样的学校？实施素质教育、具有主动教育特色的学校又以什么来回答现代社会对学校的诉求？

（一）自觉担当民族使命，办人民满意的学校

乌申斯基认为，教育的对象是人，教育的目的就在于培养人的性格，而每个民族都有其关于人的独特的观念，这种观念深深地植根于本民族的文化中，所以教育具有民族性。

但是，经济社会的发展，深刻地影响着人们的价值观念。全球一体化，使麦当

劳、迪士尼、星巴克咖啡、好莱坞大片裹挟着西方文化，势不可挡地吸引并附着到年轻一代的信仰与价值体系之中。中国未来的一代面临着西方强势文化的冲击。而"趋同"的观念作为现代化理论的一大标志，从商业领域向教育体系蔓延。"在中国的各种危机中，核心的危机是自性危机，中国人真正在失去中国之所以为中国的中国性。"（李慎之《全球化与中国化》）

那么，在教育现代化进程中，主动教育特色学校应当扮演怎样的角色呢？在教育"与国际接轨"的口号中，主动教育特色学校应当如何摆正国际化、现代化与民族化之间的关系呢？

我认为，首先，主动教育是实施素质教育的途径之一。和其他特色的教育一样，主动教育也必须按照党的教育方针，担负为民族复兴培养人才的责任，同时学校作为传承人类文明和文化的场所，也要自觉担当起传承民族文化的使命，培育民族精神、民族认同感、群体的民族自我。教育培育人的民族性，其中最重要的是什么？是这个民族特有的人文精神。著名教授杨叔子先生说："一个国家、一个民族，没有科学技术，就是落后，一打就垮；然而，一个国家、一个民族，没有人文精神，就会异化，不打自垮。"而主动教育培育的人文精神，正是求真求新、自强不息的主人翁精神。

人民小学坚持"传承与创新"相结合的思路，努力发掘民族传统文化精粹，积极倡导以"和"为美，以"爱"立德，以"礼"导行，以"达"健心，以"俭"励志，以"勤"育人，令小主人涵养仁爱之情、演习文明之行、调试豁达之心、追求勤俭之志。小主人分年段学习"养性"、"养正"、"养志"，为养成具有民族气质的独立人格努力；在小主人课程中，以教师的"主导性、服务性、激励性"促进学生的"主动性、实践性、发展性"；在优美的校园自然与人文环境中，熏陶小主人的主人翁责任感和荣誉感；校内校史陈列室、文化广场，校外国防教育基地等各种阵地为小主人提供了传承传统文化精粹的平台。以红岩村、烈士墓等传统教育阵地，弘扬革命精神；以小主人社团阵地培养学生的自主精神和道德体验能力；以气象站、种植园、柑橘研究所、蚕种场等校内外基地作为科技活动阵地，培养孩子们实事求是的科学精神和坚持不懈、艰苦朴素的道德品质；以写生室、陶艺室、合唱团等艺术活动阵地，培养孩子们高雅的文化品位和良好的审美力；以"心语屋"心理健康咨询室和网站作为心理教育阵地，培养孩子们乐观豁达的人生态度。

2008年5月19日，国旗半降，举校哀恸，全校师生向汶川地震中死难的同胞致哀

　　正如李吉林老师的情境教育植根于古代文学境界说，王崧舟老师的诗意语文渊源于古老的师教传统，主动教育从传统教育中汲取儒家"自省自悟"的优良传统，以及教学相长、因材施教、学以致用的养料，植根于自强不息的民族精神。

　　刘伯承元帅为人民小学提出的校训，是主动教育的肇始。校训中说："我们要为将来建设社会主义新中国培育人才，他们必须有文化、有道德、爱劳动、爱祖国，具有创造精神和铁的纪律。这个办学宗旨一定要明确，千万不能培养特殊阶层和娇骄儿。"细心解读，我们不难发现，其中"为将来建设社会主义新中国培育人才"，这也是21世纪中华民族的伟大复兴所需要的人才，这样的人才"有文化"而非仅有知识、"有道德"而非只有分数、"爱劳动"让人独立于他人、"爱祖国"是现代公民的基本守则，"具有创造精神"是追求日新月异、与时俱进的民族精神的体现，具有"铁的纪律"则呼应着现代理想人格的根本保证。自律人格，"千万不能培养特殊阶层和娇骄儿"更彰显着现代社会民主平等的思想。面向现代社会，培养具有民族文化特质的、完整意义上的人，这是刘伯承元帅在校训中阐明的观点，也成为主动教育育人的价值取向，它充分体现了主动教育在坚持其民族性的同时，并不排斥、甚至是主动地用教育现代化的理念和思想不断丰富与完善着自己。

在歌声中陶冶情操，学习做人的道理

　　但是，主动教育若要离开了现代社会的需要，离开了国际的大背景与大趋势，只能走回到闭关自守、僵化不变的老路上去。主动教育的现代化不能离开既定的民族传统与文化，因为离开民族性的教育现代化无异于东施效颦。

　　学校在弘扬民族文化精粹的同时，也要注重吸收其他民族的先进文化。自1998年率先成立小学国际部，尤其是2000年以来，先后与美、英、加、澳、日等15个国家和地区的480多人次广泛开展文化交流活动，并接纳了来自日本、美国、法国、加拿大、泰国、墨西哥、刚果、新加坡等国家的外籍儿童在我校国际部就读。孩子们在对欧洲考察之行中，用富有民族传统特色的器乐、武术、剪纸、线描等艺术形式宣传中华文化。尤其是"小主人社团"的维也纳之行，孩子们代表着当代人民小学学生、当代中国儿童的风貌，自信地站在世界音乐的最高殿堂上，与世界优秀的同龄孩子们一起放声歌唱。以音乐这种方式，进行着难得的交流。这次音乐之旅的成功，不仅在于孩子们将人民小学小主人的风采展示给了世界，更为重要的是开拓了他们的视野。我们的孩子正在树立这样一种观点：不管身在何处，都要以中华文化"立身"，要带着浓浓的中华情、根文化走向世界。这正是我校传统文化教育的有效延伸。

20世纪90年代，我们就率先和英国奎恩小学建立友好学校，成为西部小学教育国际交流的先行者

积极推进"汉语桥"工作，现代化的人民小学要有国际视野

而我本人，也极力倡导教师们融入世界，不断开阔视野。几年来走访的美、英、德等国的教育，给我很多启示和思考。民族化与世界化、国际化并不矛盾。后者能

让我们发现人类成长共同的规律、发掘世界各国教育发展的带有规律性的共同趋势。与世界的交流与合作，也让我们看到自己符合民族文化的个性特色。正是各民族丰富多样的、有个性的教育让教育国际化并不是一个单一的概念。"越是民族的，越是世界的。"鲁迅的观点被日本广岛大学的喜多村和之教授解释为"国际化就是指本国文化被别的国家和民族所承认、接受并给予相当的评价"，是非常有见地的。教育现代化的过程是适应世界发展趋势而不断革新的过程，因此教育要持开放的观念，借鉴世界各国的优秀经验，但不能脱离本国的国情。那种试图放弃自己教育的民族性而一味追求与国际接轨的观点，即趋同的观点，只能葬送自己的民族。

对中国传统文化的热爱，是我们与世界共同的语言

我想，"扬长避短"、"取长补短"应该是教育的传统性与现代性、民族化与国际化的结合点，主要是看它是否有利于我国经济的持续发展、社会的全面进步和科技的不断创新；是否有利于对现代中国人的培养，是否有利于教育质量和效益的提高；是否有利于教育超越现实，领导未来变革。

教育改革，固然需要理想与激情，但如果缺乏历史的视角、理性的思考、脚踏实地的实践，就不可能实现改革的宏伟目标。素质教育的改革，使我们学会了反思、批判，学会了传承、修正，也学会了借鉴与创新，我们要在继承民族教育和文化的优良传统中大胆创新，主动探索，潜心实践，更好地承担社会责任，肩负民族希望，

和英国孩子亲切交流

为振兴中华民族的教育事业而努力奋进。

找到民族自我，就找到了主动教育特色学校的根和土壤，就能让主动教育在民族文化的沃土里自由地滋长，开出绚丽的花。

（二）主动追求卓越发展，办一流特色的学校

2008 年，温总理在请教师代表做客中南海时，再次提到：教育是国家发展的基石，有一流的教育，才能有一流的人才，才能建设一流的国家。

我觉得温总理提得非常好。过去一段时间，搞教育的均衡发展，很多人理解成了"黄鳝泥鳅一样长"，都不敢提"一流"，好像提了"一流"就是不"均衡"、不"公平"了。温总理的话却实实在在地告诉我们，教育均衡不等于削弱优势，教育公平不等于牺牲先进水平。社会对教育提出了发展的要求，教育事业总的趋势必须是发展，中华民族的伟大复兴，要靠今天的教育培养高素质的未来人才。一流国家、一流人才、一流教育，注定了学校教育必须负重自强，有所担当。

人民小学有一流的定位：要无愧于老一辈革命家的关怀和希望，成为西部教育高地的一面旗帜，成为西部基础教育的领头羊，成为有影响的中华名校！——于是，

就有了全国精神文明先进单位，有了全国基础教育系统先进单位……

人民小学的老师们有一流的定位：做最好的自己，传播爱和美，在成就小主人的同时成就自己！——于是，就有了五个学科在全国优质课竞赛中获得五个一等奖，就有了全国的师德标兵、优秀教师、模范教师……

人民小学的学生们有一流的定位：做自己学习的主人、活动的主人、生活的主人！——于是，就有了两个全国十佳少先队员、有了十多个宋庆龄基金奖获得者，无数的学习小标兵、活动小专家、生活小能人……

法国存在主义哲学大师萨特说："一个人想成为什么人，他就会是什么人。"一个人只有热爱自己，相信并开发自己的巨大潜能，就会具有超群的智慧和强大的精神力量。只有这样，才能获得成功。

人民小学有争创一流的底气：炮火硝烟中走来的人民小学，被刘伯承、邓小平、贺龙等老一辈革命家赋予了"培养接班人"的使命和责任。老教育家卓琳女士对学校师生的寄语，让我们在前进中找准方向。

多年来，人民小学以主动教育为特色办学方向，在一次次磨炼和考验中，就是凭着这样争创一流、负重自强的精神，解决了一个又一个关于"发展重心—发展机制—发展观念—发展方法"的瓶颈问题，呈现出发展的活力与包容的自信。

应该说，尽管现在教育的发展还有这样那样的问题，但是回顾改革开放三十年，教育发展是积极的，是振奋人心的。党和政府对教育的重视、关注和投入日增，学校焕发生机，让学校在教育改革中释放了巨大的能量。

很多人认为人民小学今天的一流成绩，源自丰厚的家底，其实绝非如此。人民小学的一流，是干出来的，不是说出来的。我们没有雄厚的资金，没有特殊的政策，只有老一辈留下的光荣传统和不甘落后的自我要求。

20世纪80年代中期，当别的学校还沉浸在恢复教学秩序的平静中时，人民小学就从《中共中央关于教育体制改革的决定》中，瞄准了为"提高民族素质，多出人才，出好人才"的教育目标，掀开了办学整体改革波澜壮阔的新篇章；2000年，当别的学校达到"基本普及九年义务教育"的目标就好时，人民小学却自加压力，要全面提高教育教学质量、解决办好义务教育的问题。然而其时也是人民小学最艰难的时期，危旧校舍亟待修缮、可用资金严重短缺、外部环境并不宽松、内部教师新老更替……所有问题，最后都归结到经费问题上。唯一的办法是开源节流。学校

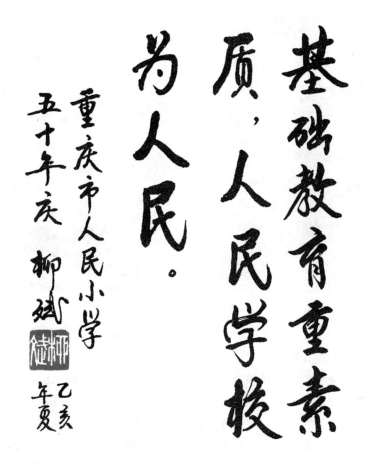

基础教育重素质，人民学校为人民。

重庆市人民小学五十年庆

柳斌

乙亥年夏

前国家督学柳斌同志为学校题词，从那时起，落实素质
教育，为人民办满意的学校，就成为我们的追求

不仅多方筹措资金，借用我个人的社会关系为学校募集资金，还要用好用活政府拨付专项资金。为充分发挥筹得的办学经费的效益，我厉行节俭，每笔支出必要斟酌再三，可省则省，而且必省。为墙面瓷砖的招标磨破嘴皮，只为砍下几分价格；酷暑炎炎，坐五毛的公交车到兄弟学校考察，只为区分哪种礼堂的设计更为合理；校长办公室的空调可以暂时不配，因为学生的寝室更需要……但是，在基础设施建设上，则绝不吝啬。建楼的钢筋必须保证质量，关系到学生生命安全的事情，容不得

新落成的大青石浮雕，是学生感受学校光荣传统的课堂

省；操场的塑胶跑道的厚度不能用廉价的"薄皮"代替，保证学生健康要放在办学的第一位；没有钱把几幢楼一次建好，就做好规划，留足空间，一边建楼一边筹集资金，最大限度减少重复建设和资源浪费……"办贫穷的学校如同管贫穷的家事一样。用一文钱，必问：'这一文钱该用吗？'"（陶行知先生）建筑设计、室内装修、园林绿化……每一件我都必定亲自操心。在家里从不过问经济的我，却在短短几个月里，把仅有的一点资金用出了最大的效益。后来到校参观访问的同行们都不相信，我们是在那样拮据的条件下修缮改造建成了人民小学今天美好的校园环境。

中国的校长们很多都是从教育教学第一线成长起来的，他们熟悉教育教学的规律，是教育的专家，也许对学校运作经营的思考还不到位，但是，只要把握了实事求是办教育、坚定执著求发展的精神，再落后的学校也可以有新的生机和活力。实事求是办教育，是说我们一定要按教育规律办事，学校的功能是育人，对资金如何运用以是否有利于"育人"为选择的标准，一切不切实际的做法都应当制止，我国的国情让我们没有任何权力浪费一分一厘的资金。但是，"穷办法"也可以办出丰富的教育，用最少的钱，让更多的人享受到质量更高的教育，需要我们的热情和智慧。

乘着两岸直航的东风，首个走入我校的台湾教育考察团

　　管理是学校各项工作优效进行的保障。回顾人民小学的发展历程，就是一部"在管理中生存，在管理中发展"的发展史。学校的发展是一个艰难的"爬坡"过程，是从初创到成熟，从粗放到精致，从弱校跻身强校乃至名校的不断升华的过程。

　　1945年，刘伯承、邓小平等老一辈革命家高瞻远瞩，拨开战争中的炮火硝烟，看到新中国的建设和发展需要从小培养建设人才，草创了人民小学。"马背上的摇篮"是在战争中诞生的。她肩负着保存革命火种、孕育建设希望的重要历史使命。军事化的管理是学校在严酷的战争环境下生存下来的基本保证。战争中的一切军事化命令、军事化要求在这里同样得到坚决的贯彻和执行。经历了挺进大别山，淮海战役，渡江战役，决战大西南，学校随着刘邓大军从邯郸一路南下，到了重庆。历经这样的艰苦，学校的老师和保育员们面对的又是一群孩子，如果没有坚强有力的管理，连生存下来都很困难，就更谈不上教育学生、培养下一代了。从那时起，向管理求生存的思想就植入了人民小学的学校精神之中。在管理中求生存，更在管理中求发展。

　　新世纪以来，学校更是通过"三个创新"，全面提升学校管理水平，使学校的规模与质量又好又快地发展，学校综合实力得到极大提升，成功实现了学校的跨越式发展，优质教育的规模不断拓展和扩大，逐渐形成了现有的三个校园区，占地150多亩，师生员工5000多人的规模。

• 体制创新。我们创办具有鲜明"四独立"特点的民办学校——重庆人民融侨小学，有效解决了办学经费不足的问题，实现了优质教育资源社会效益和经济效益的"双增值"。

• 制度创新。我们通过纵横两条管理线来规范、生成、整合学校管理，"纵"是各学校的年级学科组、处室、校长三级的重规范、重督导的管理；"横"是各大园区的相互生成、整合的管理。各项管理责任明确到部门，各项管理权力得到具体划分，保证了具体事务的落实。校长要做的就是充分保障各项管理的运行通畅。跳出很多干扰后，校长才能够静心思考学校的全局和发展。就说每年的新教师招聘，打电话的，递条子的，还有直接上门的，校长应接不暇，抽身不得。学校及时调整了人事招聘制度，把权力下放，以强化年级学科组管理职能，充分发挥各年级组学科组骨干教师的专业能力。骨干教师们集体考核，集体评分，择优录用，既提高了新进教师考核专业化程度，又把校长从中解放出来，提高了管理效率。类似这样的变革延伸了管理有效性，提升了管理执行力。

以上两个创新对校园的人、财、物、事进行了有效的规范、持续的生成、高效的整合，把学校建成了组织结构合理、制度严谨规范的示范学校的典型。制度建设是文化建设的基础。但是，再好的制度，对人的管理也是有局限性的，学校管理必须重视对人的激励、教化和引导，才能给学校带来持续的生命活力。在学校发展的过程中，我们又认识和践行了第三个创新，即对"文化治校"的研究。文化治校，就是用文化来管理学校，依托制度管理，经过全面整合塑造实现文化治校。物质形态的文化是学校文化的外壳，制度形态的文化是学校文化的支柱，精神形态的文化是学校文化的核心。我们提出"文化治校"，就是要求学校通过学校物质文化、制度文化、精神文化的建设来促进学校的发展，进而办出特色，办出品位，办出品牌。

人民小学从"小主人社团"到"主动教育育人模式"，到"主动教育学科教学特色"，再到"主动教育理论与实践"的系统性研究，25年研究历程，历练成了学校独有的主动教育的三大特色目标，九大目标序列，主动教育的教法系统、学法系统、评价系统，提炼出"人民小学——小主人成长的摇篮"的主动教育特色办学理念，形成了学校较为整体的实践经验，提炼了较为精练的理论成果，涉及学校的历史传统、文化理念、目标、途径、方法到评价等诸方面，使主动教育办学特色具有系统性、整体性和操作性。主动教育研究，深入到学校的德育、教学、科研、校园文化、小主人社团、名师成长苑、家长委员会、社区等各个部门，具有广泛而坚实的群众基础，研究的周期长，持之以恒，不懈追求，不断完善，使办学特色在学校和社区中具有强大的生命力。主动教育的特色使学校校长、教师、学生乃至家长具有了鲜明的个性色彩，并能将主动教育的个性融入实施素质教育的共性要求之中，个性与共性高度结合，学校的办学水平和办学质量不断得到提升，为学校教育迈向教育现代化奠定了坚实的基础。

校友吴云为学校"庆铃杯"小主人奖的设立贡献力量

这就是主动教育追求的学校境界：特色发展、一流发展。我一直认为，要从我们现实国情出发，实现教育的现代化，学校一定要办出特色，走特色发展的道路，学校的特色发展就是学校的现代化之路。对学校多元评价就是建立在学校的特色发展上，甲学校在一方面有特色就是这方面的一流，乙学校在另一方面有独到之处，也是一流。要成为一流的学校，首先要有敢于创新，主动追求、执著追求一流的精气神。一流是人人都能做到的吗？答案是肯定的。那么实现一流的条件是什么？我想，是人无我有、人有我精的特色。人民小学的特色，不是某一项特长，不是某一个特色学科、特色项目。人民小学的特色，是骨子里透着的"自立自强，求真求新"

的主人翁精神。回首二十多年来主动教育的发展路程，我们庆幸，正是这股主人翁精神让我们抓住了改革开放三十年、教育事业大发展的有利时机，自觉承担起改革的历史责任。党的十七大强调："要全面贯彻党的教育方针，实施素质教育，提高教育现代化水平。"我们通过对办学特色的艰苦探索，进一步坚定了这样的信念：第一，要坚持不懈地走学校特色发展之路，才能真正使素质教育校本化和常规化。第二，学校要有个性化，才能追求现代化。

党的十七大还提出："促进义务教育均衡化发展。"我们在多年的教育改革实践中真切地感受到：通过各类学校的特色发展才能促进教育的均衡发展。未来五年，促进义务教育均衡发展和全面实施素质教育，是教育战线落实十七大提出的"科学发展观"重大战略思想的重要内容，我们还将通过对学校"特色发展"的进一步研究和探索，去实施教育的可持续发展和教育的科学发展。

（三）自觉践行主人翁文化，共建师生精神家园

学校文化具有导向作用、规范作用、筛选作用、激励作用、凝聚作用和塑造作用。学校管理的最高境界应该是通过高品位的学校文化建设带动教育现代化，从而为培养更多更优秀的人才奠定基础。

从学科改革到整体改革，到育人模式；从学生到教师，到学校管理——主动教育以一条清晰地脉络贯穿了人民小学，凝聚成人民小学独有的学校精神价值，孕育了学校独特的"主人翁文化"气息，为师生的成长提供了精神源泉和价值动力，使名校不仅规模宏大、声名显赫，更有独特之个性、别致之特色、独具之魅力。在"主人翁文化"的传承与创新中，历代人民小学人秉承真善美的"主人翁文化"核心，主动追求、主动发展，学校也渐渐成为师生诗意栖居的精神家园。

1. 主人翁文化的历程——传承中创新的历程

人民小学有着光荣的革命传统和延安精神的文化积淀，我校的"主人翁文化"充满着浓浓的历史气息。在学校创办之初，刘伯承元帅就亲自为这所军队子弟校题写校训："我们要为将来建设社会主义新中国培养人才，他们必须有文化、有道德、爱劳动、爱祖国，具有创造精神和铁的纪律。这个办学宗旨一定要明确，千万不能培养特殊阶层和娇骄儿。"贺龙元帅任学校董事长，邓小平同志的夫人卓琳女士任首任校长，他们贯彻和执行着这样的理念。

50 年代旧照，贺龙元帅和孩子们在一起

　　1985 年以来，我们将"艰苦奋斗、自力更生"的延安文化精神，传承发展为"自主自强、求真求新"的主人翁文化精神，确立了让学生做"学习的主人，活动的主人，生活的主人"的特色培养目标，将战争年代"马背摇篮"的精神赋予了时代的气息，提出了"人民小学——小主人成长的摇篮"的办学理念，形成了"不娇不躁，求真求新"的良好校风。

　　2005 年，学校六十周年校庆，卓琳校长给学校全体师生的寄语中特别强调了这样的校风。

　　"不娇不躁，求真求新"，这两句校风的文字在诞生之初是有一段波折的。刚做校长不久，我提出这两句话时，学校很多老师不理解，都觉得人家的校风都是"要"怎样，我们的校风是"不能"怎样，听着、看着都别扭。何况当时都提"戒骄戒躁"是骄傲的骄，我却要用娇气的娇，很怪。我下来一了解，发现持有反对意见的老师还不少。甚至有的老师还把这看成是我新官上任三把火，故意玩文字游戏。我意识到问题的严重性，老师都不认同的校风，更不可能被学生认可，它就永远只是桌上的纸、墙上的字。我丝毫不把老师们的反应看做是跟我这个新校长唱反调。相反，这恰恰体现了他们对学校的关注和热爱。我也热爱学校，希望它发展得更好。有这样共同的感情基础，我相信能和老师们好好沟通，达成共识。在全校大会上，我细致地向老师们阐释了我的思考。不培养娇骄儿是刘伯承元帅在校训中明确提出的要求，一个人没有娇骄二气，他就已经具备了成功的基础。我们的学生往往具有比较特殊的家庭环境，更容易滋生的是娇气，这是必须要严厉革除的。至于骄傲之气，我们可以引导他变成一种健康的自信，这样也有利于"三个小主人"培养目标的达成。而实事求是，追求创新必须建立在克服娇气、克服浮躁的基础上，这样才能正确面对成功与失败、困境和逆境。看到这两句话的提出不是无根之木、无源之水，更不是文字游戏，而是在学校文化土壤上，结合学生现实状况以及教育本质特征的思考，老师们也就欣然接受了。

在学校文化建设的过程中，这样的事例还有很多。我们就在这样对坚持历史底蕴、革命传统，实现与当代社会相适应、与现代文明相协调的追求过程中不断完善着文化的积淀。所以，人民小学的"主人翁文化"植根于民族，孕育于历史，发展于时代，具有坚实的土壤和独特的风格。

2. 主人翁文化的核心——真善美的培育

2005年年底，我意外地接到市教委纠风办一位领导的电话，说他们正对人民小学连续两年保持"零投诉"现象进行研究。放下电话，我为这不期而至的结论感慨，更不断地追问自己：我们这样一所处在各种关系矛盾焦点的窗口学校，靠什么赢得今天师生热爱、家长称道、社会认可推崇的和谐局面？

我想，除了很好地履行了"依法治校"、强化了"制度管理"外，学校"主人翁文化"浸润下的风气育人尤为重要。主人翁文化的核心就是对人的积极性、主动性和潜力的充分挖掘与展示，其核心价值观，就是要让人性中真善美的东西得到淋漓尽致的发掘。

我很欣赏小说《亮剑》中的一句话："一支军队的性格是由其首任军事长官的性格决定的。"从很大程度上说，今天，人民小学追求真善美的精神特质是有着很强的卓琳校长个人不懈追求真善美精神价值烙印的。

从宣威火腿大王的千金小姐，到离开富裕家庭优越的生活去北平女子师范大学读书，再到投奔延安，成为投身革命的坚强战士，卓校长留下的一行行人生足迹就是她向往真理、不断追求真理的写照。伴随小平同志三起三落，卓校长用自己的宽厚善良、

卓琳校长赠送学校的签名照

首任校长卓琳（后排左一）与教师们在一起

50年代在京校友欢聚一堂，筹备学校六十周年校庆

自己对真理的坚持，泰然面对人生起落、是非荣辱，不禁令人景仰。卓校长从不因为自己的特殊身份而特殊对待自己和家人。学校的校史陈列室至今还保留着一张卓校长和老师们的合影。当时的老师不多，两三行，十多人。卓校长带着她特有的笑容，站在最后一排最左边，如果没有标注，你甚至很难发现她。

学校六十周年校庆时，许多老校友回到学校，纷纷回忆起当年的卓校长。万里同志的儿子万伯翱还清楚地记得，那时学校好多孩子都因为家庭的特殊状况、父母工作繁忙无暇顾及而特别调皮捣蛋。卓校长非常严厉，并且从严格管理邓朴方做起。午睡不自觉，影响同学；学习不努力，成绩下降……每有错误，朴方总会受到卓校长更严厉的批评教育。其他同学看到卓校长对自己的孩子尚且如此严格，自然也不敢怠慢了。严厉归严厉，孩子们一样非常喜欢卓校长。父母工作忙，每到周末，总有孩子没人接。卓校长就一并领回自己家里，辅导学习，照顾生活，一起玩耍。到后来，甚至有孩子到周末不愿回家，非要跟着卓校长走。

六十周年校庆，老校友万伯翔激动地讲述他和他的同学们

卓校长还把"艰苦奋斗、自力更生"的延安精神植入学校。在校园里开辟小农场，引导学生从小树立劳动为美、勤俭为美的观念。这位严慈相济的校长用自己的人格魅力感染着每一位学生，也从此奠定了人民小学以真、善、美为核心的精神价值观。

如今，学校从上到下坚守着"去伪存真"的法则，更洋溢着"求真尚真"的文化气息。老师的公开课不作假，否则会抬不起头；学生的活动靠自己刻苦训练，"坐等靠"的行为不受欢迎；科研就得遵循科学规律，虚假课题做不得；校园建设要真材实料，豆腐渣工程修不得……

作为重庆基础教育的窗口，学校需要面对来自全国各地、世界各地的参观访问，交流学习。校园里的客人络绎不绝，甚至常常同时接待好几批客人。加上学校素质教育办得卓有成效，我们也常常接到上级部门的各项突击任务。不论课堂呈现也好，学生活动也罢，也不管是日常教学还是常规管理，没有任何一项工作有时间和空间让你去做面子工程，是对一个"真"字的严格恪守，成就了学校。我们在任何方面的工作都不掺假、不掺水，精益求精，保证了我们的优质呈现就是常态呈现。

人民小学以优异的成绩顺利通过教育督导评估

　　许多老师看过人民小学的课，都感到一种没有预置的清新，收获可以移植的喜悦；许多来宾看过人民小学的学生活动，都有着强烈的现场生成的参与感，而不是简单地欣赏表演。一次，一个参观团来到学校，正好赶上同学们的队会课，于是提出到各班走走。全校各班同时开展着内容截然不同、风格迥异的活动。在六年级一个班看过学生们精彩的活动以后，参观团的专家突然发出疑问，"这些活动真的是同学们自己组织的吗?"全班同学情绪一下子激动起来："就是我们自己设计，自己组织的!"看到专家怀疑的目光和微笑，同学们纷纷介绍自己准备活动的过程和细节。那位专家听后连连叹服。

　　2007年，学校"小主人合唱团"受邀参加维也纳世界合唱节，以一支业余合唱团的身份，第一次代表中国少年儿童登上金色大厅的舞台，与蜚声世界的维也纳童声合唱团同台表演。合唱团的所有成员除了倍感兴奋和下定更加刻苦训练的决心，没有更多的胆怯。因为合唱团成立二十多年来有一项传统已经成为基本准则，那就是在任何情况下绝不事先进棚录音，任何一场演出都是真刀真枪的表演。相反，遇到更大困难的是我。"小主人合唱团"是我一手创办，也做了二十多年的合唱团指挥。可担任校长以来指挥棒就交给了年轻老师，一丢就是好多年。这次要请我做指挥，压力可想而知。好在我做音乐教师的二十多年里一直对自己的专业素质严格要求，从不懈怠，也从不作假，打下了深厚的底子。抓紧每天晚上的时间刻苦练习，很快就找回了拿起指挥棒的感觉。就这样，我和孩子们用精彩的配合，取得了金色大厅演出的成功。

人民小学"小主人合唱团"即将起航维也纳金色大厅

正是这样由内而外散发着"真意"，说真话、办实事、讲真理、树正气，才有了人民小学师生主动求发展、主动求进步的文化风气，才造就了众多真才实学的小主人、真知灼见的好教师、真抓实干的管理者，才有了"真金不怕火炼"的过硬质量，才有了群众心中的纯正品牌。

有了"求真"的共同目标，就有了师生之间、家校之间、干群之间的信任、尊重、理解和宽容，学校从上至下充满着"扬善抑恶"的氛围。

为了满足都市儿童对自然的向往，校园被改造成鸟语花香的植物园，让孩子们在蒲葵林里尽情嬉戏，在绿荫丛中泼洒丹青，在蚁穴鸟窝前悉心观察，在小农场里

走上金色大厅指挥"小主人合唱团"放歌维也纳

挥洒汗滴；校长理解老师们发展专业的强烈愿望，在有限的基建条件下，优先考虑为专业教师们留足配好专业场馆池，让教师有一试身手、全力施展的舞台……

因为把"主动向善"作为精神价值追求，学校管理中一直遵循着"科学化制度，人性化管理"的原则。在人民小学，制度是激励人的格言，而不是惩罚人的工具。作为校长，我要面对众多性格各异、脾气迥然的教师。不以个人好恶为评价依据，尊重差异，为不同教师搭建平台，扬长避短是我一贯的工作准则。

学校善待学生，校长善待教师，孩子们用对母校的眷恋、老师们用丰硕优异的成绩回报着善意，并且将这份善意在校园里传递。

在我脑海里一直浮现着这样一个画面：寒冬腊月，每天清晨，朱明贵老师总是很早就出门。手里提着一壶刚烧好的热水，急匆匆地第一个走进教室，然后静静地等待学生的到来。很快，值日小队的同学纷纷提前来到学校，他们要负责教室的清洁。孩子们跑得气喘吁吁，嘴里不住地哈出白气。端起水盆笑嘻嘻地走到朱老师面前，把盆一举，望着朱老师咯咯直笑。朱老师也微笑着提起水壶，往盆里掺些热水。这样，洗抹布时，孩子的手不再冻得通红，这位老教师慈母般的爱心，是人民小学教师向善扬善的基本体现。

教研会上，带着真诚的善意，老师们敢于直言不讳地批评与自我批评。因为大家的目的只有一个，那就是打磨出更加优质的课堂。

毕业典礼上拥抱送别孩子们

师傅带徒弟是人民小学的光荣传统。为了帮助年轻教师尽快成长，师傅们毫无保留地传授自己的经验，备课、听课、评课、改课，手把手地教，甚至细微到一个手势、一个眼神。我做校长以后也还一直坚持着带徒弟的工作，不只是音乐，还包括其他学科。多少次我和徒弟们挑灯夜战，对一堂课精雕细琢。试讲，修改，再试讲，再修改……严格的要求让好多我带的徒弟至今都有所畏惧。但说起那一段经历，每个人又是神采奕奕，欣然于所得。他们现在还总是说："丁校长太严格了，一个不对就要推倒重来。好在她不是只写议论文，更写说明文，真的很感谢她不是空发议论，而是那么细致地教我们具体怎么做。"我想正是这种对"善"的理解，凝聚起人民小学每一个人的主动向上的心，形成一股坚强的动力。

在求真、向善的文化氛围中，我们以"和"为美，以"爱"立德，以"礼"导行，以"达"健心，以"俭"励志，以"勤"育人，全校上下交汇成"崇雅尚美"的潮流——唱经典歌曲、诵经典诗词，我们的心灵得到振奋和鼓舞；为校园增一抹亮绿，园美人和春永驻，室雅德馨爱长存；民主和谐的课堂，师生携手追求精神世界的美好；充实繁忙的假日，不计报酬不计得失的劳动，赢得孩子们的笑脸、家长们的赞许……校园里洋溢着纯真健康的美、团结向上的美、自信认真的美、乐观坚毅的美！学校2007年获得全国普教系统先进单位，2008年获全国文明单位，这标志着浸润于"主人翁文化"中的人民小学，在政通人和的新境界中绽放着青春的活力与生机！

满怀豪情与喜悦，收获全国精神文明建设先进单位的荣誉

3. 主人翁文化的回归——师生的主动发展

有了"主人翁文化"对人性中真善美的信念，才有了全体师生为信念主动追求、主动发展的激情实践。

在一次旅游中，我听说了成吉思汗的守灵人繁衍 30 多代，矢志不移地为其守墓，直到今天。是什么让他们如此坚定呢？是他们把对成吉思汗的忠诚化作一种信仰世代地流传下来，成为他们精神的动力。这种精神与信仰的力量深深地令我折服。

钱理群先生说过："中小学精神家园的另一个方面的意义就是，它不仅属于在校学生，更属于离校的老学生。也就是说，一个人一生中要两次和中小学的精神家园相遇：生命的春天在这里养育、成长；到了初夏时节，就从这里出发，走向远方；到了生命的隆冬季节，又回归这里，静静栖息，默默感悟生命的真谛。中小学教育在人的精神成长中的特殊作用和地位，它所特有的意义和价值，都在这里了。"

主动教育带给学生精神上的财富是什么？——是自主自强、自强不息的精神。正如校友们所言："人民小学教会他们的，不只是读书写字，更是一种信仰、一个理想和一种精神，它们汇聚成了我们民族的光荣传统，铸造了几代人坚强不屈的灵魂。"正是如此，人民小学的校友，不论他们在哪一个国家，哪一个单位，哪一个岗位，他们都不争名，不求利，默默无闻，扎实苦干，崇尚奉献，追求卓越。他们不是娇骄儿，不搞特殊化，他们靠自己勤劳朴实的双手创造着自己的前程，实现着自己的理想。

　　"做学习的小主人——我的学习我努力","做活动的小主人——我的活动我做主","做生活的小主人——我的生活我能行"。如今,孩子们把"三个小主人"作为追求真善美的目标,通过各种丰富生动的体验坚定信念。他们可以在小主人社团 80 多个俱乐部中自主选择,在兴趣中发现自己的发展优势;可以在每年"两会三节"(少代会、科代会、体育节、艺术节、儿童节)的主题活动中发掘自己的潜能;可以在《小主人手册》引导下,主动争取学校、年级、班级三个类别的"学习小标兵、活动小专家、生活小能人"评比,凸显"三个小主人"的个性追求。

　　"高质量的学习、高水平的活动、高品位的生活",教师以"成就主人"作为实现真善美的方向,以"名师成长苑"为载体,向着自己选择的名师、骨干教师、特色之师、教坛新秀或者希望之星五类型教师的目标主动追求,把国家的教育方针、学校的办学特色贯彻到日常教育教学的每一个细节中,为培养全面发展、个性张扬的小主人服务,形成了青年教师健康发展,骨干教师茁壮成长,名师不断追求卓越的良好氛围。活动感人、评价催人、趋势促人、文化养人,师生自觉认同和主动践行,化被约束为自我约束、化被管理为自我管理、化被考评为自我激励,形成了自觉追求上进的浓厚氛围。

　　主动教育下形成的"主人翁文化"从理论层面和实践操作层面都得到了师生们的高度认同,增强了师生的凝聚力,促进了师生和谐互动,实现了师生共同发展。在此基础上,我们主动开展"家长学校"、"家长开放月"活动,使"主人翁文化"得到了家庭、社会的广泛认同,营造了学校、家庭、社会共同关注学生主动发展的良好环境,广大师生得到了迅速成长。

　　"主人翁文化"蕴含着人民小学的昨天、今天、明天;凝聚着人民小学的学生、教师、家长;浸润于人民小学的课程、环境、理想中。"主人翁文化"是人民小学主动教育的丰富成果、凝聚力和创造力的重要源泉。为了让"主人翁文化"生生不息,代代相传。我们将立足现在,放眼未来……

主动教育的教育实践

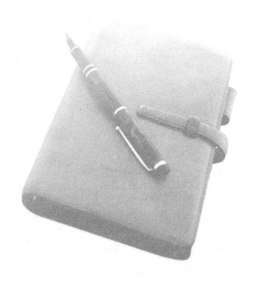

"校长是学校的灵魂"，校长对学校的领导首先是教育思想的领导。新世纪的教育，应当在传承中创新，在创新中发展，扎根在民族文化的广袤土地上，打开通向世界的眼光，让智慧、淡定、执著盈满我们的思想行囊……

我们是学校课程建设的主人

——重庆市人民小学新课程改革的思考与回顾

新课程所有先进理念归根结底要落实到每个学校对三级课程的实施上。故学校必须以国家育人目标和本校特色育人目标为价值取向，立足于本校，通过对课程进行整合、开发、实施，建设适应于本校的学校课程。

作为一所在全面实施素质教育的改革中锐意进取的学校，我校于 2001 年进入新课程改革之时，就已经完成了主动教育办学模式和主动教育学科教学特色的研究，并形成了鲜明的"主动教育"办学特色。我们热切地渴望新课程的浪潮能将我们的研究推向新的高度。然而走出校门，走进无数专家培训的课堂，听到各种门类的理论见解，目睹各种风格的课程模式，全新而陌生的新课程带给我们的是一连串疑问：长期执行的国家课程、地方课程如何保障落实并体现出"新"来？全新的校本课程如何从分散到集中？新课程与素质教育、与我校历时 16 年的主动教育又有什么关系？实施这样全新的课程还要不要多年来教育改革的经验成果？……没有任何现成的答案，也没有任何可以充当"万能钥匙"的成功经验，面对这场"摸着石头过河"的改革，我们只能靠自己！它不仅需要我们具有饱满的热情、执著的追求，更需要实事求是的科学态度和严谨有效的实践措施。

抛开沸沸扬扬的表象，我们清醒地意识到，既然新课程从本质上不是对以往教育改革的全盘否定，而是对素质教育的继续深化，是通过对"千校一面"教育现状的终结，来促进人的全面发展和个性化成长，那么，以校为本的新课程改革中，学校获得了课程自主权，就应当肩负起把三级课程统筹整合、建设成适于学校本土的学校课程体系的责任。这样的学校课程，可以最大限度地发挥各种教育资源的合力，既保障国家和地方课程的有效实施，又满足于师生个性化成长、学校特色化发展的需要。

主动教育特色的育人模式，浓缩了我校数十年教育文化的精华，它所侧重的学生"三个主人"的培养目标与新课程成全人的全面发展和个性化成长不谋而合。在此基础上，经过几年的努力，我校已初步构建了以学校课程，教师、学生发展目标和学校课程文化特色三位一体的人民小学"成就主人"学校课程模式，即以成就学生和教师的个性化成长为目标，把重视师生的可持续性发展、弘扬师生的主体精神、发挥师生的主观能动性作为课程改革总的目标，通过学校校长、教师自主地对学校课程的整合、开发和实施，形成我校由完善成熟的办学理念、科学有效的管理评价体系、鲜明生动的师生特色和丰富厚重的校园文化作支撑的学校课程文化特色，为学生的主动学习和成长服务，使学生和教师的综合素质与个性特长得到充分的发展。

"成就主人"学校课程模式分为三大板块，其中"学生发展目标"与"学校课程文化特色"已初步形成。目前，我们主要着力于"教师发展目标"的研究。它由以下三方面组成。

一、做课程整合的主人

（一）孕育传承与创新的整合

每次改革都是对昨天的反思，做出今天的调整，适应明天的要求。我校"成就主人"学校课程模式继承了建校之初刘伯承元帅提出的办学宗旨——"千万不能培养特殊阶层和娇骄儿"，继承了创办初期形成的"发展学生特长"，"自己的事自己做，不吃现成饭，不享现成福"等具有培养学生主人翁意识的特色教育思想，继承了主动教育研究中，学生做"学习的主人、活动的主人、生活的主人"的学生发展为本的特色目标。为了更好地适应时代对学生发展的需要，结合新课程对教师成长的要求，创造性地提出了教师做课程"整合的主人、开发的主人、实施的主人"，重点研究了教师的成长，并通过教师的成长促进学生的成长，推进学校教育发展；并以文化统摄学校课程的方方面面，形成特色鲜明的学校课程文化，凸显学校课程育人的整体性、综合性特征。不论是对优秀传统的继承，还是对新课改理论与实践的创新、学校课程模式的不断发展，都体现了我们高度的责任感、强烈的事业心、追求卓越的教育理想和求真务实、与时俱进的教育行为。

（二）关注学生发展与教师发展的整合

学校课程的建设直接关系到新课程实施的质量。学校课程建设的成败取决于教师主体对新课程的理解和积极主动的参与。"成就主人"学校课程模式引领教师在成就学生的同时不断地成就自己。它要求教师以主人翁的姿态，在以校为本的学校课程建设中，发挥主导性、服务性和激励性，从学生的需要和发展出发，主动挖掘鲜活灵动的课程资源，构建合理高效的课程结构，创设宽松愉悦、自由民主、生动和谐、全面互动的课程文化，真正落实为学生"三个主人"的服务，而教师也从学校课程的建设中明确自己的专业方向，获得专业成长。

由此可见，在"成就主人"学校课程模式中，为了真正做到以学生的发展为本，学校就必须促进教师的发展。新的师生关系不再是知识传授的关系，教师和学生应当是引领、互动、交流和合作的关系。教师专业水平的提高，加速了学生的成长。一方面，学生的不断发展，带来成长需求的不断增加，教师的专业能力面临新的挑战；另一方面，教师又常常会为学生中涌现的一句话、一个举动、一点疑问所打动、激发。因此，为了更好地引领学生的成长，促使教师坚持学习，不断积淀文化素养、完善知识体系、提升专业能力，在教师和学生的交互发展中，学校课程也日益生动、充实、完善。"成就主人"学校课程模式就是要倡导用教师的自身发展来促进学生的全面发展，从而促进学校课程的发展。这在新课程发展的今天尤为重要。

（三）坚持国家课程、地方课程和校本课程三级课程的整合

我校坚持三级课程的整合，首先确保"开齐、上足"国家课程，通过开发丰富多样的课程资源来弥补国家课程资源的不足，实现国家课程的育人目标。对于地方课程，则结合当地社会生活的实际，适应当地对人才的需要，进行资源的补充。在发展学生共性的基础上，突出个性发展和学校特色目标，开发特色校本课程。三级课程互为补充，由学校遵循以学生的发展为本的原则，统筹规划，宏观调控，并在课程的质、类、量上进行协调，优化课程结构，整合形成学校课程，保障各级课程的顺利完成。

（四）重视校园环境与文化的整合

新课程的实施使学校从单一的文化传承的场所转变为人类文化构建的场所。不同的学校课程的建设，反映的是不同的教育哲学思想和文化品位。从这个意义上说，学校课程的建设就是学校文化的建设，校园文化构成学校课程文化的重要组成部分。"成就主人"学校课程模式，将校园自然环境与人文环境统整到以自主、合作、开放的主人翁精神为特色的学校课程文化中，表现为不娇不躁、求真求新的校风，敬业爱生、探索进取的教风，文明团结、乐学创新的学风，生动和谐、潜移默化的校园

环境。全体师生在主人翁精神的感召下，追寻理想、坚持真理、提高智慧、砥砺意志，人人都是学校的主人，个个都是学校课程建设的主人，自主发展成为师生员工不懈的价值追求。同时，这种主人翁精神文化也成为学校课程不断主动完善发展的内在动力。

二、做课程开发的主人

课程开发是保证学校课程实施的基本条件。我校课程资源的开发，一方面，着力于根据时代、地区特色和学生实际，开发课程资源，丰富国家、地方课程；另一方面，敏锐把握生发于学校本土的资源并将其课程化，形成适应于学生个性发展的校本课程。

（一）坚持科学精神，开发课程资源

要开发出既符合课程标准又具有教育价值的课程资源，必须遵循一定的科学规律，简单、盲目、生硬地拼凑只会适得其反。我校在课程资源的开发上始终以科学的态度，遵循知识本身的规律，遵循教育科学发展的规律，遵循学生身心发展的规律，遵循社会发展的规律，对资源进行严格地筛选、合理地优化和灵活地改造。如针对国家课程语文学科，我校在广袤的祖国文学宝库中，重点突出对传统文化的挖掘和整理，开发出《中华传统文化精粹》系列丛书，内容涵盖三字经、四书五经、先秦诗歌、唐诗宋词、古代寓言等，供学生在课外诵读赏析。它体现了对语文课程突出人文性、提高学生的语文素养的积极响应，充分发挥小学生语言发展的优势，不是在资源材料数量上的堆砌，而是立足于夯实学生语文基础，让学生受到深厚的传统文化的浸润和熏陶，丰富语文积累，发展语文能力，塑造文化气质和人格，使学生在语文学习中终身受益。

我校课程资源的开发既着眼于自然环境资源，又挖掘人文环境资源，还重视拓展人力资源；既立足于学校内部资源，又辐射到社区资源和家庭资源。一方面，我校多样和谐的自然环境给各门课程提供了丰富的素材，语文课从幽静的长廊里找到了作文的题材，数学课在宽阔的操场上得到丈量的空间，美术课从繁茂的花园中捕捉到描摹的美景，科学课在农场里观察作物生长的规律……传统文化主题广场，现代化的信息技术，品种丰富、数量繁多的书报杂志和音像资料，学生电视台，广播站等人文环境资源也为各级课程的实施提供了生动而鲜活的素材。更重要的是，我们深谙人是课程的第一资源，因此充分调动起教师、学生、家长中以及校外各类专业人才，发挥他们的积极性、能动性，开展各种形式的活动，不断开发出更富有生命力的课程资源。

（二）突出鲜明特色，开发校本课程

我校的校本课程是在具体实施国家课程和地方课程的前提下，通过对我校教育情境的具体分析和对学生需求情况的评估，充分利用校内外的课程资源而开发出的具有多样性和选择性的课程。它是对国家课程和地方课程的补充，与二者形成互补关系。我校校本课程的开发体现了鲜明的学校特色、教师特色和学生特色。

比起国家课程的统一和地方课程的相对统一，校本课程更好地体现了不同学校教育的差异性。悠久的创建历史、深厚的文化积淀和丰富生动的校园环境形成了我校以传统教育、科学、艺术三大特色支撑的校本课程。尤其是以弘扬民族精神为核心的传统教育，是我校传承几代的特色。我们以朝会、队会以及少先队活动为阵地，凭借校园内丰富多样的特色环境资源所形成的生动形象、直观立体的活教材，如"昨天、今天、明天"主题大青石浮雕、"中国儿童、世界眼光"艺术墙、"贺龙与孩子们"的艺术雕塑、体现人民小学几代师生光荣而艰辛创业的校史陈列室等，以及到学校种植园、饲养场等地劳动实践的体验，对学生进行爱祖国、爱家乡、爱学校，自强不息、艰苦奋斗的教育，这就是我校自成体系的传统教育特色校本课程。我校"国际部"长期担任各种对外交流任务，逐渐形成了以培训外事礼仪、对外语言交流、文化交流知识和能力为目的对外交流校本课程，编写对外交流系列校本教材，目前出版的有《校园英语100句》、《开心英语》，形成我校富有创新特色的校本课程。

教师作为我校校本课程开发的重要资源，凭借各自不同的专业能力和个性特长，开发校本课程，这些课程带有明显的教师个人特色或教师团队合作的特色。如王可老师发挥动手能力强的专业特长，开发了生物标本制作和无线电制作等校本课程，编撰了校本教材《校园植物图谱》，吸引了许多学生的参与；王兵老师长于剪纸、精于线描，所开发的美术工艺课程也具有很高的课程价值；体育组的老师发挥集体智慧，开发出生动活泼、广泛参与的自编操，如太极拳、拳击操、韵律操等，体现了教师健康向上、和谐互助的集体特色。他们通过参与课程开发拓展知识，增长能力，提高专业形象，不断地与他人进行交流合作，从而推动了自己专业的发展。

校本课程的开发归根结底是为学生的个性化成长服务的。因此，我校更加关注学生的差异性，针对学生的兴趣、爱好和特长，进行校本课程的开发，旨在激发学生学习的兴趣，促进学生和谐、均衡的发展，充分体现了我校校本课程中学生自愿、自主、自治的小主人特色。当学生对粮滩河的环境表示关注的时候，教师能从中捕捉到学生的兴趣和资源的价值，开发出科学环境考察的校本课程，学生通过独立的实地考察、采集水样、分析数据、走访调查、撰写报告，完成对这一课题的研究，获得科学知识和能力的提高，实现对生活的参与、认识和改造。

三、做课程实施的主人

（一）立足课堂教学，深化校本教研

课堂教学是学校实施新课程的主渠道，是学校课程的缩影和最直观的反映。充分运用课堂展开教育教学，是实现学校课程目标的根本途径。我校在强调主动教育特色的学科教学研究中，对课堂教学已有深入系统的研究，形成了课堂教学的教法、学法和评价系统，即教师在课堂教学中发挥主导性、服务性、激励性，通过厘清、调整、突破、发展，促使学生在"趣、情、思、议、练、评"的学习活动中发挥主动性、实践性、创新性，获得好奇心和求知欲的满足、情感和认知的发展、能力和习惯的培养。结合新课程的理念，"成就主人"学校课程模式中对课堂教学的评价包括以下六个方面：师生关系民主和谐、教学目标整体综合、学习形式生动活泼、教学方法启发感染、教学结构多样灵活、教学评价调控激励。我们正是用这样的标准，严把课堂教学质量关，不断提高课堂教学的质量。

为了充分发挥课堂教学的作用，我校通过专家引领、同伴互助、自我提升，以各种教研培训、教研课、观摩课、竞赛课等形式，深入开展了课堂教学理论与实践的校本教研。在研究中注重将专家学者的宏观指导与学校育人方针的中观调控相结合，将学校主动教育学科教学经验与新课程理念相结合，将课堂教学常规与教师课堂教学个性相结合，将教学评价管理与课堂教学的行动研究相结合。通过广泛深入、精益求精的校本教研，教师不断地发掘课堂教学中存在的现实问题，运用集体智慧参与研究，再用课堂实践来印证研究结果，找出问题再研究。在课堂与教研推动的反复研究、实践、调整、再实践后，总结提炼出经验成果，进而推广。校本教研真正服务于教师的课堂教学，使学校课程的理念能有效地传达到每一节课堂的细枝末节，使课堂教学的方向得以明确，研究的深度和广度得以不断拓展，有效地促进了教师课程意识的增强、课堂教学专业技能的发展，防止了教师安于现状的状况。学生也从中夯实了双基，综合素质得到加强，整体水平大大提高。

（二）建立活动阵地，营造育人氛围

除了课堂教学，综合实践活动也是学校课程中培养学生的重要途径。为了营造良好的育人氛围，根据学校传统和办学特色，我校建立了一系列学生活动阵地，以保证学校课程特色目标的实现。

（1）以弘扬民族精神、继承革命传统为特色的传统教育阵地。如校园环境中的传统文化广场、校史陈列室，时时处处教育孩子们爱祖国、爱家乡、爱学校；参观校外国防教育基地、红岩村、烈士墓，使学生受到爱国主义的教育，懂得珍惜幸福，自强不息；定期举行的"与山区儿童手拉手"系列活动、五好小公民读书活动等，教育学生团结互助，做高素质的小公民。

（2）以开发自主精神、发展自主能力为特色的小主人社团阵地。我校小主人社团成立已20年，社团小干部由少代会选举产生，下设包括新苗文学社、红领巾广播站、小主人新闻中心、卫生院、少先队活动室、星光电视台等在内的九大组织。在社团的活动中，培养学生的自主、自治精神和能力，学生自己设计方案，自己安排活动程序，自制表演道具，自己主持活动，自己评价总结。

（3）以培养科学探究精神和科学实践能力为特色的科技活动阵地。优美生动、多样和谐的校园环境给科技活动提供了得天独厚的场所，形成了我校独有的校园科技活动阵地，如红领巾气象站、赛车训练场、海模训练场、红领巾种植园等。同时积极开发校外活动阵地，先后与柑橘研究所、气象站、蚕种场、农科所等科研基地建立联系并聘请校外辅导员。

（4）以培养审美情趣、陶冶情操、艺术熏陶为特色的艺术活动阵地。线描写生室、陶吧、合唱训练室、器乐训练场、舞蹈室等，功能齐全、设施先进的专用场地为艺术活动的开展创造了优越的条件。

（三）加强过程管理，保障课程实施

为了保障学校课程的实施，我校实行了既强调坚持传承与创新的结合、坚持全面发展与张扬个性特长相结合，又尤其强调坚持科学管理与自我认同相结合的过程管理。一方面，通过以包括学生、教师、校长在内的民主决议，按照学校的发展目标，制定出既遵守法律政策，又尊重教师的工作特点、合乎教师意愿，且遵循管理规律的学校选人、用人、监督、评价等管理制度，实行严格的管理程序，以辩证综合的眼光，既衡量教师工作的结果，更看重对教师教育教学过程的综合评价，既有对教育教学常规严格详细的刚性要求，更体现对鼓励教师教育教学不断创新的人文关怀。另一方面，由于制度产生于师生之中，得到师生群体的广泛认同，而不是领导或少数几个人的闭门造车，制度就更容易转化成为师生的自觉行为，而不再是被动接受，优越的制度吸引了教师，统一了教师群体共同的价值取向，形成了教师队伍心齐气顺、团结和谐的人际关系和求真务实的工作作风，促进了教师自觉地发掘自己的特长和潜力，在学校课程中找到自己的位置，明确自己的专业发展方向，获得自己专业的成长，为更好地开发和实施学校课程，培养全面发展和个性鲜明的小主人服务。教师还勤于反思，不断地为管理制度的完善出谋划策，乐于躬身践行，优秀的教师传统代代相传，从而形成了我校独有的以主人翁精神为核心，科学、民主、开放、和谐的学校课程制度文化，保障了学校课程的顺利实施，成为"成就主人"学校课程模式的亮点。

构建学校课程是每一所学校实施新课程的必由之路。在我校建设学校课程实施新课改的行动研究中，我们更加深刻地认识到学校以校长为首的教师队伍在其中所起到的决定成败的作用。只有教师队伍获得全面综合、个性鲜明、深厚长远的专业成长，才能在建设真正适合学生成长的学校课程中有所作为。而教师的成长需要环境氛围，学校课程文化既依靠教师的建设，又为教师的成长提供了支持。学校课程文化，必将成为学校课程的核心。

（2004 年 10 月于重庆市新课程改革工作会交流）

在传承中创新　在创新中发展

——认真践行"主动教育"育人模式

素质教育经历了 20 年的探索，得到了教育战线和全社会的广泛认可，已经提升为党和国家对教育发展的重大决策，在新的《2020 年中国教育发展纲要》中，实施素质教育将是教育改革和发展的主题。所以素质教育已经具有较强的政策基础和理论基础，缺的是如何形成每个学校独具特色的教育模式，缺的是如何认真践行这些教育模式，缺的是如何把这些模式常规化、校本化、科学化。我们人民小学用"十年磨一剑"的精神，以"主动教育"为特色，对实施素质教育的学校教育模式进行了 20 多年的艰苦探索。

一、处理好三个关系，创新特色育人目标

正确处理传承与创新的关系：素质教育不是对传统教育的全盘否定，它不是一场反传统教育的革命，而是一次改革。在我国的传统教育中，教育教学秩序稳定，管理较严格，强调共性，具有集体主义精神，教学中重视"双基"学习，学生知识学习较为系统扎实，考试考核较严格等，是素质教育可以传承和吸纳的；而传统教育中重知识技能，忽视对"育人"的关注，太重共性，忽视人的个性张扬，学习内容太多、方法陈旧、学生负担过重等弊端必须革除。素质教育必须创新。

我们人民小学十分重视中华民族倡导自觉自悟、自省自律、自我修养、自我完善的教育传统，弘扬我校在革命战争年代创办初期培养"自力更生、艰苦奋斗"精神的特色，结合时代的要求，确立了我校以充分激发人的主体性为核心、以"自主自立自强、求真求活求新"为内涵的特色育人目标，即培养学生做"学习的主人、活动的主人、生活的主人"，并由此形成我校的办学理念——"小主人成长的摇篮"。把"自强不息"的延安精神，传承创新为师生"主动学习、主动发展"的主人翁精神。

正确处理道德教育与文化学习、才艺能力培养的关系：我们认真解读了刘伯承元帅为我校题写的校训中"有文化、有道德、爱劳动、爱祖国"、"具有创造精神和铁的纪律"的要求，将道德教育、才艺能力的培养自然地融于文化学习中，伯承元帅的校训在 60 年前就告诉我们："两有"、"两爱"就是要培养学生的综合素质，再结合"德育为先，育人为本"的时代要求，我们把改革的重点放在课堂教学中，学生综合素质的培养不只是简单地做加法和减法，而是建立整体性的育人方略，研究综合性的育人方法。使全面贯彻党的教育方针的共性和学校办学特色的个性完美结合。

正确处理教与学的关系：我们始终坚持以教师为主导、学生为主体、主导服务于主体的观点，在课堂教学和"小主人社团"活动中，我们不断提升学生的主体地位，特别是在课堂教学中要留有时间和空间关注学生的个性发展，以培养学生创新的意识和实践能力。我们十分重视师生在教育教学中的情感交流，重视在和谐的情感交流中培育师生共同的道德价值观，享受文化学习的乐趣，以形成教学相长、民主和谐的新型师生关系。

二、构建双轨运行机制，创新育人途径

当我们确立了素质教育的理想、理念、目标后，我们还应当去寻找起点，建立一种可操作的运行机制，把改革从起点送向目标，使素质教育产生实效。由此，我们从创新育人途径入手，构建了"双轨运行机制"。

"双轨运行机制"就是通过学生"小主人社团"和教师"名师成长苑"两条轨道并驾齐驱，将师生的发展紧密地联系在一起，使教师和学生相互作用，相互影响，齐头并进。

实施素质教育，要找到适合学生特点、突出办学特色的学校独特的育人途径。我们并不缺少优秀的学生个体代表，我们更追求学生群体面貌的整体提高。我们的特色育人途径就是以"小主人社团"为载体，培养学生做"学习的主人、活动的主人、生活的主人"。"学习的小主人"抓三点：（1）良好的学习习惯；（2）学习精神和品质；（3）学习的能力。"活动的小主人"抓三点：（1）参与活动的兴趣；（2）活动中的组织能力；（3）基本的才艺能力。"生活的小主人"抓三点：（1）自我料理的能力；（2）自我教育的能力；（3）自我保护的能力。"小主人社团"以《小主人手册》的条件和要求为轴心，纵向以学校、年级、班级为经，横向以课堂学习、学科活动、社团内各色小团体（贺龙杯体协、小主人新闻中心、少年科学院、小主人艺术团等）为纬的、立体综合的育人阵地，并采取"五定"（定时间、定地点、定场馆、定人员、定内容）的方式予以确保，以课程的方式落实，常抓不懈。

"三个小主人"育人途径的创新和优化程度，取决于教师的专业能力和素养水平。为此，我校建立了旨在促进教师队伍整体综合全面发展的"名师成长苑"。"名师成长苑"以《名师成长章程》为指导，根据教师的不同年龄、不同层次、不同条件、不同追求，为教师准确定位出"名师、骨干教师、特色之师、教坛新秀、青年教师"五种类型，明确每位教师个性化的发展方向和阶段目标。五类教师通过对课堂教学、学科活动、社团活动、校园环境的整合、开发和实施，在各自的基础上获得个性化的成长，不断创新和完善素质教育的方法途径，在成就学生的同时成就自己，在实施素质教育的过程中提升自己。

三、设立"成就主人"奖，创新评价激励方式

"双轨运行机制"能否顺利把"过程"推向"目标"，能否具有长期运行的生命力，必须建立与之相适应的评价激励方式以作为保障。

首先，我们筹措资金，建立了"庆铃杯小主人奖"这一综合性评价激励方式。根据《小主人手册》的要求，每位学生都要参加，通过学生对自己参加"小主人社团"的学习和活动进行评价，采取自评、互评、教师评等方式，每学期评出校级、年级、班级的"学习小标兵"、"活动小专家"、"生活小能人"。这是一个动态式的评价方式，针对小主人的成长状况不断调整，形成了学生主动学习、主动成长、全面发展、张扬个性的良好氛围。我校在五年多的时间里产生了两名"全国十佳少先队员"，就是这种激励方式下的典型代表。

其次，积极筹措社会资金对素质教育的支持，设立"融侨杯成就主人奖"，作为对教师进行综合性评价激励的方式。紧紧围绕《名师成长章程》，自评、互评、领导评、家长评、学生评的形式，每年"两会两节"（校教研会、名师成长苑学术年会、"六一"儿童节和教师节），综合评定教师德、能、勤、绩，评选出市级、校级、组级等不同级别五种类型的教师，落实了教师的个性化评价，使不同层次的老师都能站上各自不同的发展平台，青年教师健康发展，骨干教师茁壮成长，名师不断追求卓越。

四、建立"主动教育"育人模式，使素质教育校本化

素质教育不是琴棋书画教育，不是单纯的特长教育，也不是简单地做加法或减法的教育，它是一种有理念、能操作、可评价的综合性的创新教育。

我校经过20多年素质教育的改革实践，由单项改革到整体改革，在继承和发扬优秀教育传统的基础上，建立了"主动教育"的整体育人模式。这个模式既有理念、目标，又有途径和方法；既有运行机制可操作，又有激励方式作保障。做到了遵循教育规律，立足校情，紧贴时代，把历史、现实、未来高度融合。这样，我们就把对教育的理想和追求逐步变成了物化的成果，把物化的成果不断融入日常的教育教学行为中，从而让素质教育在我校逐步常规化、校本化、科学化。

在实施育人模式的过程中，我们改变了过去"重研究学生、轻研究教师"的状况，特别注重校长、教师、学生三种角色的相互影响、相互作用、相互配合与共同发展。通过校长、教师、学生每个主体不断发展，又相互作用，而升华为学校师生

之间、干群之间、物质文明与精神文明之间和谐共生的美妙关系。这犹如音乐旋律中的整三和弦一样，让主音、属音、根音合奏出优美和谐的乐音。

素质教育是在"科学的管理制度与自觉认同的学校氛围"中去实施的，素质教育的实施催生了和谐校园的形成；素质教育是在学校常规化、校本化的过程中去实施的，素质教育的实施推动了学校综合实力的整体发展。

实施素质教育是一个巨大的工程，全社会都应当关注。实施素质教育还有相当长的路，问题还很多，困难还很大，我们既要看到取得的成绩，又要面对巨大的困难。基层学校是实施素质教育的主战场。我们要在继承民族教育和文化的优良传统中大胆创新，主动探索，潜心实践，更好地承担社会责任，肩负民族希望，为振兴中华民族的教育事业而努力奋进。

（2006 年元月于重庆市教育工作会交流）

主动发展　实施两代人素质教育工程

实施素质教育是党和国家对我国教育发展的重要决策，在新《义务教育法》中是法律规定，在《2020 年中国教育发展纲要》中是教育改革和发展的主题。我们人民小学实施素质教育经历了 20 多年的历程，构建了主动教育的育人模式，形成了主动教育的办学特色，在重庆市基础教育界发挥了实验性和示范性的作用。但是，实施素质教育是一项极为复杂的系统工程。对全社会来讲，素质教育是一项庞大的综合性工程，对一所学校来讲素质教育是一项持之以恒、长期不懈的工程。所以我校实施主动教育 20 多年的历程，还只是一个起步工程。温家宝总理指出：每所学校实施素质教育就是要"办出特色、形成风格、争创一流"。我们认为要"办出特色、形成风格"，学校实施素质教育必须重视持续性，打造内动力，增强创新力。为此，我们发动全校教职工大讨论，把未来五年我校教育改革的着力点放在持续性和创新力上，努力拓展、扩大、丰富主动教育育人模式内涵，以培养学生做"三个小主人"的特色目标为核心，开启思路，自主创新，开展了实施"努力创'三高'，同心建'五园'"的两代人素质教育工程。

一、以"三个小主人"为核心，完善主动教育育人模式

我们充分认识到素质教育的长期性和艰巨性，坚决摒弃新鲜模式的频繁更替。我们拓展初见成效的主动教育育人模式，丰富其内涵，以适应青少年成长环境的急剧变化。把培养学生做"学习的小主人、活动的小主人、生活的小主人"的目标重点放在低中年级，让孩子养成最基本的学习、活动、生活的兴趣、习惯和技能，引导孩子文明守纪、关心他人，明白学习、活动、生活是自己的事，要认真做好自己的每一件事；而高年级学生在此基础上，努力去实现做"学校的小主人、国家的小主人、生命的小主人"的更高追求，使他们受到融入社会、热爱民族、珍惜生命、与自然和他人和谐相处的人文熏陶，既要认真做好每件事，更要做一个诚实守信、被他人认可的人。育人目标的拓展，体现了因材施教、循序渐进，符合儿童年龄特征，创新了小主人文化。

我们通过"发现、发掘、发展"，去挖掘学生的潜能，增强了模式的育人功能。我们将小主人社团纳入校本课程，建立了80多个小主人俱乐部，供孩子们自主选择，在兴趣中发现自己的长处；坚持每年"两会三节"（少代会、科代会，体育节、艺术节、儿童节）的主题活动，让学生在一次次丰富的体验中发掘自己潜能；实行学校、年级、班级三个类别的"学习小标兵、活动小专家、生活小能人"评比，鼓励学生发展自己独立的个性，提高综合素质。

我们还通过建立自我教育、自我管理的机制，扩大了模式的育人功能。建立了"我的学习我努力"的班级成长机制，推行了"我的活动我做主"的社团评价机制，推进了"我的生活我能行"的家校联动机制，培养了学生自我督促、自我调节、自我评价的能力和自信、自强、自立、自尊的优秀品质。

二、从"三小"到"三高"，修身示范主动发展

"三小"，即培养学生做三个小主人，是面向学生；"三高"，即"高质量的学习、高水平的活动、高品位的生活"，既面向学生，又面向教师。从"三小"到"三高"，体现了持续性，展示了创新力。

全面实施素质教育，只靠已有的名师和骨干教师是不够的，必须整体提升教师队伍的素质。正如温总理在全国教育工作座谈会上所指出的："提高教育质量、实施素质教育必须依靠教师，必须建设一支素质优良的教师队伍。""主动教育育人模式"的有效实施，使"三个小主人"在学习、活动、生活方面的能力显著增强，学生的

快速成长向老教师们提出了挑战；新一代年轻教师的大量加盟，虽给学校注入了新鲜血液，但他们都是独生子女，在吃苦精神、敬业爱生、关心他人等方面尚存不足；近年高校扩招后，对新教师基本功的训练有所忽视等。教师队伍中存在的问题，制约着素质教育的进程。因此，培养一支具有主动教育特色、能适应主动教育育人模式、打造小主人文化的高素质教师队伍，成了学校的当务之急。

育人先正己，教师必须修身示范、主动发展。我们从实施素质教育的整体要求和学校发展的需要出发，制定了教师发展的整体规划。其目标是：做专业发展的主人、做科学管理的主人、做幸福生活的主人，最终实现"高质量的学习、高水平的活动、高品位的生活"的"三高"要求。其途径是依托"名师成长苑"，提升教师群体的整体水平，将教师分为名师、骨干教师、特色教师、教坛新秀、青年教师五类，请教师自选成长平台，通过《名师成长章程》，实现教师动态管理与评价，促进教师主动发展。教师修身示范的要求是：

修身做到：

自我修炼——自尊自重，自警自律，人格健全，品德高尚。

自我提升——提升内在的才华学识，积淀深厚文化底蕴。

自我反思——时时反躬自问，总结经验，吸取教训，不断改进。

自我追求——成功在于勤奋，思想在于积累。树立远大志向，执著追求目标。

自我调控——面对挫折与荣誉，不屈服不骄傲，以正常的心态迎接挑战。

示范做到：

以爱立德——爱事业，爱学生，爱学校，爱国家，爱社会。

以信立身——遵纪守法，追求真理，诚实守信，富有责任感和同情心。

以礼导行——讲究秩序，遵守公德，言行文明，彬彬有礼。

以和为美——善待自己，尊重他人，与自然、社会和谐相处。

以达健心——乐观豁达，包容开放，阳光心态，身体健康。

以勤为勉——"不娇不躁"，勤于奋斗、勤于超越、勤于创新。

在这样的目标、途径、要求、评价的引导下，教师们主动学习、主动研究、主动发展，在成就学生的同时成就自己，在实施素质教育的过程中提升了高尚师德和专业素养，让教师综合素质的提高服务于学生综合素质的培养。

三、以"五园"为载体，师生共建素质教育工程

从"三个小主人"的培养，到师生共创"三高"；从完善主动教育育人模式，到引导教师修身示范、主动发展，这些是我校实施素质教育的几大特色，其最终目的是全面提高育人质量。正如新《义务教育法》所规定：义务教育必须贯彻国家的教育方针，实施素质教育，提高教育质量。为了整合师生发展目标，为了保证师生的有效互动，为了主动教育特色的传承创新，我们又以"五园"为载体，全面实施两代人素质教育工程。

"五园"，即"主人翁之园、健康之园、科学之园、园林之园，幸福之园"。

"主人翁之园"：倡导全体师生优化主体意识，挖掘自身潜力，追求和践行共同的精神财富——"自主自强、求真求新"的主人翁精神，认可和形成共同的价值观——主人翁文化。在主人翁之园中，师生同心协力树主人翁文化之魂、品主人翁文化之味、探主人翁文化之径、展主人翁文化之彩。把主人翁之园打造成学生自理自治、自主发展的成长舞台，把主人翁之园营造成教师实现自我、超越自我的精神家园。

"健康之园"：是落实"健康第一"的重要抓手。"身心健康、活力旺盛、平安文明、人人舒畅"是健康之园的目标。通过心理讲座、专题研讨、心语屋辅导、阳光沙龙交流，使师生拥有阳光心态和健全人格。投入资金，落实场地器材，保证师生体育锻炼时间，确保了师生身体素质的增强。通过编排新颖的课间操、开发安全易学的课间锻炼项目、指导学生应用废旧物品制作运动器材、坚持开展传统的体育运动（如"三跳"运动等），激发了学生体育锻炼的兴趣，培养了锻炼习惯，提高了锻炼质量；通过组织教职工篮球、网球、羽毛球、乒乓球、健美等运动队，确定专人负责、定时、定点开展活动。教师的锻炼意识增强，健身活动坚持开展。健康之园使每个师生感受和体会到：身体健康、心态阳光，每天快乐，终身幸福。

"科学之园"：其宗旨是"科学管理，服务发展；科学育人，提高质量；学会学习，科学学习"。科学管理的核心是：着眼特色，立足校本，建章立制，遵循规律；目的是为实施素质教育服务，为师生发展服务。科学育人的要求是："激之以情、启之以慧、悟之以理、知行共生"，目的是为学生全面发展服务，为全面提高教育质量服务。科学学习分学科学习和社团活动，启发学生在学科学习中做到：好问善思、

动静结合，养好习惯，举一反三。引导学生在社团活动中做到："志趣而聚、活而有序、动中求异、自主共进。"

实施素质教育需要对现代教育的高远理想和激情，也需要遵循科学规律，掌握科学方法。我校的科学之园将为此潜心研究，不断探索。

"园林之园"：在绿树成荫、鸟语花香的校园里，充满着光荣传统与人文精神的教育性。小主人新闻中心和红领巾气象站渗透着浓郁的主人翁文化色彩；植物园和小主人农场是师生观察、研究、审美、怡情的好去处；200 多种植物为语文、科学、美术等多个学科提供了"人与自然和谐相处"的绝好案例；充满个性的班级文化阵地与功能齐全的校级文化阵地，成为实施素质教育的"美战场"。

"幸福之园"：在"主人翁之园"张扬个性，在"科学之园"追求真理，在"健康之园"欢歌笑语，在"园林之园"修身养性，这是教育之园，是文化之园，是和谐之园，是硕果之园，更是人民小学师生共同追求的素质教育境界——幸福之园！

（2007 年于重庆市教育工作会交流）

文化治校　政通人和

文化治校，就是用文化来管理学校，文化治校要依托于制度管理，并与制度管理相辅相成。

我校是重庆市教委直属学校、重庆市首批示范学校。学校现有三个校园区，占地 150 多亩，师生员工 5000 多人，是一所规模较大的小学。从 2000 年以来，我校特别重视"三个创新"，使学校的办学规模与质量又快又好地发展，学校综合实力得到极大提升。

一是"体制创新"，通过创办鲜明"四独立"特点的民办学校——重庆人民融侨小学，来补充办学经费不足的问题；二是"制度创新"，通过纵横两条管理线来规范、生成、整合学校管理，"纵"是各学校的年级学科组、处室、校长三级的重规范、重督导的管理，"横"是各大园区的相互生成、整合的管理。以上两个创新对校园的人、财、物、事进行了有效的规范、持续地生成、高效地整合，把学校建成了组织结构合理、制度严谨规范的示范学校的典型。

　　但是再好的制度，对人的管理也是有局限的，学校管理必须重视对人的激励、教化和引导，给学校带来持续的生命活力。在学校发展的过程中，我们又认识和践行了第三个创新，即"文化治校"的研究。通过传承和创新学校"主人翁文化"，为师生的成长提供精神源泉和价值动力，使名校不仅规模宏大、名声显赫，更有独特之个性、别致之特色、独具之魅力。

一、主人翁文化的历程——在传承中创新

　　人民小学有着光荣的革命传统和延安精神的文化积淀，我校的"主人翁文化"充满着浓浓的历史气息。1945年学校在河北邯郸创办，刘伯承元帅就亲自为这所军队子弟校题写校训："我们要为将来建设社会主义新中国培养人才，他们必须有文化、有道德、爱劳动、爱祖国，具有创造精神和铁的纪律。这个办学宗旨一定要明确，千万不能培养特殊阶层和娇骄儿。"贺龙元帅任学校董事长，邓小平同志的夫人卓琳女士任首任校长。1985年以来，我们将"艰苦奋斗、自力更生"的延安文化精神，传承发展为"自主自强、求真求新"的主人翁文化精神，确立了让学生做"学习的主人，活动的主人，生活的主人"的特色培养目标，将战争年代"马背摇篮"的精神赋予时代的气息，提出了"人民小学——小主人成长的摇篮"的办学理念，形成了"不娇不躁，求真求新"的良好校风。这样的历史底蕴和革命传统，与当代社会相适应，与现代文明相协调，所以，我校的"主人翁文化"植根于民族，孕育于历史，发展于时代，具有坚实的土壤和独特的风格。

二、主人翁文化的核心——真善美的培育

　　2005年年底，我意外地接到市教委纠风办一位领导的电话，说他们正对人民小学连续两年保持"零投诉"现象进行研究。放下电话，我为这不期而至的结论感慨，更不断地追问自己：我们这样一所处在各种关系矛盾焦点的窗口学校，靠什么赢得今天师生热爱、家长称道、社会认可推崇的和谐局面？

　　我想，除了很好地履行了"依法治校"、强化了"制度管理"外，学校主人翁文化浸润下的风气育人尤为重要。主人翁文化的核心就是对人的积极性、主动性和潜力的充分挖掘和展示，其核心价值观，就是要让人性中真善美的东西得到淋漓尽致地发掘。学校从上到下坚守着"去伪存真"的法则——老师的公开课不作假，否则会抬不起头；学生的活动靠自己刻苦训练，"坐等靠"的行为不受欢迎；科研就得遵循科学规律，虚假课题做不得；校园建设要真材实料，豆腐渣工程修不得；连校长

也是音乐特级教师，可以亲自执棒指挥学生合唱团在维也纳金色大厅成功演出……学校由内而外散发着"真意"，说真话、办实事、讲真理、树正气，如此才造就了众多真才实学的小主人、真知灼见的好教师、真抓实干的管理者，才有了"真金不怕火炼"的过硬质量，才有了群众心中的纯正品牌。

有了"求真"的共同目标，就有了师生之间、家校之间、干群之间的信任、尊重、理解和宽容，学校从上至下充满着"扬善抑恶"的氛围——为了满足都市儿童对自然的向往，校园改造成鸟语花香的植物园，让孩子们在蒲葵林里尽情嬉戏，在绿荫丛中泼洒丹青，在蚁穴鸟窝前悉心观察，在小农场里挥洒汗滴；校长理解老师们发展专业的强烈愿望，在有限的基建条件下，优先考虑为专业教师们留足配好专业场馆池，让教师有一试身手、全力施展的舞台……学校善待学生，校长善待教师，孩子们用对母校的眷恋、老师们用丰硕优异的成绩回报着善意，并且将这份善意在校园里传递——寒冬腊月，老师从家里烧来热水供学生洗抹布做清洁；教研会上，直言不讳的批评与自我批评换来共同的进步……

在求真、向善的文化氛围中，我们以"和"为美，以"爱"立德，以"礼"导行，以"达"健心，以"俭"励志，以"勤"育人，全校上下交汇成"崇雅尚美"的潮流——唱经典歌曲、诵经典诗词，我们的心灵得到振奋和鼓舞；为校园增一抹亮绿，园美人和春永驻，室雅德馨爱长存；民主和谐的课堂，师生携手追求精神世界的美好；充实繁忙的假日，不计报酬不计得失的劳动，赢得孩子们的笑脸、家长们的赞许……校园里洋溢着纯真健康的美、团结向上的美、自信认真的美、乐观坚毅的美！学校 2007 年获得全国普教系统先进单位，2008 年获全国文明单位，这标志着浸润于主人翁文化中的人民小学，在政通人和的新境界中绽放着青春的活力与生机！

三、主人翁文化的践行——主动追求、主动发展

"主人翁文化"不仅有人性中真善美的信念，更是为信念主动追求、主动发展的激情实践。

"做学习的小主人——我的学习我努力"、"做活动的小主人——我的活动我做主"、"做生活的小主人——我的生活我能行"，孩子们把"三个小主人"作为追求真善美的目标，通过各种丰富生动的体验坚定信念。他们可以在小主人社团 80 多个俱乐部中自主选择，在兴趣中发现自己的发展优势；可以在每年"两会三节"（少代

会、科代会，体育节、艺术节、儿童节）的主题活动中发掘自己潜能；可以在《小主人手册》引导下，主动争取学校、年级、班级三个类别的"学习小标兵、活动小专家、生活小能人"评比，凸显"三个小主人"的个性追求。

"高质量的学习、高水平的活动、高品位的生活"，教师以"成就主人"作为实现真善美的方向，以"名师成长苑"为载体，向着自己选择的名师、骨干教师、特色之师、教坛新秀或者希望之星等五类型教师的目标，把国家的教育方针、学校的办学特色贯彻到日常教育教学的每一个细节中，为培养全面发展、个性张扬的小主人服务，形成了青年教师健康发展，骨干教师茁壮成长，名师不断追求卓越的良好氛围。活动感人、评价催人、趋势促人、文化养人，师生自觉认同和主动践行，化被约束为自我约束、化被管理为自我管理、化被考评为自我激励，形成了自觉追求上进的浓厚氛围。

"主人翁文化"从理论层面和实践操作层面都得到了师生们的高度认同，增强了师生的凝聚力，促进了师生和谐互动，实现了师生共同发展。在此基础上，我们主动开展"家长学校"、"家长开放月"活动，使"主人翁文化"得到了家庭、社会的广泛认同，营造了学校、家庭、社会共同关注学生主动发展的良好环境。广大师生得到了迅速成长。

"主人翁文化"蕴含着人民小学的昨天、今天、明天；凝聚着人民小学的学生、教师、家长；浸润于人民小学的课程、环境、理想。"主人翁文化"是人民小学凝聚力和创造力的重要源泉。为了让"主人翁文化"生生不息，代代相传。我们将立足现在，放眼未来……

（2008 年 11 月在中国教育学会中小学整体改革专业委员会第十四届实验基地会议上的交流发言）

学校的特色发展是教育的科学发展之路

重庆市人民小学从 1984 年开始研究"主动教育办学特色"。在 24 年的改革研究中，我们感到，学校的特色发展可以不断地为学校注入新的生命与活力，可以不断地把学校的改革与时代的要求紧密相连，可以不断地使学校的工作迈上新台阶，所以，学校走特色发展之路，是一条可持续发展之路，是一条科学发展之路。

我校以"主动教育"为办学特色的过程，经历了"追寻、创立、挖掘、系统"四个历史阶段。

• 追寻。1984年，我们把30多个课外活动小组整合起来，取名为"小主人社团"，希望通过"小主人社团"的建立培养学生的"主动精神"。我校1945年在刘伯承、邓小平同志的亲自指导下，创办于河北邯郸，刘伯承元帅为这所军队子弟校题写了校训："我们要为将来建设社会主义新中国培育人才，他们必须有文化、有道德、爱劳动、爱祖国，具有创造精神和铁的纪律。这个办学宗旨一定要明确，千万不能培养特殊阶层和娇骄儿。"长期以来，炮火硝烟中走来的人民小学坚持"自己的事自己做，不吃现成饭，不享现成福"的办学主张。我们希望"课外活动小组"的师生们能秉承学校办学主张，我们希望"自力更生，艰苦奋斗"的延安精神能够结合新时期的要求，发展为"自主自强、求真求新"的主动精神。"小主人社团"成了学校历史传统与时代要求的连接点，我们在追寻中提出了培养学生的"主动精神"，拉开了我校以主动教育为办学特色的序幕。

• 创立。1986年，"小主人社团"的研究启发了我们对学校整体办学的思考，我们在重庆市教委、重庆市教育科学院的指导下，开始了"主动教育特色的育人模式"研究，研究周期为六年，发动全校师生参与研究。1992年我们完成了"主动教育育人模式"的框架研究，形成了主动教育的三大基本意义——基本含义、研究意义、发展意义；主动教育四大基本原则——激励性原则、主体性原则、能动性原则、发展性原则。

主动教育的三大系统——以"厘清—调整—突破—发展"为要素的教法系统，以"趣、情、思、议、练、评"为要素的学法系统，以"关系、目标、形式、方法、结构、评价"为要素的评价系统；提炼出"人民小学——小主人成长的摇篮"的主动教育特色办学理念。这个模式的研究，创立了我校主动教育办学特色的初步理论框架和基本实践模式。

• 挖掘。1994—2001年，我们以"学科课堂"为突破口，深入挖掘各学科课堂教学中的主动教育特色，希望通过各学科教学内容、教学方法、教学评价的改革来推动教师教育思想、教育观念的转变，希望通过学习方式的变革来促进学生基础学力的提高、个性的发展和综合能力的培养。

在这个阶段，围绕学生做"三个小主人"的特色目标，我们从每个学科课堂教学目标、结构、方法、评价四方面入手进行研究，总结出各学科的主动教育特点，根据各学科的共同点，总结提炼了"激趣五法"、"励志五法"、"会学十法"等独具特色的教学方法，初步形成了以"主导性、服务性、激励性"为特点的教师观和以"主动性、实践性、发展性"为特点的学生观。通过课堂教学这一改革主渠道的深入挖掘，主动教育的理念得到了师生们的高度认同。各个学科的深入研究，使广大的师生获得了迅速成长，学校的整体面貌呈现出鲜明的主动教育特色。短短五年中先后培养了两名全国十佳少先队员，小主人社团科技俱乐部参加全国科技创新大赛连续八届获一等奖，众多学生在教育部、科技部、文化部、环保总局等单位组织的各项比赛中获嘉奖。先后有数十人次教师在全国学科教学竞赛、基本功竞赛、论文比赛中获一等奖。

• 系统。2003 年，"小主人社团"、"主动教育育人模式"、"主动教育学科教学特色"等不同角度的研究已有 20 年历程，我们又提出了"主动教育理论与实践"的系统性研究，从理论层面上我们提出以建设学校精神和学校文化为核心的研究，确立了：

办学理念——小主人成长的摇篮

学校精神——主人翁精神

学校文化——小主人文化（学生）

成就主人文化（教师）

师生发展目标——高质量的学习　高水平的活动　高品位的生活

从实践层面上，我们提出了以打造"成就主人课程模式"和共建"五园"为载体的实践研究：

师生共建"五园"——主人翁之园、健康之园、科学之园、园林之园，幸福
　　　　　　　　　之园

成就主人课程模式——小主人课程模式、小主人评价体系成就主人课程模式、
　　　　　　　　　　成就主人评价体系

"主动教育理论与实践"的系统研究现已纳入"全国教育科学'十一五'规划2007 年度教育部规划课题"。我校主动教育办学特色的研究历经 24 年，曾两次获重庆市教育改革成果一等奖，2007 年获重庆市政府首届教学成果奖。科研带动发

展，学校素质教育成果显著，办学水平日益提高，先后被评为全国教育系统先进集体，全国创建精神文明单位先进集体，全国德育、体育、艺术教育、科技教育先进单位，这项研究被纳入国家级课题后，对主动教育办学特色的研究将会产生更大的助力。

回顾 24 年主动教育研究发展的历程，我们总结了三大特点：

1. 主动教育的形成，经历了"追寻、创立、挖掘、系统"四大历程，总结了较为整体的实践经验，提炼了较为精练的理论成果，涉及学校的历史传统、文化理念、目标、途径、方法到评价等诸方面，使主动教育办学特色具有系统性、整体性和可操作性。

2. 主动教育研究，深入到学校的德育、教学、科研、校园文化、小主人社团、名师成长苑、家长委员会、社区等各个部门，具有广泛而坚实的群众基础，研究的周期长，持之以恒，不懈追求，不断完善，具有很高的认同感，使办学特色在学校和社区中具有强大的生命力。

3. 主动教育的特色使学校校长、教师、学生乃至家长具有了鲜明的个性色彩，并能将主动教育的个性融入实施素质教育的共性要求之中，个性与共性高度结合，学校的办学水平和办学质量得到不断提升，为学校教育迈向教育现代化奠定了坚实的基础。

党的十七大报告强调："要全面贯彻党的教育方针，实施素质教育，提高教育现代化水平。"我们通过对办学特色的艰苦探索，进一步坚定了这样的信念：（1）要坚持不懈地走学校特色发展之路，才能真正使素质教育校本化和常规化。（2）教育要有个性化，才能追求现代化。

党的十七大还提出："促进义务教育均衡化发展。"我们在多年的教育改革实践中真切地感受到：通过各类学校的特色发展才能促进教育的均衡发展。

未来五年，促进义务教育均衡发展和全面实施素质教育，是教育战线落实十七大提出的"科学发展观"重大战略思想的重要内容，我们还将通过对学校"特色发展"的进一步研究和探索，去实施教育的可持续发展和教育的科学发展。

（2007 年 12 月）

重庆市人民小学教育事业"十一五"发展规划

2006—2010 年，是我国经济和社会全面建设小康承前启后的历史时期，是我国教育事业实施"科教兴国"战略的重要时期，是我市全面推进素质教育、落实"科教兴渝"战略的关键时期，也是人民小学加快教育现代化进程的重要时期。"十一五"期间，我校要继续以科学发展为主题，以深化改革为动力，以整体推进素质教育为目标，以办好人民满意的教育为己任。为了全面建设小康社会，昂首迈向教育现代化做坚实的准备。特制定学校教育事业"十一五"发展规划。

一、"十五"期间学校教育事业的发展和面临的问题

（一）在党的"科教兴国"战略指导下，在市教委的正确领导下，人民小学"十五"期间教育事业实现了跨越式发展，圆满超额完成"十五"规划中的各项指标。在发展速度、教育质量、综合实力等方面处在了历史的最好时期。主要表现在以下几个方面：

1. 以"传承与创新"相结合为办学思路，精心打造人民小学优质教育，彰显了品牌效应。深刻挖掘出人民小学的历史文化，牢固树立了新颖独特的办学理念，深化素质教育改革，形成了特色鲜明的、具有现代教育理念又具操作性的"主动教育"育人模式，在全市及全国产生了极大影响，得到了教育部领导与国家领导同志的高度评价，被誉为"实施素质教育有突破性进展"和"西部教育高地一面有创新精神的旗帜"。

2. 抓住人民群众渴求优质教育的机遇，加快发展速度，拓宽学生升学渠道，提升学校综合实力。目前师生人数达 3200 人，高水平地完成了校园硬件环境的全面改造，教师的收入显著提高。市委机关幼儿园的合并与人民融侨小学的创办，学校的办学体制已向多元化迈进，"外联内促，强校富民"获得了圆满成功。校庆六十周年活动的成功举办，使学校的整体综合实力由此迈上新的台阶。

3. 运用"双轨运行机制"，突出鲜明办学特色，全面提高教育质量。以"名师成长苑"为载体，促进了"名师、骨干教师、特色之师、教坛新秀、青年教师"等五类教师健康成长，成功创设了"融侨杯成就主人"教育基金，通过"搭平台，建保障"，使教师队伍建设成效显著。以"小主人社团"为载体，创设"庆铃杯小主人奖"为评价保障，使培养"三个小主人"的特色目标得以落实，促进了每一个学生的全面发展，学校办学特色鲜明、个性突出，教育质量全面提高，成为闻名遐迩的"小主人成长的摇篮"。

（二）学校"十五"规划的胜利完成，实现了历史性的跨越，取得了辉煌的成就，但是在教育的快速发展中，还存在着不少问题，需要我们反思与研究。

1. 学校的快速发展与经济社会整体水平发展的不适应性。义务教育阶段均衡化的发展是"十一五"期间的政治和社会发展要求，人民小学优质教育品牌的发展怎么去适应均衡化？学校快速发展的方向、速度、节奏与目前社会、经济的发展和政策存在一定的不适应性。面对国家义务教育法的修订，学校对于怎样从政策上把握变化的形势，存在一定的不适应。

2. 干部队伍的成长与学校发展的不适应性。优质教育需要优质的管理，优质的管理需要综合性人才，我校干部队伍单一化现象与综合化的优质管理要求存在一定的不适应。

3. 教师队伍的建设与教育现代化要求的不适应性。随着教育现代化步伐的加快，我校教师在教育观念现代化、学习型教师要求、终身教育理念、物质文明与精神文明和谐发展等方面存在一定的不适应。

二、教育发展战略

以邓小平理论和"三个代表"重要思想为指导，认真学习和贯彻胡锦涛总书记提出的"八荣八耻"社会主义荣辱观，认真落实科学发展观，坚持"在传承中创新，在创新中发展"的工作方针，我校十一五期间教育发展总战略是："努力创'三高'，同心建'五园'，稳步进小康，勇奔现代化。"

三、教育发展的思路

（一）"十一五"期间是教育改革与发展的重要机遇期，我们要准确地分析形势，科学地把握好教育发展的方向和速度。在国家提出义务教育均衡化的趋势中，突出鲜明的办学特色是科学发展之路。培养学生做"学习的主人，活动的主人，生活的主人"是我校独具特色的培养目标，努力创"三高"，就是在"三个小主人"的基础上深化出"高质量的学习，高水平的活动，高品位的生活"。"三高"将成为人民小学教育者和受教育者共同成长的"两代人素质教育工程"，"三高"要深刻渗透和突出"八荣八耻"的社会主义荣辱观，"三高"也将成为我校未来五年办学的鲜明特色。

（二）同心建"五园"，既是"十一五"的发展战略，又是发展的具体目标。"五园"是：健康之园，园林之园，主人翁之园，科学之园，幸福之园。要把"三高"的鲜明特色内化在"五园"的建设中，要通过"五园"的建设来彰显"三高"的内涵。

（三）努力创"三高"，同心建"五园"。"三高、五园"是特色和目标，努力、同心就是齐心协力工作理念和工作状态。全校师生要以艰苦奋斗、自强不息的主人翁精神，努力同心地创建"三高、五园"，"三高、五园"成功之时，就是人民小学稳步地品味"小康"，欣喜地触摸"教育现代化"之时。

四、教育发展的目标与措施

（一）生动活泼丰富多彩，着力建设"健康之园"。

1. 以"健康"与"快乐"为核心，建好奥林匹克示范学校。认真学习奥林匹克精神，努力践行奥林匹克精神，大力传播奥林匹克精神，树立科学全面的健康观念，增添必要的设备设施，保证师生的安全、文明、健康、卫生、快乐的学习生活的条件和物质基础，促进师生强健体魄与健全心智的和谐发展。

2. 建好有形的"心语屋"和无形的"心语屋"，充分发挥奥林匹克示范校作用。开展"沟通无障碍"心理健康关爱行动，落实好"心语屋"的场地和设备设施，选派优秀教师和专业人才，搭建专兼职相结合的管理队伍，建立日常工作机制，办好"心语屋"。引导全体师生要以遵纪守法为快乐，以团结协作为快乐，以艰苦奋斗、有所追求为快乐，以关爱集体和他人为快乐，师生具有健康的心态、健全的人格，学校具有文明祥和、丰富多彩的状态。

3. 优化体育设施，实施"天天锻炼"健康工程。划拨经费，建好体育场地，增添体育设施，用好体育设施，保证"天天锻炼"工程的物质需要。配好队伍，建好制度，保证学生每天一小时锻炼活动，落实学生每人一项体育运动。抓好已有的体育传统项目的活动，开辟新的学校体育项目，并有所创新，不断发展。倡导教师积极锻炼身体，号召教师人人都参与体育运动，组织教师篮球队、网球队、乒乓球队及羽毛球队，持之以恒地开展活动。使师生具有良好的锻炼习惯、健美的体态、健壮的体魄、旺盛的精力，具有人民小学师生风采的精神面貌。

4. 进一步完善和优化学校安全保障制度、医疗保健制度。学校设立三级安全责任管理人，建立安全责任保障制度，制定好各类安全措施，定期开展各类安全教育活动，确保师生生命安全。筹措经费完善医疗卫生保健工作，优化医疗卫生保健工作。

（二）人与自然和谐相处，精心构筑"园林之园"。

1. 艰苦奋斗，精耕细作，构筑有文化的园林之园。以"人与自然和谐相处"为着眼点，以"主人翁文化"为着力点，以"山水园林配置"为出发点，构筑适应师生高质量学习、高水平活动、高品位生活的精致环境。未来五年要以本部校区为文化蓝本，以"西苑"为重点建设项目，带动"南苑"等校区，建设有人民小学文化特色的、具有山水园林特点的"园林之园"。

2. 勤俭节约，精打细算，构筑有特色的园林之园。要整体规划"园林之园"的建设，本部校区可在立体绿化方面下功夫，对校园的墙、廊、室精心设计，在经典与精致处突出特色。西苑校区要在设计方面下功夫，要高起点规划，优化功能布局，把文化、艺术、山水、教育等功能科学结合，把高尚品味与浓郁生活气息相结合，建好舒适、宜居的生态校园。南苑等校区要因地制宜，善借外力，创新文化，突出特色，本着勤俭节约、精打细算、花较少的钱、办较好的事的原则，使各校园区独具特色，又互相呼应，充满山水文化的园林特点。

3. 精心策划，认真实施特色鲜明的学校 VI 形象工程。学校文化工作室要会同德育处、科研室共同研究，精心设计学校 VI 形象，要制定规划，落实各类形象产品，并能指导各校园区产生新的文化产品，打造具有自身特点的园区 VI 形象。

（三）主动发展追求卓越，师生共创"主人翁之园"。

1. 传承延安精神，弘扬"主人翁文化"。全校师生要继承和发扬人民小学建校初期的"艰苦奋斗，自强不息"的延安精神，大力弘扬"自主、自立、自强"，"求真、求活、求新"的主人翁文化。以延安精神立身，以主人翁文化建校，潜心实践，主动发展。

2. 优化"主动教育"育人模式，推进素质教育校本化。实施素质教育 20 年来，我校建立了"主动教育"整体育人模式，未来五年，我们将不断完善和优化"主动教育"育人模式，要深入研究和理解"主动教育"的育人理念和途径，认真践行"主动教育"的育人目标与方法，巩固已经物化的素质教育成果，把物化成果融入进日常教育教学行为中，使主动教育常规化，素质教育校本化。

3. 构建双轨运行机制，师生共创"主人翁之园"。通过"小主人社团"和"名师成长苑"两条轨道并驾齐驱，将师生的发展紧密联系，师生之间相互作用，共同前进。继续完善《小主人手册》和"庆铃杯小主人奖"，不断优化《名师成长章程》和"融侨杯成就主人奖"，创新评价激励机制，用主人翁文化培养一届又一届的优秀学生群体，用主人翁文化熏陶丰富多彩的优秀教师群体，在"主人翁之园"中，师生们均能：成就自己，成就他人，成就事（学）业，成就社会。

（四）自主创新求真务实，潜心打造"科学之园"。

1. 关注义务教育均衡化，认真贯彻科学发展观。"十一五"期间国家倡导的义务教育均衡化是法律法规要求，全校上下要认真学习修订后的义务教育法，了解政策法规，规避政策风险，寻找良好的发展方向，把握好学校拓展性发展的性质、规模、速度、节奏，既要考虑学校发展的生命力，又要考虑教育的公益性，既要抓住机遇，增强学校造血机能，又要做到依法办学、依法治校、依法从教，使学校能持续发展、科学发展。

2. 打造优秀管理团队，强化科学管理制度。未来五年学校仍将进入持续发展阶段，特别需要优秀的管理人才，要通过学习、反思、研讨、实践，采取给平台、压担子、高起点、严要求的方式，培养一批德才兼备的综合性人才，特别要在干部队伍综合化建设方面下功夫，要求干部要成为"四会"型干部，即"会想，会做，会说，会写"，要求干部要努力学习现代学校管理知识，迅速适应学校的快速发展和特色建设。要根据教育的时代要求，认真调查研究，修订、完善各类管理制度，用制度管人，让制度建校，通过科学的管理确保学校教育质量的品牌化与优质化。

3. 加大自主创新力度，寻求科学的育人规律与特色。未来五年我校在办学体制上会有新的突破，学前教育与小学教育均有发展，每个教学园区应有自己的办学特色与办学风格，要加大自主创新力度，寻求不同类型的育人规律，要遵循科学的育人理念与方法，要加大各个学科综合性建设的力度，各学科要在学科带头人的引领下，办出自己的特色，凸显具有学科特点的、具有科学规律的独特魅力。

（五）两个文明和谐发展，执著追求"幸福之园"。

1. 在学习与生活中体验"幸福"。我校教师的教育生涯和学生的学习生涯是在艰苦与快乐中进行的，也是在不断的学习和探索中进行的，我们应当在"终身学习"中去体验从事教育工作的幸福。我们的生活应当是"高品位"的，是物质文明与精神文明高度融合的，我们要全面综合地理解"幸福"的内涵，在享受物质文明时更要追求精神文明，使我们能在学习与生活中快乐地体验"幸福"的真正含义。

2. 在敬业与服务中品味"幸福"。教师的职业道德就是要爱岗敬业、无私奉献，卓琳老校长对我们说"以爱立德，教书育人，继承传统，不断创新"，从中我们将感受到教师职业的光荣和幸福。教师的职业要求就是要服务学生，服务家长，服务社会，服务祖国，从中我们更品味出教师职业的伟大和幸福。

3. 在合作与交流中享受幸福。义务教育均衡发展要求我校对农村教育和薄弱教育要真诚帮助、无私支援，我们要以帮助别人为快乐和幸福，我们将竭尽全力创造民主、平等、共享的环境，共同分享我校"幸福之园"的幸福。我们也应关注国际国内教育的合作交流，我们更要大力推进家校教育、社区教育、区域教育的融合发展，要用开放的姿态，欢迎八方宾客，使我们的校园成为诗情画意的文明校园、民主团结的和谐校园、生动活泼的快乐校园、追求卓越的幸福校园。

"十一五"期间，人民小学将在"精神文明"和"物质文明"建设的完美结合中进入小康社会，意气风发地迈向教育现代化。全校教职工要更新观念、不断提高思想认识，要以主人翁文化精神"挑战自我，超越自我"；要以"艰苦奋斗，潜心实践"的工作风格落实自我，要求自我；更要有"勇于创新，追求卓越"的高标准鞭策自我，创造自我。我们将用我们的思想、智慧、心血、汗水精心浇灌和培育更加灿烂辉煌的"十一五"。

（2005 年 12 月重庆市人民小学教代会通过的规划报告）

"三高五园"的实践

2006 年 7 月至 11 月，温家宝总理在中南海先后主持召开四次教育工作座谈会，强调指出：有一流的教育，才能有一流的国家实力，才能真正成为世界上一流的国家。他说，学校实施素质教育就是要"办出特色、形成风格、争创一流"。

我们知道，万众瞩目的人民小学，没有理由不做争创一流的先行者！

我们思考，什么特色让我们跻身一流？何种风格让我们无愧一流？

于是，刚刚告别六十岁华诞的人民小学，又开始谱写新的华章。我们从一个高起点出发，满怀豪情地踏上了"十一五"的征程，在全校师生的共同努力下，揭开了实施"三高五园"战略序幕，深入开展了两代人素质教育工程。从二十多年来坚持的培养学生做"三个小主人"的特色育人目标，发展到今天师生对"高质量的学习、高水平的活动、高品位的生活"（三高）的共同追求；我们以打造"健康之园，园林之园，主人翁之园，科学之园，幸福之园"（五园）为载体，来实现师生"三高"的个性追求和学校的可持续发展。"三高五园"的美好蓝图，承载着我们对鲜明个性、一流教育的执著追求，两代人素质教育工程，蕴涵着我们对实现教育现代化的高远理想。

　　从孕育、诞生到实施，"三高五园"的构想，交织着我们自主创新的激情，伴随着我们所经历的痛苦与快乐，浸润着我们的汗水和泪水，也得到了领导同行和社会各界朋友的热情关注。我们愿意和大家一起分享一路的艰辛，一起品尝成果的甘甜，一起回味执著追求的幸福历程！

——丁继泉

主人翁之园

全国教育科学"十一五"规划课题《主动教育理论与实践研究》开题

孩子们在"主人翁之园"中尽情展现风采

"主人翁之园"：倡导全体师生优化主体意识，挖掘自身潜力，追求和践行共同的精神财富——"自主自强、求真求新"的主人翁精神，认可和形成共同的价值观——主人翁文化。在主人翁之园中，师生同心协力树主人翁文化之魂，品主人翁文化之味，探主人翁文化之径，展主人翁文化之采。把主人翁之园打造成学生自理自治、自主发展的成长舞台，把主人翁之园营造成教师实现自我、超越自我的精神家园。

——丁继泉

树根立魂扬精神　自主践行做主人

——"主人翁之园"概述

主题：

树主人翁文化之魂　品主人翁文化之味

探主人翁文化之径　展主人翁文化之采

主动教育学科课堂文化特色：

激之以情　启之以慧　悟之以理　知行共生

主动教育小主人社团文化特色：

　　　　志趣而聚　活而有序　动中求异　自主共进

　　不知不觉，主动教育研究在人民小学已经孕育了二十多年。在这二十多年时间里，我们用主动教育育人，也在主动教育中成长，这似乎已经成为一种习惯，熟悉到如空气般几乎可以忽略的程度。

　　从六十多年前织布耕田勤俭建校，到在短短五年时间里一砖一瓦一草一木的自主规划和改造，再到如今当之无愧地扛起西部教育高地创新精神的大旗，人民小学的老师们，在当家做主的荣耀背后，总有千回百转的煎熬与磨砺。从每一间明亮温暖的教室里，我能发现细心的班主任们忙碌充实却并不孤单的身影；从孩子们那一块块大大小小的奖牌中，我能体会老师们熬更守夜倾注的心血与汗滴；甚至从一份份满意的答卷中我还能看见自己绞尽脑汁、求索不得的郁闷与焦急……六十周年校庆典礼上，老教师们充满期许、噙着热泪的双眼，新教师们庄严凝重、如负重托的表情，那一刻，你会发现，苦也好、累也罢，是惊异、是惋惜，你已经和人民小学紧紧联系在一起，我们——就属于这里！

　　忙碌中收获感恩，汗水里积淀经历，焦虑中孕育着智慧，一次又一次的感动中我们调整着责任的天平！我们在"名师成长苑"里深刻地反省，在畅所欲言中沐浴"和而不同"的学术气息；我们在"小主人社团"里巧妙地点拨指引，在心有灵犀的默契中，仿佛听见幼苗吐丝拔节、快乐成长的声音。而身为主人的幸福，便弥漫在那心灵际会的瞬间，铺满在携手同行追寻理想的路上，撞击着校园里每一颗充满喜悦与活力的心！于是，主人翁文化就这样悄无声息地浸润在校园每一个角落里，我们在主人翁的精神家园里，书写主人翁的情怀，敞开主人翁的胸襟，彰显主人翁的风采，升华主人翁的境界！

　　"没有记忆就没有文化。"是的，文化是有记忆的。亲爱的老师们，今天，我们正是从六十多年形成的"主人翁文化"中，品味历史留给我们的珍藏记忆；今天，在"主人翁之园"的建设中，我们一定能在成就小主人的同时，潜心实践、主动创新，成为专业发展的主人，成为科学管理的主人，更将成为幸福生活的主人！今天，我们还将用自己的智慧和心血，为创造属于明天的记忆而努力，为抒写人民小学更加辉煌的历史篇章而自强不息！

　　人民小学主动教育特色的学科教学以求真、求新、扎实、有效著称，具有"激之以情、启至以慧、悟之以理、知行共生"的文化特色。老师们各抒己见，见仁见智……这些都满载着大家对教育的执著，对课改的理解，对素质教育的追求，对教学改革发展的向往和期盼，对学校主动教育的践行与认同……

"主人翁之园"，人民小学教师成长发展的精神家园

附1：主动教育的学科课堂案例

《西风的话》教案

教材：人民音乐出版社小学音乐教材第九册第二课

年级：五年级

课型：综合课

课时：二课时

一、教学目的

1. 指导学生用连贯、优美的声音，在富有力度变化的演唱中歌唱秋天的美景，感悟秋天的美景。通过演唱与感悟培养学生热爱自然、热爱生活、珍惜时间等人文

素养，使音乐表现与人文素养渗透结合。

2. 通过音乐与生活的紧密结合，与美术文学的有机整合，使学生在歌曲演唱和欣赏中获得健康的审美情趣和自信愉悦的心情。

二、教学重点难点

1. 结合生活实际，引导学生对歌曲中的力度进行感知及体验，用连贯的气息有表情地歌唱。

2. 调动学生主动参与音乐实践活动，启发想象并体验歌曲，把音乐感受与创作紧密结合并用自己的方式表现。

三、教学准备

钢琴、大歌单、多媒体课件、贴画材料、枫叶。

四、教学过程

（一）联系生活，创设情境

1. 师生亲切问好。

2. 复习歌曲，体会歌曲中的风是怎样说话的。

导语：同学们，今天我们接着学习《西风的话》，歌曲中西风是怎样跟我们说话的？轻轻地唱一唱，体会体会。

学生唱歌曲。

3. 听生活中的风声及模仿。（出示课件）

师：歌曲中，西风是这样对我们说话的，在生活中西风又是怎样说话的？（出示课件）

学生听风声。

师：我们自己学一学，生活中的风是怎样说话的？

学生自由模仿。

师：我们用一个音来学学西风的话。

学生用 lu 唱。

师：如果把气息用好，风声就更美了，试一试。

学生用 lu 唱。

（二）感悟音乐，体验情感

1. 学生跟琴演唱歌曲，体会哪些地方像西风在说话。

师：现在我们再回到歌曲中来，唱一唱，看哪些地方最像西风在说话。

学生演唱歌曲。

2. 学生找"风"，师引导唱好"风"。

第一句。（重点练习）

（1）个别学生上台指出。

师：大家赞不赞成，一起唱唱。

学生唱第一句。

师奖励：（出示枫叶）这是一张被秋风染红的枫叶，你找得很准确，奖给你。

（2）师：你觉得哪一个字最有"风"的感觉？

学生自由练唱体会，指出是"我"。

（3）师："我"唱了几个音？

生：四个音。

师：为什么要用四个音？想想和风有什么联系？

学生齐唱。

师引导学生用连贯优美的声音表现。

（4）学生完整唱第一句。

师过渡语：想想歌曲中还有哪儿像风在说话。

（1）学生上台指出。

个别学生演唱，展示自己的个性。

师评价：很有自信心！（奖枫叶）

（2）学生集体唱第二句。

师评价：我很欣赏这个孩子的眼神，从你的眼神中我看见了西风带给你的一种自信心，是吗？

我很佩服你！（奖枫叶）

（3）引导学生用自豪的心情、渐强的力度歌唱。

师：同学们，你就是一缕自信的西风，一起唱起来。

学生集体演唱。

师：大家再想想，应该唱得强一点还是弱一点？

生：强一点。

师：为什么？

学生回答。

师：我们用自豪的心情、渐强的感觉把它唱出来。

学生齐唱。

师评价：唱得好！（奖枫叶）

3. 师引导学生结合生活实际谈对歌曲的体会和感受。

（1）**师：**在西风的眼里，我们变胖又变高。去年，他回去的时候，我们是什么样的？

学生唱一、二句。

（2）**师：**去年西风回去的时候，我们穿着什么衣服？

生：棉袍。

师：现在它又来了，西风离开我们几个季节了？

生：西风离开我们有三个季节：冬天、春天、夏天。

师：时间真像一个神奇的魔术师，一年四季在不停地轮换，我们也在不断地成长。

（3）引导学生谈自己一年的成长和变化。

师：我们的老朋友西风又来了，我们可以自豪地跟它说些什么？

学生结合自己的学习和生活在一年中的变化回答。

（4）引导学生谈西风带给大自然的变化。

师：西风啊，你真神奇！同学们再想想，除了我们有变化，神奇的西风还给大自然的景物带来哪些变化？

学生回答。

师：（出示图片）看，这就是去年我们在南温泉秋游时见过的荷塘，还记得吗？怎么样？

学生回答。

师：我们重庆的秋天也非常美丽！

4. 引导学生结合歌曲想象及表现。

（1）**师：**把三、四句连起来唱，特别注意最后一句，想想风有什么变化？

学生齐唱并回答。

师：我们就把这种越吹越慢、越吹越远的感觉用歌声表现出来。

学生唱末句。

（2）启发学生在歌声中想象。

师：秋风渐渐远去了，想想它吹到哪儿去了？

学生回答。

师：西风吹进了我们的心里，吹醉了我们的心灵。

学生唱末句。

师评价：秋天就在他的眼睛里，他的笑容里。（奖枫叶）

（3）引导学生有表情地歌唱。

师：我们学学他的样子，能不能把自己都唱感动。

学生齐唱末句。

师评价：同学们的歌声真让我感动。（奖枫叶）

学生唱三、四句，师评价表情：秋天就在他的眼睛里，就在他的笑容里。唱后评：秋天啊，在大自然的每个角落里，在我们的心里。把歌曲完整地唱一唱。

5. 学生完整演唱歌曲。

评价：在同学们的歌声里，我感觉自己都变成一片枫叶了，听见你们在对我悄悄说话呢。老师把这片枫叶奖给全班的同学。（贴在黑板上）

6. 个别学生上台演唱。

师：还有哪些同学愿意到台上来唱唱。

生：老师，曾文带了小提琴，让他伴奏吧。

师：哦，太好了，请上来吧！

（三）分组贴画，描述秋天的美景

1. **过渡语**：谢谢同学们，让我欣赏到这么美妙的歌声，秋天太美了！刚才我们用歌声表现了秋风，表现了秋天的美景，想想我们还可以用什么方式来表现呢？

生：画画，跳舞，朗诵，乐器演奏……

师：今天，我们就用贴画的形式来尝试一下赞美秋天。

2. 老师交代要求。

第一，每个小组，商量着用桌上的材料贴画。

第二，贴完后，每组推选一个代表，描述你们所表现的秋天，同组的同学还可以补充，说说自己的感受。

第三，比一比，哪个小组贴的最美，描述的最精彩，补充的也最好。

3. 学生贴画，师分组指导。

4. 学生上台展示并把作品张贴在教室里，学生自我评价。

师评：哇，真是一位了不起的诗人，很有诗情画意。啊！梦幻般的秋天！真是丰收的季节。

师：四个小组都展示完了，你觉得自己这个组贴的美，代表描述的也精彩，同组补充的好的请组长代表大家上来取一份秋天的礼物。

师：对，同学们很有自信心，很有自我评价的能力，非常棒！

师小结：瞧，秋天太美了！火红的枫林，飞舞的落叶，秋风给我们送来了成熟的讯息。金黄的稻田，荷塘里的莲蓬，秋风给我们带来了丰收的喜悦！

师：（出示图片）请看这幅秋景图，这是哪儿？这就是人们都很喜欢的位于我们西部地区的九寨沟的秋天，多美呀。

5. 学生集体演唱。

过渡语：我们用画面表现了美丽的秋天，能不能再用歌声唱出这些画面，体会一下怎样才能把画面唱得更好。

（四）介绍黄自，欣赏合唱

过渡语：这么美的歌曲是谁写的？

生：黄自。

1. **师：**（出示课件）这就是黄自，他是我国 30 年代最有影响的作曲家、音乐教育家。他创作的这首《西风的话》深受孩子们的喜爱。

2. 学生欣赏合唱。

师：刚才，我们齐唱了这首歌，我们再来听听合唱，看看给我们带来什么新的感受。

师评：唱得真美。我们可以在合唱团的活动中来学习这首歌曲。

（五）小结：一首美的歌，它可以用声音表现画面，也可以使美丽的画面永远地留在我们的歌声里，留在我们的记忆中。

《雨中》第一课时教案

执教老师：谢晓梅　指导老师：丁继泉

教学目标：

1. 想象和体验歌曲表现的雨中上学路上的童趣及雨中教室读书的美好心情，并在歌曲学唱及演唱中大胆表现自己对歌曲的感受与理解。

2. 感受歌曲乐段的不同节奏和情绪变化，能根据歌谱中的表情符号，用轻快、和谐、有一定力度变化的声音进行歌唱。

3. 体验学习中不怕困难，不怕干扰，乐观、自信、坚持学习的积极情感。

教学重点：

1. 在"趣味、情境、意志"中调动学生积极、主动参与歌唱实践活动。

2. 在合唱中学会声部之间的配合，培养合唱的基本能力。

教材分析：

这是一首曲调欢快、活泼风趣的儿童歌曲。2/4拍，羽调式，二段体结构。歌曲生动地描绘了雨中上学的孩子们，你呼我喊、嬉戏逗乐和在课堂上愉快学习的情景。第一段由四个乐句组成。第一、第二乐句旋律完全重复，第三、第四乐句采用了旋律的模进。四个乐句都用"O× ×× | × × |"的节奏，使曲调富有跳跃感，特别是每句的句尾小节中加入拍手的节奏和"呼喂"的叫喊声，以及句中的下滑音唱法，渲染了孩子们在雨中嬉笑、逗乐的欢乐气氛。"嘀嗒"、"哗啦"、"呱哒"生动的象声词，形象地表现了孩子们在雨中、踩水上学的情景，富有童趣。歌曲的间奏采用了引子的后4小节旋律，在欢乐的情绪中进入第二乐段。歌曲节奏拉宽，曲调舒展，五度大跳顿时把情绪推向高潮。教室内大声读书，书声琅琅，勤奋学习的情景与窗外大雨哗哗形成了较强的对比，突出了歌曲的主题。最后的乐句在两次重复前段第四乐句的旋律之后，在句尾以六度大跳在主音"6"延长八拍半上结束全曲。

教学准备:

多媒体课件、节奏卡片、图标、钢琴、大歌单。

教学过程:

一、联系生活,创设情境,趣味练声

(一)师生亲切问好。

(二)引导学生体会并用声音表现生活中的"雨声"。

教师引导:听,这是什么声音?想到了什么?(放录音片段)

学生活动:(1)聆听雨声。

　　　　　(2)自由模仿雨声。

　　　　　(3)在"雨中"快乐地练唱。

1. 体会和表现"轻快的小雨"。

$$1=C-F \quad \frac{2}{4}$$

$$\underline{5\ 5}\quad \underline{5\ 5}\ |\ 0\ \ 0\ \|$$

嘀　嗒　嘀　嗒

(用轻快的声音跟琴练唱)

2. 表现"连绵不断的大雨"。

$$1=C \quad \frac{2}{4}$$

$$\underline{6\ 6}\quad \underline{6\ 6}\ |\ 6\ -\ |\ 6\ -\ |\ 6\ -\ |\ 6\ -\ \|$$

哗啦　哗啦

(用连贯的气息演唱,用优美的声音体会和表现连绵不断的大雨)

3. 在"风雨交加"的情境中练习合唱。(出示课件)

$$1=C \quad \frac{2}{4}$$

$$\left\{ \begin{array}{l} 5\ \ 3\ |\ 6\ 5.\ |\ 5\ -\ |\ 5\ -\ \| \quad \text{(一声部体会风声)} \\ \text{哗啦　哗啦} \\ 2\ \ 1\ |\ 2\ 3.\ |\ 3\ -\ |\ 3\ -\ \| \quad \text{(二声部体会雨声)} \end{array} \right.$$

(用基本和谐的声音表现风雨交加的情境)

二、学唱歌曲,体验情感,培养能力

(一)完整聆听歌曲。

教师引导:今天,我们要到雨中去玩一玩,有一群小伙伴也在雨中,听,他们

在做什么？他们玩得开心吗？歌曲的情绪怎样？（放录音范唱歌曲）

　　　　学生活动：（1）聆听、感受音乐快乐的情绪，想象小伙伴在雨中玩耍的情景。

　　　　　　　　　（2）交流初听音乐的感受。

　　（二）熟悉歌曲，师生对唱，学唱歌曲第一部分象声词的句子。

　　1. 教师范唱歌曲第一部分，学生聆听并找歌曲中有趣的声音。（嘀嗒嘀嗒、哗啦哗啦、呱哒呱哒、叮当叮当、噼啪噼啪、哗啦哗啦）

　　2. 合作演唱歌曲第一部分。

　　（老师演唱每乐句的前半句，学生接唱有趣的声音）

　　（三）在愉快的情境中学唱歌曲的第一部分。

　　学生活动：（1）跟琴自学第一段。

　　　　　　　（2）边唱边玩，体会歌曲的情绪并用动作表现。

　　教师引导：（1）不仅要玩得开心，还要用优美的声音表现歌曲。

　　　　　　　（2）引导学生关注节奏特点，体会情绪。

　　学生活动：（1）用"da"唱旋律，找出"O× ×× | ×　 × | ×× ×× | "节奏出现了四次。

　　　　　　　（2）在歌曲演唱中体会密集的节奏带来"欢快"的情绪体验。

　　教师引导：引导学生唱好"下滑音"，玩味"童趣"。

　　学生活动：跟琴完整演唱第一部分，并用动作表现。

　　（四）学唱歌曲的第二部分。（本课重难点部分）

　　1. 听歌曲第二部分录音范唱，引导学生找出与第一部分中相似的基本节奏。

　　教师引导：我们冒着雨，来到学校，在教室里做什么？（读书）雨声陪伴、书声琅琅，让我们把这份快乐的感觉延续下去，听听第二部分，感受和找出节奏"O× ×× | ×　 × | ×× ×× | "。

　　　　学生活动：听歌曲第二部分录音范唱，找出节奏"O× ×× | ×　 × | ×× ×× | "。

　　2. 跟琴练习最后三个乐句，体验不怕困难和干扰，坚定、自信地投入读书的情感（一句一句地重复，情感加深），唱好结束句的长音。

　　3. 在实践活动中初步解决教学难点。

　　教师引导：出示不同色彩的图标，请同学分声部演唱。

$$\left\{\begin{array}{l} \dot{6}\ 3\ 5\ 3\ 5\ 3\ 6\ 5 \\ \dot{6}\ 1\ 2\ 1\ 2\ 1\ 2\ 3 \end{array}\right.$$

学生活动：（1）聆听教师分声部弹奏合唱部分的音，用 la 轻声模唱。

（2）聆听教师弹奏和声，听出自己的声部用手势表示。

4. 在聆听与演唱中解决教学难点。

教师引导：我来考考大家，老师唱的是哪个声部？

学生活动：（1）聆听教师范唱二声部，用手势表示。

（2）二声部同学跟琴轻声学唱歌曲，一声部欣赏。

教师引导：无论雨是否哗啦啦地下，我们都专心地读书，看看结尾部分，雨下得怎么样？（很久）看一看，长音几拍？

学生活动：一边听师唱一边击拍。

教师引导：我们一起唱一唱，是不是都沉浸在学习的喜悦中？

学生活动：二声部的学生跟琴投入演唱。

教师引导：我发现这边的孩子（一声部）已经迫不及待了，听一听你们的旋律。

学生活动：（1）聆听教师范唱一声部。

（2）一声部的学生跟琴轻声学唱歌曲。

教师引导：在学习中获得知识，的确是件快乐的事。一声部连起来唱一唱，二声部同学试着轻轻加进来。

学生活动：轻声合唱。

5. 在合唱歌曲的演唱中体会力度的变化，突出"情感熏陶"的重点。

教师引导：平时，咱们班的读书声怎么样？让我们的歌声和读书声一样优美响亮。

学生活动：一声部在演唱中体会优美而响亮的读书声。

二声部的学生演唱时体会自信、有感情、投入地"读书"。

教师引导：你一句，我一句，让两种美美的读书声合在一起。

学生活动：跟琴合唱。

教师评价：既要坚持自己的声音，又要互相地聆听。

学生活动：跟琴合唱，自评，互评。

教师引导：听老师唱一唱，你能感受到我的歌声在力度上有变化吗？

学生活动：聆听后演唱并谈感受。

教师评价：朗朗的书声与雨声交织在一起，陪伴着我们愉快的心情，用声音表现了"人与自然和谐相处"的美妙情景。

（五）完整演唱歌曲。

1. 学生体会、归纳出唱好歌曲的要点。

教师引导：歌曲学会了，连起来唱唱，要注意些什么？

学生活动：小老师提醒演唱要注意的问题。（情绪的表现、合唱互相听）

2. 有表情地演唱歌曲。

教师引导：让我们一起感受雨中玩和在教室里读书的快乐吧！

学生活动：跟琴有表情地完整演唱歌曲。

教师评价：唱得很投入。难怪有人说，风声、雨声、读书声，声声入耳。

三、小结、下课

今天我们走进"雨中"一起感受了在雨中上学的乐趣和教室读书的快乐，学会了在合唱中保持自己的声部，还要互相聆听，互相配合。同学们还能用比较和谐的声音去表现、传递雨中的这份情趣。

（注：该课获第五届全国中小学音乐现场课竞赛一等奖）

我的点评：

音乐课中的合唱课型是执教难度比较大的课型。它有几个高要求——它对音乐技能的要求较高，对孩子们的意志品质、内心的控制力和良好的音乐素养要求高，对孩子们集体主义观念的形成和发声的共性要求很高，特别是在主动教育特色的课堂，怎么把高难度、高技能的要求通过学生的主动学习、生动活泼的学习表现出来。

谢晓梅老师把高难度的合唱要求与落实学生主体地位紧密结合，把音乐双基训练与情感熏陶紧密结合，用美美的"唱"调动孩子，用美美的"听"感动孩子，使孩子们在合唱课的学习过程中感受了美、体验了美，并能掌握科学的方法表现美、创造美。

1. 将生活与音乐相结合，激发学生情趣

单纯地进行《雨中》这首歌的和声训练，难度很大，只能靠老师利用钢琴的乐音硬给学生。谢老师却巧妙地让孩子模仿生活的雨声，"小雨点——嘀嗒嘀嗒"，"大雨点——哗啦哗啦"，让孩子们把对生活的模仿运用到两个声部的节奏与和声训练中。孩子们感觉非常有趣，每个人都积极参与，每个人也有能力积极参与，在模仿生活气息浓郁的雨声的过程中，老师加进两个声部的节奏、音高的基本知识，孩子们在充满乐趣的氛围中完成了和声训练，学会了合唱方法，掌握了合唱技能。老师又接着让孩子们想象"风雨交加"的场面，鼓励孩子们想象、创造，然后加进乐音，孩子们分工合作表现了"风声"和"雨声"，用声音创编了"风雨交加"的合唱效果，师生们在趣、情、思、创的过程中，感受了雨中之趣，体验了和声之美。

$$\frac{2}{4} \left\| \begin{array}{cc} \times\times & \times\times \\ \times & - \end{array} \right| \left. \begin{array}{cc} \times\times & \times\times \\ \times & - \end{array} \right\|$$

2. 主导主体相得益彰，师生同心同乐

合唱教学中教师的主导作用不易掌握，教师的"教"放重了，学生学得很枯燥；教师的"教"放轻了，学生掌握不了难度，合唱质量会很差，音乐的美与情会荡然无存。谢老师在课中巧妙地用"换角色"、"多互动"的方法，解决了这个难题，让教师的主导与学生的主体作用发挥适度。如难点"下滑音"的练习，教师就用换角色的方式推进教学。教师扮演学生练唱，让学生扮演教师纠错，确保了在难点的地方，学生有时间、有空间参与完成，效果很好。在两个声部的乐句练习中，谢老师采用了多种"互动"方式，调动孩子们的听、唱、内心控制、均衡力度等互动方式，师生在"同心"的愉悦中，在音乐的"和谐美"中练唱了合唱旋律，在身心的快乐中和合唱的优美声中，推进了教学的过程，靠近了教学的目标，保证了课堂的实效性。

3. 把知识、技能与情感熏陶完美结合

《雨中》这堂课中的音乐知识点，如节奏、力度、下滑音、象声词、休止符与连音线很多，教师在备课上课中，都给予了高度的重视与落实，知识点的落实是通过孩子模仿生活、互换角色、互相纠错、互相倾听等多种方式主动参与学习完成的，并很快地把知识变成了技能，通过学生主体的体现理解，创造性地表现出来，这样的表现，真实地演绎了课堂教学的生成过程，让我们惊喜地看到在这个过程中孩子们怎么从"不会到会"，怎么从"有兴趣"到"有方法"，怎么从"会学习"到"有能力"的。

这堂课还重视了音乐知识技能与情感熏陶的有机结合，教师抓准几个抒情的点，如嘀嗒的雨声、呼呼的风声、朗朗的读书声、愉悦的心声等，让孩子们体会了"人与自然和谐相处"的美妙情景，让老师、学生、听众共同进入了"声"的世界，共同融入了"美"的天堂。

数学教学因生活而精彩

——"促销的奥秘"数学实践活动课教学案例

执教老师：付登超

一、研究背景

新课标明确地将"实践与综合应用"作为与"数与代数"、"空间与图形"、"统计与概率"同等的学习领域，把数学实践活动放在相当重要的位置。课标实施建议指出："教师应该充分利用学生已有的生活经验，随时引导学生把所学的数学知识应用到现实中去，解决身边的数学问题，以体会数学在现实生活中的应用价值。"数学实践活动，不仅有利于培养学生的应用意识和能力，而且可以使学生在活动过程中形成积极探索和力求创造的心理态势，为调动学生学习的积极性，培养他们的创新精神，提供广阔的驰骋天地。

在六年级教材进行到总复习的尾声阶段，学生已经熟练掌握了有关分数、百分数应用题、利润、折扣、单价、均价、总价的计算方法后，正逢"五一"黄金周刚过，学生耳闻目睹了许许多多的促销方式，这些促销方式恰好能利用学生现有的知识进行分析、解释。于是我决定以商场的促销为切入点，为学生搭建一个对前面知识进行综合运用的平台，上一节以探究促销的奥秘为主题的数学实践活动课，以培养学生运用知识解决实际问题的能力，使学生体会到数学知识在生活中的重要性，从而激发学生学习数学的兴趣。

二、教学过程（课堂实录）

（一）引入

1. 课件出示录像画面：解放碑（重庆的商贸中心）→人群→大型商场→抢购的热闹场面（师：同学们看，这就是咱们重庆最繁华的商贸中心——解放碑，这里汇集了许许多多的大型商场，每到周末和节假日，人们纷纷涌向这里休闲、购物，选购自己满意的商品）。

师：这里怎么这么多人在排队？猜猜看。

生：可能在打折。

生：可能在买一送一。

……

师：你们还知道哪些促销方式？

生：……（学生汇报收集到的促销方式）

2. 揭示课题：在五花八门的促销方式中，有的的确给咱们消费者带来不少的实惠。这节课我们就用数学知识来分析商家的促销，探究促销的奥秘（揭示课题）。

（二）解释常见的促销术语

老师收集了一些商场的促销方式，你明白它们的意思吗？同桌交流后再全班汇报交流。

1. 打八折

2. 买四送一

3. 满 100 省 20 元

4. 买 200 送 40 元购物券

5. 折上再九折

（三）做老师的购物参谋

师：面对商家众多的促销方式，究竟哪种更实惠，请你帮老师参谋一下。

1. 某一品牌的服装在各大商场的定价都相同，但各商场采用了不同的促销方式。A. 商场打八折，B. 商场满 100 省 30 元。我看中了一件定价 500 元的衣服，我该在哪里购买。

（1）学生试算后全班交流。

（2）师：①选择 B 商场，实际享受了几折优惠？

②比在 A 商场购买节约了多少元钱？

（3）师：看来选择在 B 商场购买真划算，那就在这里再买一条裤子好不好？

生：……（有的说好，有的说不好，有的说不一定）

2. 出示裤子价格 198 元，学生试算后全班交流。

A. $198 \times 80\% = 158.4$ B. $198 - 30 = 168$

师：（1）如果在 B 商场购买，还能享受七折吗？估算一下折扣？

（2）大家看：两个商场的促销方式没变，但我买衣服和裤子却选择了不同的商场？你从中明白了什么？

生：享受的优惠与原价有关系，满 100 省 30 的最大折扣是 7 折，超过 100 的部分没有享受到优惠，所以商场总是把价位定成 199、298，就是不涨成整百。

3. 体会五折起。

师：在同学们的参谋下，老师买到了一套满意的服装，一共花了多少元？（508.4 元），高高兴兴走出 A 商场，发现 C 商场打着"全场五折起"我傻眼了，你猜猜付老师心情怎样？

生：（有的说老师很郁闷，有的说老师很高兴，有的说进去看了实际是几折才知道，因为五折起并非这一套服装一定能打五折……）

4. 体会"满 500 元返 200 元购物券"。

师：走进 C 商场发现这一套服装打九折，老师心情舒畅了。打电话给朋友，告诉他这里购物很便宜，他说在沙坪坝某商场正搞"满 500 元返 200 元购物券"的活动。帮我算一算究竟在哪里买划算？学生试算后全班交流。

师：有什么感想？

生：购物要货比三家……

（四）学生自己购物

出示：某一牌子的书包，出了一最新款式，同学们都想去买，一个书包的定价是 150 元。

A. 商场满 100 元省 20 元；B. 商场全场八五折；C. 商场买 5 送 1；D. 商场满 1 000 元返现金 200 元并赠送价值一元的金粉笔一支；E. 商场花 2 元钱可办理贵宾卡，用贵宾卡可以在 9 折优惠的基础上再打 9 折。

1. 如果大家单独去购买，在哪里买划算？算一算得花多少钱一个？学生试算后全班交流。

生：A. 130 元   B. 127.5 元   C. 150 元   D. 150 元   E. 123.5 元

所以选择去 E 商场购买。

2. 如果大家自由组合去购买，在哪里买划算？每个人该出多少钱？

（1）如果你是组织者，针对各商场的促销，你会分别组织多少人去购买？（讨论）

（2）算一算，各种买法每人该分摊多少钱？

（3）该选哪个商场？

生：看来团体购买 A、D 商场都比较实惠。比单独购买最便宜的 E 商场还便宜。

3. 如果全班集体去购买 42 个，在哪里买划算？一共花多少钱？

生：组合购买：A 商场买 2 个，D 商场买 40 个共花 5 040 元还能得到6 支笔。

师：通过这次购物，你体会到些什么？

生：团购会更便宜，理解了商家薄利多销的策略，要精打细算……

4. 大家花 120 元买到了一个新款书包，据调查，老板仍然获利 20%，这书包的成本是多少？如果不打折，每个书包老板会赚多少钱？

（五）学生当老板，设计促销方式（小组合作）

1. 在你的商店里有一批儿童装，每套成本 100 元，儿童节快到了，你打算怎样促销？（小组合作在 4 分钟内拟出一份促销方案，用水彩笔写在纸上）

标价_____

促销方式_____

2. 各位"老板"，请展示你们的促销方式。（全班交流）

3. 面对自己的竞争对手打出的促销方式，当老板的你有什么感想？

生：……

师：不管哪种促销，都有一个共同目的：赚钱。只要你的促销方式既能吸引顾客又有钱可赚，就是可取的。在实际生活中，还得注意利润不能超过法律规定的限度。

（六）全课总结：通过这节课的学习，有什么收获？

生：……

师：看来购物是一门学问，促销中蕴涵着许许多多的奥秘。今天我们用数学知识探究了促销的奥秘。其实数学知识渗透在我们生活的方方面面，只要大家善于用数学的眼光去观察生活，一定会发现更多的奥秘。

（该课获重庆市优秀课例一等课）

我的点评：

付老师的《促销的奥秘》一课是一个很好的课例，这节课有以下亮点：

1. 凸显教师的主导性

教学的本质是交往和互动，教师在与学生交往互动中要发挥引路、导航、点拨的作用，教师该出现的时候要勇敢出现在前台，引导学生、指导学生，该隐下去时就应慷慨地把讲台让给学生。本节课付老师就处理得很好，学生能解决的问题，老师绝不代替，该老师点拨和讲解的地方老师绝不推诿，很好地体现了教师的主导作用。

2. 凸显教师的服务性

教师的教导应落实在学生的学习之中，教师的所有教学活动都应从学生发展的需要出发，为学生发展的需要服务。本堂课付老师的备课和上课都很好地体现了这一理念。付老师通过创设大家非常熟悉的解放碑购物情境，以学生熟悉的促销方式为切入点，一下子就吸引了学生的注意力，调动了他们强烈的学习兴趣。付老师亲切的教态、恰到好处的设问和点拨、精美的课件，都很好地体现了他在为学生发展的需要服务，使学生的学习既愉悦又高效。

3. 凸显教师的激励性

学生在课堂上能够主动学习，持久学习，与教师在教学中的情感投资和恰到好处的激励手段密切相关。本节课付老师在以下几方面做得比较好：

（1）亲切的教态。教师亲切的教态，容易营造和谐轻松的气氛。学生从内心感到老师是和他们一起商量、探讨。在这种气氛的感染下，就会带着一种高涨的、激动的情绪从事学习和思考，学生在学习中意识和感觉到自己的智慧力量，体验到创造的欢乐。

（2）正确应用各种激励手段，培养学生的情感。评价不仅具有激励之功，更具调控之效，课堂上付老师对学生的发言、板书、解题等都进行了恰如其分的评价，对学生起了很大的激励作用，这样的激励好比情感的回旋加速器，使得学生兴趣的粒子在这里反复被加速，积极的情感迸发出了耀眼的火花。

（3）将竞争机制引入课堂。课中付老师以小组为单位进行竞赛，根据学生回答问题、观察和设计促销方案等方面进行比赛。

（4）让学生在学习中获得成功，这是培养积极情感的有效手段。因为成功的欢乐是一种巨大的情感力量，它可以促进学生产生好好学习的愿望。

付老师有效的情感投资和激励性的评价让学生学习总处在跃跃欲试的状态，使课堂充满活力。

4. 注重激发学生学习的主动性

学生是课堂学习的实践者，是学习的主人。学生学习的主动性是通过"独立思考、认真听辨、大胆质疑、操作实践、合作交流"等外显行为来体现的，并不断内化为主动学习的动力和能力。付老师基于学生实际，创设了有助于学生实现生活经验、富有挑战性的，能引发学生思考的数学化的情景——身边的商场促销情景，并且贯穿始终，一直吸引学生，一直使学生产生求知冲动。

5. 注重展示学生学习的实践性

学生要成为课堂学习的主人，必须参与大量的实践活动，通过实践活动来落实主体地位，激发学习数学的热情。本节课通过让学生扮演购物参谋、购物者、商店老板来充分体会数学知识在生活中的价值，从不同角色中去探求打折的奥秘，去体会生活中的数学。

总之，本节课设计新颖，独具匠心，结构合理，教师教法得当，学生学得主动，课堂教学效果好，是一节彰显主动教育特色的数学课。

《牧场之国》教学实录

执教老师：刘燕

师：在我们生活的地球上有许多美丽的地方，今天我们就将走进一个美丽的国度，请齐读课题。

生：牧场之国。

师：读了课题，你仿佛看到了什么，想到了什么？

生：我仿佛看到了有很多牛羊在草原上吃草。

生：那里有美丽的蓝天、白云。

师：文字带给我们美好的想象。让我们带着对牧场之国的向往走进课文吧！

师：预习课文了吧！看看屏幕上的词语，你会读吗？（出示本课生字词语）

（一生读词）

师：他读词语最大的优点你发现了吗？

生：声音很洪亮。

师：对，我们听得很清楚。看来你准备充分，信心十足。注意"牛犊"的牛要发鼻音。你再试试看。

（生读词，全班齐读）

师：谁愿意读读其他词语。

（生读词语，"牲畜"的"牲"发音不准）

师：请你再读一读，"牲畜"。

（生练习，仍然不甚准确）

（师教读，全班练习）

师：读准字词，正确读文章，是学习课文最基本的要求。现在请你看清楚汉语拼音，正确朗读课文，同时想想课文所讲的牧场之国是哪个国家？

生：牧场之国是荷兰。我是从"这就是真正的荷兰"这句话知道的。

师："这就是真正的荷兰"这句话在课文中出现了几次呢？分别出现在什么地方呢？请你赶快找一找。

生：这句话出现了四次。在第二、第三、第四、第五自然段各出现一次。

师：每次出现的自然段描写了什么景象呢？请你读一读这几个自然段各写了什么？

生：第二自然段写了花牛和绿草。

师：花牛、绿草，真是说得准确又简洁，老师写在黑板上。

生：第三自然段讲了草原和飞驰的骏马。

师：那你看我在黑板上写上什么好呢？

生：草原、骏马。

生：第四自然段写了天堂般的草原和草原上的动物。

（师板书动物天堂）

生：最后还写了宁静的傍晚时分。

（师板书宁静时分）

师：围绕着"这就是真正的荷兰"，作者在每个自然段写了不同的景物。"这"

的意思也在发生着不同的变化。真正的荷兰究竟是什么样子的呢？请把课文中你认为特别美的或者让你印象特别深的句子勾画出来，运用已经掌握的读书方法，多读几遍，细细去感受真正的荷兰的独特魅力。开始默读、勾画、体会吧！

（学生自由默读，品味课文，教师巡视，了解学生的学习情况，并适时适当地进行个别的学习指导）

师：谁愿意把自己的读书感受与我们分享？暂时没发言的同学请认真倾听，想一想：别人的感受和你完全一样吗？你有没有更精彩的观点和更加独特的感受？

语段一：牛群吃草时非常专注，有时站立不动，仿佛正在思考着什么。牛犊的模样像贵夫人，仪态端庄。老牛好似牛群的家长，无比尊严。极目远眺，四周全是丝绒般的碧绿草原和黑白两色的花牛。这就是真正的荷兰。

师：你喜欢牛犊还是老牛？你会把它们比作什么呢？

生：我喜欢牛犊。因为作者说牛犊像贵妇人，我觉得那一定很可爱。

师：贵妇人应该是什么样子呢？

生：优雅、高贵。

师：你运用词语真是准确，平时一定下了很多功夫积累词句。在你的印象中牛犊是什么样子的，你会把它比作什么呢？

生：牛犊的模样像小孩子。

师：有什么特点？

生：淘气、可爱。

师：请你完整说一次。

生：牛犊的模样像小孩子，淘气、可爱。

生：我喜欢老牛，老牛很威严，很让人尊敬的感觉。

师：是什么带给你这样的感觉？

生：课文里说，老牛好似牛群的家长，无比尊严。

师：你会把老牛比做什么？

生：老牛好像我的外公，和蔼、慈祥。

生：老牛好像我的老师，严肃、认真。

师：不同的国家，不同的景象，不同的年龄，不同的文化使我们打了不同的比喻。东西方文化之间有着差异，同时也具有不同的魅力。谁愿意用朗读来表现出牛儿的优雅和尊严？

（生读课文）

语段二：最后一抹晚霞也渐渐消失了，整个天地都暗了下来。狗不叫了，圈里的牛也不再发出哞哞声，马也忘记了踢马房的挡板。沉睡的牲畜，无声的低地，漆黑的夜晚，远处的几座灯塔在闪烁着微弱的光芒。这就是真正的荷兰。

生：牧场之国很寂静。连马都忘记了踢挡板，马儿是很活泼很调皮的，因为周围太寂静，所以它也变得安静了。

师：用心读文章，你似乎读懂了马儿的心思。如果，此时你就在草原上你会做什么？

生：我会坐在草地上看自己喜欢的书。

师：真是惬意！

生：我会骑上马儿在草原上飞驰。

师：多么舒畅！

生：我什么也不做，就躺在草原上，看着蓝天白云。

师：我和你的想法一样呢！这静谧的牧场之国需要我们静静地用心去感受。让我们带着对课文的理解读出自己的感受。

（生读课文）

师：听了你们的朗读，老师也想试试。我也特别喜欢这一段课文。

（示范读，生鼓掌）

师：谢谢你们的鼓励。我只是读懂字词，想象着当时的画面，再把自己内心的感受读出来。你们也可以做到。

（生再读，进步明显）

师：你们的朗读也打动了我，似乎把我也带到那宁静美丽的牧场之国。

师：作者用生动优美的语言告诉了我们——这就是真正的荷兰。我们潜心读课文，也能够用心感受到——这就是真正的荷兰。就让我们跟随画面去领略那迷人的牧场风光吧!

师配画外音：辽阔无垠的草原，碧绿的、宁静的牧场；丝绒般的草原与流淌的运河相伴在一起；牧场上，羊儿在悠闲地享受阳光，黑白花牛专注地品尝着鲜嫩的青草；除了运河没有什么能够阻挡膘肥体壮的马儿飞驰到远方。这就是真正的荷兰。

师：此刻，你想用自己的话来赞美荷兰吗？

生：荷兰实在是太美了，真是一个天堂般的国家。

师：你的比喻真美。

生：我愿意变成那里的小动物了！

师：你的想法可爱极了。

生：我真想现在就去荷兰。

师：我想这是很多人的愿望。

师：作者和你们一样对荷兰充满无比的喜爱，他心中的千言万语在课文中却只汇成一句话，你发现了吗？

生：这就是真正的荷兰。

师：你能够理解"真正"的含义吗？

生：就是独一无二的。

生：就是无与伦比的。

生：就是无比美丽的。

师：联系课文内容，你们读懂了"真正"的含义，也体会到了作者的情感。这句看似简单的话却表达了作者对牧场之国最淳朴、最真挚的情感，告诉了我们这就是真正的荷兰。

师：作者为什么会多次写到这句话，你明白作者的感受和想法吗？

生：一定是想要表达自己非常喜欢荷兰。

师：对，这样反复，让我们感受到作者心中难以抑制的赞美。

师：这句话还是一条清新柔和的线索，将课文各个自然段内容紧密地联系在一起。

师：除了牧场之外，你还了解荷兰其他特点吗？

生：荷兰还是风车之国。

生： 荷兰的国花是郁金香。（学生交流展示关于荷兰的资料）

师： 教室只是小课堂，生活才是大课堂。通过收集资料加深对课文的认识和理解，帮助我们更加全面了解这美丽的牧场之国。

师： 高大的风车，迷人的郁金香，辽阔的牧场告诉我们——这就是真正的荷兰。生动优美的课文告诉我们——这就是真正的荷兰。让我们满怀着赞美之情告诉所有人——这就是真正的荷兰。

（引读，学生齐读"这就是真正的荷兰"）

师： 荷兰是牧场之国。在我们中国辽阔的土地上，也有同样美丽的草原牧场。本文的作者用真挚的情感、优美的语言为我们展现了荷兰牧场的美丽风光。我国著名作家老舍先生，也深情地写下著名的散文《草原》。孩子们，去读一读那生动美妙的文章吧！你一定会领略到另一番牧场风光，感受到别样的人间真情，同时品味到不同的语言文字所表达出的韵味和魅力。

（注：该课获全国第五届小学语文优质课竞赛一等奖）

我的点评：

我校各个学科均对主动教育课题展开深入研究，语文学科作为课时最多、涉及教师最多的学科，在主动教育课题研究中迈着坚实的步伐。我校语文教师在教学设计的时候特别注重给予学生主动发展的机会和足够的发展空间，结合校本资源、学校特色和学生特色大胆开展语文综合性学习活动。在课堂上，教师们在追求朴实、扎实的教学风格的同时，特别尊重学生的实际情况，经常开展适合于学生主动发展的教学活动。经过长期的引导，我们的学生不仅掌握了牢固的语文知识，形成了较强的语文能力，还形成了"生活即语文，语文即生活"的观念，敢于、乐于、善于在生活中学习语文，运用已经掌握的语文知识，表现出较高的语文素养。"主导性、服务性、激励性"的教师特色目标也正在以蓬勃的生机，催生着、培育着、指引着全校师生去探索学校主人翁文化的深刻内涵及宽广外延，今天我校刘燕老师执教的《牧场之国》一课就很鲜明地体现出了主动教育的这一特色。

1. 文化内涵缔造和谐美好语文课堂

刘老师一站上讲台，就让人感到有一股活力在涌动，就有一股文化的气息在弥漫。她的目光随时与学生对视，并在这样的对视中充分地交流着对文本的解读，对学生的启迪与爱抚。她能用自己的情感示范，去点燃学生的情感火种，让学生的情感与作者的情感以及文本的情感产生共鸣……在充满活力的课堂里，学生被老师的情绪所感染，身心完全放松，情感获得释放，想象力被充分激发出来，思维处于极为活跃的状态，以致在场的老师听了都被一种美感萦绕着。这节涌流出鲜活生命力的课，更深层的源泉还在于教师能抓到文本之魂，凭借课文的语言学习，使这一脉异国风情润泽孩子们的心灵，催发他们心田里热爱大自然的种子发芽、生长。

2. 人文素养打造平等互动语文境界

刘老师的课像一条欢乐的小溪，时时变换着调子，时时流动出动听的歌声，没有师道尊严，我们看到的是平等与呵护。在这堂课上，刘老师满怀着对学生的珍爱，极力营造民主、平等、活跃、自然、宽松的环境。刘老师整节课都面带微笑，哪怕是面对孩子不佳的表现，刘老师都是从容地、宽容地、笑容可掬地应对。孩子在这样的环境中备感安全，相悖的观点可以无拘无束地碰撞。她随时用商量和鼓励的口吻与孩子们交流："谁愿意把自己的读书感受与我们分享？""孩子，你明白了吗？""勇敢的孩子，你来，老师等着你精彩的表现呢！""哟！学的劲头多高啊，读了一遍又开始读第二遍了。""你喜欢这句。很巧，我也很喜欢。"当学生读"模样"一词时，把"模"读成了"mó"，她这样引导，"孩子，你跟老师这样读……你再试试行吗？"……学生的童心经受了老师爱的洗礼，教师年轻的心受到了童心的感召，师生一起感应着来自文本的力量。他们都忘记了自我，与作者与文本达到了交融的境界，完全融入课文描绘的意境中去了。

3. 主人翁精神成就主动发展语文特色

刘老师的课堂很开放，充满了活力与灵动。学生多采用自读、自悟、自评的学习方式，在老师的引领下、在同伴的帮助下实现自我教育和主动发展。对于课文内容的理解和情境的体悟，刘老师充分尊重学生的独特感受，针对学生的见解，老师只作顺势的引导而绝没有强硬的灌输；指导学生朗读，老师强调学生的想象力和表现力的展现，而丝毫没有对朗读技巧的生硬的指导；对于学生表达的指导，老师也只是精心点拨，而绝不会轻易否定……

我们一直在追求一种平等交流、互相促进、主动发展的教学形式，以帮助我们的老师和学生在宽松的氛围里、在严谨的态度中，不断提高主动教育的意识，提升自我教育的能力，为自身的终身教育和终身发展走好坚实的每一步。

"知"与"情"共振

——丁继泉音乐教学艺术浅析

常秀娟

听过丁继泉老师音乐课的人都知道，她的音乐教学从无那种枯燥的知识讲授和简单的机械训练。看她上课，好像看不出她在教什么，但学生却收获匪浅，因为她从不把自己对音乐的体验和理解强加给学生。她坚持认为，音乐学科与其他学科的一个最大不同就是音乐没有"标准答案"。她很少给学生讲这段音乐是什么，那段音乐又是什么。她告诉我们：关于音乐的一切答案都在学生手中。音乐教学首先要考虑学生怎样学，教师要善于从学生的视角来透视和探究音乐课，这样才能找到教与学的契合点。至于教师，主要是当好"设计师"，并在教学过程中把自己融入音乐，成为学生的"合作伙伴"和"心灵朋友"。作为一个音乐教师，你自己首先要被音乐所感动，然后才能让音乐感动学生！

一、音乐教学艺术的特点

音乐本身作为一种艺术教育，她的教学艺术更受到严格的要求。音乐教学艺术是指音乐教师对音乐教学艺术属性的认识及在此基础上发展起来的独特的具有美学价值的音乐教学方法、手段和形式等。一般认为，音乐教学艺术具有形象性、情感性、创造性三个特点。就功能而言，音乐教学艺术能为学生提供更好的学习和艺术熏陶氛围，强化审美教育，提高音乐教学效果。

丁继泉的音乐课堂中，知识的传授和情感的体验能够完美地结合，这非常人所能达到。她是如何运用教学艺术，通过传授音乐知识、音乐技能来改变学生的审美意识，陶冶学生的情操，开发学生音乐潜能，培养学生优秀品格，活跃学生思维能力，促进学生的全面发展呢？经过对她课堂相关资料的整理分析发现，其着力点主要表现在"知识"和"情感"两大方面。

知识，在音乐教育中指的是音高、音调等乐理知识，这是建立音乐感受力的基础，是孩子们学习音乐必须具有的元素，与技能有密切联系。情感，则主要包括情趣、情志、体验等，是音乐艺术教育最重要的培养目标。"知"和"情"和谐共振，成为丁继泉教学艺术的核心体现。

二、教学艺术在课堂中的精彩体现

用机敏的耳朵去聆听；用深刻的头脑去思考；用纯真的心灵去感悟——这是她在谈到自己的音乐课堂教学时最常用的话语。而且，她的课堂也确实正如她所说，总是倾心地投入感情，往往不能自已。学生受其感染，一次次地增加着情感体验的深度，感悟着音乐艺术特有的魅力。

（一）民主和谐中精彩生成

课堂教学是由师生共同承担完成的，因此，处理好师生关系是呈现精彩课堂的首要条件。丁继泉指出，课堂中的教师是活生生的人，学生更是活生生的、性格迥异的一个个不同的个体，每个孩子都有着自己独特的经验、背景，都是不可替代的个体，他们都带着自己独特的感受来到课堂上进行交流。因此，课堂教学不可能在教师预设的环节中按部就班地展开，应在"活生生的人"的活动中形成。

首先，承认孩子的差异。同一个班的不同学生个体之间有差异，不同班级孩子整体的接受认知有差异，如何在差异中使孩子们高效地完成教学目标，是她从不懈怠的问题。因此，根据学生及时调整教学内容、教学思路、教学难点是她课堂教学成功的关键。由于音乐学科的特殊性，一个老师要教很多个班，各个班却存在着整体差异，所以，即使是同一个内容，丁继泉老师从来都不是只备一节课，而是根据各个班的情况分别备课，如在《愉快的梦》的备课资料中，有的侧重于音高的把握，有的侧重于声部的训练，还有的侧重于情感的引导。

其次，允许学生有不同的声音。正因为如此，她的课堂变得多姿多彩，海纳百川；也正因为如此，孩子们在她的课堂上，视野极为开阔，想象力异常丰富。这不仅表现在丁继泉老师允许孩子在课堂上大胆说出自己的理解和感受，还表现在她对"差生"的不离不弃，她总是尽自己最大的努力去帮助发音不准的孩子，让他们在音乐课堂中获得自信。

最后，学会聆听。音乐是聆听的艺术，要使孩子们在音乐课堂中爱听、乐听、会听，老师要先学会倾听孩子们的"声音"。她从来不用自己丰富而资深的阅历，来限制孩子们的理解，中断孩子们独特的想象。在《银色世界多美妙》的教学中，由于很多孩子没见过雪，都是凭借想象说感受，但即使有不很贴切的地方，她也都不会轻易打断孩子的话语，而是在学生回答完之后对其进行评价、纠正。

总之，要学生主动学习，必须具有民主平等的师生关系、和谐开放的课堂氛围，她的音乐课堂就是这样的。因此，"知"与"情"的共振在她的音乐课堂中能够得以实现。

（二）生动活泼中精彩生成

音乐课堂中的一切活动，都离不开对音乐基本元素的掌握和运用。但音乐基本元素又稍显得抽象，对于小学生来讲，休止符的停顿、音程的把握、装饰音的使用等，这些内容不易被他们单独理解。如何使学生既掌握了知识，又丰富了情感？她经常采用"角色互换"、"对比"、"默唱"、"手势"、"形体"多种方法，采取生动活泼、多种多样的教学形式。

善于捕捉孩子们的心态，巧妙引导学生主动学习。最突出的表现是依据孩子们的喜好，对教学内容进行筛选，从教学内容上进行引导。她的音乐课堂中，对教学内容的安排具有鲜明的时间特征。例如，春天来了，她会选择《春天在哪里》；冬天到了，她会选择《银色世界多美妙》。同时，她对教学内容的安排也会考虑到"校情"，即与学校的集体活动密切联系。例如，在学校开展"学雷锋活动月"的时候，她会选择相关的"红歌"作为教学内容，如此贴切的教学内容，孩子们会凭借在生活中的（直接或间接）知识或体验，进行合理地想象，完成对歌曲情感的深入理解。这样安排教学内容，也能使孩子们在课堂所学的知识在课外得以进行巩固和拓展，增强他们学习音乐的兴趣，主动学习的需要会在良性循环中持续、延伸。

善于运用生动丰富的语言和体态语，激发学生情感共鸣。她有敏锐的观察能力和分析问题的能力，根据不同的教学内容、不同的教育对象，采用灵活多变的、简洁有效的教学语言加以引导，使学生感受到语言美与音乐美达到的完美和谐统一。例如，在教学《摇篮曲》的时候，丁继泉老师的语言柔而细腻，让孩子们感受到妈妈的慈祥，加深了对歌曲的理解；在介绍《七子之歌》的背景时，丁继泉老师语言犀利而且干脆，让孩子们在学习歌曲前已经受到了震撼，为其后的音乐教学进行了情感铺垫。

善于运用创新的手势，使抽象的音乐元素生动活泼地展现在同学们面前。例如，丁继泉老师采用"柯尔文手势"，并根据实际对这一手势进行创新，让孩子们"耳"、"鼻"、"眼"、"口"多种器官都动起来。所以，在她的课堂上，不用机械地讲授，只用左手和右手，就可以让孩子们很快把握"八度音"的发音、休止符的停顿。

（三）启发感染中精彩生成

如果说听觉感受是进入音乐大门的一把钥匙，那么情感的抒发便是音乐审美的中心了。让每一个孩子在音乐中得到心灵碰撞的感受，得到美的熏陶是音乐课程应该起到的作用。丁继泉的音乐教学就是这样的：她非常善于使用启发感染的方法来培养学生们的情感表现力，让学生在美的情境中遨游。

注意师生之间的激情感染。要提高学生的情感表现力，教师首先应有良好的情绪状态，只有教师先动了情，才能感染学生，使学生真切地体验情感，并通过音乐实践活动去实现。而老师在具体的教学过程中，也要认真倾听洞察学生独特的情感体验，与学生融为一体，实现师生的情感共鸣。在《我的小绵羊》的教学中，丁继泉老师把自己下乡当知青时，看到田野上的小绵羊的那种情怀通过语言的形式展现给学生，而这种真切的感受很容易就感染了学生。

关注生生之间的情绪感染。由于孩子们年龄特点的限制和个性差异的不同，在音乐课堂中，会出现多种理解。这时，应允许孩子们用动作、表情、体态来演绎自己的感觉，这会增强学生与学生之间的情绪感染，有利于实现生生之间的情感共鸣。《真善美的小世界》的教学中，个别学生对真、善、美的独特观察和体验，深深地感染了其他同学和老师，使整个教学过程得以流畅地展开。

（四）调控激励中精彩生成

音乐课堂教学中，丁继泉有着多样、灵活、生动、丰富的评价方式，使学生在欣赏音乐时如沐春风，欣喜不已，总有生机勃勃的气象。最突出的是她无声的评价。

无声的评价主要包括眼神评价和肢体评价两种，这种评价既省时间，又加强了师生心灵的沟通。听过丁老师音乐课的孩子们都说"丁老师的眼睛会说话"，这是真的。她的眼睛是心灵的窗口，对孩子们的肯定、表扬、提示都可以通过她那丰富的眼神来体现，也正是这样，她的课堂上，师生配合得非常默契，师生关系也很和谐。另外，"柯尔文手势"的使用，不仅提高了她的课堂实效，也为她的手势评价搭建了平台，孩子们能够通过她的手势对自己的发音、情感进行及时的调整。

当然，语言评价也是非常重要的，她的语言评价常用在孩子出现理解偏题的情况下。她的语言评价从不直白地否定孩子，而是循循善诱，让孩子从"出状况"到"进状态"。例如在一首有点悲伤的歌曲中，当让孩子谈感受时，一个孩子说到"像死了人一样"。这种回答没有错，但却欠妥，丁老师马上巧妙地引导孩子说出了"悲伤的情感"。

（五）整体综合中精彩生成

在丁继泉的音乐课堂中，对学生知识技能的传授和情感的培养是同样重要的，这也是贯穿她音乐教学始终的两条线索。受教学内容及其他相关因素的影响，"知"和"情"这两条线索所呈现的主次有所差别，有时以"知"为主线，"情"作为辅助；有时"情"线较为突出，"知"作辅助。但无论谁主谁辅，知识传授、技能训练、情感体验三个方面都同时被列入了教学目标，而且，她还会把每一节音乐课的情感目标制定得明确、具体，以便于在课堂教学中实施与完成。《愉快的梦》、《欢乐颂》等经常用于合唱的歌曲，都涵盖了很多的音乐知识，也融会了深刻的思想感情，丁继泉老师从来都能很好地将这些知识和情感目标进行整合把握，真正做到关注学生的全面发展。

音乐教学的主体内容是蕴涵着美的作品，它是展示美、传播美的教学。音乐教学蕴含着丰富多彩的、生动活泼的元素，这些艺术元素如果没有最合适的形式，没有最佳的传播方法，就不能由教师的一端传向学生的另一端。学无止境，教无定法，教学艺术并不是遥不可及、一成不变的东西。丁继泉老师在教学实践中"不断探新求索，充分考虑学科的特点和学生的实际情况，认真分析教案，巧妙设计教学环节与过程，合理运用教学方法，从而赋予教学无穷魅力"的教学艺术值得我们所有老师学习。

丁继泉音乐教学艺术中的"真、善、美"

宋可耕

丁继泉，重庆人民小学校长，特级教师，全国五一劳动奖章获得者，十七届人大代表，享受国家津贴的全国知名教育专家……不管她头上的光环有多少，首先她是一位老师，是一位教授音乐艺术的老师。

艺术难教，音乐则是最难教的一门艺术：音乐的乐理及技法精妙复杂，非常年苦练不能得其精髓，而音乐的精神却又和自由、欢乐、陶醉紧紧连接在一起。不少音乐老师教会了学生乐理和技巧，却弄丢了音乐活泼的精神，是因为他们缺乏与音乐本身席地而坐的对话精神。

古人说教学相长，教育当然不是简单地灌输，而在音乐教育上则需要更深入的沟通。或许有的时候不通过语言、不立文字——语言和文字只能辅助学生去领悟音乐；即使通过语言文字，和音乐一样，里面也需要浸透着往来唱和、平等自由的精神。而这样的精神正是在丁老师的课堂上声情并茂地浸润在学生心灵中，展现出她对音乐与人生的独特理解。

人生的不同在于境界的不同，身处大境界的智者，从不局限于眼前。和丁继泉老师对话，你会感受到她的高瞻远瞩。早在多年以前，中国的课程改革还在沉睡阶段之时，她已经迈出了"主动教育"的一大步；她感叹过"三独"时代的来临，曾担忧娇生惯养的两代人会产生出激烈的矛盾冲突。她与这两代人走得最近，这种担忧不无道理；但她自己，显然也在与时代最"尖端"的两代人接近中，通过努力理解、交流，保持着充满活力的心态，不仅净化自己，同时影响人、感染人。如同音乐本身一样，表演者和听众是不可缺少的两环，而对于真正出色的表演者来说，舞台是不存在的，观众和表演者都置身于音乐本身营造的奇境之中。为了达到这样的境地，她带着一颗热忱而又真挚的心一直走在实践的道路上。

一、她的音乐教学——求真

正是因为有着如此真诚的态度，她的音乐课堂无比真实地贴近每一位孩子的内心，她关心他们的生活点滴，呵护他们的精神状态，从课内到课外都是她的教学范畴，在她的音乐世界里，她与孩子们一起感悟春暖花开的精致，挥洒夏日炎炎的热情，她的琴声曾漫步在落叶纷飞的丛林里，而那温暖、熟悉的和弦又暖化着孩子们心里每一片冰封的角落。

她把音乐的"真实"揭示给孩子们看：音乐并没有高高挂在枝头上无法撷取，它并不单单是舞台上的灿烂灯光、观众的欢呼掌声，它更深入、浸透着我们的心灵，成为生活中随处可品的甘泉；她努力把音乐变成孩子们日常生活的一部分，一种可受用一生的良好习惯。

孩子是未定型的，正因为如此，他们既有充分的可塑性，也有强烈的自尊心：她从心里尊重孩子，平等交流，她用孩子们喜爱的方式，告诉孩子他们还不明白的；同时也从孩子的活力中汲取音乐最本源的精神，用音乐知识和体验打磨，再交还给孩子们，那些可贵之处就自然而然地纤毫毕现。莫扎特的天真单纯，舒伯特的轻松愉快，巴赫的饱满酣畅，不都来源于如同"孩子"般的心灵状态吗？

她认为，一堂求真的课，总是追求着目标和有效完成目标的过程。比如执教《雨中》一课，就改变了传统意义上的教法，而是先教会歌曲的旋律和歌词，再对声音进行润色和美化，将具体目标集中于"塑造美好音色"，有机地完成"会唱、唱准、唱好"的多层次目标。她巧妙地抓住小雨"滴答滴答"的音乐形象，引导学生去想象"无数小雨点从天上落下"在"可爱地跳舞"，就这样，学生既能准确掌握八分音符的特点，又唱出了节奏的跳跃感。

她说："音乐属于你，也属于我，但归根结底是属于孩子们的。"每个音乐家都像孩子，而每个孩子也都是"音乐家"。正是因为她把每一个音符生动地展现在孩子们面前，才有机会去重新发现，重新认识，重新创造。她带领孩子们在维也纳歌剧院的出色演出，不仅仅是一项荣誉、一个成就，那也是孩子们单纯的内心和对音乐的感情应得之所。她付出了努力，她的收获中最宝贵的不是名声，而是她看到了孩子们最本真最愉悦的表现，这一切是通过音乐这个载体来实现的。而当这一份感动沉淀在心里时，最终也就变成了最美好的回忆。是的，音乐就是这样成了她和孩子们最为真实和直接的沟通渠道。

维也纳的童声合唱团世界闻名，因为那里有全世界最好的音乐教育、数千年欧洲文化的独特氛围。同样作为世界文明的起源地，中国也有自己传承已久的教育方式和文化氛围。中国的孩子在老师面前，总显得比较腼腆内向，在音乐表演上亦是如此。丁老师不仅仅是孩子们的朋友，也是孩子们的引路人，更是打开孩子心扉的那个人，而她所用的钥匙就是音乐。

二、她的音乐理念——求善

在她心中，没有教不好的学生，只有教不好的老师。她认为一个人了解音乐的途径无他，唯耳熟耳。也只有熟悉音乐，孩子们才会在音乐中放松自己，吸收音乐中的情感和巧妙技巧。丁老师带领孩子们聆听，用情境去引导孩子们的想象力，用知识和技巧的解说将音乐条分缕析。通过对音乐的运用、课程的巧安排、声情并茂的带动，她成功地将孩子们的情感调动了起来，再用理性具体的音乐知识、技巧予以加固，不仅巧妙地内化了乐理知识，而且留在孩子们头脑中的，将是既深刻又美好的回忆。对教学来说，一系列课时也是一个整体，丁老师的课程仿佛音乐本身一样，前后连贯，自然地绵延，在不知不觉之中造就孩子的良好音乐素养；她用自己的亲切、真诚，把善意、关怀、智慧和美好的音乐紧紧相连。

　　曾经在试听一首哀伤的歌曲时，丁老师问孩子们听完有什么感觉，一个孩子说："我觉得听起来像是人死了一样。"丁老师没有责怪孩子的无礼，而是说："其实你已经理解到了歌曲的情绪，建议你换一种更贴切的说法，我想会更合适。"孩子的积极性在善意的沟通面前得到了很好的保护。

　　孩子们资质不同，但每种资质都有自己的天分，特别对于缺乏自信的孩子，更需要老师耐心地加以观察、引导和鼓励。有着这样观念的她才能真正走近孩子的内心世界。曾经有一个孩子，

我和学生们常常在歌声中忘了下课

五音不全，自卑的他总是悄悄缩在合唱的角落。她发现后，将他调到队伍的最前面，紧挨着自己坐下。每一次上课，都用微笑去提醒，每一次试音，都用眼神去鼓励。长此以往，那个胆小、自卑的他不见了，取而代之的是自信的微笑。过了许多年，这个孩子考入了军事学院，是一位优秀的军队业余音乐教员。

　　冰冻三尺非一日之寒。对孩子们的影响需要循序渐进，丁老师教学思想的形成也不是一朝一夕之功。在以往，我国的小学音乐教育许多是"老师教一句，学生唱一句"，或者是程式化的"乐理"、"歌曲"、"欣赏"相互分裂的三部曲。丁老师精湛的教学技艺，既是她自己多年的钻研、实践的经验和心得，也是她不断吸收新时代新理念的结果。一个不起眼的小人物走到钢琴前边，信手弹了一段圣·桑的《天鹅》——这只是契诃夫小说里的情节。对于西方人来说，即使在如今这个选择多样、娱乐业发达的年代，音乐和阅读仍是普及的生活项目，在这样的环境里成长出的人，必然对自己的生活和他人，抱有深深的感情和责任感。丁老师深知这一点，她的音乐教学，并不单是教会孩子们什么是大三度、小三度，谁是贝多芬、莫扎特，甚至也不单是欣赏音乐，她的视野扩展到了孩子们的数十年之后，也就

是因为这样，才需要欣赏音乐、了解音乐知识，并且锻炼出孩子们敏感的耳朵。不熟悉音乐的人，对音乐只能说出怀有偏见的"好听"和"不好听"；而懂得音乐、听觉灵敏的人，听音乐就仿佛阅读一部情节曲折、故事动人的小说。理解音乐，就是理解人的情感；理解音乐，就仿佛去理解一整个世界——对孩子们，也许不需要说这么多。

她对学生的熏陶、感染和浸润，在今天，我难以言表这对于一个心灵成长的过程有多么的重要。但我相信她的学生在许多年后，仍然能从庞杂的交响乐中听到小提琴的哀泣，从钢琴曲的一个变调听出作曲家情感的细微变化，他们会感谢她当年对他们的教导，这些切身影响，确实带给了他们更幸福、更有追求的生活。只因她有求善的心灵，才能真正成全每一个学生。

三、她的音乐课堂——求美

音乐教育是引导学生发现真善美的有效途径，从演唱、演奏、舞蹈、欣赏、游戏中潜移默化地引导学生去感受美、发现美、创造美，从而培养学生的正确审美观，树立高尚的人生观和价值观。苏联著名教育家苏霍姆林斯基曾这样说："音乐教育并不是音乐家的教育，而首先是人的教育。一个人在倾听音乐时，他也在认识自己，而且首先认识到，他作为人，是美好的；他降临人世也就是为了成为一个美好的人。"匈牙利著名音乐教育家柯达伊也多次指出："音乐是人的教育的不可缺少的部分，如果不具备这方面的修养，教育就不完整，离开了音乐就谈不上是个全面发展的人。"

丁老师全心全意地教孩子们去感受和欣赏美，让他们认识音乐赋予自然界和社会生活的美，以及音乐本身的旋律美、节奏美。在流动的音符中引导孩子们判别真与假、美与丑、善与恶，深刻地感受和理解歌曲。《愉快的梦》——她有着声情并茂的范唱；《欢乐颂》——她带来了酣畅淋漓的伴奏；《摇篮曲》——她感情充沛地朗读歌词，甚至是一个简单的"柯尔文手势"、表情，都能让学生有美的感受，让学生在轻松的学习氛围中感知和欣赏音乐的美。这样，心灵美的花朵，就会在他们心中悄然开放。

她的音乐课堂中的评价也具有语言美、听觉美，并且是建立在促进师生共同发展的基础上。她关注学生参与音乐的兴趣、态度和情感的反映，尊重和体现学生个体的差异，满足学生的生活体验与需求，她的评价带着其特有的魅力，能让学生正

忘我的课堂教学，感染了学生，也陶醉了自己

确地感受什么是真的美，进而向往美、追求美，成为"美"的人。

　　如今的儿童歌曲创作，大都仍然把孩子当"小孩"，用旧瓶装新酒的方式，不断复制昔日的旋律，重复刻板"幼稚"的词句。很少有词曲作者把自己放在孩子的角度上思考过问题——虽然，每个人都是从孩子走过来的。在这样的环境中，更需要丁老师这样，在听到孩子们唱往日歌曲时会热泪盈眶的老师：在那一瞬间她仿佛也变成了孩子。她所培养出的音乐教育人才，她所教导出的一届届音乐爱好者，她所倡导的人性化、科学的音乐教育理念，她从音乐中扩展开来的对学校、社会的爱心与责任感，她关心农村孩子、关心教师素质，以及矢志不渝地关心儿童音乐教育的一颗热心，将会以更大的能量散发光和热。因为音乐，她与孩子们结缘，但不仅仅停留在音乐里，作为一位老师，她的能力是全方位的。大到提出"主动教育"的理念，建立美好的校园，小到每一堂课细致入微的侧耳聆听，丁老师自己是否知道，她的创新能力和对孩子无微不至的关心，有多少也是来自音乐的熏陶呢？

　　做一名教师，其最可贵的品质，就是对孩子发自内心的喜爱，这在丁继泉的身上体现得尤为真切。这需要对于美的敏锐感受，对于善的由衷同情，对于人格的理解和尊重，对于自然的向往与敬畏，对于精神的涵泳与守护。

她对音乐教育和教育理念探索的孜孜不倦，是求"真"；对孩子、对社会的责任感，是求"善"；而多年来与音乐为伴，与孩子为伴，使她的课堂从不缺少对"美"的追求。然而"真，善，美"在音乐之中，也在一个生动可敬的老师身上，谁说又是那么容易区分的呢？她继续走在她的艺术道路上，也同样把她的点点滴滴变成艺术，变成对"真，善，美"的追求，这是丁继泉老师生平最好的写照。

从细节看"主人翁文化"建设

欧阳红梅

学校最值得品味的东西是其所拥有的文化，现代学校文化是凝聚和激励学校群体成员进行教育教学改革的重大精神力量，是素质教育深入实施的一种激励机制，是学校发展的强大内驱力。我们学校经过长期的学校文化建设，已经形成了我们特有的"主人翁文化"，从刘燕老师的语文教学《猫》中，我对学校文化的建设有这样一些体会。

一、课堂内主人翁文化的浸润

（一）开放式的课堂

老师的教学设计重视从人的角度出发，崇尚心与心的交流、沟通，追求建立民主、平等、和谐的课堂氛围。

课堂上老师非常注重树立学生学习的自信心。比如刘老师在课前与学生的交流时，评价一位学生收集资料的方法时说"你很会抓住每一个机会学习"，在课堂上称赞另一位同学："你连这个也知道，太了不起了。"这些真诚的赞美，极大地激发了孩子学习的积极性，让他们更愿意主动积极地投入到学习中去。

刘老师还很关注学生发展中有个性的学习，比如课堂内进行"给句子换词，但句子意思不变"的练习，重视学生的个人体验和情感倾向，对学生所换的词语不轻易或简单说"是"、"不是"，而是对学生换这个词的理由进行耐心地倾听，即使换得不合适，也对学生独特的情感体验表示理解。

刘老师还很关注学生发展中个人的尊严。一个孩子起来回答问题时答错了，周围的孩子都迫不及待地举起手，暗示老师请自己发言。但这时刘老师说："别忙，给他机会，他会发现自己的错误。"这位同学在老师的鼓励下，思考了几秒钟，终于说出了正确的答案。尽管只有几秒钟，但是它挽救了一个孩子沮丧的心情，让孩子从失误或者失败的挫折感中解脱了出来，重新拥有了良好的学习情绪和状态。人们都说育人是大事，但有时这样的大事需要的只是静静地等待，几秒钟的等待或者倾听。

正因为刘老师亲切平和的教学方式，学生才能在课堂上以主人的姿态学习。这样的课堂训练完全不是走过场，同学们真的是以小主人的身份投入到课堂里，这是他们的活动天地。因此在课堂上同学们乐于交流，具有创新的意识，思维呈现出开放而活跃的特点。

（二）抓住教育契机

刘老师的教学语言不仅优美丰富，而且富于启发意义。一个孩子称呼老舍先生的妻子为"老婆"，本无伤对这篇文章的理解，但刘老师敏锐地抓住这个词，引导学生："老舍先生是一位德高望重的人，他的妻子我们会怎样称呼呢？"学生在老师的引导下，明白了"老婆"、"夫人"既是近义词，但更有在不同场合使用的意义，从此他一定会明白不同场合使用不同词语的意义。这就是中国传统文化和礼仪在课堂内的一次典型的渗透。

可见，主人翁文化不是靠灌输的，而是师生在学习、活动中互动生成的。从刘老师整堂课的教学来看，时刻关注学生，让学生成为课堂活动的主体，而老师则成为一位合作者或者参与者，所起的作用更像一个顾问，把学生们引导到一个个矛盾或者问题面前，去探究去发现，而不是交出现成的答案。这样的教学艺术就称得上"静水流深，随器成形"。深深的流水表面往往平静，但这平静的流水却有巨大的力量，它不是去摧毁，而是去改变，去包容，不同的学生就像一个个盛水的器皿，形状各不相同，但最后都被水所充溢。

但是学校文化的建设并不仅仅体现在课堂上，因为这太有限，功夫更在课外。

二、课外主人翁文化的熏陶

（一）教室布置

走进刘老师所在的班，一下子就能感到鲜明的主人翁文化。站在教室门口，迎接每一个人的是对面窗台上的十多盆植物，滴水观音、云竹、兰花、仙人球……在或圆或扁，或高或矮的花盆里，红红绿绿，像他们性格各异的小主人一样惹人喜爱。植物的旁边是三只玻璃缸，里面游动着活泼美丽的金鱼，走进这教室，一种蓬蓬勃勃的生机会感染每一个人。

墙上的展示台贴着学生的作文，留着老师毫不吝惜赞美的评语："多美的语言，多好的想象。"特别的是还有一张考卷，一位考得不理想的同学展示的考卷，上面写着家长的惋惜与提醒："你粗心大意导致了许多不该有的错误……如果你是一个负责工程的工程师，你会造成多大的损失？"还流露着家长对孩子的尊重与期待："你苦苦哀求我们不要责罚你，我们愿意给你机会，请你认真仔细对待每一件事……"原来学校文化不是学校单方面的事，这里还需要社会与家庭的合力，才能让孩子在言语、行动、感情上去践行文化的意义。

评比栏记录同学们行为常规的评比结果，这里的口号体现了同学们作主人的自信：追求卓越。

打印的课程表本来应该是白色，可是刘老师却把课程表的背景改成了淡蓝色——让人心情平和的淡蓝色。

环境最直接地告诉来访者：文化悄然无声地体现于日常的生活中。

（二）小主人意识

我作为一个不请自来的访客，让这个班上的孩子在最初的几秒钟里有过诧异，但仅仅几秒钟过后，就有几个孩子热情地迎上来，很自然地在我身边，为我介绍教室的布置、平时的活动，俨然就是这个教室的主人。我问这教室的布置是不是老师安排的，他们自豪地说："不，是我们自己安排的。"言语之间小主人的风采表露无遗。

这个班的学生礼貌、热情、好学，家长负责、民主、文明，老师文雅、渊博、智慧，我想他们正在形成一个精神家园。学校应该成为精神家园，让人体验到心理和精神的舒适；品味高雅的精神食粮；感受成长和发展的快乐与幸福。

文化是一种隐性的存在，对人的影响，如春雨，润物无声；如水流，真水无香。

特色文化背景下的语文教学特色

熊　建

有人说："小学校做事，大学校做人，成功的学校做文化。"的确，文化是学校最有价值的东西，它是一种理念、一种氛围、一种精神、一种强大的力量。有文化的学校必然催生文明，并以鲜明的办学特色提升学校的品位。

我校以"人本"为核心，以"创新"为动力，以"和谐"为目标的具有独特个性的学校文化，正以蓬勃的生机，催生着、培育着、指引着全校师生去探索学校主人翁文化深刻的内涵与宽广的外延。

有幸的是，今天刘燕老师执教的《猫》这堂语文课，正好从一个侧面展示了在特色文化背景下语文教学怎样体现对小主人成长的关怀，体现教师的教学特色。我认为刘老师的课有以下特色。

特色之一：和谐、愉悦，课堂洋溢着情趣与理趣的美。

整个课堂教学氛围轻松自如；师生关系融洽亲密；讲与导，学与练，水到渠成，恰到好处。在教学中，刘老师既是教学的组织者，又是学生中的一个，参与学生的共同活动，在平等、和谐的气氛中，使学生真正活跃起来，成为学习的主人。教师抓住中国语言丰富多彩这一亮点，从猫的"古怪"入手层层深入，激情明理。学生通过语言文字的感受、感悟，在主动积极的思维和情感活动中，加深理解和体验，受到情与理的熏陶、启迪，从而享受审美乐趣。进而，教师又通过"不可言传"的潜移默化使学生个性得到张扬，主人翁精神得到发挥。

特色之二：传承、创新，课堂具有深厚的民族文化底蕴。

语文教育是最具有民族特色的，语言总是在一定的文化传统中得到发展。时代进程已经显示我们无法抛弃传统寻找一个全新的文化空间。尤其是改革发展不能割断历史，语文教学也不例外。然而，语文教学究竟该传承些什么，众口不一，今天刘老师的课却给了我们一个很好的启迪。这堂课无论是教学要求、教学原则或方法都可以从传统的语文教学中找到源头，比如举一反三、触类旁通的教学原则，反复咏诵、潜心涵泳的教学方法都被刘老师运用自如。但刘老师也深知传统教学中的一些弊端，始终坚持教法与学法的统一，创设了和谐、愉悦的课堂教学氛围，将传统的教学原则与方法赋予了新意，形成了简约而不简单、平实而不平淡的个人教学风格。

应该说，传统的语文教学精髓也是民族文化的精髓。构建当代具有创新精神的语文教学新模式必须尊重、继承和发扬民族文化中的优秀遗产，让它们在与现代教学的结合中焕发光彩。

"问渠哪得清如许，为有源头活水来。"刘老师的课正折射出她深厚的文化底蕴，也是她这堂课成功的一个重要原因。像她那样在传统中吸取营养，在传承中不断创新发展的理念，也正是我们构建特色校园文化所必需的。

让语文与生活共振

徐学军

一、主人翁文化育人具有现实意义

现代社会的种种变革给我们的教育带来了机遇，同时也带来了挑战。就语文教学而言，我们语文教师必须正视以下两个问题：第一，孩子们喜欢看漫画、看电影、看电视，不喜欢看书、读书，有人称我们已进入了一个"读图时代"；第二，孩子们的阅读内容远离"经典"，大多为"文化快餐"；阅读方式由传统文本转向电脑浏览，对于白纸黑字的课本越来越难以亲近。那么，语文教师应该怎样增强课堂教学的时代感，才能将学生从漫画里、电脑前拉回到书本上呢？我认为，主人翁文化育人是一个值得探索的方向。

二、主人翁文化育人让语文与生活共振

在主人翁文化育人课堂教学中，我们应该寻找那些连接着孩子精神世界、现实生活，或者与历史典故、风土人情等有关的"触发点"、"共振点"、"兴奋点"，如诚信、家乡、邮票、朋友、可爱的动物以及对自然的关爱、对弱小的同情、对未来的希冀、对黑暗的恐惧等，借助于这些主题，让学生觉得语文学习并不那么枯燥，语文里还有这么多的快乐。

今天，刘燕老师的课堂，可以这么说，在主人翁文化育人教学方面，进行了一次较为有益的尝试和探索：

随着文字，孩子们仿佛成了一只只活泼可爱的猫，与老舍先生笔下的那只猫一起在蹭你的腿，让你给它抓痒，在你的桌上跳来跳去。他们贪玩，他们尽职，他们一会儿温柔可亲，一会儿冷漠无情，他们与鸡毛、线团结伴嬉戏，跌倒爬起来，爬起来再跌倒——在一种近乎忘我的氛围里，身外的一切不复存在了，只有刘老师带他们由白纸黑字出发而到达的儿童王国。

就这么喜着读，就这么爱着念，孩子们在文字里徜徉着，来回地走着。我们听众无法记录了。我们笑着，望着，沉醉着，痴迷着，所有人都在心灵深处响起了至为和谐的乐声——这是天籁，是造物主曾经赋予我们，而我们又因为这样那样的原因令它失落、沉寂的自然之音、人性之音、至爱之音。此刻，刘老师将它轻轻地拨响了。语文可以如此灿烂美丽，如此芬芳宜人！

虽然，这小小的课堂是不能把"爱"这一主题讨论得全面而深刻的，但是，通过这儿可以让学生拓展开去，让他们带着对"猫"的体悟到广阔的生活中去感受更为博大的爱，让语文与生活共振起来。在这样的课堂上，学生得到的不仅仅是爱，而且会将爱内化为一种精神力量，从而学会"去爱"。这也正是主人翁文化育人课堂教学追求的根本——在学生的心中，播下求真、求善以及爱的种子。

附2：主动教育的小主人社团活动案例

"快乐电子俱乐部"活动设计

王　可

一、活动目的

在人民小学"三高五园"活动开展中我们迎来了主人翁之园的启动。在这个活动中我指导的电子俱乐部准备以最大的努力参与主人翁之园的启动仪式活动。作以下活动计划。

二、活动准备

1. 活动中体现三个小主人的特色，动员学生积极参与展示活动。

2. 制作电子俱乐部历年参加区市全国竞赛活动的展板。

3. 开展以数字电路焊接制作为形式的展示活动。

三、活动安排

1. 扫描历年开展的活动照片、奖状奖证，设计制作电子俱乐部历年参加区市全国竞赛活动的展板。用它们展示我校的无线电测向活动、电子模拟探雷参赛活动；无线电现场装机赛活动；发明创造中的电子制作活动参赛活动成果三大块。

2. 选择展示活动参加学生，二十人，并向他们明确参加活动的意义、方法和过程。以趣而聚，活而有序，动中求异，自主共进。

3. 活动内容：自主管理，介绍活动主题，引导同学认识图纸的电路图，明确零件插的位置、导线连接的位置。提出焊接要求：焊点大小均匀，尽量不挂锡。学习处理挂锡短路的方法。安全用电、防止触电和烫伤。学习照图检查方法，认识检查的重要性。照图寻找问题，找出断点、短路点处理。

四、活动过程

（一）自主管理

1. 介绍活动主题，由"快乐电子俱乐部"部长张宇翔宣布今天的活动内容。

2. 由各小组组长领取元件盒，分给组员。

（二）提出焊接质量

1. 使用电烙铁焊接要求：焊点大小均匀，尽量不挂锡。

2. 学习处理挂锡短路方法。

用电烙铁将挂锡处熔化，同时抖电路板，让锡掉下。

（三）交代安全用电知识，防止触电和烫伤。

（四）引导同学认识图纸的电路图，明确零件插的位置、导线连接的位置

1. 认识图中标明的零件名，数网格，明确零件插接位置。

2. 认清每一个焊点与哪个焊点相连。

3. 将点阵与数码块相连后，再将点阵与集成电路脚相连接。

4. 学习照图检查方法，认识检查的重要。照图寻找问题，找出断点、短路点处理。

（五）部长、指导教师小结

今天先做数码与点阵的连接，下次再做集成电路的连接。指出同学们在纪律、操作安全、焊板清洁、操作速度等方面的优缺点。

浅谈"小主人社团"自我管理机制的形成

谢晓梅

我们正置身于一个急剧变革的时代，一个构建学习型组织的社会。在新课程改革的新形势下，面对学生日新月异的变化，作为少先队辅导员，必须正确认识"小主人社团"在新课程改革的地位和作用。"小主人社团"是学校全面推进素质教育的学习型组织的重要构建，少年儿童在学习型组织中"不断扩张自己的能力，培养新的扩张性思维方式，释放郁结已久的激情，不断学会在一起学习"，在"小主人社团"中形成"人人有管理的意识，人人有管理的岗位，人人有管理的权限"的自我管理机制，践行培养"三个小主人"的目标。

一、强化小主人自我管理的意识

开放的世界为少年儿童提供了五彩缤纷的生活空间。来自环境的多种声音、多

重色彩、多样刺激使少年儿童的多种感官异常发达。他们的眼界更为广阔，思维更加敏捷，在表达自己的思想上更大胆。全新的成长环境改写了这一代少年儿童的成长轨迹。建立"小主人社团"是展示自我、完善自我、拓展自我的儿童学习的大舞台。学校社团的学生是动态的群体，分别来自不同的班级，自愿、自主的活动极大增加了人际的交往机会。在小主人社团中，要通过多条途径强化学生自我管理的意识。

1."我能行、我竞争"的管理意识。建立自动的小干部队伍，"小主人社团"干部以竞聘上岗的形式，以公开、公正、公平的原则面向全体学生，给每个学生展示自己才华的机会，真正评选出自己信任、工作能力强的学生负责社团工作。

2."我能干、我会干"的管理意识。"小主人社团"设职能部，实施"规范＋特色"的管理机制，使每个委员有一个专门从事某方面工作的群体指导任务，依靠群体的力量，独立自主地开展经常性的工作和倡导组织某种集中性的有趣活动。让能干的学生有新的体验，让会干的学生有新的发展。

优化社团的结构，开放学习生活空间，建立富有自主活力的内在机制，加速良好团队精神的形成，形成渴望精彩、渴望成功的校园社团文化环境。把"小主人社团"建立成具有自主活力的、奋发进取的、团结友爱的学习型组织集体。

二、设置小主人自我管理的岗位

著名德育专家孙云晓提出："成功是发展、是选择、是和谐，真正内涵是幸福。"在"小主人社团"中，我们也有明确宣言：人人能发展、人人能成功。通过广泛设置小主人自我管理的岗位，满足不同层次学生成长的需要、成功的需要，为学生的自我管理搭建平台。

在小主人社团中设立参与型岗位（红领巾监督岗、卫生岗）、能力型岗位（小裁判、小老师）、体验型岗位（小主持人、升旗手）。轮流任干、学习当家、实行轮换、角色体验，为每个学生创造机会均等的参与管理、锻炼才干的机会。学生根据个人爱好、特长、兴趣寻找一个岗位，体验一种感受，收获一种启迪，展示一个真实的自我。定期评选各层次的"学习小标兵、活动小专家、生活小能人"。

三、小主人有自我管理的权限

自动化是儿童主体发展的需求，也是身心发展的个性化与社会化的要求。没有

"小主人社团"，小主人自己的舞台

自动就没有个性。在"小主人社团"中人人有参加管理的权利，个个有履行组织委托的义务。学会自治、自律、自善、自强；学会合作、互爱、相助、共进。

"小主人社团"倡导自己的活动自己搞，自己的事情自己管，自己的伙伴自己帮，自己的进步自己争。不依赖老师，自己动脑动手，大家群策群力来创造。出点子、提倡仪、订计划；自己设置组织名称、社团标志、团队口号；自己布置活动环境，创设活动条件，组织活动，指挥、主持活动；自己检查、总结、评比、表扬。

还应强调的是，自我既是小我，又是大我，是"我"和"我们"的融合体，个人和集体的紧密结合。把学生个体的主动性、积极性融入集体的自动之中，促进团结友爱、奋发向上的学习型集体形成和团队精神的发扬。著名教育家苏霍姆林斯基指出："真正的教育是能够促进自我教育的教育。在组织中学会自我教育——自我认识、自我要求、自我勉励、自我督促、自我批评、自我克制、自我充实。"让学生自治、自理，做学校的小主人。

冰心先生告诉我们，"让孩子像野花一样自然生长"。我想，这正是成长的真谛。我希望"小主人社团"是迷人的乐园，人人有快乐的追求，天天有攀登的行动，时时有成功的喜悦。今天学会做小主人，明天做现代化中国的有理想、有文化、有追求、有责任、有修养、会合作的新主人。

志趣　自主　发展　共进

——浅谈我校"小主人社团活动"的"主人翁文化育人"特点

雷　燕

一、志趣与自主

志趣，作为人的一种个性品质，其内涵有两个方面：一是志向，理想；二是与志向相关的、稳定的爱好和执著的追求。没有志趣的知识，只能通过力性而不是德性来推动和维系。没有志趣和关怀，就没有强有力的爱欲去维系对爱与永恒的追求、对人性中优良秉性的执著，以及对真善美的向往。因此，我们在课堂教学中非常注重激发学生对本学科学习的志趣。而小主人社团活动在这方面有着明显的优势。学生不能因个人的喜好来选择所在的年级、班级和任课老师，却可以根据自己的志趣去选择相应的活动俱乐部。大大小小，童男童女，年龄不同，班次各异，只因为相同的兴趣爱好和理想追求而聚集在自己敬慕的老师身边，聚集在可以实现梦想、体现自我的开心俱乐部里。按照我校小主人社团"自愿"的原则，来者皆因志趣而至。这种"志趣而聚"的特点，为小主人社团的"主人翁文化育人"活动提供了有效的动力机制，正是这种志趣动力，才使学生在指导老师的专业引领下更加充满自信，实现活动的自主才成为可能。于是，我们欣喜地看到，"小主人合唱团"的学生团长，有条不紊地主持合唱团的日常工作：从介绍团队的组织、结构、成绩和指导老师，到进行常规的基本训练和及时的评价与信息反馈，都表现得落落大方，井井有条；"巧巧手"的小干部，有序地组织着同学们对剪纸方法进行研究和讨论；"开心英语"的小老师带领同学们进行"记忆反应"游戏，对学过的英语单词进行巩固和复习；"我型我SHOW"的个性作品展示，更是将孩子们的自主设计和自主创造表现得淋漓尽致。这些自主活动的成功体验，又使他们的志趣得到了稳固的发展。

二、发展与共进

从学生自主的活动中，我们可以感觉到，老师的管理既包含了对学生充分的信任，给他们的自主发展提供了广阔的时空，也体现了对活动管理的科学性，即学生自主性的"度"的把握。如何让学生在保持志趣动力、获得自主能力的同时，去求真求新，努力达到文化育人的目的，使师生共同发展？这就给我们指导老师的专业引领水平提出了更高的要求。"我型我 SHOW"的指导老师在色彩的搭配上给学生以审美的建议；"巧巧手"的指导老师在如何从传统的剪纸符号发展引申到现代的剪纸艺术方面给予学生专业的引导；"开心英语"的指导老师通过图片、游戏、猜谜等丰富多样的活动，结合学生的生活实际，创设过年的喜庆场景，引导学生进行新单词新句型的学习。合唱团的孩子们学唱歌曲《赋得古原草送别》。同学们通过各种方式，自主地查找资料，自主地获取和分享对白居易这个作品的文字理解和意境想象。但是，在旋律、和声、力度、演唱、情绪情感等表现方法上，指导老师都给予由浅入深地启发性指导，使学生能够通过音乐的艺术魅力，去进一步理解传统文学作品所表达的美好情感。我们看到，经过第一乐段齐唱部分的复习，同学们已经基本把握了歌曲抒发的送别友人的情感基调。随着音乐旋律让我们一起来重温这首古诗词的意境：……这段齐唱已经让孩子们感受到朋友之间的依依惜别之情，含蓄，内在，深沉。像"离离原上草"那样旺盛、连绵不断、蓬勃饱满的激情已蓄势待发，高潮在后面，也就是合唱部分。音乐旋律高亢起来，力度一下子强了起来，由前面的单声部齐唱到后面的二声部合唱，音乐层次和音响效果更加丰富起来，大家可以想象一下 60 多个孩子的深情演唱……作曲家谷建芬觉得已经无法用言语来表达，只能用衬词"啦"不断反复地歌唱咏叹这珍贵的友谊、美好的情感。60 多个小孩子，要积极地聆听和关注伙伴和指挥的表演，把自己的个性融入团体的共性，进行音色统一、声部和谐、力度一致、情绪饱满的合唱，并形成一种有生命的艺术感染力，实在不易！如果说他们的演唱真挚感人的话，那么指导老师的专业引领可见一斑。老师的引领推动学生的发展，学生的发展又将促使老师在专业引领和科学管理上的进一步提升！

明人王心斋的《学乐歌》云："学是学此乐，乐是乐此学，不学不是乐，不乐不是学。"有的人所学不是此乐，所乐也不是此学，学不在乐，乐不在学。为什么呢？因为没有志趣的缘故。只要学生"本心乐为"，就可以在老师的指导下有"自修之志"，从而达到"自得"的境界。所以，善教者要让学生知识和志趣均衡发展，将学生的自主和教师的引领紧密有机地结合。其实，小主人社团活动中的师生，共同经历的不仅仅是一种活动状态，也是一种学习状态，更是一种体验愉悦、勇于探索、自信创造和收获成功的情感与生活状态。在"主人翁文化育人"精神指导下的小主人社团活动，正是让学生成长为学习小主人、活动小主人、生活小主人的发展平台，也是教师在成就学生的同时，成就自己的人生舞台。

文化作帆，成就精彩小主人

刘 欣

看过今天的小主人俱乐部活动，我在被孩子们精彩的表现震撼的同时，也为我们人民小学有着如此极具特色的学生活动教育而感到骄傲。

人民小学的文化发展经历了一个在传承中创新的历程。为践行人民小学"小主人成长的摇篮"这一办学理念，我校主动教育历经了二十年铸一剑的磨砺，走过了社团建设、学科建设、育人模式建设之后，进入了研究的核心领域——文化建设。今天的"主人翁之园"启动，拉开了学校"十一五"规划文化探究和建设的大幕。

文化绝不能是纸上谈兵、夸夸其谈地坐而论道，文化建设需要体现在认同共同的价值观念，追求共同价值目标的过程。二十多年的时间里，小主人俱乐部的发展呈现出了学校主人翁文化精神探究在传承中创新的动态过程。创建之初的小主人社团更多地致力于一种比较功利性的结果追求，目标是学生技能的培养。于是参加活动的学生是精挑细选的结果，活动过程中是教师孜孜不倦的指导、训练，这样的活动开展带来的结果必然是活动专业化倾向的日渐过度。学生在活动的技能技巧上拥有超出常规常理的发展，但是在情感、志趣、自我追求、自我养成方面的心性和潜力被压抑。随着主动教育的日渐深入，主人翁文化精神的探究渗透进了我们的活动教育中。在传承小主人社团活动阵地的基础上，我们的活动教育转向了小主人俱乐部的形式。我们活动教育的目的从较为功利的结果性追求，转向了自我教育、自我评价、自我认同、自我发展的文化精神价值追求，实现了本质上的提升。我刚才特别留意观察了一下活动中的孩子们的技能状态。我欣喜地发现，并不是所有的孩子在自己的俱乐部中都有着很强的技术能力，但他们可以进入俱乐部，参加自己感兴趣的活动。我们活动教育的着眼点不再仅仅是学生活动专业能力、专业技巧的提升。学生在活动中收获情感的体验，收获兴趣爱好的满足，或者收获与志趣相同的同学交流带来的愉悦都是我们乐于看到的结果。

从今天的八个俱乐部活动中，能够比较清楚地看到学生们在学校的主人翁文化中实现的自我教育有以下四点：

审美情趣的自我熏陶。纸模、剪纸、形体艺术等艺术活动中，教师很合时宜地把角色由传授者变成了活动氛围的营造者。在宽松自由的氛围中，在美的感召下，学生利用手中的彩纸、剪刀、彩带、彩球创造自己所感知和认同的"美"，实现了审美情趣的自我熏陶。

科学精神的自我养成。快乐电子俱乐部、机器人制作俱乐部有着较强的科学性和实践操作性。活动室里很静，学生们沉浸在各自的制作中，偶尔有一些相互间的交流。选择哪一种元件、运用哪一个部件，老师都没有具体的要求，完全由学生自己在制作的过程中体会。成功也好，失败也罢，都不重要，重要的是这样一个过程的体验。而教师就在学生有了自己的体验和思考后给予点拨，帮助学生完成此项经验的积累。学生的科学精神的养成是在自我主导下逐渐实现的。

协作精神的自我调节。合唱团是一个格外强调团队合作的俱乐部。默契养成应该看作是一项重要的基本功。在这里感受到的是一种很纯粹的音乐素养训练。能用音乐方式完成交流的，就很少交给语言。一抬手，一扬眉，一微笑，一点头，一次次调整和转换就悄然完成，音乐在完整中流淌。难能可贵的是，这一切都是在学生指挥下完成的，学生们自我完成着协作精神的调节和养成。

交际交流的自我设计。英语、新闻中心是学生语言交流能力得以充分发挥的阵地。英语活动活泼开放，学生们在一个共同的话题中自由地表演、谈论、讲述。充分体现了语言作为交流工具的特质。至于新闻中心更是实现了小记者对当天活动的全程跟踪采访。学生在这样的俱乐部中自我设计交流话题和交流方式，真正拓展了语言训练的外延。

合唱、机器人制作、英语、新闻中心、纸模、剪纸、快乐电子、形体艺术八个俱乐部领域不同，内容各异，甚至思维方式都大相径庭，但它们都因强烈的自我发展意愿、完备的自我教育体系，彰显出脉络清晰的主人翁文化气息。

人民小学的优质产品不仅仅是一个个优秀的学生，更是我们的育人模式和文化精神。只要我们拥有先进的育人模式和文化精神，就可以源源不断地培养出优秀的学生。这也是我们对学校文化孜孜探究的内在动力所在。

让生命自主快乐地成长

朱永伦

[情景一：高高举着的小手] 阳光下，学校的田径运动会正在激烈地进行着。操场边，一群可爱的孩子高高举着小手，围着班主任老师大声地说："老师，我去，我去……"；几乎每一个孩子都流露出哀求的目光，看上去他们都十分渴望老师点到自己的名字，有的跳着、有的喊着、有的叫着、有的拉住老师的手。班主任被这群孩子拥着、推着，被移动了一大截，显得不知所措。最后，老师慌乱地点了一个小男孩的名字，这个小男孩蹦蹦跳跳地跑向操场的另一处，剩下的孩子像一群没有觅到食物的小鸡失望地走开了。此时，运动会检录处的高音喇叭在喊着二年级（3）班安排一名替补的同学到检录处点名，准备参加 100 米的田径比赛，这时我才恍然大悟。是啊！每年的比赛，老师们组织学生开展报名工作，十分头痛。孩子们都想代表班集体参加比赛，却因为项目较少，参赛的名额不多，常常为自己的落选而失望。

[情景二：苦涩泪花如此美丽] 呜……呜……从学校操场的一角传来一片呜咽的哭声，回荡在操场的上空，声音是如此让人揪心。原来，随着六年级两个班自发组织的足球比赛结束的哨音吹响，输球班级的学生由于没有取得胜利，在相互抱头痛哭。刚才，在场上骁勇善战、你争我抢的学生满脸惆怅，手持道具、面画油彩、个性张扬的学生观众在哭泣，伤心的眼泪像断线的珍珠从脸上不住地掉下。我看见老师的劝慰也无济于事，他们找了许多的托词和借口，有的指责裁判的不公，有的埋怨同学的球没有踢进、失去赢球的机会……在场的老师对他们的哭泣也束手无策。我不得不问他们怎么了？一场自发组织的比赛就这么重要吗？看着一张张挂满晶莹泪珠的脸蛋儿，我似乎明白了什么，只能从心底里说：孩子们哭吧，苦涩的泪水也是美丽的。

[情景三：晶莹的矿泉水瓶] 今年的科技节怎么在树上吊了这么多瓶子？几个背书包的孩子停住脚，站在操场边的黄桷树下，仰望着在风中摇曳的塑料瓶，向旁边的同学发问。"老师你能说一说为什么吊这么多的瓶子？"一位小女孩满脸疑惑地问着我，我反问到："你说呢？""我想是挂着好看，美化我们的校园吧！""不，我想是跟环保有关吧！"……几个小女孩你一句我一句地说着自己的想法。你们说得都对："孩子们，这是一件跟环保有关的作品，树上吊着装满颜色水的瓶子，告诉我们地球的水已经不多了，大自然中生命赖以生存的水越来越少，正在被我们污染，这样的设置呼吁我们节约用水，爱护我们的水环境。知道了吗？""哦，原来是这样，这件作品真有意思，感觉今年的科技节比去年有新意了。"小女孩说完高高兴兴地离开了。

我望着树上色彩斑斓晶莹透明的塑料瓶，在阳光照射的树荫里，闪烁着耀眼的光芒……

分析原因：

"生活即教育"，伟大的教育实践家陶行知先生说得真好，他告知我们教育在生活中无处不在的道理，作为教育者的我们要关注学生，走进学生的生活，亲密接触，才能发现问题，给予我们更多的启迪，这是我们做好育人工作的前提。以上三个事例，是前几年发生在我校真实而有趣的事例，引发了我们对学校德育活动的深思。当今的孩子们生长在信息爆炸的时代，他们通过不同的媒介与渠道吸取了丰富的营养，知识面广，思维活跃，有自己独到的见解，超强的自我表现欲尽显于生活的每一个角落，表现出独特而鲜明的个性特点。像这样的事例在我们的校园时有发生，我们不难看出教育对象在悄然发生变化，但学校德育活动随着这种变化也凸显出较为严重的问题。

学生的主体意识逐步增强。教育的关键在于怎样调动或利用学生内在的驱动力，发挥其主体精神的作用，从而达到教育的理想化。从前两个情景我们看出，孩子们在常态生活中难以体现自身的价值，想寻觅机会，成为活动的主体，努力证明自身存在和生命的价值，通过为集体争光，给自己添彩，来体验成功的快乐与幸福，我们的教育怎么能放弃培养学生自主意识的良机呢？同时，我们从足球比赛可以看出，孩子们在紧张的学习之余说服老师，自发地开展比赛活动，虽然从活动自主的策划、道具的制作以及比赛的劲头及输球后伤心的场面，可看出他们是多么的稚嫩和脆弱，但也足以说明学生对活动的重视、对成为主人的渴望，其主人翁精神在幼小的心灵开始萌芽。作为教育者我们面对难得良机，何不将计就计进行正确引导，把生命成长的自主权还给学生呢？引导学生主动辨别是与非、美与丑、善与恶，进行真善美的教育，培养健全的人格，充分体现德育活动的人文性与主体性。

除此之外，我们不得不反思学校活动的本身，一方面是不是在教育者思想与观念的影响下，正逐步偏离轨道走向形式化、功利性呢？当今的德育活动为活动而活动，从尊重学生身心自主发展的角度思考得少，从教育者"想当然"的角度思考得多；从教育的思想性与实效性上思考得少，从表面轰轰烈烈思考得多；活动的数量逐渐减少，从安全或其他原因思考得多，脱离了活动本身的生存性和人本性，或使学生失去参与的机会，或使学生被动地参与，使德育活动逐渐走入一种误区，影响了学生参与的兴趣，把教育的对象推向了对立面；另一方面是不是应该思考对活动的创新呢？如今的学校活动大多按部就班，落后于时代的步伐，让身边的教育资源闲置一旁，缺失教育性与前瞻性。德育活动在内容与形式、方法与手段上陈旧老化，让本应受学生喜欢的教育形式逐步变得索然无味、苍白无力，我们的活动要像"晶莹的塑料瓶"事例一样，去吸引学生主动思考，进行潜移默化地育人，使学校德育活动在育人中彰显魅力。

基于上述的原因，我校教育人经过几年的探索与努力，围绕学校"小主人成长摇篮"这一特色鲜明的办学理念，以培养学生"做学习的主人、活动的主人、生活的主人"为目标，使学校德育走出了一条可持续发展的道路。我们在德育活动中发扬学生的主体精神，通过开展大量内容鲜活、形式新颖、吸引力强的高水平教育活动，激发了学生主动参与活动的兴趣，引导学生健康快乐地接受德育活动的熏陶，在自主实践中，成就自我，完善自我，从而形成健康向上的人格，使孩子得到了自主快乐、健康向上的发展。

采取措施：

我们深刻地认识到，德育本性在于培养具有自主精神、积极个性、良好德性和健全人格的人。德育活动必须高度重视受教育者的自主性，必须以受教育者为主体，以促进人的自主发展为目标，使德育活动成为受教育者自主个性形成、精神培养、德性塑造、人格提升的有效手段。因此，近年来我们坚持"育人为本"的思想，针对学校德育活动自主性缺失、创新性不够等问题，从德育活动的本性方面进行了深刻反思，并结合学校主动教育实验做了大量的探索与实践，引导学生成为活动的主体，注重其情感的体验及自主创新与实践能力的培养，努力探索出追求实效、生动育人的德育途径。采取了以下具体措施。

一是创新活动形式，增强育人实效，使学生取得自主生动的发展。我们针对学校主动教育办学特色，坚持"我的活动，我做主"的主动教育思想，以小主人社团为载体，以创新活动形式为手段，吸引学生参与到生动活泼的活动中来，得到自主生动的发展。

我们通过开辟小主人朝会、校会、自主队会、俱乐部训练等德育活动课，让学生自主参与策划、组织学习活动，提高了学生自我教育能力，激发了学生浓厚的学习兴趣。同时，我们组织学生参与园林之园、健康之园、艺术节等大型活动，为活动出主意、想办法，从孩子们的认识出发，丰富活动形式，吸引更多的学生参与活动，接受了生动的思想教育。六年级毕业典礼以"最后一课"为主题，《祝福你母校》深情的歌声、飘扬的签名校旗，永远铭记在毕业生的心中；以"深化健康之园，促进学生身心发展"为中心的体育节，分年段分内容开展"我的生活，我能行"为主题的活动，在校园掀起"做生活主人"的热潮；园林节以"鲜花进教室"为切入点，让全体学生参与收集生活的废物，集体创作具有创意的行为艺术作品，培养了学生节约资源、爱护环境的意识；艺术节让学生在才能展示和美的追求中，进行自我教育与管理。生动活泼的德育活动形式，使教育变得更加丰润，学生们在实践中主动感悟思想教育的内涵，自觉地内化为自身的良好品质，获得了自主的发展。

二是丰富活动内容，教育贴近生活，使学生获得自主真情的体验。我们在每一个活动中，十分重视其内容的思想性。在策划时，立足孩子们生活的世界，教育内容既要考虑思想性，又要接近生活，注重活动内容的生存性，才能吸引学生参与其中，进行自主真情的体验，避免活动"走过场"，失去活动的意义。因此，我们将养成教育、道德教育、集体主义教育、环境教育、艺术教育、感恩教育融入活动中，从身边的小事做起，从生活中提取主题，给予足够的时间，引发学生去思考与感悟，培养学生良好的习惯、强烈的集体主义意识，让学生感觉教育亲切自然，从内心深处对这样的活动产生强烈的参与欲望，在愉悦的活动中主动接受潜移默化的教育，增强教育的实效性。

三是改革活动项目，扩大参与面，使学生拥有自主参与的权利。我们坚持"人人参与，个个发展"的原则，从关注学生的愿望、心理需求出发，力争教育实效，给每一个学生提供自我发展的平台，保证每一位学生享有自主参与活动的权利。如在传统的体育节中，将田径项目减少 5 个，增加了 3 类生活项目的展示，将接力赛人数增加到班级人数的 90%，使参与体育节的人数增加到 3400 多人次，参与面达100%；在艺术节活动中，既有全班参与的合唱比赛，又有 6 大类的美术单项比赛，学生参与面达 100%，在"踢跳"运动会中，我们采取分年段、分场地的方式，保证每位学生参与活动，参与率达 100%，即使是在园林之园的活动中学生的参与面也达到 90% 以上，我们采取个体项目适当减少、集体项目增多的方式，激励学生自主参与活动，发展了自己的才能，展示了自己的风采。

四是及时进行评价，提供必要保障，使学生具有持续发展的动力。"使学校德育活动有创新，像鲜花一样散发着迷人的芳香"，是我们教育者永远追求的目标，为了让学校活动具有永恒的育人魅力，我们以评价作为保障，使学生对活动保持高度的兴趣和产生持续发展的动力。在德育活动中，我们通过创新班级评价方式，引导班级改革小主人评价方式，逐步形成列表法、图案法、计数法等多种具有特色的评价方法，对活动进行及时评价，让学生拥有成功的喜悦与收获，极大地调动了学生的兴趣。同时，鼓励部分班级开展网上评价，探索家校评价的新机制，建立起网络化与立体式的评价体系，为德育活动机制保驾护航。我们也建立了学习小标兵，生活小能人，活动小专家"三主"、"三级"评价体系，制定了《小主人素质报告单》等，形成了德育活动评价特色，为学生参与活动、取得全面发展提供了持续发展的动力。

展望未来，我们对德育活动育人途径的探索任重道远，面对复杂的教育环境、个性突出的教育对象，我们将继续坚持与深化主动教育思想，为孩子的生命得到更加自主的成长而探索。

桃 李 言

——二〇〇七级毕业生感言

又到了石榴花开的六月，又到了黄桷树绿的六月，又到了毕业的六月。丝丝的离情悄悄地溢满了整个校园，沉沉的怀念浓浓地胀满了每颗心灵。昔日的朗朗读书声、曾经的欢声笑语，即将成为定格的回忆，过去的点点滴滴，一时都涌上心头。

火红的六月是伤感的，也是愉悦的。六年前，为了追寻主动发展之梦，我们相聚于人民小学这块沃土，六年后，我们满载收获又从这儿起航。说句心里话，离别虽在眼前，但真希望这一天晚来一些，再晚来一些……

今天，我最后一次走进人民小学的校园，向浮雕墙上的小红军告别，向中心广场上的贺龙爷爷告别。亲爱的同学，你们还记得吗？我们曾经一起在中心广场的花草间漫步，在大操场的绿荫里玩耍；亲爱的老师，你们还记得吗？我们曾经一起在教学楼里研读，在逸夫楼里歌唱。校园的角角落落，都印满了我们的足迹，充满了我们的笑声。六年的春秋相伴，两千多天的朝夕相对，是一幅幅永不褪色的图画。还记得第一天入校，是哥哥姐姐帮助我找到了教室；还记得那一次犯了错误，是同学的宽容让我抬起头来；还记得那一次我考差了，是老师的鼓励让我重新树立起信心。六年，我从一个爱哭鼻子的小娃娃长成了一个独立自主的小主人，从一个稚嫩幼小的孩子变成了一个自立自强的少年。

我不会忘记，黑板上熟悉的粉笔字和那双沾满粉笔灰的手；我不会忘记，那个深夜伏案的背影和那新添的白发；我不会忘记，小主人社团里的激情挥洒和运动会上的你追我赶；我不会忘记，艺术节上的缤纷风采和活动月中的各展英姿。如果说，我们在离别之际开出了鲜艳的花朵，那么老师您就是最无私的园丁。如果说，我们在毕业之时收获了累累的果实，那么母校您就是最宽广的园地。

然而，时光如同一辆飞跑的马车，不经意间，就驰过了六年的风景；岁月如同一条蜿蜒的小河，弹指之间，就淌过了六年的光阴。幽幽的骊歌已经萦绕在耳旁，寂寞的蝉鸣已经划破了夏日的天空——离别已经近在眼前了。不想说再见，因为我还没有看够同学们生动的笑颜；不想说再见，因为我还没有听够老师们的谆谆教诲；不想说再见，因为我还没有欣赏够校园里的每一棵树、每一朵花。

手捧毕业证书的最后一次庄严敬礼，祝福母校的最后一次深情致辞，手挽老师、家长在毕业墙上的最后一次涂鸦，我们全体毕业生签名赠送给母校的特殊礼物——自制巨型校旗，这一切的一切都深深地烙在我们的记忆里。因为人民小学这块沃土见证了我们成长为学习的小主人、活动的小主人、生活的小主人的成长历程，我们在这儿学会了自学、自练、自评；在活动中知道了自愿、自主、自治；在生活中明了了自律、自理、自护。

就让我们最后一次把鲜艳的国旗升上校园上空，最后一次向老师深深地鞠躬，最后一次看一眼我们的教室。也许我们有些伤感，但是我们并不惆怅。因为那无限的未来就要从现在开始，我们将要去实现"今天我以人民小学为荣，明天人民小学以我为傲"的诺言。我们是人民小学的孩子，我们的血液里奔腾着红军的精神；我们是人民小学的孩子，我们的骨髓里烙上了小主人的风范。今天我们是缤纷的桃李，明天我们将是坚强的栋梁！今天我们是人民小学的主人，明天我们将是国家的主人！

让我们祝福同学，愿你志存高远，奋发向上！

让我们感谢老师，祝您身体健康，万事如意！

让我们感谢母校，祝您繁花似锦，根深叶茂！

再见了，亲爱的同学！

再见了，亲爱的老师！

再见了，亲爱的母校！

想念的话，说也说不完；关怀的心，永远不改变；真挚情谊，永远不会忘。愿我的祝福将你围绕……

教师感言

同学们，你们走了，你们的声音便成了老唱片，永远存放在我的心头，直到有一天，掸去封套上的灰尘，今天的欢声笑语，便会重临我心头。放心地飞吧，当天空因你们而绚烂，夜空下，一双眼睛永远凝望着你们美丽的身影。

——漆太利

同学们，还记得我们的班训吗？拼搏而后无悔，不弃而后执著！小学毕业，不是终点，而是人生中新的起跑线。别为前路坎坷而彷徨，别为求学艰辛而犹豫，是的，像海燕一样勇敢地高呼"让暴风雨来得更猛烈些吧！"

——刘红强

亲爱的同学们，六年了，我们终于走到了离别的时候。六年里，我是你们的老师，可我觉得我们更像是伙伴，一起奋斗，一起努力。六年里，多少的汗水与泪水，搭建起我们共同成长的阶梯，铸就了 2007 级 1 班的辉煌，我会记得，你们一定不会忘记，这一段爱的传奇。

——欧阳红梅

同学们，学习犹如逆水行舟，不进则退。愿你们在今后的学习中刻苦努力，勤奋拼搏，更上一层楼。

——宋　燕

孩子们，步入中学的殿堂，是人生的一次飞跃。愿你们在这个新的殿堂里，发扬滴水穿石、锲而不舍的精神，乘长风、破巨浪，展翅翱翔，去努力实现自己美好的理想，迎接更加灿烂美好的明天！

——徐学军

科学之园

"科学之园"研究科学管理、科学服务

"科学之园"：其宗旨是"科学管理，服务发展；科学育人，提高质量；学会学习，科学学习。"科学管理的核心是：着眼特色，立足校本，建章立制，遵循规律；目的是为实施素质教育服务，为师生发展服务。科学育人的要求是："激之以情、启之以慧、悟之以理、知行共生"，目的是为学生全面发展服务，为全面提高教育质量服务。科学学习分学科学习和社团活动，启发学生在学科学习中做到：好问善思、动静结合、养好习惯，举一反三。引导学生在社团活动中做到："志趣而聚、活而有序、动中求异、自主共进。"实施素质教育需要有对现代教育的高远理想和激情，也需要遵循科学规律，掌握科学方法。我校的科学之园将为此潜心研究，不断探索。

——丁继泉

自主创新求真务实，潜心打造"科学之园"

——"科学之园"概述

教育发展的规律到底是什么？人的发展有着怎样相同或不同的轨迹？教育，应当如何去关注人的发展，适应社会的发展，提高作为人的教育的质量？学校，应当如何遵循教育的规律，为提高教育质量做好管理和服务？每一位终身参与学习的学习者，面对时代发展的浪潮，又应当如何甄别筛选，科学有效地学习，与时俱进，永不落伍。……

随着《义务教育法》的修订和颁布，学校要科学发展，既要做到依法办学，依法治校，依法从教，更要不断进行教育科学的研究，着力于提高教育教学质量。管理团队要以科学管理，来服务发展；全体教师要以科学育人，来提高质量；通过学习实践，掌握科学学习。

"科学之园"引领我们以教育专业工作者的身份，对教育进行更加理性的思考、实践和研究，为教育的科学发展，作更加深层次的追问和反思。

2006 年 6 月 7 日，人民小学逸夫楼底楼五间教室，"科学育人"研讨会召开，全校两百多名教师，围绕着"学科育人的规律与反思"、"学科建设之我见"等议题，展开了热烈的讨论。

2006 年 7 月 22 日，逸夫楼小会议室，"遵循规律、服务育人"演讲比赛召开。25 名学校员工围绕着"服务品质的优化与反思"各抒己见。

2006 年 10 月 18 日，逸夫楼小会议室，"新课程背景下的校本管理"干部管理论坛召开。18 名管理人员结合"学校管理人才的综合性发展、制度建团、制度育人的研究以及教学园区的特色建设"等问题，作了充分的论述。

2007 年 1 月 12 日，逸夫楼小会议室，"科学管理与制度建设"干部管理论坛召开。制度建设的科学性、合理性、实效性的思考在此次论坛上达成高度一致的共识。

2007 年 3 月 6 日，逸夫楼小会议室，"三级模式管理"管理论坛召开。32 名组科级、二级中干、中层干部及校级领导围绕着如何落实学校三级管理、提高有效性进行了研讨。

2007 年 4 月 17 日，"学校的科学发展观"研讨会，35 名校级干部、中干、教代会成员、工会成员参加会议，并针对学校办学及发展的思路和方向，进行了自由发言和讨论。

2007年5月16日，以"扬主动教育特色，展课程改革成果"为主题的第43届教研会圆满结束。12位教师展示了8个学科的课堂教学，并就此开展了研讨。上课、听课、评课，品味课改，反思教学，交流思想，分享喜悦。

……

不同层次、不同类型的研讨会、论坛、演讲比赛，锻炼了一批优秀的教职员工，"人人都是德育工作者"、"做有思想的教育实践者"、"爱让教育服务品质更优秀"，老师们的话语，闪现着智慧与深情。"科学之园"打造了一支优秀的管理团队，强化了科学的管理制度，培养一批德才兼备的综合性人才、"会想、会做、会说、会写"的"四会"型干部；编撰了《学校管理制度手册》，完善各类管理制度，用制度管人，让制度建校，通过科学的管理确保了学校教育质量的品牌化与优质化。

未来五年我校将着力打造每个教学园区的办学特色与办学风格，要加大自主创新力度，寻求不同类型的育人规律，遵循科学的育人理念与方法，加大各个学科综合性建设的力度，各学科将在学科带头人的引领下，办出自己的特色，凸显具有学科特点的、具有科学规律的教育教学方法。

踏踏实实做研究，认认真真搞改革，也许，"科学之园"没有"大家讲坛"的热闹非凡，也不及专家学者们的睿智深邃，少了些时下流行的"超女快男"的娱乐，多了些潜心向学的虔诚与执著。"把研究当作一种工作习惯，把学习当作一种生活习惯"，这将使我们真正进入学习和研究的状态，只有真正进入学习和研究的状态，我们的工作才会有质量，我们的生活才会有温度，我们的人生才会增加厚度、拓展宽度，实实在在地提高幸福度！

在研究中分享　在研究中提高

——第43届教研会反思

王清萍

以"扬主动教育特色，展课程改革成果"为主题的第43届教研会在大家的共同努力下圆满结束。12位教师所展示的8个学科的课堂教学活动为大家献上了一份精神大餐。尽管是周六，但研讨会现场气氛却格外热烈。上课、听课、评课，老师们津津有味地品味课改，反思教学，交流思想，分享喜悦。

综观12堂课，值得圈点的方面如下：

1. **整体综合的学习目标。**理解把握教学内容正确，学习目标的定位准确，学科特点比较突出，学习过程和方法紧附知识、技能展开，情感、态度、价值观在学习的过程中得以形成，教书育人，育人教书，润物无声。

2. **民主和谐的课堂气氛。**无论是借班上课还是在本班上课，教师都努力地为学生的有效学习、自主学习营造宽松、民主、和谐的氛围。万振华的循循善诱、侯婷婷的恰当评价、欧阳红梅的饱含真情、杨林开课时的与生同律动及所有老师对学生的关注都让我们感受到师生关系的和谐、课堂教学的民主。

3. **自主探索的全面展现。**教学内容与学生是教学的主要方面，前者是规定学什么，后者是说明谁来学。主动教育的理论与实践帮助我们懂得学生才是学习的主人、主体。教师应改革教法，应发挥的作用是引导学生去探索教学内容的规律与真谛。唐光东的顺学而导，学生学得轻松自如；王春抓契机让学生在探究规律中品数学味；王邦林注重学生主动建构知识体系，掌握数学思想方法；杨林组织学生实地比较原地拍球与行进拍球的不同方法自练自悟，各学科学生的自主体验式、探究式、实践式及自练自悟自评等学习活动，都在教师的启发引导下占有了一定的时间和空间。

4. **对学生感悟和智慧的尊重。**新课程的推进让我们越来越深刻地感受到对学生的尊重就是对个体生命的尊重。尊重学生，除了尊重其人格之外，还要尊重其独特的感悟、灵感和智慧。课堂充满生命活力，学生的感悟与思维也多姿多彩。本次的教研课，老师们都十分重视这个方面的问题并开始尝试，如倾听学生的表述有耐心、及时肯定有创意的思考等。

5. **师生综合素质得到展示。**8个班的学生所表现出良好的阅读能力、思维水平、动手能力、歌唱能力、观察能力、运动水平、表达能力以及思考解决问题的能力。颜秋琴、杨林、张元军、黄文刚、姚小强等老师对学生的引导、与学生的亲近值得学习；赵玉寒亲切的教态、标准的语音给人留下记忆；侯婷婷、万振华良好的基本素质，唐光动的风趣、流畅，王春的严谨，王邦林的沉稳、缜密，红梅的创新和真情都让我们感动与难忘。

6. 挑战自我，精神可嘉。在教研会上展示课的 12 位教师乐于承担重任，不图名利，不计报酬，克服头绪多（学校各种活动不断），时间紧（上班时间用不上），压力大（思想上、工作上）等诸多困难，数易教案，反复试讲，精雕细琢，把教研会作为一次难得的机遇，主动历练，自加压力，完善自己。王春老师与 20 出头的小青年同台上课，的确要有十分的勇气。她挑战自我，战胜自我，站稳了讲台，自然融入学生，赢得了老师们由衷的称赞。黄文刚老师教学不到一年，各方面都不成熟，但这个小伙子欣然担纲，尽心完成教学，精神可嘉。张元军老师初入课堂，用心钻研，刻苦进取，引领学生参与实验，取得了可喜的进步。

评课交流会上，执教者与听课者济济一堂，反思，评课热烈，各抒己见，见仁见智。有真情的欣赏，有产生的联想，有不解的困惑，有真情的建议，有尖锐的批评，有由衷的赞叹。各个组的讨论记录上满载着大家对教育的执著，对课改的理解，对素质教育的追求，对教学改革发展的向往和期盼……教师的整体水平得到新的提高，这是我们课改六载的成果展示（思想、行动、效果），是多年主动教育结出的硕果，更是向直辖十年献上的一份厚礼。

本次教研会的圆满成功，还要感谢各年级各学科的鼎力相助和极大的付出。语文、数学、音乐、体育四个学科的教研组在组长的带动下，揣着研究的任务，奔波于本部与融侨部之间，让所有的教师在研究的过程中共同提高。感谢信息技术组的教师们，研讨会所需的媒体辅助和资料留存都离不开这群小伙子，教师们的成功中有小伙子们的付出！感谢后勤组及伙食团的所有师傅，研讨会整洁雅致的环境、解渴的茶水、丰盛的午餐都饱含你们的辛勤劳动。全体教师向你们致敬！感谢来自垫江五洞小学、梁平实验小学、凉山小学和大足龙岗小学的教师代表们。他们的到来和留下的信息反馈表达了对我校教改的关注和支持。感谢二到六年级的 8 个班的班主任老师们，他们做了大量工作，学生组织十分到位，保证了教研会的顺利进行。

存在的问题：

1. 教师在课堂教学活动中按预设行课的痕迹仍不同程度地存在。

2. 三维目标在课堂教学过程中有机结合得不够好，有顾此失彼的现象。给学生独立探索（思考）的时间不够充分。

3. 教师对学生的评价恰到好处的度把握不好，有的过了，有的不到位或不准确。

4. 有的教师课堂上缺乏激情。

今后，学校将搭建更加宽阔的、相互学习的平台，让学校教师的才华、技能得到更多展示的机会。同时也希望大家努力来共同营造校本教研的浓郁氛围，把教研会的研究经常化、自主化、自动化，把教研变为工作的需要，延伸到教学的方方面面，时时刻刻，让研究的风气盛行，让所有的教师得到更大的提高。

愚人节——让我们在错误中成长案例

林晓宇

"哎哟——老师，我的背上痒死啦！"班上最调皮的小胖愁眉苦脸地叫嚷着，冲进我的办公室。"都是李雷，他把'痒痒粉'撒到我脖子里！"看着他抓耳挠腮的窘迫样儿，实在是滑稽可笑。我强忍着笑，提起他的衣领看了看，背上没有什么异样，便开解了他几句，目送他扭捏着出了门。

没等我坐下来，"报告——"班长推门而入，气急败坏地向我告状。"老师，我们美术课扣分了！都是因为张来把'502'涂到刘峰的椅子上，刘峰一坐，屁股和椅子粘上了，全班同学都去看，结果……"

"这还了得？这愚人节过得也太离谱了！"接连两起事件让我再也笑不起来了。是的，今天是愚人节。我有些自责起来，为什么早上不对愚人节来个"明令禁止"呢？早上，我一脚踏进教室的门，就感到了有种与平日不同的蠢蠢欲动的活跃气氛。几个孩子手捧着书，却挤眉弄眼地使着眼色，嘴角带着笑意。正收作业的张来还兴高采烈地凑上来，低声神秘地对我说："愚人节快乐！"是的，那会儿我就知道是愚人节，可我怎么就没有制止他们呢？也许那时，我板起脸来，严肃地训斥一通，给他们打上一剂强力"预防针"，今天就不会出这些意外了。可我还偏偏咧嘴笑了出来。我也说了该说的话，可那不温不火、不痛不痒的"请大家过愚人节也要讲个度"的话，能起什么作用呀？回想他们当时那一张张狡黠的笑脸，我越发后悔起来。

又或许，在发现被贴在我背上的那个五颜六色的"我是烤全兔"的纸条时，我就该大喝一声，揪出"元凶"，来个"就地正法"、"杀鸡儆猴"，我又懊恼地想。可我捏着那个画得栩栩如生的"烤全兔"还傻傻地笑呢，"画得多夸张呀！"一定是我由衷的夸赞怂恿了他们——这群得寸进尺的孩子！

我越想越气，再看看别的班都相安无事，唯独我们班"祸不单行"，我恨不得立刻逮着两个"肇事者"骂他个狗血淋头才解气。

——可骂了又怎样？想到两个小脑袋在我的训斥中耷拉到胸前，早晨还闪着红光的笑脸变得如霜打的茄子般干瘪没劲，我又有些于心不忍。事情已经发生了，训斥也于事无补。都怪我自己，为什么不从预防为主？我暗自叹气。

但，那能怪我吗？那一张张红扑扑的笑脸真的让我心动，那兴奋与活力不也深深地感染了我吗？记得上星期有一天，天公作美，难得地出了太阳，孩子们做操时看到阳光下晃动的影子，都惊喜万分地互相踩弄着嬉戏不停。谁看到他们那开心的样子，都不会忍心去打断和呵斥。——是现在的孩子玩得太少，连平常的阳光都能使他们惊奇，还是孩子们的童心更贴近自然，更接近心灵纯真、开朗、欢快的本性？——不管是影子游戏还是愚人节狂喜，那都是一颗颗渴望快乐的纯真的心！这，也有错吗？况且，我提醒了他们。

是的，我提醒了他们。"过愚人节也要讲个度"。——"度"是什么？怎样才有个"度"？我没有讲，孩子们能明白吗？我想，大多数孩子是听懂了，连平时最调皮的小胖不也很有分寸，甚至被弄得浑身发痒也没有以牙还牙。可是，那两个"肇事"的孩子知道吗？

事实证明，他们懂得了。走进教室，我一抬头，两个孩子已经灰溜溜地站在了我的面前，嗫嚅着承认错误。我问他们，"度"是什么？张来歪着脑袋想了想，"是不影响集体纪律"。李雷略有所悟，"是不影响别人的正常生活"。他们说得很认真，孩子们听得也很认真。

我还能说什么呢？——我使劲地点点头，看到四十九双纯真的眼睛闪着快乐的光芒！

西方有句名谚："年轻人犯错，上帝也原谅。"然而，反思在我们的教育中，却充斥着对孩子们的近于苛刻的各种"禁令"，孩子们听到的"你不准"比"你可以"多得多，听到的"你应该"比"你必须"少得多。各种明文的、潜在的规定以剥夺孩子们"犯错"的机会和权力为代价，换来了"井然有序"的教育秩序和"健康发展"的教育业绩。那么，在"零过错"记录中成长起来的孩子们，到底是一种悲哀，还是幸运？事件中的两个孩子，也许今天犯了在别人看来很严重的过失，但是，他们也从错误中学到了很多很多，而这比老师口中喋喋不休地唠叨和墙上白纸黑字的警告要强千百倍。正如倒掉孩子的洗澡水，不能把孩子一块儿倒掉一样，所有帮助教育孩子不走弯路的"好心"，也不应该剥夺孩子犯错的权力。"不挑食是生命力旺盛的表现，忌食过多则是生命力衰微的征兆。"也许，只有抛开一切教育功利的"追求"，我们才会多一点耐心，多一分宽容，欣然接受孩子们的每一个过失，聆听他们心灵的花朵在真诚的忏悔中昂扬绽放的声音！

自我管理，成长的阶梯

漆太利

"孩子自己能做的事就让他自己做，千万别替他做。"德国教育家卡尔·威特告诫每一位老师和家长，要从小培养孩子自我管理的能力，他还说："替孩子们做他们能做的事，是对他们积极性的最大打击。因为这样会使他们失去实践的机会，就等于对他们说，我不信任你们的能力和勇气。"敢于培养孩子们的自我管理能力，善于培养学生的自我管理能力，无论是对学生个体，还是集体，都是最明智的举动，因为自我管理是学生成长的阶梯。

创建一个良好的班集体，培育学生完整的人格，这是班主任肩上责无旁贷的重任。班主任在有效地进行班级管理的过程中，不能仅靠一个或几个教师严格管理，关键是要教育和指导学生学会自我管理，使每个小学生做到既是管理的对象，又是管理的主体，达到"管，是为了不管"的目的。充分发扬民主，让全体学生积极参与管理，千方百计调动他们的积极性和创造性，培养他们独立自主的精神和自我管理的能力。

现在的小学毕业班学生，因为身体与心理突飞猛进的成长，以及生活环境的日新月异，信息技术的高速发展，素质教育的不断推进，再加上大多是独生子女，他们的个性特征和思想意识相对于以前有了极大的变化，这种变化对我们老师，尤其是班主任的工作提出了更高的要求。他们不会轻易地把老师当成自己的偶像，而是常常带着几分挑剔甚至是不友善的眼光来打量自己的每一位老师，他们会用沉默来抵制苦口婆心的说教，用逆反来对抗声色俱厉的批评。他们希望自己的班主任和善而不乏刚毅，博学而不乏幽默，能站在平等的位置成为良师益友，能成为自己求学路上的指导者、人生的导航师。所以毕业班的班主任工作具有更大的挑战性，这就要求我们必须探索出独具个性的思想教育方法和管理途径。我认为要做一个好班主任，既要将个性鲜明的学生凝成一个优秀的团队，又要尊重学生的人格个性，善于发掘学生的潜能，建立一个团结进取、和谐向上的班集体，最关键的就是要善于培养学生自我管理的能力。这样也才会为我们班主任自己赢得更多的时间和空间，从繁杂的班级日常事务中解放出来，轻轻松松地做一个快乐而睿智的班主任。

长期的班主任工作让我对培养学生的自我管理能力有了一些体会。

一、让学生学会遵守规则

良好思想品德的形成有赖于长期习惯的养成。通过规范化的教育与管理，使良好的外在影响内化为一种自觉的行为准则。因此，严格执行《小学生日常行为规范》，是自我教育最基本的手段。孩子毕竟是孩子，或多或少会犯错误或者违反纪律，所以一个班级还必须有严格的纪律和班规，一切行动听指挥，步调一致才能得胜利。因此班规制定和进行纪律教育是必需的。我通过学生民主参与拟定的《班级文明公约》成为班级管理的"纪律法规"。凡是违反纪律的学生一定要受到批评教育甚至纪律处分，而且班主任一定要坚守自己的原则，一旦有一次你没有遵守原则，那么你将变成一个没有原则的人。在处理违纪的过程中，必然会有少数学生对处理结果不满意，那么班主任在这个时候就应该马上进行教育疏导工作，要让学生深刻认识到自己的错误，真正心服口服。这就是"法"和"情"的关系。法不容情，这是班主任的工作原则，但一定要把班级管理建立在尊重学生人格的基础上，实行人性化管理，既要"专政"，更要"民主"，真正出于关心他们，爱护他们，对他们的成长负责，使他们感受到老师的管理，不是对他们个人自由的约束，而是为了保障他们健康成长，只有遵守纪律，严格要求自己，才能形成良好的班风学风和集体意识，形成一种奋发向上的氛围，更有利于个人的成长。这个时候的管理，往往是四两拨千斤，老师用不了多少劲，就能收到最大的成效，创造出班级管理的奇迹。

二、让学生学会承担责任

学生是鲜活的个体，严格的纪律和规章制度只能约束那些本来就遵守纪律的人，要想让所有的学生很好地遵守《班级文明公约》，光靠老师的管理显然是无力的。最主要的还是要调动学生的主动精神，引导他们学会承担责任，从而自觉约束自己的行为。

首先，我通过班队活动和朝读时间，用一些活动、故事，让学生明白集体利益和个人利益之间密不可分的关系，只有维护集体利益，个人利益才有保障。保障个人利益是集体的责任，而集体利益是集体中每个成员努力的结果。因此，每位同学应积极关心和维护集体利益，做到关爱集体，人人有责。

其次，我和学生一起讨论，了解每一个人的责任，并列了一个简单的表格，让每一个孩子做到心中有数。每个人都要对自己的成长负责。在我的学生的日记本上，写着这样一句话："我自由，我选择，我负责。"我告诉他们，我们的人生是选择的人生，每个人都有自由选择的权利，但一旦选择，你就要对自己的行动负责。

在与学生相处的过程中，在解决学生的纠纷与矛盾中，我告诉他们，在一个人的成长过程中，每个人所要学习的东西很多很多。其中学会承担责任，是我们人生成长过程中必经的一个重要步骤，是人生旅途中非常重要的一堂课。我给他们讲了这样一个故事：1920年，有一天，一名11岁的美国男孩儿踢球时，不小心打碎了邻居家的玻璃，邻居向他索赔12美元。在那个时候，12美元可是不小的数目啊，足足可以买120只下蛋的鸡了！闯了大祸的男孩儿向父亲承认了错误，父亲让他对自己的过失负责。男孩儿为难地说："我哪有那么多钱赔给人家？"父亲看了看他，拿出12美元说："这钱可以借给你，但一年以后你必须还给我。"从此，男孩开始打工赚钱。经过半年的努力，终于挣够了12美元，还给了父亲。这个男孩儿就是日后成为美国总统的罗纳德·里根。小男孩儿里根之所以成为总统里根，"责任"二字应该起了很大的作用。

生活需要责任感，学习也需要责任感，自己和集体的共同成长需要责任感。做人是要有责任的。我提醒学生在生活中学会承担责任，从关爱所处的集体和身边人做起，进而热心公益事业、关爱社会，把奉献作为自己应当承担的责任。学会自觉承担责任，做责任的主人，信守承诺，勇担过错及所造成的后果，学会反思自己的言行，更好地履行责任，在承担责任中不断地成长。

三、注重实践环节，让学生学会合作与竞争

如果说加强教育者与受教育者的情感交流，激发学生的自我教育动机是培养学生自我教育的前提的话，那么让学生进行自我践行，自我体验，大胆探索，学会合作与竞争，充分挖掘他们自我教育的功能，则是培养学生自我教育能力的关键。其具体做法为：

1. 加强学生自我教育的方法指导。对自己要求严格的学生一般都掌握并使用自我教育的方法加强自身修养，采取自我教育的方法来不断提高自己的素质。在分析、总结那些成功经验的基础上，指导学生科学地制订学习计划，经常进行自我反省，要求并指导学生积极参加社会实践。

2. 提供学生自我践行的机会。只有多提供给学生自我践行的机会，才能使学生在实践中发现自我、肯定自我、提高和完善自我，并加强参与意识、协作意识、成就意识，培养出较高的自我教育、自我管理能力。为了提高学生各方面的能力，培养学生主体参与意识，我充分利用运动会、科技节、艺术节、班队活动、品德与社会课等活动，让学生充分认识自我、发展自我、展示自我，满足他们的成就欲望，增强他们自我教育的信心，同时也提高了他们的组织能力和多种才能。

3. 培养学生的自控能力。培养学生自控能力的关键是使学生内心建立起"道德法庭"，自己能对自己的思想、行为进行公正评判，正确辨别善恶美丑。这就要求教育者在尊重学生、相信学生的基础上，采用科学方法进行适当的监督帮助，坚持教育者他控和学生自控相结合。

四、发挥主体作用，让学生学会监督

班级管理的核心是班干部，培养一个认真负责、团结自律的班干部群体是管好班级的关键，班级管理成败的关键是广大同学的参与度和认可度。实现学生全员参与班级管理，增强主人翁意识，而且使他们感受到管理班级的难处，从而理解、支持老师和班委同学的工作，达到自我管理的目的。

每一期改选班委会成员，都需要通过竞争上岗。参加竞选的班长，一旦当选，有权组建自己的"内阁"成员，但是必须比上一任干得更好。已经当选过的同学不再参加班长竞选，但是可以是班委成员。我还有一支监督队伍——全班同学，每两星期广开言路，充分听取同学们对班委的意见和建议，进行民主评议。尽量让全班每一个同学都有为集体服务的机会，也让每一个同学亲身体会班干部的苦恼与劳累，有利于激发学生的自我管理意识，更有利于班集体的建设。

五、建立评价机制，培养学生自我激励、自我评价的能力

当学生体验较多成功的时候，他们的自我意识、自我约束力就比较强，他们的自信心也会比较强，并由此化为一种积极、健康的人格，他们的各种潜力就能得到充分发挥，从而培养了健全的素质。为了鼓励优秀，督促后进，可采取多元评价的方法，培养自我评价能力。

日评价：利用每日晚读报的时间，由当天的值日班长做总结，表扬好人好事，指出不足，提出希望；公布当天德育量化得分情况。

周评价：每周的班会时间，由班长对上一周的工作做全面总结，公布一周德育量化结果；提出新一周希望。

月评价：通过评比，对各方面的情况进行总结，并向全员发家长信。家长信的内容主要由三部分组成：首先是一个月内班级总体学习、活动情况汇报，主要包括学习状态、各项活动取得的成绩，表扬在各方面表现突出的同学。其次是学生个人情况汇报，主要包括在校各方面表现、个人德育量化得分以及学习成绩等。最后是通报下阶段的工作重点和学习目标，并请家长写反馈意见。这样，使全体家长都能及时了解学生在校学习成绩和其他情况，有针对性地配合老师做好学生工作。

学期评价：通过自评和互评，使同学客观地评价自己，树立自信心。通过评三好学生、优秀干部，树学习楷模，鼓励先进。学生在参与这些"活动"的过程中，得到了全方位的锻炼和陶冶，定期的"评选"既强化"活动"的外在价值，又调动了学生继续参与"活动"的积极性。通过"活动"的持续开展，赋予了学生强大的、持久的、内在的自我发展动力与能力，促进了学生的主动发展，达到自我激励、自我评价、自我预防、自我矫治的目的。

写在最后：

不经意间，孩子们身上发生了很大的变化。朝会课，孩子们安静自觉地学着；篮球场上，同学们不顾手上渗流的鲜血，顽强拼搏，勇夺冠军；运动场上，啦啦队的加油呐喊声此起彼伏，忙前跑后地为运动员端茶递水；成绩册上，那一串串熟悉的名字你拥我挤地在往前赶。教室后面的墙上，奖状已经张贴不下。走在比我还高的队伍中，我很骄傲。因为他们的成熟、理性，让他们创造了不少奇迹。六一节，本该是学生们最后的节日。可孩子们瞒着我偷偷地为我筹备生日庆祝活动。当我推开教室的门，全班同学齐唱"生日快乐"，把我拥到被鲜花簇拥的三层生日大蛋糕前的时候，看着孩子们的张张笑脸，听着他们发自内心的祝福，捧着满怀的生日小礼物，那一刻，我幸福得泪流满面。我骄傲，为我苦心经营的六年级（3）班；我自豪，为这群上进、善良、懂得感恩的少年今天的成长，几年坚持不懈的自我教育、自我管理已经初见成效。面对如期而至的毕业，面对让人伤感的分别，我对他们说：漆黑的夜空下，我握着一盏星星灯，轻轻一划，点亮满天繁星。当你们在天空交相辉映的时候，我，站在美丽的星空下，满怀深情地遥遥相望。放心去飞吧，不要回头。用你们的勇敢、善良、执著与热情点亮自己的天空。明天，星光灿烂。看着泪流满面的孩子们，我忽然想起了刚刚接到这个班时的抱怨，想起了自己面对困难的浮躁与懈怠，想起了付出的辛苦换来的许多无奈，也想起了在困境中的许多思考，许多奋起。是啊，多改变自己，少抱怨环境；多一些豁达，少一些狭隘；多一份思考，少一些盲目，换来的就是智慧带给我们的惊喜。

浅谈我班的"幼小衔接"

谌利群

　　幼小衔接指幼儿园、小学两个相邻教育阶段在教育工作上的承接和连续。众所周知，幼儿园的活动和小学的活动存在着许多不同，这些不同，对孩子入小学形成了一定的坡度。在与低年级老师的交流中我们了解到：部分孩子进入小学很长一段时间都不能适应小学生活，究其原因主要有：学习习惯差，缺乏完成任务的意识，没有时间观念，缺乏自主意识，不会管理自己的物品，等等。那么，如何减小孩子入小学的坡度，让孩子尽快适应小学生活呢？经过多年的实践，我个人认为，以下几方面习惯和能力的培养将会帮助孩子尽快适应小学生活。

　　一、激发孩子的学习兴趣，培养孩子善于思考的好习惯

　　无论是幼儿园还是小学，兴趣都是孩子学习的动力源泉。因此，在教学工作中，我非常注重培养孩子的学习兴趣。例如一次，我们班有一位孩子拿来了一辆新遥控赛车，由于赛车是新买的，大家都不知道怎么让赛车动起来。于是，我就向孩子们推荐说明书，并念给他们听。孩子们和我一起按照说明书上的步骤一步步做，最后赛车终于动起来了，孩子们欢呼雀跃。我趁机告诉他们：生活中很多地方都要用到汉字，如果能多认识汉字，不久也会像老师这样能看懂说明书。孩子们立即对认识汉字表现出极大兴趣。听家长反映：孩子在家或出门时对有字的招牌或广告非常感兴趣。在班上他们也经常指着书中的生字要我教读。据我了解：到毕业时，我们班有的孩子已经认识近一千个左右的汉字了。由此可见，兴趣对于孩子的学习是多么的重要。善于思考，也就是在学习时善于开动脑筋。我认为，这是一个非常重要的学习习惯。在语言教学中，我时常让孩子们带着问题听故事、儿歌和观察图片，鼓励他们听完以后大胆发表自己的见解或提出质疑。记得在学习古诗《江雪》时，孩子们就根据自己的理解提出了"一个人望遍一千座山，找遍一万条路不会把他累死吗？江面上全是雪怎么钓鱼呢？"等疑问。虽然孩子们的理解还很浅表，但从中可以看出他们积极动脑的学习习惯。

二、培养孩子良好的倾听习惯

我们都知道无论是幼儿园还是小学，倾听都是获取知识的重要途径之一。刚进大大班的孩子，其年龄特点决定了他们上课好动、很难专注倾听他人说话的特点。在教育教学中，我充分利用各种丰富的教育资源和游戏形式培养孩子听的兴趣，养成听的习惯。如孩子们最爱玩的游戏"小小录音机"，其玩法就是让两个孩子互为"录音机"，一方"录音"（随意说一句话）；另一方"放音"，将对方的句子一字不漏地重述出来，由于游戏中配有"开"、"关"录音机的动作，会有输赢规则，孩子们常乐此不疲，倾听能力在反复的练习中不知不觉地得到了提高。

三、培养孩子良好的书写习惯

孩子们进入大大班，开始有少量的作业练习，多数孩子都是第一次比较正式地写作业。我认为好的习惯一开始就养成远比犯错后再不断纠正效果好。于是，每学年开学初我都会开展这样一个活动：将两篇不同的作业展示在黑板上，一篇字迹清楚，书写整洁；另一篇则乱写乱画，大小不一。两篇作业分别为虹猫和蓝兔所做，请孩子们来当小老师，参与评价。因为选择了孩子喜欢的卡通形象，将孩子带入了故事情景，他们很快就"毫不客气"地找出了蓝兔作业中的不足。我又趁机引导孩子们说说虹猫的作业为什么漂亮，孩子们你一言我一句争着发言，很快便明白了书写的要求。为让书写要求进一步得到强化，我采取了"写得好奖励一个笑脸娃娃，积累十个笑脸娃娃就换小礼物"的方式激励孩子。日积月累的坚持和训练，每学年从我们班毕业的孩子大都养成了良好的书写习惯，为他们上小学打下了坚实的基础。

四、培养孩子的时间观念和任务意识

作为小学生要严格遵守时间，需在规定的时间内完成老师布置的任务。而刚进大大班的孩子大多数都没有时间观念，上课期间解便、喝水的孩子很多，更别说在规定的时间内完成任务了。于是，我们利用数学活动教孩子认识时间、感知时间的长短；利用社会课组织孩子们讨论上课和下课时间分别该做什么；采取比赛的方式奖励守时等。为培养孩子的任务意识，我经常根据教学，布置一些任务让孩子回家完成。如收集查阅资料、收集废旧材料、完成简单的书写与口语练习等，这样的作业既加强了孩子的任务意识，又培养了孩子准确转述他人意图的能力。入小学后，孩子就能清楚地向家长传达学校和班级的信息，按时完成老师布置的任务了。

五、培养孩子的语言表达能力

发展孩子的语言表达能力，是为入小学打好基础的重要衔接工作。因此，在教学活动中，我经常组织孩子们开展辩论赛、讲故事比赛、心情播报和今天我主持等活动，为孩子创设大胆表达的机会。特别值得一提的是我们班每周布置的口语作业，即每周我会根据教材和孩子的发展需要，请孩子回家仿编、创编或续编故事、儿歌、讲述见闻或记录心情日记等，孩子口述家长记录后交回我手上，我再读给孩子们听，与孩子一起对作品进行点评。由于我坚持不懈的训练，到毕业前夕，很多孩子随意看着一幅图都能讲出一个完整而有趣的故事来。

六、培养孩子的组织管理能力

为培养孩子们的组织管理能力，我采取了班干部轮换制，即小组长按座次每天轮换，负责收发作业本，发放水果、点心；而班长、学习部长、体育部长、班级小警察、环保小卫士等班干部则通过民主选举的方式每两周轮换一次。班干部各司其职，又相互合作。如班长组织孩子们玩游戏、朗诵儿歌；学习部长提示孩子取放文具、书本，并将小组长收上来的本子抱到办公室；环保小卫士检查教室的清洁卫生等。坚持不懈的锻炼和培养，极大地增强了孩子们的自信心、责任感和主人翁意识，为孩子们升入小学做班级管理的主人打下了良好的基础。

七、培养孩子的生活自理能力

据低年级老师介绍，许多刚入学的孩子经常丢三落四，书包抽屉乱糟糟，生活自理能力很差。因此，我认为，培养孩子的生活自理能力，也是幼小衔接的重要工作之一。在工作中，我除了教给孩子穿脱衣裤、折叠被子、整理学习用具等基本的技能外，还要求孩子每天中午进餐以后擦干净桌子，放好椅子；上床睡觉以前，整理好自己的鞋和衣裤，起床后整理好自己的被子，放学前整理好学习用品等。同时，我还取得家长的支持，督促孩子在家养成自己的事情自己做，并帮家长做一些力所能及的事情的好习惯。

　　经过多年的幼小衔接实践，虽然为我们积累了一定的教育教学经验，但仍有许多让我们感到困惑的地方。如语言教学中的拼音教学到底把握在什么度上最合适，数学教学怎样与小学的教材更好地衔接，等等。因此，我真诚地希望幼儿园与小学的老师能多进行沟通和交流。我深信：有了我们的紧密合作，我们的幼小衔接工作将会更具特色，将会更大地减小孩子们入学的坡度。

健康之园

"健康之园"，锻炼我们健康的体魄，激起我们顽强的斗志

　　"健康之园"：是落实"健康第一"的重要抓手。"身心健康、活力旺盛、平安文明、人人舒畅"是"健康之园"的目标。通过心理讲座、专题研讨、心语屋辅导、阳光沙龙交流，使师生拥有阳光心态和健全人格。投入资金，落实场地器材，保证师生体育锻炼时间，确保了师生身体素质的增强。通过编排新颖的课间操、开发安全易学的课间锻炼项目、指导学生应用废旧物品制作运动器材、坚持开展传统的体育运动（如"三跳"运动等），激发了学生体育锻炼的兴趣，培养了锻炼习惯，提高了锻炼质量；通过组织教职工篮球、网球、羽毛球、乒乓球、健美等运动队，确定专人负责、定时、定点开展活动。教师的锻炼意识增强，健身活动坚持开展。"健康之园"使每个师生感受和体会到：身体健康、心态阳光，每天快乐，终身幸福。

——丁继泉

身心健康活力旺　平安文明人人畅

——"健康之园"概述

健康是生命之源，

健康是工作之源，

健康是活力之源！

在我们努力追求教育现代化，努力奔小康的道路上，我们不仅追求物质生活，更追求精神生活和生命质量。这是经济发展撞击下人们对健康、对生命的重新认识。从"活动的小主人"到"高水平的活动"，"健康之园"成为我们全校师生的共同追求。

体育节作为健康之园的重要组成部分，它是人民小学师生文化生活中的一件盛事。作为重庆市的"全国体育教育先进单位"，多年来，我们将体育作为全面推进全民健身运动、有效实施素质教育的突破口，继承优良的传统，不断开拓创新，在体育教学、体育竞技、群众性体育等工作上取得了骄人的成绩。

——我们以"2008北京奥运会、2008北京奥林匹克示范校"为先，认真学习奥林匹克精神，努力践行奥林匹克精神，大力宣传奥林匹克精神，关注师生共同的健康成长，做到人人有项目、班班有团队、期期有比赛，让每一名师生落实"天天锻炼"计划，培养健康的习惯、健美的体态、健壮的体魄、旺盛的精力。

——我们在创设优越的体育锻炼环境的同时，积极创设利于师生心灵成长的空间，开展"沟通无障碍"心理健康关爱行动，办好"心语屋"，让师生们在体育运动中追求健康，享受快乐，在竞争与拼搏中自主发展，共同成长，充满着积极进取、蓬勃向上的朝气和活力。

——我们通过体育运动，架设起了学生与教师、学校与家庭、学校与社区紧紧联系的桥梁，让大家在全民健身的运动中强体质、图奋进、促和谐，把"健康第一"的思想真正地落到实处，让我们的校园处处洋溢着自强不息、奋发有为的精神风貌，呈现文明祥和、丰富多彩的良好状态！

"健康之园"体现了学校在全面深化素质教育的实践中、在努力奔小康的道路

人民小学被光荣授予"北京 2008 奥林匹克示范学校"

上，对师生身心健康全方位的关注、对师生生命质量人性化的关怀。

生命在于运动，健康成就未来！

——为了健康，让我们行动起来！

主动教育特色与奥林匹克精神同行

党的十七大报告强调：实施素质教育，培养德智体美全面发展的社会主义建设者和接班人，核心是要解决好培养什么人、怎样培养人的问题。2007 年，全国学校体育工作会议和中共中央国务院七号文件的颁布，指明了学校以"阳光体育"为突破口全面推进素质教育的方向。作为"2008 北京奥林匹克示范学校"，我校凭着强烈的责任感，充分发挥示范性，认真贯彻文件精神，把"阳光体育"与学校主动教育特色相结合，以博大深厚的奥林匹克精神培养小主人，使主动教育特色与奥林匹克精神同行；以学校"十一五"规划中"健康之园"的实施为抓手，在主题活动中深入落实全校师生的体育锻炼实践和体验，将"阳光体育"推向高潮；以完善"小主人奥运课程"来保障"阳光体育"发挥长效性，形成常规化，切实减轻了学生课业负担，使学生身心得到健康成长，学校主动教育特色也更加鲜明。

一、以奥林匹克精神培养小主人，使素质教育校本化

我校实施素质教育，是以主动教育为鲜明特色。24 年主动教育的实践和研究，创造性、特色化、制度化地稳步推进了素质教育改革，形成了"小主人成长的摇篮"特色办学理念，培养学生做"学习的小主人、活动的小主人、生活的小主人"（三小）特色育人目标，生动活泼的小主人课程以及"成就主人"教师文化等，系统地构建了主动教育育人模式，"自主自强、求真求新"的学校主人翁精神凝聚和塑造了全校师生的灵魂。在实施"阳光体育"活动中，我们把"自主自强，求真求新"的主人翁精神与"更高、更快、更强"的奥林匹克精神相结合，用奥林匹克精神培养小主人。我们把小主人的"三小特色目标"注入"更高"的奥运精神追求，在"三小目标"基础上提出了"高质量的学习、高水平的活动、高品位的生活"（三高）特色培养目标，"三小"到"三高"践行着奥运"超越梦想"的激情和理想。我们还把奥林匹克精神注入小主人课程中，将奥林匹克教育与各学科教学相渗透，与活动课程相整合，与体育课程相融合，在学生熟悉奥运知识、感知奥运文化、开展迎奥运行动中，把奥林匹克精神的种子播撒在孩子们心田。我校有着频繁而广泛的城乡互动、国际交流机会，我们通过各种交流活动，让小主人深刻地理解着"和平与友谊、奉献与快乐"的奥林匹克价值观。奥林匹克精神为学校主动教育特色注入了新鲜的活力，学生在超越自我的学习生活中体验着幸福，在奉献与创新中追求着卓越，在民主开放的合作与交流中流淌着和谐。奥林匹克精神为小主人的成长营造了浓郁的文化氛围，小主人目标的提升和小主人课程的丰富，使我校以主动教育为特色的素质教育获得了长足的发展。

二、以"健康之园"为抓手，落实"阳光体育"工程

奥林匹克精神和理念，只有通过实实在在的体验和实践才能内化成为小主人的精神力量，才能发挥它对小主人全面发展、个性成长的深远影响。我们紧紧抓住"健康之园"的理念，开展了丰富多彩、师生们喜闻乐见的主题活动，生动活泼地落实了"阳光体育"工程。

小主人奥运系列主题活动以"健康"和"快乐"为核心，串联起健康之园的主线。我们将始于 20 世纪 50 年代、每年一届、以竞赛为主的校运会，发展成每年两

届集小主人奥运竞赛、奥运阅读、奥运书画展、奥运讲座等活动于一体的综合性体育文化节。小主人奥运竞赛项目从单一的田赛、径赛拓展到个人和团队的田赛、径赛、球类、体操类、棋类、趣味游戏等二十多个种类，参赛队伍发展到全校学生、教师和部分家长四千多人。体育节的创新发挥了积极的导向激励作用，学校群众性体育活动蓬勃开展。一二年级的情境趣味游戏、三年级的接力赛、四年级的体操、五年级的足球、六年级的篮球，各年段根据学生身心特征各有特色。每个月各年段根据计划，开展相应的班与班以及师生之间的达标赛、邀请赛、友谊赛、表演赛，深受学生喜爱。在"班班有团队、月月有活动、人人有项目"的基础上，根据师生意愿，成立了轮滑、国标舞蹈等20多个项目、班级、年级、校级共50多个学生体育俱乐部，和篮球、羽毛球、乒乓球、网球等十多个教师俱乐部，形成了人人参与、个个争先、生龙活虎、生气勃勃的校园体育氛围。书包里常备一样体育器材，是学生们的常态；练就一样自己的运动长项，成为学生们追求的新风尚。形式多样的活动，让学生自觉地"动起来、跳起来、跑起来"，既尊重了学生个性，提高了运动兴趣，又培养了学生的运动能力，养成锻炼习惯，为终身体育奠定基础，还让学生在活动中享受运动快乐，调节健康身心。

健康之园奥运主题活动，还融入了绿色奥运、人文奥运、科技奥运的理念。师生利用废旧物品，自制体育器材；"小主人滨江徒步拉练"，把锻炼与"无车日"宣传结合，师生倡导步行代替乘车的健康生活方式，既节能减污，又锻炼身体。围绕"迎奥运、讲文明、树新风"，学生争当奥运小使者，开展了小主人文明礼仪大检阅、小主人宣传奥运进社区、小主人奥运城乡行等活动；国外教育考察团来访，最喜欢向小主人学习中国功夫，一套"精忠报国拳"，舞出的是民族自豪感和和平友好的主人翁姿态；传统的科技活动月以"奥运、科技、创新"为主题，学生在发明创造中体验奥运精神所倡导的超越与创新。张宇翔同学运用电子编程制作的"2008奥运会徽倒计时电子壁挂"，获得全国中小学生创新大赛和全国青少年信息技术创新实践活动两块金牌；申明月同学关注生活，历经数次深入仔细的调查访问，撰写《中国西南铝参观访问简记》，获全国环保总局新闻征文一等奖，将赴德国考察交流。

健康之园的实施，真正落实了体育在增强学生体质、促进健康成长、全面发展中所起到的不可替代的重要作用。丰富多彩的主题活动，掀起了全校上下积极锻炼的浩大声势，形成了学校—家庭—社区为奥运联动起来的大好局面，把"阳光体育"

工程推向了一个又一个高潮。

三、以"小主人奥运课程"为保障，切实减轻学生课业负担

"阳光体育"工程虽然精彩纷呈，但要让"阳光体育"真正常规化、制度化地得到延续发展，必须有课程做保障，才能把"健康第一"的指导思想落到实处，才能真正减轻学生课业负担，才能让体育运动带来的阳光普照在学生成长的全程。因此，我校站在全面育人的高度，对原有体育学科进行科学规划，开发并实施"小主人奥运课程"。课程分体育课和大课间锻炼两个部分，针对各年段学生特征制订了详尽的课程计划，从时间、师资、场馆、经费、器材等方面大力予以保障。学校在已有足球场、室内外篮球场、乒乓球桌、游泳池等场馆的基础上，根据学生兴趣爱好，新增各种趣味性体育设施，运动场地面积达 5 080.5 平方米。

体育课是学生进行锻炼的主阵地。2007 年起，我校一二年级体育课由每周三课时增加到四课时（大课间锻炼时间从原来的 20 分钟提高到 40 分钟），以课程的方式保证了学生"每天锻炼一小时"。为配合课程实施，仅 2007 年，我校就新增体育教师 3 个，并提前于暑假进行了充分的培训。对体育课的教学做了明确规定，从形式上将 5 分钟课练与菜单式自助练相结合，从内容上将力量、速度、耐力的基本训练和趣味性竞赛、情境化游戏相结合，从水平程度上将达标练习、尝试练习和挑战练习相结合。教师在每周四节必修课教学中，体现了主动教育"激之以情、启之以慧、悟之以理、知行共生"的教学特色。选修课则开设了中华武术、艺术体操、游（冬）泳等六门课，供学生进行选修和练习，专门适应学生锻炼成长的特殊需要。

除了每周四节体育课，每天上午 10 点钟开始，还有一节近 40 分钟的大课间锻炼。太极八卦拳、自由搏击操、快乐摇摆舞……每个孩子至少从大课间学会三套以上操（拳）。跳绳、踢毽、跑步等体能训练常抓不懈，高、中、低学生传、帮、代，全体教师全员参与、全程指导，课堂上是教师，锻炼时是教练，比赛时还可能是同伴。体育锻炼的参与率、提高度、增长率等，成为评价学生、班级和教师的重要指标，每学期都会评选运动小健将、奥运星级示范班，激励师生积极参与、认真锻炼。

在体育锻炼上进行了加法，就要在学生的课业负担上做减法。我们认真贯彻落实了市教委颁布的渝教基〔2007〕7 号《关于切实减轻中小学生过重课业负担的通知》，向 40 分钟要质量，从重点科研出效益，低中高段各学科分别以"激趣增效"、"增强学习力、习惯促发展"、"尊重学习个性、提高学习效率"为专题，积极地进行了"有效教学"的研讨与实践，只有提高课堂教学的效益，才能从根本上减轻学生负担。举办教师作业设计精品展，严格控制作业量，改变单一的书面作业，创新作业练习形式，产生了如"作业自选超市"、"自学争章奖"、"迷你作业包"等一系列值得推广借鉴的作业设计。质量监控突出了过程、综合和发展性。这样，学生在校时间缩短了，睡眠时间增长了，自主学习的能力增强了。科学减负，为学生留足了充分进行体育锻炼的时间，和自由主动地参与学科活动和生活实践的空间。

实施"阳光体育"工程一年来，小主人体质明显改善，主人翁风采日益彰显，学校精神面貌更加振奋。2008 年是奥运年，作为"2008 北京奥林匹克示范学校"，我们还将积极探索以"阳光工程"为突破口切实推进实施素质教育，为孩子们的健康成长、为现代中国的强盛、为民族未来的振兴不懈努力！

（本文曾在 2008 年重庆市教育工作会上作书面交流）

快乐主人　喜迎奥运

——2008 重庆市人民小学体育节暨"健康之园"深化活动方案

目的：

1. 通过举办 2008 体育节，组织全校师生积极开展"阳光体育"运动，大力宣扬 2008 北京奥运会，让师生了解奥运历史，感悟奥运精神，营造校园浓厚的奥林匹克教育氛围，迎接北京奥运的到来。

2. 通过生动活泼的体育竞赛和入场式，展示我校学生的体育、艺术、科学、英语、机器人、语数等学科才能，激发学生积极参与体育锻炼和发展特长的兴趣，进一步深化学校奥林匹克教育和"健康之园"活动，促进学生身心和谐发展。

时间：2008 年 4 月 1 日～3 日（第七周星期二、三、四）

地点：学校田径场

主题：快乐主人　喜迎奥运

内容：

1. "快乐主人　喜迎奥运"开幕式（含入场式）。

2. "我是快乐小宝贝"韵律操展示（学前 7 个班）和教师拔河比赛。

3. 各类田径竞技比赛。

具体安排：

入场式：4月1日上午9：10～10：00进行，分五大方阵入场，原则上以班级为单位，全体学生参与。

第一方阵：北京奥运和校体育节主题方阵。国旗（4人）、北京奥运标志（2人）、吉祥物（10人）、北京奥运主题（8人）；校旗（4人）、会徽（2人）、会旗（4人）、体育节主题标语（10人）、少先队仪仗队（校礼仪队15人）、少先队军鼓队（30人）、周恩来班方队、彩旗队（40人）、鲜花队（120人），剩余学生组成彩带队。除少先队礼仪、军鼓及周恩来班外，其余由六年级承担组织与训练，道具由学校提供（其中彩带自制）。

第二方阵：小主人献礼北京奥运方阵。以小主人社团俱乐部为基础，选出具有代表性的俱乐部进行教育教学成果展示。俱乐部代表有体育综合队、田径队、艺术体操俱乐部、合唱团、小叮咚表演队、美术综合俱乐部、科学综合俱乐部、机器人俱乐部、英语综合俱乐部、数学俱乐部、语文学科代表队（建议用三年级诗朗诵的服装）。由各组组长或大组织负责组队训练，每组选拔21人参与，综合俱乐部出场人员在本学科兴趣组中产生。

第三方阵：历届奥运会主办城市方阵。共计28届奥运会，其中25届奥运会有具体的举办城市和国家，三届由于战争原因没举办。由五年级、四年级（一班除外）、三年级及二年级8～12班等28个班分别代表举办国及城市出场，其中三个班代表届数。请各班组织训练，并按照学校分配方案制作道具（要求每人一面小国旗、有奥运会主题口号及该国特色标志等，请班主任在网上查询资料，另外三个班只有届数，可围绕"热爱世界和平"为主题制作道具。举办国城市牌子由学校统一定做）。

第四方阵：北京奥运小小宣传员方阵。由二年级1～7班组成，各班围绕北京奥运宣传自主创作道具，道具可用体育用具，自创自制迎接北京奥运会的标语、头饰等。

第五方阵："阳光运动、快乐宝贝"方阵。由一年级11个班组成，方阵可用五颜六色的纸制作，头饰或首饰均可。

开幕式：（1）宣布体育节开幕。（2）升旗仪式（升国旗、校旗、会旗）。（3）校长致辞。（4）表彰区田径比赛十佳运动员。（5）运动员代表宣誓。

展示活动：1.1 日上午 10：30～10：50，由学前班表演韵律操。

2.1 日上午 10：50～12：50，教职工迎奥运拔河比赛（由工会组织）。

田径项目：1 日下午～3 日下午，按田径赛相关安排进行比赛。

出场要求：

1. 学前～6 年级以班级为单位组队出场，出场顺序由 6 年级～学前，每班或每俱乐部按从高到低 5 路纵队编队，方队前安排一名学生举牌子（校队除外）。

2. 请学科组长于 25 日前选出本俱乐部出场人员，并告知班主任。

3. 请所有的出场队伍精心设计出场方案，突出学科特点或主题特点，展示本队伍的风采。

4. 出场队伍队形整齐，着装统一，精神抖擞，过主席台时可有 10 秒展示。

会旗、会徽——绿色跑道·延伸无尽的梦想

体育节标志、会旗

"绿色跑道·延伸无尽的梦想"的会徽，乍看如彩笔涂鸦，极富生动气韵，为人民小学体育节增添了更丰富的色彩。

"绿色跑道·延伸无尽的梦想"标志体现了儿童特点、运动特点与奥林匹克精神元素的巧妙结合。以"涂鸦"为主体表现形式，将儿童美术与书法的艺术形式与运动特征结合起来，经过艺术手法形象直观、巧妙地幻化成"绿色跑道"、"初升太阳"和"七彩阳光"三个基本的意象。太阳的造型同时形似"人民小学"的"人"字的首字母"X"，蕴含浓重的人民小学校园本土文化气息。主体图案基准颜色选择红、黄、绿三原色，突出了天真纯洁、活泼开朗的儿童特点，渲染了激烈热情的运动气氛。我们沿着绿色的跑道一路奔跑，初升的太阳就在前方，七彩的光芒映照在辽阔的蓝天上。——这是会旗与会徽所要传达的基本信息。它代表着人民小学的教师与学生，正以积极热情的姿态，迈步在新的征程上，为实现美好的未来梦想同心协力、脚踏实地、不懈追求，生动地传递着奥林匹克"更快、更高、更强"的理念与精神，与 2008 北京奥运"同一个世界、同一个梦想"的主题遥相呼应。会徽充满了律动的节奏感，让人感受到人民小学朝气蓬勃、充满生机的整体风貌。

吉祥物

吉祥物——康康

2006 年重庆市人民小学体育节的吉祥物是一个绿色卡通形象，它的名字叫"康康"。"康康"的腰间旋转着呼啦圈、头上挥洒着汗水，咧着嘴乐呵呵地笑。它绿色的皮肤，寄托着我们对"绿色奥运"的向往与憧憬；它的机敏活泼和亲切笑容，代表的正是本届体育节"健康"与"快乐"的两大主题。

主题词——我们健康、我们快乐

口号中三个关键词："我们"、"健康"、"快乐"。我们要在体育运动中，养成良好的健身习惯，追求健美的体态、健壮的体魄、旺盛的精力；我们还要在强身的同时强健心灵，磨砺意志，在艰苦的训练中，在自我挑战的进步中，在追求梦想、实现梦想的过程中，找到生命成长的快乐。"健康"与"快乐"，就是我们对于小康社会幸福生活最简明而生动的理解。不仅仅是个人的"健康"与"快乐"，每一个孩子的成长、每一位教师的生活，我们都倾情关注。我们会在体育锻炼中更加深刻地理解与体谅，更加紧密地团结与协作，更加友好地互助与分享。"团结、友谊、进步、和谐、参与、梦想"是我们共同的理想！"我们健康、我们快乐"这个主题口号言简意深，它生动地诠释着 2008 年北京奥运会"同一个世界、同一个梦想"的主题，表达了人民小学师生员工上下一心，共建美好家园，同享文明成果，携手共创未来的崇高理想，表达了我们追求健康快乐、幸福生活的坚定信念！

园林之园

"园林之园"：在绿树成荫、鸟语花香的校园里，充满着光荣传统与人文精神的教育性。小主人新闻中心和红领巾气象站渗透着浓郁的主人翁文化色彩；植物园和小主人农场是师生观察、研究、审美、怡情的好去处；200 多种植物为语文、科学、美术等多个学科提供了"人与自然和谐相处"的绝好案例；充满个性的班级文化阵地与功能齐全的校级文化阵地，成为实施素质教育的"美战场"。

——丁继泉

爱心孕育校园春色　绿色成就幸福人生

——"园林之园"概述

一年四季，我们最熟悉校园的美丽：桃红李白、绿树成荫、红枫摇曳、黄桷屹立；小学六年，校园里的孩子们最幸福：蒲葵林里尽情嬉戏，绿荫丛中泼洒丹青，植物园中悉心观察，小农场里挥洒汗滴。园林般的校园，在让我们感受到赏心悦目的同时，也让我们懂得人与自然共存共荣的密切关系。"园林之园"既是一项基础的任务，也是一项系统的工程。它不仅依靠我们全体师生的聪明才干，进一步完善我们宜居、舒适的校园环境，用我们的双手为校园增添亮丽；更让我们在实践和创新中，学会与自然和谐相处的道理。孩子们在绿树红花中健康快乐的茁壮成长；老师们在石隙清泉间修养身心，感悟"道法自然"的教育智慧和真谛。

"寻找丢失的记忆"：由部分孩子学着大人走着"猫步"，伴随着强烈的节奏音乐，展示同学们在校园里遗失的服装、文具及饭盒等，教育学生爱惜物品，增强自立能力，维护校园洁净；废报纸、塑料口袋等废物制作的服装展示会，鼓励孩子们节约资源，发挥奇思妙想，实践创新，变废为宝，服务生活……

"我爱绿色家园"校园植物认养活动：校园内绿色植物挂牌认养；各班开展植物写生活动和观察活动，并分别完成美术作品和观察日记进行评比……

"小主人的呼唤"校园行为艺术展览：各年级集体制作、集体展示其变废为宝制作的工艺品、生活用品（装饰花钵、矿泉水树、垃圾桶、旧电池装饰画、旧水彩笔画、校园包装袋纸屑等）。

"鲜花进教室"装饰活动："园美人和春常驻，室雅德馨爱永存"，着力完善各班级、各室内场馆环境文化建设，各班以精心装扮"绿色窗台"为切入点，开展种花、赏花、赛花、画花、写花的活动，落实班级室内环境的美化，将教室布置成绿色的、书香的、优美的学习场所。

"校园植物知多少"网上知识竞赛活动：各班先进行初赛，推荐5名同学参加学校的决赛。

《呼唤》：巨大的黄桷树上错落垂吊着近 300 个废旧饮料瓶（孩子们自发收集的），每个瓶子里装有不足 1/3 的、各种颜色的水。从树梢到树干，各种颜色的水在阳光下晶莹透亮，给人强烈的视觉冲击。作品象征着地球受到严重污染、并日渐枯竭的水资源；作为背景的一树绿叶随风沙沙作响，似乎在向孩子们呼唤："珍惜每一滴水，珍惜我们宝贵的资源。"

《环保之塔》：像金字塔一样坚实而牢固的环保之塔，象征了稳定和同学们齐心协力的强大力量。塔高 2 米，基座为边长 2.8 米的正方形，塔身是全体同学共同收集的 2000 多个易拉罐构建而成的，凝聚着学校每一位同学的汗水，展示了小主人聪明的智慧与力量。大家齐心协力、变废为宝的行为，不仅保护了我们赖以生存的环境，而且还美化了我们的家园，环保意识在每一个同学的心里扎了根，每一个同学都为环境保护尽一份力，共同去建造和谐而美丽的园林之园。

……

"园林之园"将成为孩子们亲近自然、体验自然的乐园；成为孩子们探究自然、追寻自然的学园；成为师生们心心相印、诗意栖息的精神家园。

校园环境——我新的讲台

刘永红

2001 年我离开了心爱的讲台，校园环境建设成为我的主要工作。当时，学校作为全国新课程实验学校之一，首先开始了课程改革实验。在校园建设规划、实施的重要阶段，我们树立了校园环境也是学校课程的重要资源的观念。我庆幸，我欣喜，校园环境将成为我新的讲台。如何在校园环境建设中为课程改革提供优质的资源，如何为学校课程的开发、利用和实施做出贡献，其中的思考、实践，体验，成功与失败希望与大家分享。

一、校园环境建设要有独特的学校文化内涵

学校环境建设除具有普通公共环境建设的特征外，还具有自己独特的文化的、教育的、儿童的特征。新课程中全新的课程内涵赋予了校园环境作为课程资源、课程实施环境与条件，以至作为隐形课程的功能。学校也把校园环境建设纳入学校课

程建设的系统工程，于是，校园环境建设规划者中多了教育专家、学科教师、德育工作者……校园环境规划中，活泼明快的色彩成为校园的主色调，悠久的学校历史、先进学校文化成为环境建设的鲜活元素，几何形体、植物种类、童话故事、标点符号等学科内容源源不断融入校园环境之中。校园建设者们从课程需要的角度出发，让楼、馆、廊、厅成为孩子的课堂，让花草树木、砖瓦墙栏成为师生教与学的帮手。环顾我们的校园，《贺龙与孩子们》的塑像，《昨天今天明天》的大青石浮雕，书与书页构成的校门，200多种植物的绿色校园，校训碑校风墙、艺术长廊、校史陈列室、学生作品展览厅、红领巾气象站……无一不是融入课程观念，倾心于校园环境建设所得。

《贺龙与孩子们》大型石雕

二、校园环境绿化要满足多学科课程资源需求

校园环境建设中，绿化必不可少，但如何绿化却大有不同。在新课程理念的指导下，绿化再不只是栽花种草。科学教师开列出孩子在小学阶段需要认识的植物种类，美术教师大谈中式园林的诗情画意、法式园林严谨规则、英式园林的自然生态，语文教师要求从绿化中找到春的韵律、夏的热情、秋的灿烂、冬的坚韧。孩子们说，他们需要年轮，需要鸟儿，需要快乐，需要环保……于是，校园中有了教科书里的银杏、红枫，有了市树市花——黄桷与山茶，有了中外园林艺术杂呈的独特风景，有了充满诗意与情趣的环境提示语，有了200多种植物和十多种鸟儿的休养生息。师生们也没有让如此优质的资源浪费，语文课上孩子们在校园里体验、观察，写出了优美的校园文集；科学教师编撰了《人民小学校园植物图谱》、《人民小学校园植物标本集》；富有特色的学校课程《线描》更是扎根于校园植物中，诞生了几百幅优秀的植物花卉线描作品，全国青少年美术作品比赛一等奖获得者吴多多同学的《槟榔》、《蒲葵》、《棕榈》等作品一笔一画描绘的正是校园植物的万种风情。路边的石榴一年年开花结果，没有一个孩子伸手；黄桷兰的花香，没有一个学生把她据为己有；阳光下绿树旁，人们的笑脸被一张张相片带走……看着这些，园丁们骄傲地说，学校课程改革的功劳我们也有。

三、建设种植园弥补城里孩子课程资源的不足

城里的孩子聪敏、活泼，可是教学中一些问题总让老师为难，他们不知道语文课中的"豆荚"，没有见过科学书中的"桑叶"，数学书中的几分几亩更让城里的孩子摸不着头脑。新课程要求课程内容贴近学生的生活，但孩子的生活总是有限的。一个大胆而新颖的想法在头脑中产生，让广阔的农村天地走进校园，让蔬菜、水果、粮食、苗木花卉生长的全过程走进课堂，于是学校的种植园建设起来了。在寸土寸金的重庆主城，一个6分多地的种植园里，孩子们采摘桑叶喂大了心爱的蚕宝宝，手持小铲种下了株株菊苗，你拿我扛收获了玉米、南瓜。在老师的带领下，孩子们观察到了"豆荚"的发芽、生长、开花，弄清了土豆、红薯、花生、麦穗是根是茎是果还是花，食堂的餐桌上，孩子们知道白菜、丝瓜也是他们种下的。体验、实践、参与、合作、分享这些新课程的理念在人民小学种植园里生根发芽，四季常青的种植园，城里的孩子们真的需要它。

四、校园建筑要鲜活而成为学校课程的有机组成

办公室、教室、跑道、操场每个学校的都有，要让校园建筑成为学校课程有机的组成部分，是学校建设者必需的思考。为了孩子们的愉悦、活泼，建筑物的外墙鲜艳亮丽，为了保留孩子们心爱的大树，我们让体艺楼在树旁画了一道美丽的弧线。"我们健康、我们快乐"感染了塑胶、草坪、跑道，成为田径场的"灵魂"；"做学习的主人　做生活的主人　做活动的主人"教学楼上醒目的标语，让置身其中的师生们牢记我们的培养与成长目标。"我身后危险，请别靠近"，"我是灭火小能手"的标牌让安全教育体现人文关怀。孩子们骄傲的作品挂满大楼的走廊、楼梯，办公室墙上、桌上展示的是教师们的修养、情趣。教室的标语不再千篇一律，教室的墙壁不再缺乏童趣，就连教室的门上也有了调皮的卡通——史努比。一栋栋校园鲜活的建筑，我相信教师们决不会把它从教案里删去。

校园环境是学校课程最直接、最紧密、最丰富、最重要的资源之一。校园环境也将从新课程中不断吸取养分，不断更新发展。在我的校园梦想中还会有数学园、童话园、英语角……让我们一起期待校园越来越美，师生越来越优秀。期待着我新的讲台——校园环境的华彩乐章。

绿色呼唤

——人民小学"园林之园"系列活动方案

活动目的：

1. 积极响应学校"十一五"规划"园林之园"的号召，带动学生用自己实际行动美化、优化、绿化校园环境，激发师生爱校如家的意识。

2. 立足学生的生活实际，教育学生认识保护环境的重要性，爱护环境从校园做起，提高学生的环境保护意识，增强学生的环保能力。

活动主题：绿色呼唤，小主人行动

活动时间：2007 年 3 月 5 日～23 日

活动内容：

一、"绿色呼唤"——人民小学园林之园启动仪式

时间：2007 年 3 月 12 日早上 8：40～9：20

活动议程：王校长介绍到会的领导及来宾。少先队员献红领巾。

1. 诗朗诵《春天，是属于我们的》

2. 宣布"绿色呼唤"——人民小学园林之园启动仪式开始。升国旗，奏国歌，敬礼。

3. 丁校长讲话。

4. "小主人的呼唤"行为艺术作品展示（展示易拉罐方形宝塔、水与树的奇想）。

5. "丢失的记忆"服饰及物品展示。

6. "我爱绿色家园"1～3 年级植物认养。

（一）"小主人的呼唤"校园行为艺术系列作品展。

1. 参加年级：1～6 年级各班收集废旧易拉罐、矿泉水瓶、电池等。

2. 作品制作：利用全校学生捐的废旧易拉罐、矿泉水瓶、电池等物品制作作品。易拉罐方型宝塔作品、水与树的奇想作品、装饰花钵与垃圾桶、旧电池装饰画、校园包装袋及纸屑画等。作品制作由美术组老师带领同学在课中完成。

3. 展示地点：学校中心广场

（二）"丢失的记忆"学生物品及服装展示。

1. 展示学生在校园丢失的服装、文具及饭盒等物品。教育学生保管好自己的物品，不乱丢弃物品使校园更加干净整洁。同时，增强生活的自理能力。

2. 展示生活中的废报纸、塑料口袋等废物制作的服装。教育学生节约资源，合理运用废旧物品，变废为宝，增强学生的环境保护意识。

由音乐组与科常组老师共同完成。

（三）"我爱绿色家园"校园植物认养活动。

1. 1~3 年级认养绿色植物。学校将校园绿色植物分为 30 个园区，将园区的 30 个植物牌分给 30 个班进行认养。启动仪式结束后，班主任选择一个时间，带领同学将牌挂在校园内。

2. 年级组织各班开展植物认识活动。3 年级各班结合队会或思品课观察植物，写观察日记进行比赛。1~2 年级利用美术课进行写生比赛（两类比赛成绩 23 日前报德育处）。

其他年级可结合行为艺术作品或校园植物开展此类活动。

二、"鲜花进教室"装饰活动

1~6 年级各班围绕"园林之园"，开展美化、绿化班级环境活动，完善班级文化布置，如建立读书角、行为规范评比栏、绿色窗台，主办黑板报等活动，将教室美化成绿色、书香、优美的学习之地。

1. 每班组织学生用鲜花装扮教室。完成时间：3 月 15 日。并利用早会或队会开展花卉的认识活动。

2. 举办以"绿色家园"为主题的黑板报。完成时间：3 月 14 日。

3. 完善班级常规评比制度，制定评比栏，并将损坏的教室布置进行修复。

学校将在 3 月 20 日以年级为单位进行评比。

三、"校园植物知多少"网上知识竞赛活动

参与年级：3~6 年级。通过科学课引导学生运用校园网或校园现场，认识学校内的植物，掌握植物知识，丰富学生的课余生活。同时，教育学生爱护校园的一草一木，增强学生的环保意识。

学校大队部将在 3 月 23 日开展 3~6 年级的比赛

地点：微机室

评奖办法：学校将以班级为单位进行单项评比：（1）教室环境布置。（2）3～6年级知识竞赛。综合评比：园林之园优秀集体（考核内容含单项成绩和班级日常规范评比）。

人民小学"园林之园"班级环境布置评比表

内容 \ 班级	鲜花	黑板报	学习园地	教室整洁	总分
	种类与数量适度，鲜花搭配得当、摆放美观（2分）	主题突出，编排合理，整体效果好（3分）	园地充实，内容安排合理，有评比栏（3分）	桌椅整齐，地面洁净，东西摆放有序（2分）	
一年级(1)班					
一年级(2)班					

重庆市人民小学校园植物图谱

《重庆市人民小学校园植物图谱》前言

在开展利用校园植物资源开展植物知识普及活动中，我校生物兴趣组编撰了这本《重庆市人民小学校园植物图谱》。本图谱集观赏性、科学性、实用性、收藏性于一体，收录了植物的全图、局部图、花卉特写、生物特性等照片。

植物生长受气候、季节的影响。编撰本植物图册历时两年半，一共拍摄了一千三百余张数码照片，每一张都是校园中植物各季节的自然生长状态，从中精选出能体现出植物的优美和生长特点的照片三百多张。

在互联网上查阅了《中国高等植物图鉴》、《中国常见花卉图鉴》、《中国作物种植资源信息网》、《园林在线·上海绿化植物库》等植物鉴定资料，使每一种植物查之有据。

对校园所属范围内的植物进行了认真的普查，以调查时间 2004 年 12 月为止，查明校园内有乔本植物 36 种 561 株，灌木植物 45 种 2522 株 6375 盆（丛），藤本植物 13 种 38 株，栽培草本花卉植物 67 种 596 株 295 盆 3351 丛，种植作物 40 多种 1714 窝，野生植物 50 余种。共有植物 270 余种 17134 株（盆、丛），并做了数量、分布的详细记载，为校园绿化方面保存了重要的历史资料。

由于绿化的需要，栽培植物种类时常更换，不时会发现新的野生植物，所以图

谱的数量和种类，将来还要进行补充。

为了更好地普及植物知识和方便师生进行校本研究，生物兴趣组及指导教师制作电子幻灯片 140 余种，作为课件供全体师生使用。在本图册完成后，以图册为原本，制作成 swf 网页文件，嵌入校园网中，更大地发挥了图谱的科普作用。

在图谱的编撰过程中，得到了学校领导和部分老师的技术支持，特在此表示衷心感谢！

幸福之园

教师们在"幸福之园"中收获成长的幸福

"幸福之园"：在"主人翁之园"张扬个性，在"科学之园"追求真理，在"健康之园"欢歌笑语，在"园林之园"修身养性，这是教育之园，是文化之园，是和谐之园，是硕果之园，更是人民小学师生共同追求的素质教育境界——"幸福之园"！

——丁继泉

塑造学生，完善自己，幸福人生

贺　毅

重庆大学城人民小学是丁继泉校长在探索办学体制改革方面的又一次新尝试。这所学校是由沙坪坝区政府出资兴建的、与重庆大学城建设配套的一所公办的全日制城市小学，聘请我们人民小学进行教育教学的管理。学校的经费由沙坪坝区财政保障，教师由人民小学负责挑选与培训，经沙坪坝人事局审核上编。

2007 年 9 月，重庆大学城人民小学正式开学。在大学城建设过程中，学校所招收的学生 95％ 是因为大学城建设被占地后的农民的子女。面对这样一群孩子，教惯了城市孩子的老师们能否适应？主动教育的办学特色能否在这里顺利实施？我们面临又一次新的挑战！

镜头一：

2007 年 8 月 31 日上午，大学城人民小学六（一）班迎来了 16 位学生及他们的家长。班主任罗老师让学生们做自我介绍，相互认识认识。罗老师话音一落，本来还有一点声音的教室顿时安静了下来，可两三分钟过去了，没有一个学生站起来做自我介绍，场面一时陷入了尴尬。最后还是罗老师通过点名的方式完成了这个环节。

镜头二：

开学后不久，四年级学生到科学实验室上完第一节科学课后，除了少数几个学生按老师的要求把凳子放到了桌子底下，其他学生都蜂拥地跑出了教室。

学生饭前便后不洗手、上完厕所后不冲洗的现象比比皆是。

镜头三：

三年级科学课上，讲到动物中的昆虫，老师在引导学生认识了蝴蝶、苍蝇等昆虫后，问："你们还知道哪些昆虫？"几名学生分别回答：丁丁猫（蜻蜓）、花姑娘（瓢虫）、岩老鼠（蝙蝠）、折猪（蜘蛛）……

二年级美术课上，老师出示一条曲线，问："这是什么线？"两名学生分别回答：弯线、毛线。

二年级语文课上，老师在教学生姓氏歌后，问："木子李、口天吴，你能照这样也说出一个姓氏来吗？"一学生回答：神经病。

……

从以上这些案例中，我看到自己所面对的是怎样的一群孩子啊！他们自我封闭、不善交往；学习习惯、行为习惯养成得不好，自我管理意识差；知识面窄，课堂上不发言，不自信，不主动。这让老师们感到了极大的不适应，曾一度迷惘、失落。面对这样的困窘，丁校长与老师们一起座谈，分析我们所面临的现状，鼓励老师们增强信心，勇敢地肩负起拓展优质教育的重任。大家都积极动脑子、想法子，寻找问题的根源，很快老师们从迷惘、失落中走了出来，以主人翁的精神在自己的工作中努力寻找主动教育和大学城学生的结合点，从一点一滴做起，去完成在大学城人民小学培养"三个小主人"的历史任务。

面临自己的教育对象所存在的问题，看着孩子们一双双渴求知识的目光，丁校长带领老师们在接下来的教育教学活动中，着力从以下几个方面展开工作，以找到解决问题的突破口。

一、家访——了解孩子们的生存现状

人民小学有一个优良的传统，就是坚持家访。为了找到解决问题的根源，老师们把全面了解学生作为了解决问题的第一个突破口。从开学的第二周起，丁校长亲自带领老师们开始了长达一个多月的家访。由于大学城还处于建设初期，交通十分不便，学校18位老师每人自备了一辆自行车，每天下午放学后就骑着自行车，搭着学生一起回家。有的学生家住得很远，路况不好，骑一段自行车后还得扛着车走过田坎；有的学生家住在高山上，骑车到山脚后，还要爬1个小时左右的山路才能到家。老师们常常是家访完后七、八点钟才摸黑回到学校吃饭。学校的老师绝大多数是20世纪80年代出生的青年教师，且女教师占了教师总数的一半，他们克服了诸多的困难，硬是走遍了全校170名学生的家庭，并写下了几万字的家访感想和典型案例。在家访中看到的、听到的情况让老师们震撼，很多老师都留下了酸楚的眼泪：很多孩子的父母仍要为家里的生计整天在外奔波，早上天不亮出去，天黑才回到家；还有的父母常年在外打工，孩子就跟着爷爷奶奶或是亲戚，放学回家先要帮着家里做家务（如去地里摘菜、喂猪，或者做饭等），晚饭后才能在昏暗的灯光下完成作业；还有的孩子家里至今仍每月能吃上一两次肉就很不错了。尽管是在这样的情况下，但每一位家长都希望自己的孩子能好好学习，他们自己却无能为力，全都把希望寄托在老师们身上。

通过家访，我们意识到：孩子们仍然处于艰苦的学习、生活环境中，加上之前所接受的教育影响，让我们的孩子有了前面的表现，这就是问题的根源所在。

面对这样的现实状况，我们只能既要完成教师的职责，同时也要承担起部分家长的责任！

二、构建温馨和谐的班集体——让孩子学会做生活的主人

要承担起部分家长的责任，就要构建一个温馨和谐的"家"，让学生感到家的温暖，为此，全体教师忙碌了起来。首先，从转变角色开始，他们扮演着老师和家长的双重角色，一声声"宝贝"、"幺儿"，让学生感到老师们的亲切；课堂上、课后的温馨提醒"宝贝，上学路上要注意安全哟!"、"幺儿，这里有错误，来改一改。"让学生体会到老师父母般的关爱；有的孩子早上到校没有吃饭，老师就把自己的早餐给他们吃；下午放学后，老师们无私地承担起了家长的职责——辅导孩子完成家庭作业，时间晚了还亲自送孩子回家。这样，孩子愿意亲近老师了，有什么话也愿意跟老师讲了，看着他们慢慢地变化，老师们心里是多么的欣喜！其次，从教室的布置到班规班纪的上墙，也花去了老师们不少的心血。孩子们在优美的环境里学习显得兴奋不已。可没几天，桌椅不再整齐，地板不再清洁，衣衫也不那么干净了，孩子们自由散漫的本性暴露无遗。老师们没有着急，知道会有这么一个过程。一边用班规班纪约束孩子们的行为，督促良好个人卫生的养成，一边通过有针对性的主题班队活动，增强孩子们的集体意识。好多学生开始时不适应，认为老师这也管、那也管。慢慢地，孩子们从不适应，到适应，再到主动捡拾地上的纸屑，主动地关灯、关门窗，饭前便后也记得洗手、冲厕所，不再随意倒饭菜，午睡时床前的鞋整齐地摆成一排，起床后床上整理得整整齐齐。他们真正地把班集体当成了自己的家，感受到了家的温馨。温馨和谐班集体的构建，让孩子们脸、手干净了，衣服整洁了，行为也规范了。他们也在这个过程中学会了爱自己、爱集体、爱学校，也开始学会了做生活的主人。

三、不拘一格的教学——让孩子学会做学习的主人

学生课堂上不开口讲话，是全体老师实施"主动教育"的最大障碍。这个问题五、六年级尤其突出。好几位任六年级课的老师有时上完课下来交流说，今天他让

××同学和××同学终于开口讲话了，谈话时那口气甚是骄傲。针对此类情况，老师们绞尽脑汁，又是创设情境，又是别出心裁，但收效甚微。最后从经常采用的开火车的方式入手，让每一位学生读课文，算口算，说单词，只要开口讲话，那都是成功。数学、科学教学为了组织学生讨论某个问题，经常调整课时计划，一课时的内容两课时来完成。对于学生的回答，一方面，老师们总是先表扬其勇敢地开口说话，再针对回答内容做出评价，让其获得自信，同时也感染其他学生；另一方面，老师也经常提供一些平台让学生积极主动地参与到教学活动中去。如：科学课，由于没有专职实验员，再加上跨年级，有时又是连堂课，准备实验器材根本就来不及。为了解决这个问题，上课老师在每个班上都选出两名科代表，把同学们从教室带到实验室，负责组织和纪律，并分发教科书；每个实验小组四个人轮流担任组长，协助老师摆放、收拾、整理实验仪器。又比如体育老师上四个年级的体育课，同样存在有时无法准备好体育器材的问题，通过类似的方法也得到了很好的解决。在这个过程中，学生从教学的准备开始就和老师的教育教学活动融合在了一起，他们不再认为教学只是老师的事，而是师生之间共同完成的活动。这看上去很平常的事，既解决了教师们教学中的困难，也充分发挥了学生的主体作用，师生关系也变得十分融洽。在教学的这一过程中，老师们用自己教学方式的转变调动了学生学习方式的转变，让学生们在课堂上敢说、能说、会说，逐渐地学会了做学习的主人，体现出了主动教育"以人为本，激发人的主体性，弘扬人的主体精神"的宗旨。

四、与活动同行——让孩子学会做活动的主人

丰富多彩的活动是主动教育的生命线，有了活动，教育就充满了生机。

当你打开人民小学的网页时，你就可以看到来自大学城的很多活动报道。这些活动的共同特点就是：形式多样，参与人数众多。踢跳运动会、田径运动会、大课间活动、国庆诗歌朗诵比赛、五一合唱比赛、经典诵读、参观冯玉祥故居、学校周边高校的学生和孩子们的大手拉小手等活动，全校学生人人参加，老师、家长也融入其中，气氛轻松热烈。虽然活动的质量还不高，但不缺乏真实的展现、真情的流露。这些丰富的活动给了每一位学生登台展示、锻炼的机会。渐渐地，勇敢、自信、快乐的神情洋溢在了孩子们的脸上。丰富的活动也培养了孩子们活泼、积极向上等良好品质。丰富的活动让孩子们参与其中，乐在其中，真正感受到了自己就是活动

的主人。

五、辛勤耕耘——让"主动教育之花"渐渐开放

通过一年的一边摸索一边实施,"主动教育"开始在大学城人民小学找到了结合点:教师们通过自身的勇敢探索,最大限度地发挥自身的主动作用,从而影响、激发学生主体作用的发挥。一年来,通过全体老师的辛勤耕耘,"主动教育"实施的效果也开始显现了出来。还记得第一次家长开放日活动后,一位略懂教育的家长在他留下的意见反馈表上这样写道:几位教师的教学彻底改变了乡村传统的教学,课堂生动、活泼,给孩子的成长提供了广阔的空间。还记得一天中午放学后,天突然下起了大雨,几位升旗手顾不上吃饭,冒雨把国旗从旗杆上降下来送到了教务处,浑身都被雨水淋湿了。还记得三年级的王西同学,以前从不和老师、同学一起交流、活动,现在他也要和同学一起跳绳、打乒乓球了,早上到校还能主动向老师、同学敬礼问好。还记得假期中的一天,刚毕业的龚春梅同学给教过她的老师打来电话,说她已经拿到了重庆一中的录取通知书,让老师放心,并祝老师们假期愉快,而且还向老师汇报了她假期中的读书计划,表示她要努力学习,到了中学以后不给老师丢脸,不给人民小学丢脸!这一个一个生动的事例反映出:"主动教育"让大学城人民小学的孩子变得不再沉默,不再胆怯,不再孤陋寡闻。他们同样可以做生活的主人、学习的主人、活动的主人。"主动教育"也很快得到了大学城学生家长的认可,得到他们的称赞。一位高校的家长在与老师交流中说道:"自从我儿子到人民小学上学以后,我看着他一天一天地变了:回家能主动完成作业了,早上起床不要我叫了,还能帮助我做一些力所能及的事了。这些都是你们教育的结果,让孩子学会了自我教育、自我管理。"由此,我可以自信地说:"主动教育"是有生命力的教育,她不但能让城市的孩子成才,她同样能改变农村的孩子,让他们也成才。在大学城人民小学实施主动教育的一年当中,全体教师在塑造学生的同时,对"主动教育"的内涵也不断地有了新的认识,把它和自己的教育教学结合起来,与自己的成长结合起来,又增添了许多新的感悟,自己逐渐走向成熟。因此,我们说:主动教育在塑造学生的同时,也完善了我们自己,我们是幸福的!

初探家园文化，与孩子家长同心同乐

——浅谈人民融侨小学校园文化建设

易　蓓

在平常的教育工作中，我们一线的老师们常常都会有这样一种感叹，学生在学校五天的教育，抵不上双休日两天的影响；我们对学生一天的教育效果可能会在第二天就烟消云散。这就是我们今天的教育面临的"2大于5"现象。因为家庭、社会、舆论等环境氛围已经成为影响未成年人成长的主要因素，这是学校教育在这个信息化时代不得不面临的强烈冲击。

记得我们小时候，家长在与老师交流时，说得最多是"老师，我们家这孩子该怎么管啊？我们不懂，您多费心！"而现在在与家长的交流中听到的越来越多的是"老师，我觉得我们家这孩子应该如何如何管。"语言类型从发问式、探究式到强烈的自我中心式，反映的是家长在对孩子教育问题上心态的变化和时代性的变化。老师的教育教学工作一改曾经的比较自主的状态，开始面临来自家长的质询、质疑，甚至是对老师教育工作的直接干预。

加上教育进入"三独"时代的特有社会背景，独二代的教育衔接，"六对一"的教育关注强度，社会节奏加快后隔代教育的盛行，家庭教育、社区教育的缺失……太多太多的问题一下子出现在我们每一个教育工作者的面前，很多时候这种现象被归纳成为一句话，即"教育的大环境越来越不好"。

陶行知先生曾经说过"生活即教育"。我想可以从另一个角度去理解，那就是我们要面对这样的时代，面对这样的社会，面对这样的生活，同样也必须面对这种时代背景下的教育。

怎样面对？

我们不能改变教育的大环境，但我们可以努力改变教育的小气候。我们在自身的发展历程中，结合自身资源条件和现实状况，以学校教育理念为导向，以社区教育资源为依托，以家校教育合力为杠杆，努力探求自身文化特色建设，提出了"家园文化"的文化建设方向。

　　在家园文化建设过程中，我们还是借用了陶行知先生的那句话"生活即教育"，利用大社区的特有属性，我们要用大教育观将学校教育、社区教育和家庭教育统领在一起，我们要用心与家长沟通，与家长同心，用家园文化的氛围逐渐实现引导学生、协同家长、影响社区、实现教育整体的目标。

　　我们每一位老师都积极参与到这样的文化建设中。同时，这样的文化氛围又为我们每一位老师提供了良好的教育教学环境。我们一年级组是一个年轻的团队，领导们、老师们给予了我们家人般的关怀和帮助，尽管在工作中面临许多困难和问题。但是每当这时，总会感到一种力量推动自己去直面问题，化解困境。我们不分你我，不计较得失，互相关心，携手去迎接各种挑战。我想，这应该就是家园文化的力量。

　　一年级的孩子刚入学，这一阶段的家长都处于对学校事务高度关注、对学生情况高度重视、与老师联系高度紧密的状态中，可以说是学校开展家园文化建设反响率最高的家长群体。我们组的老师深刻地认识到这一点，都高度重视每一次与家长的交流。在与家长的交流中，不管是电话联系、书面交流还是面对面的交谈。我们都注意摆好自身的位置，调整自己的心态，特别注意自己的语言和语气，不是教导指示，而是站在家长的角度，以家人朋友般的语言让家长们感受到我们的热情和关心。在这样的交谈中，我们也可以渗透着家园文化的理念，用"家校一体"、"为孩子成长而牵手"等观念影响着家长。我们还定期深入社区，走到孩子们家庭中，了解孩子在家里的情况，与家长一起交流教育孩子的方法。

　　我们走进了社区，家长也走进了学校。体育节上，参加了竞赛活动的家长兴高采烈，就像回到了童年，而没有参加的非常失望；中秋节家长们带着自己准备的粽叶、糯米，走进教室手把手地教年轻老师和孩子们包粽子，共度快乐的节日。丰富多彩的活动让学校和家庭融合成欢乐的一家，老师和孩子与家长共同享受着大家庭的快乐，家长们因此而走进了学校，走进了班级，走进了孩子们的在校生活，这就是我们的家园文化。

　　在老师们的共同努力下，很多家长在观念意识上有了很大的提升，除了对自己孩子的个体关注，还有了对整个班级、整个年级的关注。在"5·12"地震发生后，家长们的种种行为让我们非常感动。地震当天，一位家长来接孩子时，看到孩子们又热又渴，没有立刻接走自己的孩子，而是马上为全班同学买来一大箱矿泉水；另一位家长主动为全年级同学送来了几十把遮阳伞；在参加完学校的爱心捐款后，几位家长还帮助孩子在社区组织了一次成功的社区义卖，吸引了许多同学和家长一起来参加，把学校教育和家庭教育有效地联系起来。也有不少家长利用自己工作中的资源，积极为学校组织和联系一些有意义的社会实践活动，拓展孩子们的视野。这些都反映出家长们在家园文化的影响下，视野更宽，胸怀更广，关注点从小家到大家、从小爱到大爱的可喜变化。家园文化这种温馨的氛围就在这一件件小事当中得到体现，逐渐成形。

一所学校在自身文化建设中如果只有教师和学生的参与，一定是单薄的。只有当文化对家长、社区都产生影响和作用，才谈得上文化氛围的形成。家长可以和我们形成一种对教育理想的共同认知。大家都逐渐认识到，只有形成了一种由先进教育理念引导的文化氛围，只有与学校真正建立起有共同教育价值追求的教育伙伴关系，我们的教育才可以跳出高耗能低产出的困境，也才更加有利于孩子的成长。我们有理由相信，家园文化建设将会成就孩子更加美好的明天，我渴望着在家园文化建设中，与孩子与家长同心同乐，共同分享成长的幸福。

教职工俱乐部管理办法

为更好实施两代人素质教育工程，丰富教师职业人生，提高生活品位，享受团队快乐与幸福，学校鼓励教职工根据兴趣爱好、专业成长和素质提高的需要，组建各种类型的俱乐部。学校将对俱乐部的发展给予扶持、帮助，并对活动开展好的俱乐部进行奖励和表彰。学校工会具体负责俱乐部的组织管理工作，为保证此项工作的顺利开展，特制定重庆市人民小学教职工俱乐部管理办法。

一、俱乐部的申报与审批

1. 凡人民小学（含三校两园）在岗教职工均有申请组建俱乐部和参加俱乐部组织的权利。每人在俱乐部注册不超过两个，参加日常活动不受限制。

2. 申请组建俱乐部的程序：首先向工会提出申请，提交章程（包括名称、宗旨理念、人员组织、活动时间、条件保障等）。然后工会委员会进行审查，审查的内容包括是否违反国家法律和学校规章，活动是否积极健康向上，活动人员是否达到10人，可行性等。最后报学校同意后批准成立。

二、俱乐部的组织管理及活动经费

俱乐部为群众组织，其负责人由俱乐部成员自行确定，报工会备案即可。俱乐部的活动开展必须有计划并有翔实的活动记载，每周活动不少于 1 次。俱乐部的经费由基本活动费、专项活动费和明星俱乐部奖金组成。活动经费必须全部用于俱乐部的活动和耗材添置，不得向俱乐部成员个人发放（明星成员奖励除外）。费用的领取采用限额发票报账方法。具体标准由工会根据实际情况另行制定。基本费用按每月每 10 人 100 元计算。专项活动费用每年原则上不超过一次，活动费根据规模大小确定为 500~1000 元。明星俱乐部根据规模给予 300 元、400 元、500 元、600 元不等的奖励。

三、俱乐部的表彰评比

每年学校工会组织俱乐部的评比表彰。评委由工会委员（部分）和俱乐部负责人组成，评比办法由各俱乐部汇报活动开展情况，提供俱乐部的活动记载，然后由评委会综合实地察看情况进行推荐。每年评选 1/3 的明星俱乐部。

四、俱乐部类型建议

篮球队、舞蹈队、羽毛球队、网球队、读书沙龙、乒乓球队……

五、俱乐部的解散

俱乐部成员 1/2 以上人数同意，可申请解散俱乐部。俱乐部不能正常开展活动或者有违反国家法规和学校制度的行为的，学校工会有权解散俱乐部。

重庆市人民小学校

2007 年 2 月 28 日

重庆市人民小学工会教职工俱乐部统计表

编号	名称	负责人	时间、地点	注册人员				
1	自由阳光篮球俱乐部	谢昭强	篮球馆 每周一/四晚	谢昭强 胡兵 唐光东 熊鸿剑 朱永伦	武宪 李祖怡 李冀东 徐学军	陈有德 王睿 米鹏 王剑	付登超 杨林 肖天喜 胡朝勇	刘勇 代春联 杨强艺 科邵伟

续表

编号	名称	负责人	时间、地点	注册人员				
2	爱乐沙龙	雷燕	舞蹈室 周二晚	陈丽娜 石一兰 赵微微	陈霓 文艳	冯琳 谢晓梅	雷燕 谢欣	孙娜娜 颜秋晴
3	读书沙龙	柯昱珠	户外 课余时间	刘燕 柯昱珠 胡娟	林小宇 朱大芳 方媛媛	李冀东 刘艾青	刘佳 伍艺佳	熊鸿建 黄英
4	乐陶陶影视俱乐部	漆太利	年级办公室 每月两三次	洪强 漆太利 毛维	付登超 欧红梅	王邦林 宋燕	徐学军 丁先风	李幼平 郑岚
5	乒乓球	黄海明	体艺楼3楼 周一至周四	丁继泉 李柠希 陈犀 付登超 罗明康 黄文刚	文海兰 周彤 陈伟 王邦林 姚晓强 徐世钊	黄莺 陈果 蒋佳邑 刘红强 熊鸿健	刘英 李铃 武宪 李翼东 黄海明	邓梅 伍艺佳 刘永红 杨林 唐光东
6	网球	胡兵	篮球馆 周二晚	王清苹 朱永伦 刘勇 李永红	刘永红 侯婷婷 王睿	杨浪浪 胡兵 周文	邹荣灿 杨林 姚小强	谢晓梅 武宪 罗川
7	羽毛球	林晓宇 贺军	田径场 周一、周四 下午	林晓宇 艾建萍 周彤 罗明康 张元军 姚小强 周雪娇	谭宁 刘英 牟莉华 谢欣 郑岚 陈有德	刘艾青 刘欣 刘虹 冯琳 黄李 周文	伍艺佳 贺军 陈伟 雷燕 张志伟 甘洋	熊鸿剑 邓梅 杨莉红 胡朝勇 徐立 代春联

续表

编号	名称	负责人	时间、地点	注册人员				
8	美瑜瑜伽俱乐部	杨映红 李小娅	学前部音乐厅业余时间	黄雅琳	杨映红	胡 兵	刘明珠	欧 莎
				何 栗	姚春燕	江 南	周 杰	郑小佩
				江成桃	张 琼	陈犁犁	文 艳	石一兰
				谌利群	何利希	陈 萍	王 婷	曾 力
				郑 宏	贺 蓓	姜尚倩	邱小莉	祝红梅
				汤 智	李率帅	周光荣		
9	美镜摄影俱乐部	胡兵(幼) 江 南	根据情况灵活安排	曾 力	杨映红	胡 兵	姚春燕	何丽希
				贺 蓓	欧 莎	江 南	周 杰	秋小丽
				郑 宏	李小娅	李率帅	陈 萍	刘明珠
				汤 智	石一兰	王 婷	祝红梅	陈黎黎
10	融综健身俱乐部	赵季秋 杨林	体育馆每周二、周四下午	尹 杰	吴 洁	钱晓科	沈培琼	胡有余
				贾雪梅	万振华	彭 景	余定枰	彭 倩
				陈 辉	何 霞	易 蓓	文采薇	陈 平
				徐 培	杨强艺	安 娜	何文峰	李晓玲
				任伟民	易玲倩	杜晓娟	文蕾倩	唐光东
				肖天喜	武 宪	龚宗渝	荣 钦	田光丽
				杨 林	颜秋晴	赵玉兰	陈春燕	万 洋
				李其秀	黄建春	代春联	童建明	丁韦普
				陈丽娜	林元培	徐 立		

重庆市人民小学"融侨杯"成就主人奖

庆祝第 24 个教师节表彰决定

在第 24 个教师节来临之际，经民主推选，行政会审批通过，以下 104 位同志荣获"融侨杯"成就主人奖，分别被评为人民小学模范教师、优秀教师、特色教师、教坛新秀、管理能手、服务之星。希望同志们在深化主动教育特色，在创三高五园的活动中，戒骄戒躁，再接再厉，永葆人民教师的崇高师德和职业幸福感，为人民的教育事业作出更大的贡献。

模范教师：6人

王　琳　谌利群　谢昭强　王清萍　刘　英　赵季秋

优秀教师：27人

涂亚丽　欧红梅　李若莹　陈利萍　文海兰　侯婷婷
谭春玲　杨启玲　陈荣美　黄　英　王忠莲　谭　宁
刘　勇　冯　琳　解　军　黄　伟　郑　岚　刘增贤
沈培琼　杨强艺　武　宪　龚宗渝　刘红强　曾　力
陈　萍（学前）　欧　莎　祝红梅

特色教师：31人

李柠希　杨　莉　李若兰　李红瑾　王培丽　王邦林
刘　燕　李冀东　刘小平　王　春　陈有德　周　文
王　兵　彭燕姣　王　可　丁　培　万振华　任伟民
杜晓娟　唐光东　陈丽娜　田光丽　林袁培　陈春燕
易　蓓　陈萍（大学城）　贺　毅　罗明康　陈黎黎
郑　宏　印　静

教坛新秀：18人

黄　颖　周　萍　方媛媛　周建兰　宋可耕　潘婷婷
熊鸿剑　刘　欣　代春联　谢　欣　张苏嵋　黄　李
易玲倩　陈　辉　杨　眉（大学城）　杨勇红　石一兰　李小娅

管理能手：8人

吴弟菊　胡有余　林晓宇　王蜀川　刘永红　朱永伦
周光蓉　戴宗锦

服务之星：14人

张英文　王　剑　贾雪梅　毛　唯　杨小龙　徐世钊
胡朝勇　陈　静（生活）　将定超（保育）　周　波
杨章平　张思荣　刘宗学（学前）　杨启恒（融侨）

特此表彰，以资鼓励！

重庆市人民小学
2008年9月8日

"幸福之园"建设得到家长们广泛支持，学校每年评选"十佳家长"并隆重表彰

主动教育精神的拓展

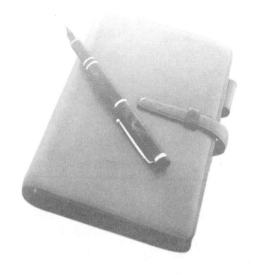

　　主动教育的研究在人民小学已有 30 多年的历程，主动教育的精神已深深地扎根在教师、学生的心中，强调主动教育精神已成为人民小学特有的文化氛围。我更希望主动教育的精神能在教育事业的发展中不断深化与拓展。

　　2009 年卸下人民小学校长职务后，我继续担任重庆市人民政府参事、市政府教育督学，任重庆人民融侨小学校长。我的工作岗位和工作职能发生了变化，但我感觉到主动教育的精神却让我的教育实践在人民小学之外的更大的教育领域中不断延伸和拓展。

一、主动关注教育发展中的问题

　　市政府参事室是为政府科学民主决策服务的智囊团和思想库。把握大局，深入调研，建言献策是参事工作最重要的职能。我作为市政府教育方面的参事，必须努力学习，认真调查研究，不断发现教育存在的问题，摸准问题形成的原因，寻找解决问题的方法，再通过调研报告的方式，向市政府提出科学合理的建议。我长期在城市小学的第一线工作，对农村教育的了解，以整个教育战线的了解是有欠缺的。但主动教育的精神就是能够给我迎难而上、不懈努力的决心，我以一种自我挑战，不断学习的新姿态全身心投入参事工作，几年来收获了进步，获得了快速成长。

　　2012 年元月我在农村基层学校调研中，发现因城镇化进程中留守儿童增多，许多农村中小学寄宿制学校应运而生，但匆匆上马，问题很多。我即在参事室社会事业组提出了"加强我市农村寄宿制学校建设与管理"的课程研究，在我组 7 位参事的共同配合下，通过半年的调查、走访、座谈、研讨，由我执笔完成了一份有质量的调研报告。

关于进一步加强我市农村寄宿制学校建设与管理的调研报告

　　加强农村寄宿制学校建设与管理是缩小城乡教育差距，促进义务教育均衡发展的重要举措，是保障和改善民生、实现科学发展、富民兴渝的重要基础。按照党中央、国务院的统一部署，我市农村寄宿制学校的建设于 2004 年全面启动，随着城镇

化进程的加快而快速发展，截至 2012 年 6 月，我市普通中小学已有寄宿制学校
2107 所。这项工作开展八年多来，取得了哪些成效？存在什么问题？其现状如何？
市政府参事室于近期组织社会事业组参事针对这些问题开展了为期三个月的深入调
研。调研组一行参加了市教委召开的专题座谈会，并赴彭水、黔江、潼南、奉节、
巫山五个区县的 9 所寄宿制小学、7 所寄宿制中学和 5 所农村村小进行了实地考察，
对这些学校的基本建设、基础设施、师生配备及管理制度等情况进行了详细了解，
与每个学校的校长、教师、学生及家长代表进行对话，参加了五个学校召开的师生
座谈会。同时，还听取了五个区县政府分管领导及有关职能部门对农村寄宿制学校
工作的意见和建议。在此基础上，经过认真分析研究，现将我们的调研情况和提出
的对策建议报告如下，供市政府领导和有关部门决策参考。

一、我市农村寄宿制学校建设与发展取得的成效

（一）政府重视，强化考核，农村寄宿制学校有了长足发展

由于市和各区县政府高度重视农村寄宿制学校建设，八年来，按照各级配套资
金比例，先后安排了"校舍维修改造、中西部农村初中改造工程、中小学校舍安全
工程、进城务工农民接受义务教育专项、城市建设配套费、市级农村寄宿制学校建
设"等多项资金用于农村寄宿制学校建设，并将此项工作纳入区县教育工作考核的
重要内容。目前，我市已建成的 2107 所农村寄宿制学校，在校生达 216 万人，其中
寄宿生 127 万人，寄宿率达 56.41%。有学生宿舍 520.8 万平方米，生均面积 4.28
平方米；有学生食堂 149.4 万平方米，生均面积 0.69 平方米；有厕所 45.6 万平方
米，生均面积 0.21 平方米，基本解决了 33 万小学生和 94 万初中生的住校问题。总
的来看，八年来，我市农村寄宿制学校有了长足的发展。

（二）贫困学生生活有保障，留守儿童得到更多关爱

农村寄宿制学校的设立，解决了山区学生上下学路途遥远的困难，增强了山区
儿童学习生活的安全感，免除了山区农村家庭的后顾之忧。我们所到的每所农村寄
宿制学校，均落实了贫困学生的生活补贴，即小学生每天 4 元，中学生每天 5 元，
均实施了中小学生每天 3 元钱的营养午餐计划。这些生活补贴经费的落实，保证了
农村贫困家庭的学生能吃得饱、吃得好，使他们在学校的生活有了保障。农村寄宿
制学校的建立，使农村的留守儿童能以校为家，缓解了留守儿童没有父母照看的孤

独感，使农民工进城务工的积极性增强，促进了城镇化进程的加快，发挥了教育对改善和保障民生的重要作用。

（三）农村寄宿制学校的建立，对缩小区域内城乡教育差异发挥了重要作用

农村寄宿制学校一般是以乡镇中心校为依托而设置，使乡镇相对良好的教育资源得到有效整合，农村小学向公路沿线乡镇集中，中学向城镇和县城集中，由于交通便利，为城乡教育的互动提供了方便。

农村寄宿制学校利用丰富的课余时间，成立各种兴趣小组，使农村孩子的潜能得到发掘，综合素质得到培养和提高。如彭水县三义乡中心校因地制宜搞根雕艺术活动课程，独具特色，对我市农村寄宿制学校发展特色优质教育进行了探索。与非寄宿制学生相比，农村寄宿制学生有更多时间得到教师辅导，易于养成良好的学习习惯、卫生习惯和行为习惯，培养自己的生活自理能力和与人交往的能力。在我们的调查中发现，农村寄宿制学生的综合素质和学习成绩大多强于非寄宿制学生。由此可见，农村寄宿制学校的建立，为缩小区域内城乡教育差异发挥了十分重要的作用。

二、我市农村寄宿制学校建设与管理存在的主要问题

（一）缺乏整体规划

1. 学校布局缺乏统一规划

随着城镇化进程加快，农民工子女流动大，留守儿童增多，许多农村村小自然消失或学生人数减少，大量农村学生涌入乡镇中心校，农村寄宿制学校应运而生。由于许多寄宿制学校均为仓促上马，因而在学校布局、学校数量、生源标准、招生规模、教师安排、课程设置等方面都缺乏统筹规划。

2. 基本建设和基础设备设施缺乏统一规范标准

由于村小撤并速度快，寄宿制学生人数快速增加，造成寄宿制学校的基本建设和基础设施不能满足学生增加的需要。农村寄宿制学校多以改扩建为主，乡镇原有学校的校舍小，以教室和办公室为主，由于新增学生宿舍、食堂、厕所、医务室等生活类的建筑扩容不能及时到位，导致出现8人间的寝室安置20多位学生睡觉、45人的教室安排90多位学生上课的现象。特别是乡镇寄宿制小学，食堂小，厕所小，大多无医务室，无盥洗间。有的小学床位不够，只好两人用一张床，甚至三人用一

张床，厕所蹲位短缺，食堂操作间用具简陋，用餐均在教室。多数农村寄宿制学校既无热水又无洗澡间，图书、电视、电脑和功能教室等设施设备很少，无法满足寄宿学生的课余活动安排需要。由此可见，多数农村寄宿制学校因仓促上马，基本建设和基础设施设备均缺乏统一规范标准。

（二）生活管理人员普遍缺编或缺岗

按照《重庆市人民政府办公厅关于印发中小学教职工编制标准实施办法的通知》（渝办发〔2002〕136号）规定"教职工附加编制标准，实行学生寄宿制的中小学，200名以下住宿可核定编制2～3个，200名以上每增加150名住宿生可增加编制一个"，寄宿制学校应当有生活教师编制。我们在调研中发现，农村寄宿制学校普遍存在"生活教师"缺编或缺岗现象。

缺编有两种情况：一是区县政府未按市政府文件要求为农村寄宿制学校下达"生活老师"编制。二是区县是按"教学人员"的"师生比"给乡镇学校核编，乡镇学校既有寄宿制学校，又有部分村小（这些村小是必须保留的），村小学生人数减少，但班级未减少，需要的教师未按班级计算，只按"师生比"计算，这就存在村小教师超编的现象。由于各区县统一使用教师编制解决村小教师超编问题，便导致出现寄宿制学校"生活教师"缺编的情况。

缺岗的情况是：寄宿制学校与村小合并配齐编制后，均是教学人员岗位，没有"生活教师、医务教师"岗位，教师均是教学人员，无法履行生活教师、医务教师的岗位职责，就出现了教师既教书又轮流看管学生的现象。

（三）建设资金缺口大，运转经费短缺

农村学校实行寄宿制，财政安排了专项资金，但存在较大缺口。如财政资金分别按800元/m²、1000元/m²、1200元/m²制订建设投资计划，这些资金只够项目的土建部分，而项目的管网安装和水电等附属设施投入，一个平方要差几百元。有的学校为了赶工期，则采取教师集资的办法，如潼南县大佛中学集资90万元，奉节县夔门中学集资1955.08万元，用以解决建设资金缺口，这种做法存在很大风险。

目前，寄宿制学校的运转经费与非寄宿制相同，都是从生均公用经费中产生，但寄宿制学校的水、电、煤、气、保洁和生活设施改造等费用开支远大于非寄宿学校，两类学校使用同一标准，必然导致寄宿制学校经费运转困难。

（四）教师队伍不稳定，专业人才难以形成

农村寄宿制学校教师既要教书，又要扮演父母和保姆角色，肩负着教书育人和管理育人双重任务。他们的工作量虽然增加，但是没有额外补贴，劳动报酬与实际付出不相符，仅靠讲奉献和道德标准来维持其积极性，难以持续。因此，部分教师想办法往城区或非寄宿制学校调动。如潼南县卧佛中学近三年招了 13 个新教师，却流失了 10 个优秀教师，造成教师队伍不稳定。

留守儿童急迫需要心理健康、卫生健康等方面的知识教育，但多数农村寄宿制学校缺乏对教师进行这类专业知识培训，专业人才难以形成。

（五）管理制度不健全，管理水平亟待提高

农村寄宿制学校是随着城镇化进程加快应运而生的新型学校，面对不断涌入的住校生，特别是小学低龄学生（最小的仅 5 岁），无论是教师管理班级，还是校长管理学校均缺乏经验，只有凭热情和责任心来进行管理。寄宿制学校的管理制度没有基本标准，既不规范，也不健全，导致学校管理水平低下。

三、进一步加强我市农村寄宿制学校建设与管理的几点建议

（一）深入调研，对农村寄宿制学校的发展进行统筹规划

各区县政府和教育行政主管部门，应根据《国务院关于基础教育改革与发展的决定》（国发〔2001〕21 号）提出的"按照小学就近入学，初中相对集中，优化教育资源配置的原则，合理规划和调整学校布局；农村小学和教学点要在方便学生就近入学的前提下适当合并，在交通不便的地区仍需保留必要的教学点，防止因布局调整造成学生辍学"的要求，在深入调研的基础上，对农村寄宿制学校的发展进行统筹规划：一要妥善确定村小的保留与撤并，对新撤并的村小实行严格报批审核制度；二要科学规划农村寄宿制学校的合理规模、覆盖半径，避免一味求大；三要尽量控制小学低年级学生离家住校的人数；四要加强督导检查，对达不到规范标准的学校应限制招生；五要制定符合本地实际和未来发展需要，符合教育规律的"农村寄宿制学校发展规划"。

（二）尽快研究出台农村寄宿制学校管理规范

针对农村寄宿制学校建设与管理存在的问题，市教委应尽快研究制定"我市农

村寄宿制学校管理规程"：第一，明确政府、学校、家庭各自的责任；第二，对村小教师，寄宿制学校教师、生活教师和医务教师分别重新核编、核岗，允许以后勤社会化方式管理寄宿制学校；第三，确立寄宿制学校特色育人目标；第四，合理设置寄宿制学校课余活动课程；第五，建立规范的寄宿制学校管理制度。

（三）加大对贫困地区农村寄宿制学校建设的扶持力度

由于农村寄宿制学校多以改扩建为主而仓促上马，其宿舍和食堂等基础设施十分欠缺，市里应加大对贫困地区寄宿制学校建设的扶持力度。同时，建议中央和市级财政应设立"农村寄宿制学校建设专项资金"，主要用于解决校舍建设中土建费用的不足，用于教学和生活设施的购置，用于解决学校运转经费的不足。

目前，寄宿制学校与非寄宿制学校实行相同的生均经费标准，即小学每生 500元，中学每生 600 元，既不合理，标准也低。建议市里适当提高农村寄宿制学校生均公用经费标准，即按小学每生 700 元，中学每生 800 元拨付，每两年调高一次，并尽快过渡到按生均教育事业费口径统计教育经费使用情况。

目前，涉及农村寄宿制学校建设的大部分专项转移支付资金都要求地方配套，而我市部分贫困县财政支出缺口大，建议取消贫困县寄宿制学校建设配套资金。为提高资金使用效率，对目前转移支付项目设置有重复的，在保证总量的前提下，建议集中有效资金投入农村寄宿制学校建设，力争投资一所，建成一所。

（四）切实解决农村寄宿制学校教师工作和生活困难

根据寄宿制学校教师工作的特殊性，建议增加农村寄宿制学校教师的岗位补贴，使好教师进得来、留得住，以稳定教师队伍。

为确保寄宿制学校的安全，让教师安居乐教，建议修建与寄宿制学校相配套的教师住房；市和区县应拨出专款，对寄宿制学校教师，特别是班主任进行心理健康、卫生安全等专业知识培训；市和区县两级政府应设立专门奖项，大力表彰农村寄宿制学校教师教书育人、乐于奉献的人和事。

（五）加大督导评估力度，建立协调管理机制

市和区县教育行政主管部门要高度重视农村寄宿制学校的办学质量，把提高农村寄宿制学校的办学水平看作是缩小城乡教育差异的重要途径。建议制定"农村寄宿制学校督导评估手册"，并定期组织有关部门开展综合评估。

各区县政府应统筹公安、教育、卫生、交通和市政管理等部门，建立管理协调

机制，加强对寄宿制学校食堂卫生、饮用水、周边小摊贩、学校小卖部、学生宿舍和学生上下学乘车的常规检查，以确保农村寄宿制学校健康发展和学生安全。

参加调研参事：宋乃庆　王崇举　赵修渝

宋　璞　丁继泉　赵学清

吴昌德　罗德刚

执笔人：丁继泉

分管我市教育的吴刚副市长，对报告作了如下批阅：八位市政府参事关于我市农村寄宿制学校的调研报告，很务实、很有见地，极具决策参考价值。请市教委认真阅研，尽量采纳。

二、主动参与，在团队合作中收获成长

与我在社会事业组共事的其他参事们来自不同战线，思想品质好，业务能力强，知识面宽广，阅历丰富，敢讲真话，严谨、睿智、创新、务实。在与他们的合作共事中，我主动向他们学习，不耻下问，不断提升自身修养。2013 年我市教育部门在"治理义务教育择校乱收费"的工作中，出现了一定的困难，我们全组参事迎难而上，针对规范"名校办民校"的问题开展了认真的调研。我与这个优秀团队一起，通过大半年时间的深入研究，向市政府建言献策。

关于尽快规范"名校办民校"
让真正的优质民办中小学为我市择校开辟通道的建议

近年来，随着经济社会的快速发展，人民群众选择优质学校就读的要求越来越强烈。然而，国家政策却越来越明确要求：义务教育阶段公办学校必须坚持教育公平、均衡发展，禁止义务教育阶段择校收费现象，制止跨区域招生和收费行为，制止公办学校以民办名义招生和收费的行为。同时，为满足不同学生个性发展的需要，国家鼓励民办中小学多元发展，以满足老百姓的择校需求。

刘延东同志多次强调："坚决治理义务教育阶段择校现象"。去年 12 月，国务院纠风办等七部委对重庆市治理义务教育阶段择校乱收费工作进行了重点督查，责令我市限期整改义务教育阶段择校乱收费等问题。

今年4月，国家治理教育乱收费联席会议办公室对我市再次下发整改通知，认为我市在择校收费的违规问题上整改不到位，要求我市必须清退择校费和追究相关人员责任，限期重新报告整改落实情况。国务院纠风办等七部委还把我市列为治理教育乱收费重点督查省市，先后3次到我市督查义务教育择校收费问题。

今年4月18日，刘延东副总理在新华社《内部参考》上就重庆、广东"民办公助"学校择校收费问题做出批示："义务教育阶段学校举办民办学校的行为要依法监管，严格界定'公'与'民'的界限。禁止公办学校通过民办名义组织考试、高价招生。"

目前，重庆市公办中小学优质资源仍显不足，民办中小学优质资源更是远远不够。民办中小学是重庆民办教育发展的薄弱环节，真正的优质民办中小学很缺乏，远远不能满足老百姓的需求。全市民办中小学在校生占比仅为4%左右，低于全国9%的平均水平。此外，我市义务教育阶段公办中小学违规择校收费现象今年依然存在。去年以来，主城7个区的义务教育公办中小学违规，提前招收了3608名2013年秋季入学新生，收取择校费6178万元。如果上述义务教育阶段违规择校收费情况再不杜绝，将会受到国务院纠风办等七部委的严厉处罚。

针对国家对义务教育阶段公办学校不准择校的要求和人民群众对优质中小学强烈需求的实际情况，为破解中小学择校难题，今年上半年，市政府参事室组织社会事业组参事赴大足城南中学、铜梁巴川中学、重庆第一外国语学校、重庆第二外国语学校等民办中小学进行调研，并赴温州、上海、南京等全国民办中小学发展先进地区进行了实地考察。通过调研考察，我们认为，温州、上海、南京等地"公办中小学不主张择校，杜绝择校收费现象，大力发展民办中小学来解决老百姓择校需求"的经验值得学习借鉴。以温州为例，温州市自2010年被国务院列为民办教育综合改革试点城市后，温州市委、市政府于2011年10月出台了《关于实施国家民办教育综合改革试点加快教育改革与发展的若干意见》及14个配套文件，从民办学校登记管理、财政扶持、融资政策、产权属性、合理回报、教师队伍建设等多个方面提供了制度保障。温州市按照公办学校生均教育事业费向民办学校提供补助，义务教育阶段每生补助30%至50%。在政策的鼓励和扶持下，温州市民办教育发展迅速，民办中小学达一百多所，其中优质民办中小学达三四十所，基本满足了人民群众多层次、多样化的教育需求。

现结合温州、上海、南京等地的经验，就规范我市"名校办民校"，破解择校难题，提出解决的基本思路和建议意见，供市政府领导和有关部门决策参考。

一、规范"名校办民校"的基本思路

我市融侨中小学等十多所"名校办民校"都有较好的品牌、较好的管理、较好的师资、较好的教学环境，得到多数老百姓的信任。然而，去年12月，国务院纠风办等七部委严厉批评了重庆市"名校办民校"有严重违规行为，认为民办学校和公办学校存在资产未独立，管理、师资、教学未分开等问题，要求制止公办学校以民办名义招生和收费的行为，并尽快予以纠正。

我市"名校办民校"大多存在着法人治理结构不完善，法人财产权未落实（资产不分明、产权不明晰），民办中小学与其母体学校关系未理顺等问题。当然，这与当前法律和法规上还缺乏明确的规定和界限有关。

我们认为，规范"名校办民校"有两种方法：第一种方法是将现有的"名校办民校"重新变更成公办学校，但这不仅会引起公办学校与民营企业之间在资产等诸多问题上的法律纠纷，而且仍然会出现无法满足人民群众择校需求的问题；第二种方法是将现有的"名校办民校"规范成真正的优质民办学校，进而解决人民群众对择校的需求。

经过认真分析研究，我们认为可选择第二种方法，即尽快规范"名校办民校"，积极扶持其成为真正的优质民办学校，这样既可以避免法律纠纷，又可以为公众提供在民办学校择校的机会，从而实现办学主体多元化，促进学生的个性发展，缓解现行体制下的择校难题。

二、规范"名校办民校"的三点建议

（一）积极落实"五独立"。

1. 独立法人代表和独立校长。民办中小学校设立董事会、监事会，完善法人治理结构。民办中小学校长由董事会决定产生，并直接接受董事会领导和监事会监督。

2. 独立管理。学校的运行管理独立，包括民办中小学的招生和毕业证书的发放等都必须完全独立。

3. 独立资产。民办中小学的财务必须完全独立、资产明晰。考虑到公办学校对

"名校办民校"的投入和发挥的作用，民办学校应在政策允许的范围内每年给母体学校应有的回报。

4. 独立校区。民办中小学应有独立校区，发挥办学体制优势，鼓励多种办学模式。

5. 独立师资。民办中小学要有独立的师资队伍，独立师资的实现需要一个渐进的过程。

独立法人代表和校长、独立管理、独立资产应在 1～2 年内完全落实。独立校区已经存在。

（二）按照"老人老办法，新人新办法"的原则，创新用人制度。

过去在公办学校工作的教师编制仍保留在原公办学校，由民办中小学发放所有待遇，工作一定时期后可返回公办中小学任教，或者退休后应享受公办中小学的待遇。

"名校办民校"新任教师由新的民办学校进行聘任。

（三）政府给予扶持，引导优质民办学校健康发展。

政府应对"名校办民校"给予大力扶持，将民办学校纳入政府有关办学条件建设类项目的申报和扶持范围，设立民办教育发展专项资金，适当提高义务教育阶段"名校办民校"经费补贴标准，引导和支持优质民办学校健康发展。

此外，我市"名校办民校"还可能存在其他不同情况，应根据不同问题进行分门别类处理。

习近平总书记最近指出"人民对美好生活的向往，就是我们的奋斗目标"。解决我市老百姓对义务教育阶段优质学校的择校需求，是政府的责任，而规范"名校办民校"既符合国家要求，同时又为满足部分人民群众对择校的需求开辟了一个重要途径。此事希望能引起市政府领导高度重视。

市政府主要领导对我们的调研报告进行了批示："这份材料用了心，思路举措很有道理，请市教委综合分析，形成具体操作意见。"

三、主动适应新形势的新要求

参事室的工作特点之一就是要"围绕中心工作开展调研"，要随时把握好国家及市级工作层面的大局，要求参事要能准确把握大局，开拓创新，要能对重大课题、重要的民生实事进行调研，帮助政府形成有效对策。我与参事室团队的同事们都以不断学习、不断挑战疑难问题的精神状态去适应新形势下的新变化，去发现新的问题，提出解决问题的良方。2014 年六月我们根据我市城镇化进程中，流动人口随迁子女入学的问题进行了有针对性的调研，在调研中我们开出了以下良方：

关于我市城镇化进程中主城区流动人口随迁子女入学问题的调研报告

切实保障流动人口随迁子女平等接受义务教育，是深入贯彻落实党的十八大精神、办好人民满意教育的重要体现。进城务工人员是我市流动人口的主体，是建设新重庆的生力军。近年来，我市在保障流动人口随迁子女平等接受义务教育方面取得了显著成绩，但随着我市城镇化进程的加快，流动人口向主城区快速集聚，随迁子女激增与教育资源供给不足的矛盾日益突出。

6 月 20 日，重庆市中小学招生工作即将开展，有效解决流动人口随迁子女入学问题迫在眉睫。为此，市政府参事室于近期组织社会事业组参事赴市教委及主城 7 区教委和 11 所中小学就"我市主城区流动人口随迁子女（特别是进城务工人员子女）入学问题"开展专题调研。现将我们在调研中发现的主要问题及有关对策建议报告如下，供市政府领导和市教委等部门决策参考。

一、存在的主要问题

（一）区域性学位短缺，部分区域随迁子女入学难度激增。

进城务工人员大多集中在商业或制造业发达地区、公租房小区、城乡接合部、老城棚户区等地，从而造成上述区域随迁子女扎堆入学。2013 年，主城区接收流动人口随迁子女入学人数为 12.76 万人，占义务教育阶段学生总人数的 24％，其中渝中区该项数据占比为 61％、沙坪坝区为 41％、江北区为 27％、北碚区为 9.5％。这一情况表明，一方面主城各区接受随迁子女入学不均衡，另一方面一些区域学位短缺，接收随迁子女入学难度激增。

（二）不少区尚未制定随迁子女入学管理细则，导致入学秩序难以保证。

过去，我市主城区是按照《重庆市义务教育阶段学校学籍管理办法》（渝文审〔2007〕50 号）和《市委办公厅、市政府办公厅关于进一步做好农民工子女农村留守儿童接收义务教育工作的通知》（渝委办〔2008〕12 号）的要求接收流动人口子女入学。由于不少区没有就入学基本条件、招生程序、组织实施制定具体管理细则，出现了一些"投机入学"行为，如编造用工证明、租房合同，以及一户多子女入学，甚至非本人子女搭便车入学、多头择校等。接收学校明知其证明材料存在疑问，但因没有明确的管理细则，也不得不接收其入学，造成有的学校生源爆满，入学秩序难以保证。

（三）缺乏统一的入学管理预案，无法保障有序安排随迁子女学位。

目前，我市尚未建立电子入学信息采集系统，从而无法做到对入学人数、入学区域、入学学校的统筹调配，甚至随迁子女向多所学校申请登记学位也很难杜绝。而我市对流动人口的管理相对落后，不少随迁子女并未按规定办理流动人口登记手续，待达到入学年龄后，才临时提出入学要求，增加了学位调配的难度。主城各区大多在 6 月下旬才集中受理当年秋季新生入学登记，一旦错过登记且又无空缺学位，将很难入学。加之流动人口迁移的随意性大，子女中途转学较多，不仅给转入地学校造成突发性学位压力，同时也给转出地学校造成空出学位浪费。

（四）随迁子女激增，给不少区在经费、校舍、师资保障方面带来很大压力。

根据我市"两为主"的有关政策规定，随迁子女的教育经费由接收地负责投入，对于财政状况不佳的区，经费保障压力加大。随迁子女入学人数激增，还造成城区学校教育资源更加紧张，在生均占地、生均建筑面积、师生比等国家义务教育学校发展考核指标方面无法达标，给接收随迁子女入学学校接受义务教育标准考核带来了困难。

（五）随迁子女入学政策宣传不到位，容易引发矛盾冲突。

当前，部分家长将随迁子女入学简单理解为"不收择校费"、"没有门槛"，不管是否具备入学基本条件，认为政府都必须解决其子女入学，一旦无法入学或者无法就读其租住地附近的学校，一些家长就带着子女到学校或教委上访。另外，本区户籍学生家长认为流动人口子女挤占了本区优质资源，作为常住人口却不能享受优质资源。此外，面对学生激增的现状，有的接收学校则产生了畏难情绪。

以上问题，北京、上海、浙江、江苏等地都曾出现过，是城镇化进程中难以避免的有限教育资源与不断增长的教育需求间的矛盾。

二、对策建议

解决流动人口尤其是进城务工人员随迁子女入学问题是政府义不容辞的责任，

为了将这件好事办好，必须多措并举、综合统筹。根据调研中基层反映的突出问题，结合上海、浙江、江苏等地的经验，建议我市今年秋季入学采取以下多项措施。

（一）盘活存量、规划增量，实现学位供需动态平衡。

1. 全面摸清家底，盘活闲置学位。在深入调查现有教育资源的基础上进行挖潜、拓展与统筹。一是对主城部分区域因就近居住人口减少，学位有空余的学校（包括优质资源学校），适度扩大招生划片范围，避免教育资源闲置浪费。二是对主城区有学位资源可以挖掘的学校实行扩容，如有的完中学校因义务教育阶段不准择校收费而减少甚至砍掉初中的，应当促使其恢复并适度增加公办初中招生计划。三是在学位激增的部分区域内，可调整原有的就近入学划片辖区，挖掘公办学校因不收择校生而空余的学位，盘活公办学校原有学位存量。对部分学校可适度增加义务教育阶段学位。

2. 在新建小区、公租房小区和旧城改造区，要统筹学校规划布局和建设，严格执行"同步规划、同步建设、同步验收、同步交付使用"的"四同步"政策，建立教育部门全程参与学校规划、建设各个环节的制度。同时，还要大力提高农村办学质量，做好"控流保学"工作，尽量减少农村学生生源流失。

（二）进一步明确规范入学基本条件，确保随迁子女有序入学。

1. 参照北京、上海、浙江等地做法，建议由市教委出台《流动人口随迁子女入学管理办法》，各区根据实际制定具体招生细则。进一步明确：以"合法稳定就业、合法稳定居住"作为随迁子女入学的基本条件，以确保真正进城务工子女入学；合法稳定就业以缴纳社会保险和务工合同为依据；合法稳定居住以购房手续或租房合同和暂住证为依据，并规定就业和居住证明均应在1年以上。如上海要求：2014年来沪人员须在街镇社区事务受理服务中心办妥灵活就业登记，同时持《上海市临时居住证》满2年，其随迁子女方可符合义务教育入学条件；2015年，来沪人员须连续2年在街镇社区事务受理服务中心办妥灵活就业登记且持《上海市临时居住证》满3年，其随迁子女方可符合义务教育入学条件。

2. 强化随迁子女相对就近入学，制止随意择校，调整扎堆入学。要优先安排工作证明和居住证明在同一行政区的随迁子女入学。教育、公安、社保、计生等部门和社区、学校要加大对随迁子女入学材料真实性的审查力度，对提供虚假证明材料的，不准予入学，并记入诚信系统。

3. 在我市随迁子女入学管理办法尚未出台前，为减少政策对利益相关者的冲击，建议设置两年过渡期，特别针对证明材料不齐全人群（如无社保证明、居住未满一年的）研究制定过渡期实施办法，最大限度地保障其入学需求。

（三）提前做好每年招生预案，加大学位统筹调配力度。

1. 主城区应尽快建立义务教育入学电子信息采集系统，适当增加信息采集时间。规定不参加学龄人口信息采集不能建立学籍，无法正常入学。一个适龄儿童只能在一个学校采集信息。在条件成熟时，推出全市统一的义务教育入学服务平台。

2. 从明年起，各区（校）应在每年 4 月前公布本区（校）招生学校、学位数量、入学基本条件等信息，指导随迁子女有序入学。

3. 规范转学条件和手续，规定必须提前 6 个月提出转学申请，且在学位空余的情况下，服从区教育部门的统一安排。

（四）整合资金，加大投入，有效缓解教育资源紧张状况。

1. 在坚持以流入地政府为主的随迁子女教育经费投入体制基础上，探索建立市、区两级财政投入的激励保障机制。主城各区学校接收随迁子女人数超过学生总数一定比例（如超过 40%）时，由市级财政予以一定配套补助。

2. 适当调整对区级教育工作的考核指标和办法，对因接收随迁子女人数较多而导致义务教育学校考核指标不达标的学校不予扣分。对接受随迁子女较多的区及学校给予一定奖励。

（五）切实做好随迁子女入学政策的宣传解释工作。

1. 多渠道和多种形式宣传流动人口随迁子女入学政策，除借助广播、电视、报纸、网络等宣传渠道外，还应深入学校、社区，通过实地走访、发放宣传手册和入学政策宣传卡等形式，做好有关政策宣传工作。

2. 媒体要多做正面宣传，减少负面报道，特别是负面个案的报道。同时，还应宣传当前解决随迁子女入学所面临的实际困难，争取广大群众的理解和支持。

市政府主要领导及分管领导，都对我们的报告给予高度评价，认为有道理，并请市教委拟定新规章条例进行核查落实。

四、自加压力，勤奋思考，调查研究，主动建言

参事除了要通过调研报告来反映重大的发展课题、重大的民生实事外，还要根据自身的优势和丰富的经验，提出有质量的建议。市政府参事由市长亲自聘任，一定要有高度的责任心和使命感，要对得起政府，对得起人民，要自加压力，勤奋学习，不断进行深层次思考，要求真务实，敢讲真话。几年来我根据自身优势，深入基层调研访读，主动参政建言，写出了有一定实效的参事建议。

根据我市义务教育均衡发展中存在的问题，我提出了均衡分布基础教育优秀管理人才，选拔培养，促进合理流动的建议。

关于选拔培养与均衡分布基础教育优秀管理人才资源的建议

我市城乡教育均衡发展需要更多的好学校，需要更多优秀的教育管理人才。优秀教育管理人才的挖掘发现、培养和科学分布是我市义务教育均衡发展的当务之急。近年来，我市在促进城乡教育均衡发展方面进行了一些探索，如加大对薄弱学校、农村学校基本建设和基础设施投入，加大财政专项资金投入，开展城乡学校对口支援、捆绑发展、领雁工程、特色学校建设等系列活动。同时，建立了特级教师下乡支教，特岗教师、优秀教师和校长对口支援等系列交流制度，使义务教育均衡发展不断向前迈进。

自去年以来，我通过多种方式分赴我市几十个区县开展调研，走访了从村小到主城名校等各类学校，感到我市薄弱学校和农村中小学在基本建设、资金投入、对贫困学生学习和生活资助等方面有了极大改善，城乡义务教育学校硬件的差异正在逐步缩小，教育均衡发展的速度让人感到十分欣慰。但在调研中也发现，不同学校在师资力量、教育质量、学校文化建设等软实力方面存在较大差异，特别是教师资源配置不均衡的问题较为突出。我一直在思考，中小学"择校热"是多年的顽疾，随着农村学校硬件的变化，应当有所缓解，但是为什么这个问题仍然很难解决呢？究其原因，"择校"不是目的，关键是"择教师"，可见优质教师才是优质教育的第一资源。

那么，优质教师怎样才能迅速成长呢？我认为优质教师的成长与培育虽有多种方式，但最主要的渠道是靠优秀校长的思想引领与科学制度的管理，尤其是优秀管理团队带领下形成的优秀学校文化的浸润。因此，优秀校长、优秀管理团队的挖掘和培养是我市基础教育学校快速提升软实力的关键所在。受政治、经济、文化、环境和区域的影响，我市中小学的优秀校长与优秀教育管理团队大都集中在主城名校和市教委直属学校，怎样才能科学和均衡地分布优质教育管理人才资源呢？这里提出以下几点建议，供市政府领导和有关部门参考。

一、用招聘与选调的方式挖掘培养优秀校长及管理人才

（一）按照招聘校长、副校长的要求和条件，在主城中小学名校和市教委直属学校，招聘或选调一批中层干部和相关管理干部（如年级组长等）为优秀校长人才。前几年，在择校热助推的主城名校大发展时期，经过主城名校的培育和文化熏陶，产生了一批既有名校文化特质，又有一定研究和管理能力的中层干部，可以在他们中间选拔一批未来的优秀校长人才。

（二）用组合式的方法组成有特色的管理团队，奔赴有需求的区县。招聘或选调出来的干部可分校长、德育校长、教学校长等职位，组成一个合作团队，通过双向选择安排在有需求、有一定发展潜力的学校任职。团队组合的方式可以很快形成特色，形成优质教育管理团队，产生优质教育管理效能。

二、按照"创建新优质学校"的目标要求，对选调出来的管理团队进行目标绩效考核

（一）由各区县政府教育督导室牵头，教育行政部门和教育科研部门协助，制定"新优质学校"标准，选拔出来的教育管理团队必须肩负创建"新优质学校"的任务。

（二）定期对"新优质学校"进行目标考核，督促"新优质学校"办出质量和水平，为推动当地经济社会发展作出应有的贡献。

（三）定期对选调的管理团队进行督导考核，通过选调、创建、督导、考核的过程去发现和培养更多的优秀管理干部。这比一般性的校长交流更有实效，如果这项措施能够得以落实，对加快我市中小学优秀管理人才培养的步伐具有十分重要的推动作用。

三、切实解决好选调管理人才的待遇问题

（一）解决好选调干部的后顾之忧，主要是他们的身份问题。这些干部会留恋主城名校的身份及编制，可保留其原有编制，确定一定的时限，如五年或八年，由选调干部自行选择去留，届满后允许返回主城。

（二）解决好选调干部的政治待遇和经济待遇。各区县政府有关部门要研究制定对这类管理人才的政治经济待遇奖励细则，为他们提供必要的政策支持，使他们安心留在当地工作。

（三）建立通畅的进退机制。在对这类管理人才进行有效的目标绩效考核后，应当建立合理的进退机制，使干部能上能下，能进能退，形成科学合理的干部管理制度。

市政府参事　重庆市人民小学原校长　丁继泉
2012 年 11 月 26 日

分管教育的吴刚副市长对我的建议给予支持，他批示："学生择校就是择优质教师，优秀校长带领的优质教育管理团队必然办成优质学校。明年市教委应该把引进、挖掘、培养更多的优秀校长和优质教师作为办好素质教育、优质教育的工作重点，出台优秀校长和优质教师在学区内良性流动、公开均衡的政策，促进基础教育更加均衡、更加公平。"

2012 年 6 月我在市人代会上向市政府有关领导和人力社保、教委等部门的领导提出建议：由师范院校培养"全科教师"，以适应正在严重萎缩中的农村村小教学点的教育教学岗位。该建议已被采纳，我市"全科教师"的培养已开展了两届，对确保今后村小教师有质量地安心从事教育工作会产生十分积极的作用。我还先后抽出两个多月时间深入到重庆的 8 个区县、15 个乡镇中小学调研，发现不光是村小，就是乡镇中小学在城镇化进程中，因学生生源流动也出现了新问题，我主动约访校长、主任、教师、学生家长，认真收集数据，经过深层思考，向政府提出了如下建议。

关于调整乡镇教师专业结构培养"一专多能"型乡镇教师的建议

在我市推进新型城镇化建设进程中，大量农民工子女涌入城市和城区。城区学校正在努力扩大学位，以满足农民工子女求学需要，这是城镇化进程中教育发展的必然趋势。而另一方面，我市乡镇学校及村小生源减少，年级单班化（一个年级只有一个班）、小班额（一班只有 10 多个学生）的出现与常规的教师编制不适应。生源少，教师少，编制超，音体美等专任教师不能到位，致使农村学校不能开齐开足法定课程，农村学生在教育起点上较城区学生吃亏。我作为市政府参事在列席市人代会的发言中，曾向吴刚副市长建议：由师范院校培养"全科教师"，以适应不能撤并的村小教学点的特殊课程设置，提高村小教师的综合性教育能力。吴刚副市长同意建议，并亲自指导市教委和师范院校制定了一系列科学有效的措施。第一批"全科教师"即将出现在我市村小的岗位上。重庆市"全科教师"培养方式已由教育部在《中国教育报》上向全国宣传推广。

今年，我随市教委承办的"明德学校建设"项目组到乡镇学校调研，通过对铜梁、忠县等八个区县乡镇学校进行调研，发现乡镇学校在师资配备、教师培训等方面存在以下问题：

一是乡镇教师专业结构不合理，教师资源配置不科学。以梁平县城东明德小学为例，该中心校有教师 20 名，学生 218 名，其中，六年级学生 44 人，五年级 22 人，四年级 26 人，三年级 35 人，二年级 38 人，一年级 53 人，这是典型的年级单班化和小班额现象。如果按农村小学师生比 1：20～22 配备教师，该校已严重超编，而超编的均为语、数教师。由于超编，专任教师进不来，该校的音、体、美等专任课无法正常开设或开设质量低下。生源减少致使教师专业结构不合理，是我市乡镇学校带有普遍性的问题。

二是教师在职培训流于形式，方式单一，缺乏对培训效果的考核与后续指导。当专任教师进不来时，区县级培训机构也对过剩的语、数教师进行了转岗或兼职培训。但这种培训往往多在教育理念上和学科教育学方面进行，对专业技能培训不到位，致使培训后的教师兼职专任学科效果差，且无后续跟踪指导和考核，语、数教师兼职专任学科的教学质量无法得到保障。

针对以上问题，特提出以下建议：

其一，开展区域内专任教师交流。各区县可根据对教师交流工作的要求，让乡镇过剩语、数教师经过培训提高后交流进城区，让城区音、体、美等专业教师到乡镇。今后，为村小培养的"全科教师"在满足村小需要的情况下，也可分配到乡镇学校，以保证乡镇学校开齐开足课程。

其二，对未能交流又过剩的语、数教师进行专业课程培训。对未能交流又过剩的语、数教师，可进行音、体、美、英语、综合实践等专业课程培训。经过考核，使培训的教师能够承担多门学科教学。

其三，改革现行单一的教师培训方式，提升兼职教师执课合格率。教师岗前培训，要开设"专业对口课"和"专业技能课"，将教育理念培训与专业技能培训相结合。通过短期培训，使教师兼得起课，兼得好课，并能保证兼课的质量。

其四，加大对兼职教师培训的量化考核。各区县教育督导室，要对兼课教师的培训进行考核，并组织有关人员进行跟踪督导，建立培训和使用兼职教师的考核奖励长效机制，提高兼职教师培训质量，保证使用效果。

给乡镇教师提供在职专业发展机会，培养"一专多能"型教师，是保证乡镇小学教育均衡发展，缩小城乡教育差距的重要举措，希望能引起市政府领导高度重视，协调相关部门制定具体措施和建立相应的制度。

市政府参事　重庆融侨人民小学校长　丁继泉

分管教育的副市长对我的建议做出批示："丁继泉参事的建议切中时弊，很有针对性。请市教委在明年的'县管校用'、'校长教师交流轮岗'、'加强农村教师培训'等改革中采纳。"

针对城市学校低年级课程开设中能否有所调整，有所创新，以适应因人口负增长和取消择校后出现的小班问题，我与多所学校的教导、教学主任及分管教学的副校长多次座谈，提出了以下建议。

调整课程体系　　推进小班化教学

国家课程改革已进行了十年，形成了义务教育以国家课程为主、地方课程和校本课程为辅的三级课程体系。全国中小学严格按国家课程计划开课行课，禁止了私自增减课程或增减课时的违规行为，这使中小学的课业学习有了量的标准。但在小学课程的具体实施过程中仍有一些难题未能破解，致使对小学生特别是低年级学生的课业学习要求过高，情感培育渠道不畅通；习惯培养难以养成，生理心理负担过重。

一、小学课程实施中的现状及影响

（一）教师专科任课不适合小学低年级

（1）师生情感培育渠道不畅通。一年级儿童 6 岁入学，立即面临语、数、英、音、体、美、品德生活 7 门课程学习，现行城镇及条件较好的农村学校均提倡教师的专职任教。以笔者所在学校为例，7 门课程由 6 位教师任教，6 岁儿童要在学习 7 门课程的同时与 6 位教师进行情感交流，难度太大。而"向师性"极强的低段儿童在新环境里对情感的需求是深度需求，多位教师因专科教学要担任其他众多班级课程而与儿童只能短暂接触，如音乐教师每周每班只有两节课，很多学生长时间不认识科任教师，学生和科任教师之间缺乏情感交流，在这种不断变换教师的课堂学习中，师生之间的情感交流只能依赖班主任，而班主任面对 45 人甚至更大班额，无法与每个学生进行深度交流，致使儿童的情感培育渠道不畅通，学生的品德、情感和意志的培养难以通过多学科的师生双向交流而获得，学科的文化学习掩盖了学科的教育功能，学科德育较为苍白，对儿童的心理成长极为不利。

（2）行为习惯难以培养。6 位教师提出的学习习惯要求与行为习惯要求，因任教学科不同或教师性格不同难免产生碰撞，面对众多要求，低段学生往往无所适从，致使学习习惯的培养和行为习惯的养成过程难度增大，这对刚入学极需培养良好学习习惯和行为习惯的学生极为不利，也为以后中高年级的学习成长埋下了隐患。

（3）学生课堂学习压力过大。任课教师的分科化、专职化程度越高，教师的学科专业要求就越高，教师的专业化、高要求均呈现在课堂上，让接受学习的低段学生目不暇接。课堂学习任务繁重，加上课外作业要求，低段学生的学习负担不可能减轻。这阶段学生的注意力不能持久，独立学习能力尚未建立的低段学生自然感觉学习压力过大，这也是造成学生课业负担过重的原因之一。

（二）大班额上课不适合小学低年级

（1）教师难以进行针对性教育。低年级学生入学会面临两大困难，一是要建立班级行为习惯，如：排队集合、开展室内外活动、料理个人和班级卫生、与老师同学相处等。二是要建立七个学科学习习惯和能力，如：遵循各个学科的要求、建立初步的学习思维方式、形成良好的学习能力，等等。这两大困难都需要教师精心的呵护、精细的指导，特别需要有针对性的指导。按义务教育法规定，我国小学现行班级学生人数是 40～45 人，但许多地区特别是西部地区一般都大大超出这个人数。

所有的班主任教师都同时担任了学科教学工作，低年级教师既要抓班级初建，又要抓学科学习的新规矩、新习惯，面对四五十及其以上的大班额，受学生在校时间限制与教师身心体能的限制，教师对学生只能提整体要求，难以对学生做针对性的指导，所以大班额上课对学生生理、心理发展极为不利，不适合小学低年级。

（2）对学生的差异性缺乏理解和尊重。学生来自几十个不同的家庭，有着不同的生活环境和个性，初入学表现出的差异性会很大。大班额的教育方式只能追求整齐统一，难以通过差异性去发现和培育鲜明的个性，导致学生的创新思维在最活跃的低年级时期就被忽视了，低年级学生"先入为主"的优势，在大班额教学中变成了劣势。

（3）低年级课程实施没有特点。小学低年级课程实施特点与高年级相同，也是大班额和教师专职、专科教学，只是低段是7门课程，每周26课时，高段是9门课程，每周30课时的区别。甚至小学与中学的课程实施也没有大区别，只是中学课程多几门、课时多几节而已。从6岁的学生到12岁，再到18岁，这么大的年龄跨度，课程实施的格局基本相似，可以说低年级学生的课程实施基本没有低段特点。

（三）教研部门与评价部门对课程实施导向单一

我国的课程体系中教研部门和评价部门的作用非常重要，决定着学校课程实施的方式和方向。但大多数的教育研究都针对学科的专业化进行，对专职专科教师进行指导，如各类语文专委会、数学专委会等，对综合兼课的教师指导研究很少，综合性兼职教师不被提倡，不被重视。小班化教学在西部地区没有专门的研究机构。督导评价部门对课程实施的关注点放在是否严格执行国家课程计划，是否开齐开足课程方面，对低年级课程实施的特殊性和小班化教学的推进并未高度重视。

以上现状基本导致了"小学低年级课程实施高年级化"，"小学课程实施中学化"的倾向，其影响就是对6岁的孩子入学基础要求过高，孩子负担过重，低段课程影响中、高段课程，层层拔高；学生对学习容易由畏学而厌学。教师缺乏课程研究的新鲜感，多数人成为"知识文化之师"而不是"人师"。"以人为本"、"以生为本"的现代教育理念难以真正践行。

二、调整小学课程体系，推进小班教学的路径

调整小学课程体系，推进小班教学是个综合性的整体改革，难度会很大，可以在小学低年级课程实施中先行试点，先易后难。调整课程实施是手段，推进小班教学是目的，使学生健康快乐成长是终极目标，这三者互为因果。因课程调整必须与教师的工作量计算和师生比的计算相结合，必须经过科学的测算才能推动改革的顺利进行。

（一）改革低年级教师分科授课方式

必须在国家三级课程计划的执行中去寻找课程调整的方式，安排 7 门课程的任课专科教师合科授课，以国家要求的师生比 1：（17～20）的比率为参照，把教师周课时任课时数由每周 16～18 课时，改为每周 20 节课，将 6 位教师授课调整为1.3～1.5 名教师授课，师生比调至 1：20，低年级学生课程难度浅，知识量不大，现在的教师均是本科、专科毕业，胜任低年级多学科知识的教学不会有大问题，如果任艺体学科有困难，可另行统筹安排艺体类专科教师。这种调整是在不动课程计划，微调师生比的情况下进行的，是可行的。

（二）推进小班化教学改革

将教师由专职专科的分科教学调整为合科教学后，就能将原有的大班额调为小班，不会影响学校整体课程计划实施。现行授课班级每班学生为 40～50 人，可将此班额变为两个建制的小班（20～25 人），由合科教师（1.3～1.5 人）为 25 名学生建制的小班授课。教师任多个学科课程，在备课方面增加了工作量，周课时任课时数由周 16～18 课时上调为 20 课时，看起来教师的负担有所增加，但学生数量变为小班后减少了工作强度，又降低了组织教学和辅导学生的难度，因为在低年级的课堂教学中，由于学生注意力不能持久，教师在组织教学中花去的时间和精力要占很大比例，教授 40～50 人的班级教师的工作难度和工作强度更大。所以小班化教学中教师的整体工作量并未增大，教师会很快适应。但这样调整后学生会得到教师有针对性的关照和呵护，教育教学的效果会更好，"教"与"学"的成就感都会增加，学生的健康快乐成长才有可能实现。这样的调整改革是应当的，也是可行的。

（三）落实因人施教，减轻课业负担

推进小班教学后，教师有了整合教育资源的空间，可以利用身兼两学科以上的机会，在完成课程标准要求的前提下，创造综合性的活动课程，丰富课堂内容形式，梳理多学科的共同教育规律；优化学科的习惯培养和学习方法的训练，针对低年级学生注意力短暂的特点采取讲练结合、学科互借的方法，创造出生动活泼的课堂教学方式，使课堂学习更加实效、高效，更有针对性。使教师真正拥有"因材施教"的时间和"因人施教"的空间。

推进小班教学后，教师可将学习辅导过程精细化、个性化，可针对不同程度的学生辅导练习，更可直接点对点辅导学习有困难的学生，有效减轻学习有困难学生的课业负担。由于师生交流的时间增多、人数减少，教师对每个学生的情况更熟悉，学生的课业任务都能在课堂内完成，真正减轻低年级学生的课业负担。

（四）加强教研与评估导向

各级教研组织和督导评价部门，可针对课程调整和小班化教学的推进，拟订相应的教研指导计划，制定相应的评估标准，为低年级课程实施提供正确导向，用低年级课程改革影响中高年级课程改革，扭转"小学低年级课程实施高年级化"，"小学课程实施中学化"的倾向，保证低年级课程调整改革的顺利进行。

《国家中长期教育改革和发展规划纲要》（2010—2020 年）指出："严格执行义务教育国家课程标准、深化课程与教学方法改革，推行小班教学。"同时还指出："减轻学生课业负担要标本兼治，综合治理。"把减负落实到中小学教育全过程，促进学生生动活泼学习、健康快乐成长。率先实现小学生减负。"这些都是教育工作者及全社会面临的重大改革课题，也是我们提出"调整课程体系，推进小班教学"的出发点和落脚点，我们将为此进行不懈的努力。

该建议文章在 2011 年北京钓鱼台国务院参事差举办的教育论坛"为了孩子健康快乐成长"的报告会上被作为议题进行了大会交流，后又被收入相关论坛文集。

几年来我在市政府参事室这个创新务实的集体中认真学习，主动获取各方面知识，收获了极大的成长，我十分珍惜参事室这个平台，在未来的日子里更会不辱使命，充分发挥这个平台赋予的个人和集体的作用。

任市政府参事的同时，我也被聘为市政府督学，除了完成每年的督学督导任务外，我还积极参与了几人重大专项督查活动，完成了"重庆市教育十二五规划拟定与实施"祝导活动，对 10 多个区县进行了认真的专项督查督导。受市政府委托，参加"农村贫困学生的生活补贴与农村学生营养工程"的专项督查，足迹踏遍了渝东南地区 10 多个县市、70 多所农村各类学校。受市教委委托，参加了督查"民办非学历培训机构"的清理整顿专项工作，作为督查组组长，我深入 10 个区县帮助区县教委总结经验，指出了存在问题，并和基层教委商议了许多科学合理的解决方案。

要做好政府参事工作，做好政府督学工作，对一名长期从事小学教育工作的教师来说，都是新的挑战，都需要一个迅速学习、迅速适应、迅速挑担的过程。在这个过程中，主动教育中的主动精神，是推动我获得进步的最大动力，是促进我快速成熟的催化剂。而今我对督学和参事的工作都已经适应，也日渐熟悉。我感恩主动教育的精神，使我能在学校教育之外的领域里不断开拓和进取。我感恩主动教育研究带给我的成长和快乐。

　　　　　　　　　　　　主动教育——我一生都在研究中。
　　　　　　　　　　　　主动教育——我一生都在受益中。
　　　　　　　　　　　　　　　　2014 年 7 月　丁继泉

社会反响

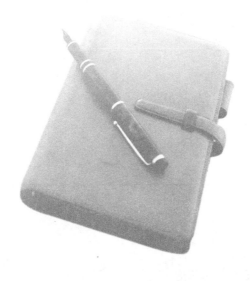

　　"人以铜为镜，可以正衣冠；以古为镜，可以见兴替；以人为镜，可以知得失。"从教师成长到校长，一路走来，领导、专家、同事及家长等太多人给予了我莫大的关心与帮助，在此一并真诚地感谢。

"成人"的教育探索

靳玉乐

　　新时期以来，教育及其研究领域一直受到教育理论与教育实践关系的困扰，教育的理论话语与实践话语关系问题也曾在我国教育界引发激烈的争论，但该问题的"文字战"终究未能解决实际问题。时隔多年，我国教育及其研究领域的发展事实及其趋势对该问题做出了诗意般的回答。事实表明，教育理论与教育实践及其理论话语与实践话语的分歧，正历史性地发生着"折中"的变化，这种变化主要源自人们对教育理论与教育实践、教育研究与教师教学、理论研究与实践研究的融合关系的发现，相伴而生的另一个重要发现是关于教育研究的又一主体——教师，教师作为"研究者"或"反思性实践者"被发现与认可，为我国本土化教育理论的建立注入了新的活力。时至今日，教师作为教育理论知识的生产者已成为我国教育研究的一股重要力量，教师进行的教育探索已经成为我国教育研究的一道"亮丽风景线"，教师的教育智慧正不断地丰富着我国的教育思想文库。其中，以丁继泉校长为首的重庆市人民小学教师研究团队，无疑是教师教育研究的典范，其多年来从事的"主动教育"研究，很好地诠释了他们对教育的深刻理解及其教育智慧的魅力。

　　重庆市人民小学的丁继泉校长是一位思维敏锐、教育经验丰富而又善于反思的教育实干家。在她的引领下，该校的"主动教育"研究不断地深入与发展，至今已历时25年。在教育实践中，该校适应时代的要求，针对学校教育中的现实矛盾，不断地调整和改进研究方向与重心。该校的"主动教育"研究从"小主人社团"的建立，到"主动教育育人模式"的探索，再到体现主动教育思想特色的学科教学研究，直至最后形成了"主动教育"的理论与实践体系，非常生动地记录了该研究从萌芽、创立、拓展以及走向系统性研究的历程。这是一项理论融合于实践之中的教育行为研究，既有理论上的创新，又有行之有效的实践策略，值得宣传和推广。

"主动教育"研究主要是一项"成人"的教育探索。其中，"成人"中的"成"，乃"促成"与"生成"之义；"成人"中的"人"，乃是指师生，他们是教育的出发点和归宿；而"成人"，可谓是"主动教育"的内在品性与根本旨趣。正如日本教育家小原国芳在《完人教育论》中所言："我只想把出发点归之于'人'，回到人，只进行'人的教育'，无论主观愿望如何。回到人，进行'人的教育'，便会有真正的教育。""主动教育"就是倡导这样一种教育，教师与学生都在教育活动中主动地生长和发展；在平等与和谐的双边活动中成就彼此；在充满"主人翁文化"气息的精神家园里追求真善美。

"主动教育"将学生视为发展着的生命体，它遵循着一定的发展规律，因而要求教育重视挖掘每个生命体独特的发展潜能。同时，"主动教育"把学生又看作完整的生命体，提倡"完人"发展。"完人"是对学生生命内涵的丰富性的根本肯定，并喻示着一种教育理想。如此，教育活动就不再是单纯地掌握知识的认知过程，而是学生个体生命全面彰显与丰富的过程，是学生自我充分实现、主体性得到全面发展的生命存在过程。"主动教育"还把学生看作具有主体性的生命体。人的发展从根本上是主体性的发展，因而"主动教育"将重点放在尊重与唤醒学生的主体意识，倡导与发展学生的主动性和创造性。富有特色的"学习小主人、活动小主人、生活小主人"的培养目标，正是"主动教育"学生观的生动体现。

"主动教育"也把教师看作独特而且有待发展的"生命体"，他们勇于追求，主动发展，在成就学生的同时也成就自己，并走上幸福的教育人生。"主动教育"认为，教师能做最好的自己，乐观面对教育人生，勤于反思，传播爱与美，"以爱立德、教书育人、继承传统、努力创新"，做成就小主人的"爱的使者"和"美的化身"。为此，"主动教育"为教师创设了三种"主人"的发展目标：一是"专业发展的主人"。"主动教育"认为教师的专业发展动力主要源于教师自身的需求，专业发展的程度有赖于教师的主动追求，因而扩大内在需求与进行主动追求也就成为教师专业自主成长的重要条件。二是"科学管理的主人"。"主动教育"认为教师作为学校学习共同体的成员，是学校的主人，是学校管理与改革的重要参与者，是彰显学校品质的主体。三是"幸福生活的主人"。"主动教育"认为教师需要成为一个幸福的人，去追求生活的幸福、事业的幸福和心灵的幸福。这种"专业发展的主人、科学管理的主人、幸福生活的主人"的教师发展目标，从立体的、全面发展的维度规定了"主动教育"的教师品性，这有助于教师在不同的关系与身份角色扮演中，寻找到自己的正确方向。

"主动教育"将学校视为师生"成人"的土壤，以及师生生命成长与栖息的精神家园。"主动教育"研究及其实践生成了重庆市人民小学独有的学校精神价值，孕育了该校的"主人翁文化"气息。事实上，主人翁文化的形成有赖于该校的历史传承与现实创新。其中，光荣的革命传统和延安精神的文化积淀，成为该校主人翁文化的源头活水；而潜心实践、敢于创新，是该校主人翁文化发展的现实动力。主人翁文化的最大特点在于它的生命性，它是一种"成人"的精神文化，主要表现在三个方面：一是对师生生命主体的尊重。它积极地唤醒师生的主体意识，充分地发挥着师生的主动性与创造性。二是对生命主体性的解放。它给予充分的自由与空间，成就了生命的丰富性，提升了生命的质量。三是对生命个体主动成长与学校文化发展同步的关注。学校作为生命发展与栖居的精神家园，它与生命个体的主动成长相互影响，相辅相成。也正是如此，该校的主人翁文化正引导着那里的师生，成就他们的生命意义和价值；而该校的师生，也正在教育实践中创造和发展着那里的主人翁文化。

常言道，一所好的学校必定有一个好的校长，而一个好的校长往往可以成就一所好的学校。丁继泉校长正是这样一位好校长：她的主动教育思想引领着人民小学不断向新的高度攀登，创造着一个又一个教育的奇迹。

（作者介绍：西南大学教育学院院长、二级教授、博士生导师，国家重点学科"课程与教学论"学科带头人，国务院学位委员会教育学科评议组成员）

一位"用激情燃烧理想"的校长

——记党的十七大代表丁继泉

孙恭恒

丁继泉，在巴蜀教育界乃至全国教育界颇有名气。原因可能有三：其一，她领导的重庆市人民小学颇具传奇色彩。这所学校创建于1945年，原为解放军晋冀鲁豫军区干部子女学校，1949年随第二野战军转成大西南至重庆"落户"，邓小平同志的夫人卓琳为该校首任校长,贺龙元帅任该校首任董事长,刘伯承元帅为该校命名并题写校训。一所小学竟然曾经辗转数千里办学且与人民解放军两位元帅有如此深的关系,在全国学校中独一无二。其二,她领导的重庆人民小学的学生素质颇具特色,在全国文艺、科技比赛中屡屡崭露头角。她的学生曾在全国少儿文艺会演中获一等奖,在全国少儿科技创新大赛中连续八届获一等奖,全国"茅以升"少年科技奖有两次被该校学生折桂,多次在全国少儿声乐、器乐、美术、英语、棋类、发明创造、科学论文比赛中获一等奖……其三,她本人在办学工作中常有创新,突破。她提出的"主动教育"模式和把"人民小学办成小主人成长的摇篮"的办学理念以及主持与贫困山区学校和库区学校帮扶结对的"素质教育协作区"的推进均衡教育的办学实践,在我国当代小学教育界都属领先和创新。也正因此,教育部部长周济曾评价该校为"实施素质教育有突破性进展"。

经过数十次电话、电子邮件、书信交流联系,我们终于走近了丁继泉,一个把全部爱与智慧献给小学素质教育的优秀校长形象在我们面前清晰地呈现出来。

"再接再厉,把一生的精力投入素质教育"

丁继泉在 20 世纪 70 年代初从重庆到永川石庙乡插队,度过了三年知青生涯。1973 年进入合川师范学校学习,从此与教育事业结缘。她先在永川上游小学做大队辅导员、教导主任,其间参加了重庆师范学校汉语言文学本科函授学习,而后调到重庆市人民小学。1984 年 1 月光荣加入中国共产党,1994 年开始走上重庆市人民小学的领导岗位,做了六年副校长、党总支副书记,2000 年担任了校长和党总支书记。30 多年来,丁继泉一直在小学工作。有人问她的理想是什么?她说:"我就是想再接再厉,追寻革命前辈的教育理想,继往开来,传承与创新相结合,把一生的精力投入素质教育,让优秀的革命传统在校园中薪火相传。"丁继泉在人民小学"主人翁之园"启动仪式致辞中把她的这一思想阐述得更为具体,她说:"我们要让'主人翁之园'深深地植根于'自强不息'的延安精神中,健康成长在'自主自强、求真求新'的主人翁文化的精神土壤中。我们追求的是'身心健康精力旺盛、平安文明人人舒畅',探究的是'科学管理服务发展、科学育人提高质量',让师生在'主人翁之园'的沃土上自主地成长、去寻找我们共同的价值观,去实现我们共同的追求。"丁继泉的确全身心地投入到素质教育中,为了全面发展学生的素质,她先后启动了"主人翁之园"、"健康之园"、"科学之园"、"园林之园"、"幸福之园"建设工程，她对师生们说，"让我们珍惜这大好的春光，充分发扬人民小学'自强不息、求真求新'的主人翁精神，勇于实践，努力创新，把人民小学建设成为孩子们亲近自然、体验自然的乐园，探究自然、追寻自然的学园，心心相印、诗意栖息的精神家园"。

在始终如一、全力以赴地推进素质教育的过程中，丁继泉突出抓了以下三项工作。

其一，将教育的理想转化为现实，形成鲜明的主动教育办学特色。

学校在坚持刘伯承元帅题写的"千万不能培养特殊阶层和娇骄儿"办学宗旨的基础上，将"艰苦奋斗、自强不息"的延安精神，进一步内化为"自主自强、求真求新"的主人翁学校精神，提出了把学校建成"小主人成长的摇篮"的新的办学理念，并根据原校训中"两有"（有文化、有道德）、"两爱"（爱劳动、爱祖国）的要求，结合时代发展，确定了具体的育人目标，即培养学生做三个主人"学习的主人、活动的主人、生活的主人"。

人民小学为实现其办学理念，真正实现学生互动发展，曾经把全校30多个课外活动小组整合起来，成立"小主人社团"，希望以此为突破口培养学生的主动发展精神。在锲而不舍地探索、实践中，渐渐地，"主动教育"的本真和特色鲜明起来。近年来，学校在主动教育的实践中，开辟"主动教育学科课堂"和"小主人社团"作为特色育人途径，创新了"庆龄杯小主人奖"特色评价机制，并以此为保障，达成育人目标，实现学校的办学理念，逐步完善了主动教育的育人模式，使素质教育在学校得到了科学化、特色化、常规化的实施和推进。

以主动教育特色办学作为突破口实施素质教育，学校尤其注重处理好三个关系，即正确地处理文化学习与思想道德教育、文体才艺能力培养的关系；正确地处理传承与创新的关系；正确地处理教与学的关系。学校坚持以教师为主导、学生为主体，教师主导服务于学生主体的教育理念，从而使素质教育得以顺利实施，并不断提高教育质量、提升教育水平。

其二，将以人为本的科学发展观落实于教师队伍建设中，造就幸福的人民教师团队。

丁继泉提出并坚持要求"学习应当成为人民小学教师的生活习惯，研究应成为人民小学教师的职业习惯"。她自己以身作则开展教育研究，主编出版了《主动教育特色的学科教学研究》等著作，发表了多篇论文，获得重庆市中小学教学成果一等奖和连续四届重庆科研成果一等奖，获得全国中小学思想道德建设优秀成果展评一等奖，承担了教育部、中国教育学会、重庆市、中央电教馆的近十项科研课题。在丁继泉的引领和影响下、在人民小学的教师中学习之风大盛，科研之花盛开，教师们从自身提高和专业发展中体验到教育生涯的价值和幸福。与此同时，教师队伍素质的提高大大促进了人民小学的素质教育。

近些年，人民小学的教师们创新三大类40多种校本课程，完善学校课程建设，实验、总结出数十种主动教育的教法学法；每一个暑期，全校200多位教师都顶着烈日，冒着酷暑，在重庆山城的大街小巷穿行，对学生进行热情细致的家访，为每一个家庭送去电话、网络所不能代替的关切与温情；教师们发掘智慧的潜能，自己制作家具，装配功能教室，美化校园环境；教师们通过自己不懈的努力，终于在重庆市的中心开辟了一个小农场，让孩子们在这里学习生活的本领，培养朴素的道德，收获刚强的毅力……教师们在精神风貌、工作状态、工作业绩上，体现出鲜明的人民小学"品牌"形象和"爱岗敬业、追求卓越"的新重庆教师形象，形成了一支积极进取，品德高尚，具有敬业奉献精神，专业能力强，理论水平高的教师团队。

十年来，人民小学连续三届在重庆市教育科研成果奖评选中获得一等奖，2006年市级重点课题"主动教育特色的学科教学研究"获得重庆市首届中小学教育科研成果评选一等奖，2007年学校被评为重庆市教育科研先进集体和"十佳"科研基地学校。学校涌现出的特级教师、中学高级教师、市级骨干教师多达50余人，多名教师获得全国模范教师、全国优秀教师、全国优秀辅导员等荣誉称号。教师们勇于创新，追求卓越，爱岗敬业，无私奉献，在成就学生的同时，成为专业发展的主人，成为科学管理的主人，成为幸福生活的主人。

其三，将自主自强、求真求新作为学生全面发展的抓手。

为了实现主动教育、主动发展的目标，在丁继泉的领导下，学校把"小主人社团"纳入校本课程，建立了80多个小主人俱乐部，供孩子们自主选择，在兴趣中发现自己的长处；坚持举办每年"两会三节"（少代会、科代会、体育节、艺术节、儿童节）的主题活动，让学生在一次次丰富的体验中发掘自己潜能；实行学校、年级、班级三个层面的"学习小标兵、活动小专家、生活小能人"评比，鼓励学生发展自己良好的个性，提高自身素质；通过"我的学习我努力"的班级学习机制、"我的活动我做主"的社团评价机制以及"我的生活我能行"的家校联动机制，培养学生自我督促、自我调节、自我评价的能力及自信、自强、自立、自尊的优秀品质。从而在人民小学形成了主动学习、主动成长、全面发展、张扬个性的良好氛围，学生整体素质明显提高。

"小主人社团"，不仅培养出重庆市首届争光奖获得者、少年科学院院士李默涵，《红岩魂》中扮演小萝卜头、感动了亿万观众的王文斌，重庆市政府优秀建议奖获得者王静怡等在全国颇有影响的优秀少先队员典型，还先后培养出两名全国十佳少先队员，有 11 人获得全国宋庆龄基金奖。众多学生在各级各类比赛中大显身手。学校也被评为全国少先队红旗大队，全国 2008 北京奥林匹克教育示范学校，全国科技教育、艺术教育、体育、家庭教育先进单位。"小主人合唱团"参加首届中国少年儿童合唱节一举获得"小云雀奖"，受到维也纳金色大厅的盛情邀请。2006 年，"小主人社团"参加中央电视台"金螺号"校园文化展播，生动再现了"自主自强、求真求新"的主人翁精神，受到专家和观众的一致好评。

丁继泉的素质教育理念与实践取得了实效，开了花，结了果。

"搞素质教育仅凭一股决心和热情是不行的，一定要有清楚、有效的路数"

丁继泉从做副校长起至今，担任学校领导已经近 15 年了。她在工作实践中越来越感觉到搞素质教育仅凭一股决心和热情是不行的，一定要有清楚、有效的路数。她反复向老师传达温总理说过的一句话：每所学校实施素质教育就是要"办出特色、形成风格、争创一流"。她说，"我们人民小学实施素质教育必须办出特色、形成风格，必须重视持续性，打造内动力，创强创新力"。在她的领导下，人民小学推进素质教育具有一套清晰、高效、颇富创新色彩的路数。

一是以实现"三个小主人"目标为核心，完善主动教育育人模式。

丁继泉充分认识到素质教育的长期性和艰巨性，坚决反对盲目追求新鲜模式的频繁更替。她决心把精力用于拓展初见成效的主动教育育人模式，丰富其内涵，以适应青少年成长环境的多样、多元性变化。她把培养学生做"学习的小主人、活动的小主人、生活的小主人"的目标重点放在低、中年级，让孩子养成最基本的学习、活动、生活的兴趣、习惯和技能，引导孩子文明守纪、关心他人，明白学习、活动、生活是自己的事，从而认真做好自己的每一件事；鼓励、引导高年级学生在此基础上，努力去实现做"学校的小主人、国家的小主人、生命的小主人"的更高追求，使他们自觉融入社会中，受到热爱民族、珍惜生命、与自然和他人和谐相处的人文熏陶，既要认真做好每件事，更要做一个诚实守信、被他人认可的人。人民小学这一育人目标，体现了因材施教、循序渐进的教育规律，符合儿童年龄特征，创新了小主人文化，同时也完善了主动教育的育人模式。

二是从"三小"到"三高"，以倡导教师发挥示范作用，促进学生主动发展。

"三小"即培养学生做三个小主人，是面向学生的；"三高"即"高质量的学习、高水平的活动、高品位的生活"，既面向学生，又面向教师。从"三小"到"三高"体现了素质教育的连续性和不断追求更高更新的目标。

丁继泉在素质教育实践中深刻认识到，全面实施素质教育，只靠已有的名师和骨干教师是不够的，必须整体提升教师队伍的素质，正如温总理在全国教育工作座谈会上所指出的："提高教育质量、实施素质教育必须依靠教师，必须建设一支素质优良的教师队伍。""主动教育育人模式"的有效实施，使"小主人"在学习、活动、生活方面的能力显著增强，学生的快速成长向老教师们的教育经验提出了挑战；新一代年轻教师的大量"加盟"，虽给学校注入了新鲜血液，但他们本身也多是独生子女，在吃苦精神、关心他人等方面尚存不足。教师队伍中存在的问题，制约着素质教育的质量进一步提高。因此，培养一支具有主动教育特色、能适应主动教育育人模式、能出色打造"小主人文化"的高素质教师队伍，成了学校的当务之急。

育人先正己，教师必须加强自身学习，提高自身素质，主动成长发展。丁继泉和一些同志从实施素质教育的整体要求和学校发展的需要出发，制定了教师发展的整体规划。其目标是：做专业发展的主人，做科学管理的主人，做幸福生活的主人，最终实现"高质量的学习、高水平的活动、高品位的生活"的"三高"要求。其途径是将教师分为名师、骨干教师、特色教师、教坛新秀、青年教师五类，请教师自选成长平台，在学校制定的《名师成长章程》的规范下，实现教师动态管理与评价，促进教师主动发展。

人民小学教师修身的要求是：

自我修炼——自尊自重，自警自律，人格健全，品德高尚；

自我提升——提升内在的才华学识，积淀深厚的文化底蕴；

自我反思——时时反躬自问，总结经验，吸取教训，不断改进；

自我追求——树立远大志向，执著追求目标；

自我调控——面对挫折与荣誉，不屈服不骄傲，以良好的心态迎接挑战。

人民小学教师发挥示范作用的要求是：

以爱立德——爱事业，爱学生，爱学校，爱国家，爱人民群众；

以信立身——遵纪守法，追求真理，诚实守信，富有责任感和同情心；

以礼导行——讲究规范，遵守公德，言行文明，彬彬有礼；

以和为美——善待自己，尊重他人，与自然、社会和谐相处；

以达健心——乐观豁达，包容开放，阳光心态，身体健康；

以勤为勉——不骄不躁，勤于奋斗，勤于超越，勤于创新。

在这样的目标要求和评价的引导下，教师们主动学习，主动研究，主动发展，在实施素质教育的过程中提升了高尚师德和专业素养。

三是以"五园"为载体，师生共建素质教育工程。

从"三个小主人"的培养，到师生共创"三高"；从完善主动教育育人模式，到引导教师修身示范、主动发展，其最终目的都是为了全面提高育人质量。正如新《义务教育法》所规定："义务教育必须贯彻国家的教育方针，实施素质教育，提高教育质量。"为了整合师生发展目标，为了保证师生的有效互动，为了生动教育特色的传承创新，在丁继泉的领导下，学校又以"五园"为载体，引领师生共建素质教育工程。

"五园"，即"主人翁之园、健康之园、科学之园、园林之园，幸福之园"。

"主人翁之园"倡导全体师生优化主体意识，挖掘自身潜力，追求和践行共同的精神财富——"自主自强、求真求新"的主人翁精神；认可和构建共同的价值观——主人翁文化。在"主人翁之园"中，师生同心协力树立主人翁文化之魂、探寻建设主人翁文化之径、共同展示主人翁文化之风采，把"主人翁之园"打造成学生自主发展的成长舞台，把"主人翁之园"营造成教师实现自我、超越自我的精神家园。

"健康之园"是落实"健康第一"的重要抓手。"身心健康、精力旺盛、平安文明、人人舒畅"是健康之园的目标。学校通过心理讲座、专题研讨、心语屋辅导、阳光沙龙交流，使师生拥有阳光心态和健全人格；投入资金，落实场地器材，保证师生体育锻炼时间，确保师生身体素质增强；通过编排新颖的课间操，开发安全易学的课间锻炼项目，指导学生坚持开展传统的体育运动（如"三跳"运动等），培养学生体育锻炼的兴趣、习惯,提高体育锻炼的质量;通过组织教职工篮球、网球、羽毛球、乒乓球、健美等运动,使教师的锻炼意识增强,健身活动得以坚持开展。"健康之园"力求使每个师生身体健康、心态阳光、每天快乐、终身幸福。

"科学之园"的宗旨是"科学管理,服务发展;科学育人,提高质量;学会学习,科学学习"。科学管理的内涵是着眼特色、立足校本、建章立制、遵循规律,目的是为实施素质教育服务,为师生发展服务。科学育人的要求是"激之以情、启之以慧、悟之以理、知行共生",目的是为学生全面发展服务,为全面提高教育质量服务。科学学习分学科学习和社团活动课程,启发学生在学科学习中做到好问善思、动静结合,养成学习的好习惯,举一反三;引导学生在社团活动课中做到"志趣高雅、活而有序、动中求异、自主共进"。

"园林之园"是指要在绿树成荫、鸟语花香的校园里,培养光荣传统与富有人文精神的教育。在这个"园"中,小主人新闻中心和红领巾气象站渗透着浓郁的主人翁精神;植物园和小主人农场成为师生实验、研究、审美、怡情的好去处,200多种植物为语文、科学、美术等多个学科提供了"人与自然和谐相处"的绝好案例;充满个性的班级文化园地与功能齐全的校级文化园地,成为实施素质教育的"隐性课堂"。

"幸福之园"包括"主人翁之园"的张扬个性,"科学之园"的追求真理,"健康之园"的身心舒展,"园林之园"的修身养性,成为人民小学的文化之园、和谐之园、硕果之园。它是人民小学师生共同追求的素质教育最高境界,故名为幸福之园。

丁继泉和她的同事们在实施素质教育的实践中真可谓开启了所有的智慧,他们创出的这些素质教育路数有效地、生动地推进了学生和谐、健康地发展。人民小学的学生真幸运,真幸福!

"教育均衡发展绝不只是给农村孩子在城里提供一张书桌"

人民小学是重庆市示范小学,几个校区共拥有一百多亩占地面积,有功能齐全的综合教学楼、体艺馆,能避风雨的现代化操场、田径场,中心广场、模型广场等;学校资产超过千万元;师资力量在重庆市的小学中数一数二。然而丁继泉的心并没有只拴在人民小学上,她追求的是教育事业的整体发展、和谐发展、均衡发展。她说,"教育均衡发展、教育公平绝不只是给农村孩子在城里提供一张书桌,给农村学校提供一点钱那么简单!"她认为,支援农村教育应该是全方位的。在参加党的十七大期间，丁继泉接受中国教育报记者采访，她说，"教育公平的最终目标应该是教育质量的公平。当基本投入趋于均衡的时候，打工子女在城里拥有了一张课桌，是否就意味着他们能够融入城市？打工子女普遍没有经历过学前教育，家庭教育也和城里的孩子有很大差异，怎样给他们补上这些课，是我们关注教育公平时必须考虑的"。丁继泉不仅是想到了这个问题，而且是通过实际行动尽自己的力量去解决这一问题。

她带领人民小学的老师们全力帮助贫困山区和库区学校，带头送课下乡、送科研成果下乡、为农村学校教师开专题讲座，从经费、人力、物力等方面扶持薄弱的学校，对口扶贫了 30 多所农村薄弱小学，形成了以人民小学"主动教育"为示范的素质教育协作区，促进了优质教育的教育均衡发展。2006 年为推进城乡教育统筹发展，丁继泉主动请缨，与沙区联合创办了一所重庆大学城人民小学，作为优质教育资源在农村推广运用的试点，从而使虎溪镇 100 多个农村孩子不仅有学上，而且能像城里的孩子一样享受到优质的教育资源。

不过，这些工作虽然是丁继泉发起搞的，但她的心里也没底，她说，"农村娃娃如何教，说实话，我们也在摸索。"从 2007 年 9 月开学至今，大学城人民小学的老师一直在做着一件事情——家访。丁继泉要求老师们到每一个学生家里去，了解情况，为家长提供教育指导。她说，"农村家庭教育的缺失，也是阻碍农村小孩素质全面发展的因素"。

尽管丁继泉尚在摸索，但她义无反顾地关心和扶持农村教育是人皆所见的事实。在人民小学，每位骨干教师被要求必须完成一项特别工作任务——到偏远农村学校支教，短则两三个月，长则一年，丁继泉自己带头。1998 年暑假，时任副校长的丁继泉到黔江支教，一路辗转颠簸，加之天气闷热，她不停地呕吐。有人提议把她的支教活动时间后移，但是丁继泉坚持按计划进行，下车后仅喝了口水便走上讲台。她说，"支教给当地教师带去先进的教学模式和理念，传授给孩子们更有效、更愉悦的学习方法。这个事情必须坚持做下去。而且，学校领导必须带头"。至今为止，丁继泉的下乡支教已有十个年头。10 年前，曾有一个偏远农村学校教师在参观人民小学后感叹道，"城里孩子真有福"。丁继泉听后心里很不是滋味，于是开始和农村学校结对，派教师支教。最初是和垫江县伍洞镇小学结对子，后来这所学校获得了一次市教育科研成果二等奖。丁继泉听说后特别高兴，决定从此之后支教力度再加大些，每年派出支教的老师增加 3～5 倍。

这就是丁继泉，一位用全部激情燃烧着教育理想的教育工作者、校长。当我写下了她在追求与实现理想的路上的点点闪光时，我真的感动了。在当今的教育战线，再多一些丁继泉，甚至每个教育工作者都像丁继泉这样，那该多么好啊！那时候，我们的教育事业必然是云霞灿烂，光辉四射，我们的学生们必然是如沐春雨，像茁壮的小树一样枝繁叶茂，一天一个样儿地成长着，长得又直又快，给全人类带来无边的绿荫和无尽的温暖。

理想创造辉煌　献给真正的教育家

——重庆市人民小学丁继泉校长

龚春燕

教育是极其复杂的一项工程，教育学理和教学研究容易给人一种枯燥、艰涩的印象。但当你看到丁校长，你会改变认识，因为她给你的总是微笑与阳光。读她的文章也如见其人，因为她是有得于心而发之于文。她集教学研究和管理于一身，而且能把自己对教育的挚爱传达给学生、教师与社会，与学生、教师、家长一起徜徉在教育的海洋里！她从教三十多年，当过知青，受过很多磨炼，是什么让她总是荡漾快乐与幸福，我想是她对教育的理想。读过朱永新教育随笔《中国教育缺什么》，缺钱、缺人才、缺公平、缺教育观念？但作者认为最缺的是四点：服务意识、人文关怀、特色、理想。我对这样的论断是赞同的，而尤其关注的是，从事教育事业的同志们心中是否像丁校长一样都有一个清晰的教育理想！

一、理想铸造名校

因为丁校长有教育理想的支撑，投身教育工作就有了持久的动力和坚忍的毅力！在升学仍为社会所重，而国家发展又需要培养真正的具有创新意识的素质型人才的矛盾中，没有理想的支撑，饭碗会比全面发展的人才更加重要，考分会比学生身心和谐成长更加现实！人们都说坚持理想很难，其实坚持教育的理想更难！但丁校长坚持自己的教育理想，"办人民满意的教育，培养不骄不躁、求真求新的下一代"始终不变。所以，对于真正怀着教育理想的丁校长，我们应该尊敬她！对于怀着教育的美好理想而又不懈地付诸行动，不断践行她自己对教育的理解，贯注于学校管理与教学中的丁校长，我们应该向她致以崇高的敬意！对于因理想的激励而在教育战线上创造了辉煌，把人民小学办成全国甚至国际都有影响的名校的丁校长，我们应该学习她。

二、知行整合团队

和丁校长相识是在 1993 年，缘于一次整体改革的研究活动，我被安排去听她的音乐课，很精彩，也很享受。后来有机会与她经常在一起探讨问题，她特别认真。她常谈教师的教学，其实质是实践—思考—创新，然后再实践—再思考—再创新，不断的循环反复过程，其最终目的是使教师的教学具有艺术性。她就是这样，带出了人民小学优秀的教师团队。杨浪浪的英语课，寓教授于情境之中，获得全国一等奖；赵季秋的数学课，和风细雨，全国一流；刘燕的语文课，学生激情澎湃，个顶个的棒……著名教育专家舒尔曼教授认为，"教师对教学艺术的学习主要依赖于三种不同的知识：原理规则的知识、特殊案例的知识和运用适当规则于特定案例的策略知识"。虽然教学是一个动态的过程，原理知识、案例知识、策略知识之间不是一种一般化和特殊化的互逆过程，但它强调了一点即"知行合一"。丁校长作为专家参加国家课标的审读工作，对一些专家的观点她很不赞成，她说"知行合一"，不论是教学还是学习，都应该是每个教师的境界。新课程也好，旧教材也罢，"知"与"行"都是统一的，过分强调"行"，把"知"弱化，对我们的下一代是"践踏"。"知"与"行"是儒家哲学中的一对重要范畴，"知"是一个标志主观性的范畴，"行"则是主观见之于客观、标志人的外在行为的范畴。"知行合一"强调认识中"知"与"行"的同步交互，注重主体精神的发挥。正是这样，人民小学教学改革不冒进，不赶"时髦"，为每个学生的发展负责，广大教师多年来在教学生涯中不断践行着在"行"中"知"、"知"中"行"或者"行"和"知"齐头并进，为教师专业发展提供了活水源头。学校开放他们的课堂，教师良好的教态、有效的启导、多元的思维，折服了来自祖国各地或世界各国或地区的多名参观者。教师不断积累与反思，撰写多篇论文，在《人民教育》等权威刊物上发表，教学成果在重庆市人民政府、重庆市教委的多次评奖中，均获得一等奖，铸造了教师团队的辉煌。

三、真新建设特色

到过人民小学的人可能都会清晰地记住学校的校训："求真求新、不骄不躁。"中国传统的思想中历来有"变"与"新"的智慧。《诗》曰："周虽旧邦，其命维新。"在"变"与"新"的过程中，追求教育变革与创新，是每个教育人的职责与任务。无论学校管理也好，还是教学也好，丁校长都处理得很好，她写了很多教育著述，很富哲理。有人说，教育理论陷入了"高推圣境"的盲区，以为只有用特定的行业语言，包括成堆成堆的术语和需要读者反复琢磨才能弄清楚的句子才是学术。丁校长的文章语言总是很简洁，也很直白。纵览古今中外的文化成果，真理总是十分朴实、简单的。两千五百多年前的老子就说过，"大道至简"，就算教育理论深奥难测，但真正懂行的专家一定能够用简易生动且又鲜活的表述方式传达出内心的体悟。看丁校长论文，听丁校长发言，她总是语言简短。她自己悟出的学校"主动教育"特色，一干就是十几年，"新"在"真"处，"新"为"真"言。

　　知青教师亦多甜，

　　管理教学巧撰编。

　　学习创新任发展，

　　高尚人品千锤炼。

　　我学习丁校长，学习她为求真求新，知行统一！

　　我敬佩丁校长，敬佩她为教育理想，不懈追求！

（作者介绍：重庆市教育科学研究院研究员、特级教师，重庆市教育评估院院长，西南大学教育学院教授，全国学习科学研究会常务副会长，香港创新教育学会名誉会长，美国北美华人教育研究会理事。）

淡泊宁静事　二三素心人

——我所认识的丁继泉校长

重庆人民小学　杨浪浪

　　"大抵学问是荒江野老屋中，二三素心人商量培养之事，朝市之显学必成俗学。"

——题记

　　认识丁继泉校长是在我成为人民小学一名老师后不久，到现在快十五年了。与她的遇见、相识和了解伴随着我的职业生涯。到如今，每天看见她，偶尔还会浮现出当年与她的第一次难忘的相遇：刚刚入行的我，教英语，和她，一位音乐老师，站在集会的学生散去后向操场的斜坡上。彼时，十月的阳光虽已不太灼热，但依然耀眼，记得当时我问了一个非常幼稚的问题。她的回答我已经记不太清楚，但她的教诲已然融入我此后十几年的教育教学之中，那是对我从教最初的启蒙，原话记不记得都不重要了。

这一路走来，新的世纪开元已有八年。她从一名非常优秀的音乐教师成长为人民小学的校长也有八年，后又当选为市政府的参事，后又光荣地被选为党的十七大代表……这八年，我作为她的晚辈、学生、部下、战友、同伴，参与和见证了人民小学的进步和发展，她带领全校师生腾挪跌打、起承转合，硬是把学校建设成为重庆市最好的小学，其间的坎坷、艰辛和喜悦、幸福，非她本人不能切肤体会个中滋味。做老师，她师德高尚，精益求精；为校长，她恪尽职守，执著忠诚。

来，试图触摸一下丁继泉校长的奋斗历程：也许，她最开初读师范，接着理所当然地当老师，是在那样一个没有多少机会可以选择的年代的一种必然选择。这样一种偶然，谁知竟成为她的宿命。宿命，换言之，人生是也。季羡林老先生说："据我个人的观察，对世界绝大多数人来说，人生一无意义，二无价值。但是，在人类社会发展的长河中，我们每一代人都有自己的任务。如果说人生真有意义和价值的话，其意义与价值在于对人类发展的承上启下、承先启后的责任感。"那么，一位充满理想的基础教育工作实践者和管理者，她的价值和意义是什么呢？是传承和创新学校的文化吗？是培养优秀的师生队伍吗？是社会认可家长满意吗？都是！而我想，她作为校长，最大的价值和意义在于，带着深深的爱和责任，最大限度地成就了学校的美誉，彰显了教育的力量。这些，就是她的使命和生命。

那么，这样一个值得尊敬和交口称赞的人，我们向她学什么呢？

给我印象最深刻的是她的努力、坚忍、执著。知青的经历磨炼她坚强的意志，她从不轻言放弃，成功往往来自于她的坚持。她崇尚实干，不浮夸不盲从，从实践出发、从一线干起。女人，在事业奋斗的路上还背负着较于男人更多的责任和要求：相夫教子，养老送终。学校，已是事务繁杂，还要处理好家庭与工作的关系，长期地放弃自己的休息时间和爱好需要强大的自制力和牺牲精神。有人说，她是精彩女人、成功女性。在我看来，其中的隐忍和艰辛好像无法被光芒所遮蔽。没有几个人了解，她在学校转折时期孤注一掷所承受的重压；也很少有人能体会，矛盾突起、困难重重时她几乎快要窒息的心情。如果不是凭借内心强烈的渴望——成为一个有思想的教育实践者的渴望，如果没有多少个夜晚的熬出白发的费尽思量，如果没有在逆境中坚如磐石的意志，于她、于学校的发展，都走不到今天。

仅仅具备勇气和信心的前行可能失之于盲目和激情退去后的怯懦，对事业坚持的背后是让人佩服的对教育现实的清醒认识和智慧判断。那是一种在学校发展史上的"理性"探索。抬头看繁星闪烁的天空，我们面向未来，充满激情和力量；回到现实，任何的发展和进步都要本着科学的精神和遵循正确的逻辑。鲁迅先生曾经说过，人活世上，"一要生存，二要温饱，三要发展"。我想，这也符合"科学发展观"的求真务实。学就要学，在这条道路上，如何掌握分寸，把握时机，坚韧不拔，不轻言放弃；关键问题依理不让，关键时刻跃然而起；正是有了这何等的生存经验和管理智慧，这才锻造了人民小学的发展里程碑。

还有她的强大的学习能力和反思精神。她有着对新生事物可爱的好奇心和敏锐的感知力。这种发现的冲动使得她常常冲在教育教学研究的前线。她为人民小学的"主动教育"办学特色研究奠定了坚实的理论基础，同时，因为有扎实的一线教学经验作基石，丁校长就成为一名"上马能射箭，下马能绣花"的校长，进课堂，弄合唱，搞理论，写文章。教音乐，一堂《真善美的小世界》感动得听者莫不热泪盈眶；谈理念，全国文化论坛发言博得好评如潮；在维也纳金色大厅，精彩地指挥"小主人合唱团"；放下指挥棒，安排学校各项事务井井有条……

而我最喜欢的是她那颗安静淡泊又不屈不挠、坚强无比的心。我觉得她是一个矛盾又协调的混合体。对教育事业，她有着一份浪漫主义和理想主义的情怀；同时，在推进学校事业发展时，她又有着现实主义的气息。靠着淡泊名利的心，她始终看到光明，相信美好，充满信心；有那颗坚定不移、不服输的心，每一件事都不抛弃、不放弃，尽力完成它、做好它，追求完美。"理想"与"现实"，"开拓"与"固守"，"躁动"与"安宁"，"打破"与"稳定"……构成人生的生命欲求的两极，人从来都是在两极之间徘徊，选择，煎熬，调和。一定会有巨大的精神痛苦，她正是在不断地与这种精神痛苦做斗争的过程中重新发现自己，重拾自己，战胜自己而不断前进。我一直在旁边尊敬地看着她，希望自己能渐渐地练就那样的心境。

在我们生活的这个年代，开放复杂，利益交错，人们不再相信古老的道德，但新的秩序和规范尚未建立，"黄钟毁弃，瓦缶雷鸣"，十分的不安定；欲望和浅薄交缠滋长，美德和高尚仍是一种美好希望；对于历史的教训反思不够，而对于未来又充满不确定感；五千年的沧桑和一百年的巨变继续冲撞；西方的游戏规则和东方的历史惯性难以谐和。这时代啊，善变焦躁，满是机会和诱惑。尽管充满危难、矛盾和不义，但对真理、美好、光明的坚信和追求始终是多数人内心的人文操守，引领我们向前。莎士比亚说："我们命该遇到这样的时代。"因此，也"命该"要有一批有良知、有责任、有使命感、勇敢的知识分子，能摒弃浮华，超越世俗、名利，以自觉的教育追求为目标，传递教育的价值。而我认为，丁继泉校长担当起了这有分量的职责。

选择从事教育这份事业，其实就注定选择了淡泊明志、宁静怡性。这一点，丁校长知道，我们也明了。教育的现状和将来的发展都充满着艰辛，需要我们所有教育人的前赴后继、不懈奋斗。钱钟书先生讲过"大抵学问是荒江野老屋中，二三素心人商量培养之事，朝市之显学必成俗学"。如今的世界，物欲甚嚣尘上，荒江野老屋早被岁月席卷而去，教育与学问亦形于朝市，大有成"俗学"之嫌。所幸，有像丁校长这样的倾心培养之事的素心人，无论是"显学"、"俗学"，亦是真诚的教育。而真诚的教育，终究会有着灿烂的前程。

（戊子冬至记于山城）

工作原来应该这样做

——记我的导师丁继泉

重庆人民小学　邹荣灿

我的办公室在逸夫楼的东端，离丁校长的办公室只几步之遥，在整个校园都安静下来的薄暮时分，丁校长的办公室时常还亮着灯。每当这样的时候，我总会一边整理案头的工作，一边静静地等待她结束工作——多年以来，我已然习惯跟随着她走过工作的每一天。也就是在每一天的工作中，丁校长教会了我工作就该认得真、细得心、吃得苦。

我刚来人民小学不久的时候，承担了六年级一个班的语文教学任务，兼任班主任。丁校长那时还只是一名普通音乐老师，我们班的孩子都特别喜欢上她的音乐课。那时候，我也正是爱唱爱跳的年纪，非常喜欢参与孩子们的文体活动。

一天，我刚下语文课，丁老师就从走廊的另一端迎上来，笑眯眯地对我说："小邹啊，学校要搞红五月歌咏会了，我给你们班选了歌，就唱《圆圆的童话》吧！这首歌可好听了！"说罢，便在人来人往的走廊里兴奋地唱了起来，边唱边递给我一张歌单。罢了，还叮嘱我一定要和孩子们一起唱。

我有些惊讶——一位音乐老师，竟然主动联系班主任，对班级的活动如此热心！不知道是她的这份热情感染了我，还是这首动听的歌打动了我，在接下来的整个四月，我都和孩子们一遍遍地唱着这首歌，而丁老师也总是不厌其烦地为我们一遍遍地排练，直到放学铃声响过空荡荡的校园。

后来，我才知道丁老师对每一个班的合唱都进行了细致的排练，总是挤出自己的休息时间和孩子们一起唱歌，丝毫不在意自己唱哑了嗓子，站肿了脚。如今，我已经记不得那次的歌咏会我们是否取得了好名次，但丁校长那种认真负责、事必躬亲的工作作风，却深深地印在了我的脑海中。

唱过那个"红五月"后不久，丁老师就正式成为我们的副校长，主管学校的教学工作。每个学科的教学研究，她都亲自参与，每个年轻教师的成长，她都一一过问。年轻的我自然也是丁校长关注的对象，每次参加赛课前，她都会亲自批阅我的教学设计。

1995年夏天，我即将代表学校参加省一级赛课。记不清有多少个夏夜了，丁校长逐字逐句地推敲我的评价语言，一个一个地设计我的站姿、动作，一丝一毫，都细致入微。她总是能一针见血地指出我的不足，这让我更加佩服她了。因为我没有想到，一个音乐专业出身的校长，竟能立足于语文教研角度，高屋建瓴地进行指导。正当我准备启程的时候，丁校长却再一次叫住了我。她捧给我一个小包裹，打开来，是一件橘黄底的短袖衫，上面星星点点地缀着白色的圆点花。"我早就想好了，你在比赛的时候穿这件衣裳，这是我最漂亮的一件衣服了，借给你！"

就是穿着这件橘黄底白点花的短袖衫，我微笑着站在了省级赛课一等奖领奖台上。载誉归来，丁校长多次在大会上表扬我，却绝口不提赛前她对我的细致指导。听着她对我的表扬，我不由生出一股敬意：我的奖状，可以说一半都是丁校长的功劳，可是当荣誉来临的时候，她却悄悄地退到了幕后。直到多年后我自己也走上了行政工作岗位，我才真正理解了丁校长的苦心——她把人民小学的每一位教师，都当作了自己最珍贵的财富，老师们的成长和进步，是她最大的幸福。

后来，丁校长成为我们学样的"一把手"，而我也做了行政工作，我的工作和丁校长的联系更加紧密，从没有做过这种工作的我不免焦头烂额。从教导处的工作到办公室的杂务，疏漏忙乱在所难免，挨批评自然也成了家常便饭。虽然深知道工作需要吃得苦，可是说没有委屈却也是假话，偶尔我也会抱怨自己做不到丁校长的高标准严要求。

一次，丁校长让我撰写教导处工作总结，因为我没有把握好全局观念，总结很不尽如人意，丁校长熬了一个晚上，修正我的总结。看着丁校长修正后的总结，我心里既惭愧又委屈，恨自己不争气，甚至怀疑起自己的能力。丁校长知道后，语重心长地对我说："小邹啊，做总结更要有全局观，做行政工作，一定要吃得苦，有胸襟。"期末，丁校长又让我撰写教导处工作总结，这一次，我谨慎了许多，仔细推敲，数易其稿，终于在夏令营前完成了总结。

在夏令营一个炊烟袅袅的傍晚，我接到了丁校长打来的电话。未及问候，丁校长热烈的表扬便从电话那端扑面而来——我的总结，终于得到了丁校长的认可！挂断电话，我早已是热泪盈眶，看着炊烟缭绕的营地，一种巨大的幸福感降临在我的心头。原来，爱之深而责之切，我所经历的那些批评，都源自丁校长对我的关心和期待。丁校长用她的实际行动告诉了我：工作就应该这样做，认得真，细得心，吃得苦。

就在我回忆往昔，写下这些文字的时候，窗外已是灯火阑珊，丁校长还不时在逸夫楼的走廊里走来走去地交代——她明天要出差，在临走前，有许多工作需要一一安排。我们的丁校长早过知天命之年，而她还如此不知疲倦地为我们忙碌着。

不觉微微动容，有很多工作，是我无法为丁校长分忧的。那么，就让我和往常一样，一边整理案头的工作，一边静静地等待她结束工作吧。

然后，和她一起，走过深秋的重庆浓重的夜色。

我的老师——丁继泉

重庆人民小学　谢晓梅

夜已经深了，我静静地坐在电脑前，回想关于丁老师的一个又一个难忘的经历，不由得感慨万千。

我是一个很幸运的人，1994 年毕业到人民小学，师从音乐特级教师丁继泉老师，在 10 多年里，我的每一个成长、每一次变化、每一个荣誉都凝聚着她的心血和精心的指导。在我的眼里她既是严师又是慈母，给予我最好的人生引领，让我能在巨人的肩上大步向前。

时间回到 1994 年的 5 月，我作为重庆市第一师范学校音乐专业班最优秀的准毕业生被学校推荐到人民小学参加考核。我一大早就来到了学校音乐办公室，接待我的是一个 40 岁左右，戴着眼镜，衣着很朴实的女老师。她拿出一本人民音乐出版社 10 册的教材，选了歌曲《对花》，让我准备半小时后上课。她把我带到南楼的音乐教室，"好好准备"，说完还对我笑了笑，把门轻轻地关上。她的微笑是那样的温暖，原本很紧张的我放松了不少。

半小时很快就过了，一群学生有序地来到教室，后面还有学校的校长和老师，我的心怦怦地跳个不停。刚才那个亲切的女老师也来了，"准备好了吗?"

"嗯。"

"那开始吧。"

我按着计划开始上课，发声练习一开始就发现学生的声音太好听了，唱的那样的整齐，真没想到小学生的声乐水平这么高。后面的环节更顺利，学生太能干了，我准备一节课的内容 20 分钟就完成了。

"小谢，可以了，今天的课上到这里。"那个熟悉的声音又响起了，孩子们很快有序地离开了教室。我怀着忐忑不安的心走到后面。

"这是我们的音乐特级教师丁继泉，也是你的主考老师，"校领导给我介绍。"我们丁老师是一个很追求完美地人，她很挑剔，看你是否能成为她的徒弟哟。"没过几天，我就正式收到了人民小学的录取通知，兴奋了好几天，晚上都睡不着。

在 1994 年的夏天，我带着憧憬走进了人民小学，所有的一切在我的眼里都是那样的新奇和充满挑战。此时，丁老师已经是分管教学和科研的副校长，而我真的幸运地成了她的徒弟。

18 岁的我走入社会在很多方面都还有不足和不适应，丁老师就像妈妈一样，十分关心我。我不管遇到什么都愿意告诉她。她教我如何与人相处，解除我很多困惑，及时给我指明前进的方向，帮我少走弯路。对我人生观、世界观的形成也给予很大的影响。

有一次，家里只有她一人，我们聊晚了，她就留我吃晚饭。打开冰箱，好像没什么吃的。

"我们家里人都很忙，平时都随便吃点，哦，还有点剩饭，我炒点鸡蛋饭给你吃啊。"

"你会做饭？"我有点幼稚地问道。

"当然了，我可是行家，家里来了客人随便做一桌都没问题。只是现在太忙了，没时间。"看着她娴熟的动作，还真不是吹牛。她还边做边教我如何做得更美味，我还记得，那天的蛋炒饭特别好吃。

丁老师是"慈母"，更是"严师"。还记得丁老师第一次把她厚厚一叠的教案和教学计划给我，让我学习。娟秀的笔迹，密密麻麻地写满了每一页，从教学目标的考究到教学过程的创新，再到深刻的课后反思，甚至细到了还有不同班级的不同的教学方法和教学策略。令人惊讶的是还有很多学生的个案。这些记载不仅有关教学方面，还渗透了很多德育方面和对学生心理的研究与关注。对于年轻的我来说，这真的是音乐教学的宝典，我也真正近距离地看到了丁老师教学的严谨和钻研精神。

丁老师一直坚持上高段两个班的音乐课。还记得第一次走进她的课堂，她给我的感觉就像一个神奇的魔术师，一个简单的"月亮爬上来"的综合练习，都能调动学生全身心地投入到音乐中。我佩服她与学生的默契，佩服她的灵活风趣，挥洒自如，可以把一节随堂课"综合训练"上得如此精彩。丁老师的音乐课堂充满了灵性和活力，美得精致，让人感动。是的，教学方法一旦触及学生的情感和意志领域，触及学生的精神需要，就会发挥高度有效的作用。下课铃声响了，不难看出，每个学生都舍不得丁老师走，都想再多上一会儿。

丁老师在教学方面对我要求十分严格，指导也很细致，她甚至细到了纠正我的一个表情、一个手势、一个拿教鞭指歌单的动作、说话的语气等。只要她来听课，我都特别紧张，也很难顺利"过关"。有一次，她指导我如何运用"柯尔文手势"指挥学生练习和声音程，我运用时左右手老配合不好，始终觉得差点感觉。她耐心的一遍又一遍地示范，一个手势就练了 1 个小时，我都快练"傻"了，手都有点不听使唤了，才勉强过关。临走时，还嘱咐我回家多练习，找感觉。我练了好几天，终于让丁老师满意了。后来我才知道，这个手势对于高年级的合唱教学非常重要，真的很有用。

在学校，丁老师工作很繁忙，要管所有的学科。我们研究课，大多在休息时间。我也常常在晚上，甚至周末和节假日去打扰她。记得一次要参加市级音乐优质课比赛，我像往常一样敲开了丁老师的家门，这次开门的是他的先生何叔叔，"丁老师在吗？我想找她研究比赛的课"。

"她生病了，床上躺着的，还在发烧呢。"

我回想到今天在学校见过她一面，好像脸色很不好。我正犹豫着是否回去。

"是晓梅吗？快进来吧。"丁老师虚弱的声音传过来。

我走进去，看见丁老师躺在床上，头发散着，一张苍白的脸，一看就知道病得不轻。她见我进来，勉强支撑着坐起来。

"快躺下，都烧到 39 度 5 了，"何叔叔也进来了，"都病了几天了，又不请假，你以为你是铁人，年龄也不小了，自己都不爱惜自己。"

"晓梅马上就要比赛了，我看她也很着急，我还能坚持，帮我倒点水来，谢谢你。"丁老师打断了何叔叔的话。

"丁老师，你好好休息吧，改天再说。"我有点哽咽。

"没关系，来，坐过来吧，说说你的课。"丁老师很坚持。

她坚定的表情永远定格在我的记忆里。还记得，那天晚上说完课都快 12 点了，时间过得特别快。对她的这份情，我能回报的唯有我的努力，最后，我获得了重庆市音乐优质课现场比赛第一名，她比我还高兴。

在丁老师毫无保留的精心指导下，我在教学方面不断进步和提高，多次上各种层次的接待课、研究课，还在区、市、国家级比赛获奖。她告诉我，学无止境，要正确地面对荣誉，不能因一次或几次的成功就满足。人最大的敌人是自己，只有拒绝平庸，勇于挑战自己，并不断超越自己，才能笑到最后。2007 年，生完小孩，已担任少先队大队辅导员 4 年的我又参加了重庆市音乐优质课比赛，在丁老师的指导下，不管是录像还是现场比赛都又获得了第一名的好成绩。并再次代表重庆市参加了全国音乐现场赛课获得了一等奖。在奖杯背后有太多的故事，我和丁老师都付出了太多太多，从她的身上，我懂得了什么叫执着追求，什么叫厚积薄发，什么叫荣辱不惊。

我校"小主人合唱团"成立于 1984 年，丁老师就是创办人，是重庆市少儿合唱的领航人之一。1994 年我到学校以前，就已经是"获奖专业户"，参加各类比赛都是第一名。

还记得每一次和丁老师排合唱，她总是倾情投入，精益求精。她全身都随着音乐的节奏律动，身体的每个细胞都张扬着活力，扩散着，感染着，鼓舞着每个合唱团员，一切就这么和谐地融化在音乐的旋律当中。我们常常在孩子们放学后训练，几个小时高强度的练习，站下来，丁老师的脚都是肿的，就是冬天汗水也会浸湿后背。但她全然不顾这些，沉浸在她的音乐世界里，孩子们的演唱达到预设的目标后，她的激情才渐渐趋于平静。再累，再晚，她都还要给我讲解，让我尽快成长！在所有荣誉证书上，指导老师都写着我们的名字。说实话，对合唱团的付出和真正的指导，我和丁老师比起来，"含金量"相差太多太多。我十分感动，由此也懂得了什么叫无私和真心的培养。我告诫自己要加倍努力和投入，决不辜负老师的苦心和期望。

一次，我们参加全国的合唱录像比赛，我们花了很多时间进行排练。学校安排到电视台录像，我们组织学生去了，可效果不好。市教委又组织到建设厂礼堂重录，反复折腾我都有点受不了，想放弃了，可丁老师很执著，我们坚持了下来。最后，我们为重庆市捧回来第一个全国声乐类比赛一等奖。

2000 年，丁老师当学校"一把手"后，把合唱团交到了我的手上。这是一份沉甸甸的责任，压力很大，我也下决心要让合唱团继续辉煌，决不辜负丁老师的培养。但是，作为艺术总监，丁老师总是从百忙中挤出时间来指导合唱团，甚至亲自执棒指挥。

2008 年的春天，我们收获了太多的鲜花和掌声，我们师徒俩带着"小主人合唱团"登上了音乐圣殿——维也纳金色大厅，把中国孩子的梦想唱响在世界的舞台。

看着丁老师在音乐的圣殿——维也纳金色大厅激情飞扬地指挥着孩子们演唱，蓝色的多瑙河欢腾起来，现场欧洲的 1700 多名观众为这来自东方的美妙童音倾倒，热烈的掌声经久不息。

我们会沿着丁老师的足迹走下去，执著追求，永不放弃！

我的音乐之路从这里起航

原重庆人民小学"小主人合唱团"成员　王韵晶

"静静的深夜群星在闪耀，老师的窗前彻夜明亮。每当我轻轻走过您窗前，明亮的灯光照耀我心房。啊，每当想起您，敬爱的好老师，一阵阵暖流心中激荡……"

小时候，这首《每当我走过老师的窗前》是我最喜欢的歌。也是从学习演唱这首歌曲开始，我走上了歌唱这条艺术之路。不管在什么时候，每当我听到这首歌的时候，我总会想到她，我的指路明灯——我小学时的音乐老师丁继泉。

岁月一晃，我离开母校已经有 16 个年头了，看看日历还着实吓了我一跳。可是丁老师的模样，小学的音乐教室依然那么清晰地出现在我的眼前。

那时候，由于我读书很早，是全班最小的，特别好动，上什么课都坐不住。可是每次一到音乐教室我就变了，音乐就像有魔力一样，把我完全吸引住了。我特别喜欢上音乐课，那个时候音乐教室里放的是长条的椅子，我坐在右边的第二排，前面就放着钢琴，丁老师坐在琴凳上，教我们唱好多好听的歌曲。想起这些，我仿佛又回到了小时候的那间教室，丁老师那悦耳的声音又萦绕在我的耳边。听着她圆润悦耳的歌声，看着钢琴能够弹出如此美妙的音乐。从那个时候开始我就喜欢上了唱歌，并爱上了歌唱事业。

一说起丁老师，我妈妈总是提到那次开家长会的场景。由于丁老师的儿子和我是同班同学，又是前后座，有一次开家长会，丁老师坐在我妈妈后面。她对我妈妈说，你女儿的声音很好，我想让她参加我们学校的合唱团。在我父母的支持下，在丁老师的推荐下，我开始了正式的歌唱训练。

我的艺术之路，也从此展开——从人民小学的合唱团到重庆市小白鸽合唱团，之后考上 42 中的艺术特长班，升入四川音乐学院声乐系本科。大二时被我国声乐泰斗、著名声乐教育家周小燕教授看中带到上海音乐学院声乐系读完了本科、研究生。毕业后被引进到了北京首都师范大学音乐学院当了一名声乐教师。一直到今天，被国家公派到意大利米兰威尔第音乐学院学习歌剧。

每当别人问我，为什么我音乐的道路这么顺畅，我总会说，因为我从一开始就遇到了伯乐，而丁老师就是我遇到的第一个伯乐。每当有人问我学声乐有多少年了，我都会说，如果真的算起，应该从小学时吧。我的声乐启蒙老师就是丁老师，是她为我开启了声乐世界的第一步。

今天，当我作为老师给学生上声乐课的时候，我经常会想起丁老师，想起她亲切迷人的微笑；当我在世界一流音乐学院的教室里学习的时候，我时常还会想起小学音乐教室，想起和丁老师一起歌唱的场景。虽然我现在学习的是外国的歌剧，可是儿时的歌还是时常被我哼起。虽然我登上过许多国家的剧院舞台，演唱过许多优秀的作品，但是，在人民小学"小主人合唱团"领唱那首《听妈妈讲那过去的故事》，依然是我演唱生涯中一次最难忘的经历。

将来，不管我的声乐之路走到哪里，不管我的艺术功底如何铸造，不管我取得怎样的艺术成就，我都不会忘记我的第一步：在重庆市人民小学，稚嫩的我被丁老师牵引着，走进了优雅的音乐课堂，走进了崇高的艺术殿堂。

后　记

在写这篇文章之前获悉《丁继泉与主动教育》即将出版。丁老师得此殊荣，让作为学生的我倍感自豪，能为丁老师写下这篇文章，我感到无比的荣幸。最后，衷心地向丁老师表示祝贺，向我的母校表示祝贺！

王韵晶　于米兰

2008 年 11 月 25 日

王韵晶，青年歌唱家，首都师范大学音乐学院声乐系教师。2005 年毕业于上海音乐学院声乐系获硕士学位。师从我国著名声乐教育家、歌唱家周小燕教授。在读四川音乐学院声乐系大二阶段被周小燕教授讲学时看中，并带入上海音乐学院声乐系跟随其学习。2008 年由国家公派到意大利米兰威尔第音乐学院学习歌剧演唱。

王韵晶嗓音优美，音色纯真，能演唱各种范围的作品，其演唱的领域非常宽广。饰演过《塞维利亚理发师》中的罗西娜、《卡门》中的卡门、《费加罗婚礼》中的凯鲁比诺、《参孙与大利拉》中的大利拉等角色。经常参加国内外各地演出，包括在印尼首演《黄河大合唱》中演唱《黄河怨》等。与众多乐团、指挥家、艺术指导合作过。被国内外专家称誉为"难得的声音"、"黄金般的嗓子"、"中国最好的女声"等。

三次入选由美国大都会歌剧院组成的大师班，以及"Carlo Bergonzi"国际歌剧大师班，"I SENT OPERA"国际歌剧人才培训等，并获得"BCI Fellow"名衔。曾在台北世界华人声乐大赛、全国青年歌手电视大奖赛、中国音乐金钟奖等多项比赛中获奖。在上海、北京成功举办个人独唱音乐会，以及多场声乐教学音乐会。王韵晶是一位认真负责，治学严谨，不断追求事业卓越的青年教师。在教学上连续有多名学生在国内、外多项比赛中获奖，因此还获得多个园丁奖。发表过"虚妄的情歌，壮烈的悲剧——析参孙的歌剧《参孙与大利拉》"和"钢琴伴奏对声乐演唱、教学的意义"等多篇论文。

童 心 桥

原重庆人民小学学生　王静怡

时光荏苒，我已经是高二的学生了，现在每天放学、上学回家都会经过那座"童心桥"，便会不由自主地想起美好的小学时光。我的小学是人民小学，在我眼中，丁校长是一个激情荡漾的人。现在我还记得小学的教学楼上贴着"做学习的小主人，做生活的小主人，做活动的主人"的校训。正是丁校长这新颖的办学理念，点亮了我生命的灵感，让我处处观察生活中的每一件事。留意生活，便让我有了想法向当时的重庆市市长包爷爷写信，希望改善大家出行过马路不方便、容易出交通事故的状况，没想到就真的如了我的愿。

现在细细想起来，我最想感谢的人便是丁校长。是她对教育事业的执著追求，让我对学习也有了坚持不懈的努力；是她对身边人的责任心，让我知道自己也有一份对社会、对家人、对朋友的责任；是她的奉献精神，让我懂得了奉献的真正含义。丁校长的人生境界与言传身教，都影响着我的生活、学习等各个方面，也使我成为一个学习优秀、家长喜欢的好学生。

感谢校长，给了我开启人生之门的金钥匙，让我在未来的生活里，一步一步地走得更好！

一封 E-mail

（案例）

尊敬的校长丁继泉女士台鉴：

我们是 2013 级 2 班家长。感谢你在百忙之中抽出宝贵的时间来看这封信。

一年前，基于对人民小学光荣传统、悠久历史、严格教风学风的仰慕，还有基于对中国著名少儿教育专家——丁继泉女士的信赖，我们这些来自重庆市各区的 49 个孩子聚集在一起，组成了 2013 级 2 班。

在班主任雷田英老师的教导下，这个班级的孩子迅速成长和融合，形成了良好的教风、班风、学风。我们做家长的深感欣慰和骄傲。我们现在是迫不及待地希望这个班级能够被更多人所了解和学习。尤其渴望作为少儿教育专家的您的指点和建议。

当今世界，我们的政府领导人也非常注重网络的力量，连总书记和总理都有了自己的网络粉丝"什锦八宝饭"，利用互联网来催进学校、教师、个人的三方交流是一个很好的模式，并且在 2013 级 2 班得到了很好的实践。

所以非常冒昧地给你写信，希望您能在百忙之中浏览我们的"太阳花中队论坛" http://cqrmxx.5d6d.com。这个论坛上记录了这个班级精彩纷呈的活动；记录了老师和家长的心血和付出；记录了孩子们的成长和进步（包括在全国级别上获得的荣誉……）如果您能回帖我们当然更加万分荣幸！

最后，提一个不情之请，在重庆范围多方比较后，我们非常骄傲地断言，我们这个论坛无论在思想性、趣味性、技术性、美观性等方面都居于前列，所以，非常希望能够把我们的论坛在人小网站上做一个友情链接，希望通过这种方式，推进更多的家长、教师、学生用好互联网，迅速提升自己的水平和技能！

非常感谢您的宝贵时间！顺祝国庆快乐！工作顺利！

2013 级 2 班家长

2008 年 9 月 22 日

我的回信

尊敬的 2013 级 2 班全体家长：

大家好！

于一个明媚的秋日下午收到你们的来信，品味再三，不甚感动。

我首先为重庆人民小学有你们这样一群关注教育的家长而自豪。在你们来信的字里行间，我不仅看到了你们对学校工作的支持与肯定，还看到了你们对教育的一片赤诚。你们能在繁忙的快节奏生活中慢下脚步，如此虔诚地和孩子一起体验成长，是难能可贵的。

其次，我惊叹于你们对网络资源的极致利用。我浏览了你们的网站，板块清晰，分工明确，参与的每一个人都热情高涨。爱提问的航航，知识渊博的陈叔叔，开朗的朵朵妈妈，都给我留下了深刻的印象。在这个网络世界里，你们真正成为一个既开放又富有凝聚力的团队。

同时，我也从你们的来信中发现了值得我们教育者深思的火花。从来，我们的教育团队都不是孤独的，家长是我们最重要也最有力的教育伙伴，但是怎样整合二者的力量却一直是一个难题。你们的网站，以一种非常新鲜的方式很好地解决了这个问题，这样富于时代特色，这种积极主动的家校合作方式，值得推广和宣传。

行笔至此，我不由感叹：主动教育是我们重庆人民小学鲜明的办学特色，这个特色，体现在兢兢业业的老师们身上，体现在积极向上的小主人身上，更体现在你们这一群可爱的家长朋友身上。

我们的教育，必将拥有光明的未来。

为此，向你们致敬！

丁继泉

2008 年 10 月 2 日

教育城乡统筹的引航人

——记重庆市人民小学校长丁继泉

重庆市垫江县五洞镇小学校长　程德生

她，全国十七大代表，来自重庆市基础教育界的唯一代表，全国优秀教师，全国五一劳动奖章获得者，享受国务院政府津贴专家——重庆市人民小学校长丁继泉。

一

十七大，丁校长提出了关于城乡教育统筹的三点建议。她认为，教育公平是社会公平的重要基础，需要进一步配置好教育资源，促进义务教育均衡发展。为了保证城乡学生都能充分享受优质的教育资源，必须实行教育城乡统筹。

其实，在1994年，丁校长就带领人民小学教师一行翻山越岭，长途跋涉，到一百多公里外的乡镇小学——垫江县五洞小学送教下乡，并亲自献上了一堂别开生面的音乐课，让全校师生大开眼界。一位教了二十多年音乐课的教师感叹道："真是太了不起了！太棒了！"听课教师都感觉，"听丁校长上音乐课是一种享受"。下课了，学生都舍不得离开，总感觉"那节课时间过得太快了！"垫江教委领导看了后说："作为全国重点小学的一校之长，音乐方面的专家，能到偏远的五洞来上课，实属不易啊！"

从那以后，人民小学就与五洞小学结下了不解之缘，成了城乡友好学校，两校的交往更加频繁了。十多年来，丁校长的教育思想、办学理念、学校管理、工作作风等无不影响着五洞小学领导、教师、学生和整个学校。如今的五洞小学，由原来的县内不起眼的学校转变成了全县首批示范小学，办学水平上了一个新的台阶，办学特色突显，办学规模上档次，教育教学质量显著提高，深受社会各界的好评。五洞小学被评为全国流动人口子女、农村留守儿童示范家长学校、全国少先队红旗大队、全国整体构建学校德育体系实验学校、重庆市文明单位、重庆市绿色学校、重庆市爱国卫生先进单位、重庆市第三届基础教育优秀教改成果二等奖。

回顾十多年来五洞小学与人民小学践行"城乡教育统筹、教育均衡发展"历程，渗透着丁继泉校长高瞻远瞩的教育思想及她对教育事业的一片爱心，是丁校长站在中国教育历史的制高点对教育发出的呼唤和亲历的行动。

二

丁校长认为：教育城乡统筹发展，不能简单地等同于过去的支援帮扶，而是用教育思想、教学行为、价值取向、人格魅力影响一个地区的教育，它的核心是城乡学校的文化浸润融合。丁校长曾多次提到"如果把学校看成是培育祖国花朵的一片沃土，那么学校文化就是充斥其中的阳光。要想让一所学校凸显出卓尔不凡的气度，它必须要拥有特立独行的校园文化，用文化的力量推动学校的发展"。

于是，五洞小学在人民小学"主动教育"思想和"成就主人"文化的浸润下，逐步找到了城乡学校文化融合的切入点，初步形成了"以发展为本，让师生在体验合作中成长"的办学理念，建构起"在体验中成长，在合作中进步"的育人思想，形成富有农村学校特色的办学思想及校园文化，从根本上转变了师生的观念，促进学校健康而持续的发展。

三

有了思想认识的提高、教育观念的转变，就得将之贯穿到具体的学校教育教学活动中去。农村学校硬件设施相对落后，也不可能有城市学校那样充裕的资金，于是，丁校长提出：农村小学就应该"抓小事成大事，抓容易事成不容易的事，抓简单事成不简单的事，抓平常事成不平常的事，提升农村学校的核心竞争力"。

1. 举办讲座

丁校长和人民小学领导、教师先后十多次来到五洞小学举办教育教学讲座，指导基础教育改革，给农村学校带来了先进的教育理念。五洞小学教师教学行为上的转变就是最大的体现。

2. 送教下乡

人民小学先后派出刘燕等 15 名国家级、市级优秀教师到五洞小学借班上课，并进行教学交流活动。

3. 教师结对

五洞小学在 1999 年派了 8 名教师到人民小学跟班学习半个月，同人民小学教师一起上课、备课，开展教研活动，在人民小学优秀教师的手把手传教后，每位选派教师上了一堂合格课才返校，回校后给全校教师上一堂汇报课。之后，学校其他教师利用网络等方式，主动结对，交流平时的教学心得，交换教学过程中的体会。

4. 干部交流

丁校长每年都要与五洞小学学校领导开展交流活动，在教育思想、学校管理、制度建设、师资培训等方面深入研讨，从不同侧面、不同角度促进农村学校的发展，不断推进学校进步。

5. 专题研讨

五洞小学多次邀请人民小学的领导、专家来校作专题报告，进行具体的指导，为学校发展出点子，添措施。同时，人民小学专题教育研究活动，都请五洞小学领导和教师参加。这样的专题研究活动每年至少有两次，到人民小学参加学习活动的共 250 人次。特别是基础教育课程改革过程中，丁校长为了推动农村学校课程改革，多次同五洞小学领导和教师座谈，指导工作。

6. 联合教研

两校的重大教学研究活动都相互公开，展开合作研究。在人民小学的指导下，五洞小学开展了包括"农村小学生合作精神与交往能力培养的研究"在内的多项市、县级科研课题，曾荣获重庆市教育科研优秀成果二等奖。今年人民小学承担的国家级"十一五"规划课题"主动教育理论与实践研究"，把五洞小学纳入该课题的子课题单位参与研究，更是开创城乡统筹教育均衡发展的历史先河。由此，五洞小学"科研兴校、科研兴教、科研培师、科研育生"的氛围兴起，教师科研意识增强。

7. 教师论坛

在丁校长的带动下，五洞小学与人民小学两校多年的交流来往，促进了两校教师之间的交流与合作，部分教师主动出击，展开教育教学研究活动。目前，两校正着力打造教师论坛平台，使教师们增进交流，并肩同行。

8. 学生"手拉手"

除学校、教师之间的合作交流活动外，五洞小学应人民小学的邀请，先后派出三批 30 多名少先队员参加城乡学生"手拉手"活动。通过"十佳少先队员结对子"，"手牵手、同进步"，"心手相连、共迎奥运"等活动的开展，促进了两校学生间的交流，推动了两校学生间的合作。

四

丁校长多次强调，城乡教育统筹不是一句口号，不能满足短期应急措施，而应当着眼于长远，建立一套长效机制，从根本上解决城乡教育统筹发展的问题。于是，丁校长多次建议，要加大政策制度、管理体制方面的改革力度，建立长效机制。一是要切实加大投入，特别是财政投入；二是要着重提高教师队伍素质；三是教育质量上要均衡发展。

在丁校长教育思想的引航下，五洞小学办学条件逐步优化，校园布局合理，环境优美，绿化、美化上档升级，教育教学质量上新台阶，学校管理创新，教师观念更新，教学行为规范。学校体育工作组连续10年被评为全县先进集体，2005年被评为重庆市体育工作先进集体。科技创新大赛自2002年全国第17届以来年年获市级以上奖励，"卧龙河盐浴景区考察活动"曾获全国二等奖。教育科研工作方面学校构建了"五个三"的操作模式，先后开展了8个市、县级科研课题，多次在县级科研课题经验交流会上交流，县级其他学校多次来校学习考察。

党的十七大报告提出："教育是民族振兴的基石，教育公平是社会公平的基础。"优先发展教育，是我们党和国家提出并长期坚持一项重大方针。我们坚信，只要有一批丁继泉校长似的引航人，教育城乡统筹一定会沿着科学发展观的道路，迎来中国教育更加美好的明天。

人民小学

——一个五彩缤纷的摇篮

学生家长　沐华平

人的一生中，肯定会承接来自不同层级、性质迥异的工作任务，但要是遇到像来自孩子布置的家庭作业这样的任务，对于年过不惑的家长们而言，惶惑不安与跃跃欲试交织在一起，也许是共有的感觉。因为它毕竟承载着孩子对家长的期待，毕竟也是在学校与家庭互动教育实践中的一次检验。您瞧，今天晚上，我从北京刚刚出差归来，风尘未拭，女儿沐鸽就郑重其事地转达老师的"圣旨"：做一篇关于对人民小学印象的作文。一向对孩子学习要求甚严的我，此时也就只有"喳"的份儿了。

其实，对人民小学的了解和认识，在所有家长中，我应算是最肤浅、最表面的一位。女儿刚从北师大附小转到重庆人民小学也还不到一个月，作为父亲的我，对学校的认识当然也不会"满月"的。不过，正如一位哲人所言，第一感觉也许最直接、最真实，也是极富色彩的。当然，我也无从知道其他孩子家长是如何描述这所学校的，然而，我以为人民小学千色万调，给我心灵撞击最大的则是她的五彩缤纷。

红色小学，这是我对她的第一定义。人们往往视红色为热烈、强有力的象征，传达奔放活力、积极进取、顽强拼搏的信号。要是您走进人民小学的校园，一定会惊叹于这所小学竟然获得了五个国家级荣誉称号，要是您再走近这所学校校长丁继泉老师，一定会从她的儒雅风范、书香之气中找到这所学校之所以卓越的根源。然而，我还得告诉您，这所学校为何被广而告之为红色小学，更为重要的是，在她的人文历史中，承载着革命前辈倾注大量心血的光荣与骄傲。60多年前人民小学在隆隆的共和国战争炮火中成立，贺龙元帅为首任董事长，小平同志夫人卓琳同志亲任校长，刘伯承元帅提出"培养具有创造精神和铁的纪律"的办学方针，至今仍然深刻地影响着学校的成长与发展。红色，当之无愧地为学校的第一色彩。

蓝色小学，这是我对她的第二认识。辽阔的天空和大海都呈蔚蓝色，给蓝色赋予博大、包容、兼收并蓄的内涵。要是您稍有科技常识，一定知道，蓝色是科技的本色，是多样性的象征。人民小学创立了以"现代信息技术"和"科技教育"、"英语"为特长的现代教育模式，建立了全国现代信息技术实验基地，荣获"全国科技教育先进集体"，特别是让孩子们与"老外"互动、与外国学校交流，融合文化，拓宽视野。人民小学应该当之无愧地是蓝色小学。

绿色小学，这是我对她的进一步理解。任何人都不会怀疑绿色是一种非常美丽、象征着生命的色彩。我们当然也会用绿色表达清爽、理想、可持续性。假如您把人民小学与其他重庆主城的小学做一个对比，您也许会说这是一个绿化环境最好的小学。然而，我想告诉您的是，特质环境优美是必需的，但更为重要的是，学校的教育理念是不是绿色的，或者是不是可持续的，才是重中之重。人民小学倡导的"做学习的小主人，活动的小主人，生活的小主人"办学理念，让孩子们增强主动性、创造性，做主宰自己的人，难道这不正是可持续发展的要义吗？绿色，是人民小学的生命所在。

橙色小学，这是我对她的感性认识。其实，大多数人都比较喜欢橙色，因为它是欢快活泼的光辉色彩，是暖色系中最温暖的色，象征着快乐、幸福。我到过人民小学，也才一次，但我确实不仅感受到学校建筑设计的和谐温馨，更为孩子们的活泼、可爱、幸福、快乐所感染。特别值得一提的是，孩子刚到重庆，就有机会跟班主任王琳老师进行了接触交流，王老师那亲切温暖的话语，一下化解了孩子对陌生环境的情绪。当我晚上回家时看到小沐鸽写上"王琳：老师＋朋友"那还不算工整的字体时，我的眼睛顿时湿润了。孩子在童年人生中遇到了可亲的老师，将会在重庆度过非常幸福、终身受益的时光。橙色小学，这是我们每一位家长的感受与期待。

紫色小学，这是我对她的形象比喻。紫色应该是非知觉的色，它美丽而神秘，给人以浪漫之感。同时，紫色象征虔诚，当光明与理解照亮虔诚之色时，优美可爱的紫色就会令人无比心醉。因此，注重艺术素质教育，培养浪漫素养的学校，则被赋予最富浪漫幻想的紫色之校。如果您中午走进校园，您一定会被优美动听的钢琴声所吸引，原来这是爱好艺术的小学生们在练习钢琴。当然，我也真的意想不到，孩子刚到学校，就幸运地被录取到学校合唱团参加排练，明年还要到维也纳参加比赛呢。就是这样一所全国艺术教育先进集体，孩子们怎可能不会在科学加艺术的氛围中创造性地发展？紫色，孩子的梦想，学校的神奇之色。

知识改变人生，文化成就未来。孩子刚刚融入这所五色缤纷的学校，已经开始被学校的文化所感染，学习习惯和生活习惯也在悄悄地变化。最让我不可思议的是，孩子在北京长期不吃早饭、不喝牛奶的习惯竟然在一个月之内改变了，孩子不再只知道看书，不注意运动，走路姿势越来越好，身体变得更加健康……良好的开端，是成功的一半。我感谢同学们，感谢老师们，感谢丁校长，然而，我更得感谢人民小学的人文精神，一个由红色、蓝色、绿色、橙色、紫色交融的五色文化。

这是我对人民小学的创新诠释，更是我们家长们的殷切期待。让我们用"创造的精神和铁的纪律"一起来编织这只美丽的花篮，去"播种习惯，收获性格。播种性格，收获命运"，让教育真正成为孩子们发展中的"点金术"。这也就是我们——家长们与你们——老师们一起为明天许下的共同诺言。

（2007 年 3 月 18 日凌晨 3：00）

丁妈师魂表

学生家长　魏　东

渝一学府，始一九四五。三公创立，卓琳初兴。世誉马背摇篮美称。风雨半甲，成首善学门。几易拓新校，弟子仍难进。梗心！改时窘，兴新校。辗南北，始广招，数万学子尽欢笑。是为人民小学！校训：勿做骄娇娃。训风今盈盛。无不赞其名！何其大成？

今校首丁氏，名继泉。列九任。丁曰：承前训，以出新：做学习、活动、生活三主人。另，不重分、不屈人、不把弟子当盆景。学歌唱，维也纳金色大厅扬童声，一改史前无龙人。皆因与时进。习古文，常释"大学"、"中庸"老外听，纵论修身齐家平天下。更把世人惊。练棋琴，德智体美门门精，炼出马背新学人。足见其师魂！首善学门自此生。

因爱仁。丁氏由得"丁妈"称。一爱学子身与心，唯恐弟子学不进。丁妈促膝细聆听，爱人也！二爱师们业与勤，常道四书五经仁。丁妈颔首掏心问，重士也！三爱学门诸忙人，身先士卒不愧心。丁妈拾步换真经，厚仁也！四爱人校匾牌名，沥血浇筑师之魂。丁妈鞠身缅前辈，尊贤也！勿为止。

吾悉丁妈今思虑：忧良品教育之多艰，弟子前途之未卜。思尽修缮教育之百法而不竭。乐其共举教育之大幸而不怠。酬于如歌岁月之坎坷而不苦。是为大哉！劳其何为？

丁妈云：济国昌运献毕生，人民子弟当忠尽。前有孔孟予表率，后秀当把前人寻。然，日必有夕，月常阴缺。学日苦短，憾何其多：政治家摇篮才序幕，一生抱负六年学。同仁须槛今功过，敢将余汗洒碧波。

是乎，丁妈遥途铸学问：昨赴山区校，今滞顽童门，明站三尺台。后布师魂情。日日见汝难与言，事事为学不知倦。一诗云：初春幼苗随风倒，六载基教育壮苗。数十六载鬓发白，泉水叮咚响今朝。思其勤、鉴其学、慕其仁、量其功，实其名，学界赋汝教育家之能！丁妈忙曰言过其实，奈何众人不听凭。学界自古多泰斗，今添丁妈。此难尽意其风骨，谨此矣！

附言：弘事薄文，难抒胸臆，愧也！

在音乐中升华

学生家长 石 阳

2008年2月29日的晚上，维也纳音乐家协会音乐厅里，金碧辉煌的金色大厅的舞台上第一次站上一群中国的孩子，他们就是重庆人民小学"小主人合唱团"，而我们的女儿就是他们中的一员。

作为家长我们是幸运的，因为我们是唯一亲身见证从训练到演出成功全部过程的家长。为了参与我们孩子的这次人生难得一遇的音乐历程，我们调整了赴欧访友的日程，与"小主人合唱团"同机抵达维也纳，全程观看了他们与维也纳童声合唱团、维也纳和日本专业合唱团的排练和演出，也知道了他们是唯一受到邀请的中国合唱团，也是世界上唯一受到邀请的业余合唱队伍。

在整个演出中给我们印象最深刻的不是他们完美的表演，不是金色大厅的座无虚席，不是每曲终了观众席上雷鸣般的掌声和演出结束后的三次谢幕掌声仍经久不息，不是文化参赞和国际友人专程到后台的热烈庆贺，也不是维也纳指挥家与其他专业合唱团的艺术家对他们的高度肯定，而是人民小学校长兼"小主人合唱团"艺术总监和首席指挥丁继泉女士深思的神情，她没有完全沉浸在成功演出的狂喜中，而是很快地冷静下来和同事们讨论着合唱团未来的发展。她讲道，"小主人合唱团"虽然是全国最优秀的学生合唱团之一，但与国际上优秀的专业合唱团相比还是有相当大的差距。诚然我们无法像维也纳童声合唱团那样在全世界范围去选拔优秀的儿童音乐天才，也没有世界上最好的音乐家来指导，但我们对孩子们的音乐素质教育不能落后，用音乐来熏陶孩子们的情操的培养方式不能放松，让孩子们走出去放眼世界、开阔眼界的教育理念还要更加大胆地加强。我们不能满足于现在取得的成绩，要学会探索各种方式教育孩子们，要同步提高孩子们的智商与情商，要孩子们学会知与行的统一，要让孩子们在音乐中得到升华。

很久以前我曾听过这样的一个故事：有一位母亲每天都会问自己放学回家的孩子："今天在学校，有没有同学帮助过你？你谢谢人家了吗？"于是孩子会把他在学校里看见的和感受到的每一件好人好事都告诉他妈妈，久而久之，这个孩子对待每一个人和每一件事都开始怀着一颗感恩的心。而另有一位母亲因为害怕孩子在学校里会受委屈，于是每天都会问她的孩子："今天有人欺负你吗？你在学校要小心一点，谁要是欺负你，你就去告诉老师，回家后再告诉爸爸妈妈。"孩子每次都会把他感到委屈的事情带回家告诉妈妈，时间一久这个孩子就变得暴躁和孤僻，对任何人和事都抱有防戒之心。

此时此刻我又想到了这个故事。现在的孩子们在家几乎都是小皇帝、小公主，被视为掌上明珠，在一片赞扬声中长大，再加上部分学校一味地强调智力的培养，放松了情操的教育，于是一些孩子行为自我，极度缺乏责任感，这也是我们在教育孩子时感到困惑的一个地方。正是因为这样一些考虑，四年前我们将孩子的小手坚定地放在了重庆人民小学老师的手中，我们相信这个从马背上走到重庆的学校会把我们的孩子培养成一个合格的人。

三年多来孩子的成长证明了我们的选择是对的，我们也尽量让孩子按照她自己的愿望和爱好去学习和生活，所以当孩子自己选择参加学校的各种公开活动时，我们都会全力去支持，特别是去年女儿回来后告诉我们希望能够参加到维也纳的合唱团，虽然我们知道对孩子而言将是一个艰辛的过程，但我们仍坚定地支持了她。从此孩子的日常生活发生了很大的变化，放学后两小时的唱歌训练让孩子的课余时间显得紧张，曾经一度出现我们预料到的种种情况：孩子的学习成绩出现了下滑的问题，学习与训练的关系没有处理好，孩子的情绪也出现了较大的波动，产生了疲惫感。这时我们觉得是培养孩子意志力的关键时刻，于是鼓励孩子要坚持目标不言放弃，我们帮助她抽出更多的时间配合学校进行针对性的辅导，孩子很快地又充满了信心。在这里，我不想用更多的语言来描述孩子们训练的刻苦，也不想用更多的语言来讲述家长们的全力支持，更不想用更多的语言来感谢学校领导和老师为了这次活动而倾心的付出，只是想讲一讲让我很意外但又很感动的两件小事。

第一件是今年春节前，一些在我家聚会的朋友得知我女儿即将到维也纳金色大厅演出的消息后对着她开玩笑说要到维也纳机场的出口拉上"热烈欢迎陈静璇到维也纳金色大厅演出"的横幅作为鼓励，大人的一句玩笑话，没想到女儿一听完就着急地说："不要写欢迎我，要写欢迎我们人民小学'小主人合唱团'！"我当时感到非常的惊讶。但当我们得知"小主人合唱团"的口号是"没有我，只有我们"时，我们更是非常的感动，因为我们知道孩子已经把集体荣誉感融进了她的心里。

　　第二件是在看孩子们彩排时，当他们跟着 CD 用拉丁语演唱著名的《荣耀经》时，我们感到了意外的困惑，因为作为曾在西师音乐系学习的孩子的母亲知道，这首教堂圣经合唱是唱诗合唱的经典，声部之复杂是众所周知的，是需要长时间的专业训练的。但当我们了解到这首歌是组委会要求必须所有的参演团队合唱的曲目，而老师们仅就根据他们手中这唯一的 CD 资料，把这曲他们并不熟悉的曲目按规定编排出四声部时，我又被这种专业而又敬业的精神深深地感动了。

　　我们在后台再次看到丁继泉女士时，在我们面前的又不再是那个严肃的校长，而是一个优雅的外交家，彬彬有礼地接待着各国友人，指导着孩子们和外国艺术家们交流，合影，交换礼物，一切都显得那么得体和自然。想想前两天，她第一个下车，在雨中打着伞站在车门边接着一个个孩子，生怕他们被雨水淋湿，全然没有顾及自己的肩背在雨中。她还是最后一个在饭桌边坐下，因为她要看到每一个孩子都开始用餐了才能放心。此时的她又是一个慈祥的奶奶。

　　我们看到的不是故作姿态，而是体现于他们整个的行动之中，体现于他们整体的团队之中。演出结束后他们回到学校，没有欣喜若狂，没有大肆宣扬，只有恢复平静的学习，只有更加努力的训练，只有一个团队在成功中寻找到的新的境界。

　　对后代成功的教育，是现代先进教育理念得到落实的体现。这次赴金色大厅演出是一个载体，它充分体现了人民小学一贯的教育理念。我们的孩子也许不是最优秀的，但她成长在一个最优秀的团队中。

感恩：9 米画卷献给卓琳校长

——教师节，人民小学 24 位小画家谈感恩

　　尊师重教历来为中国民间、政府重视。教师节前夕，本刊记者采访了重庆市"小学教育专家"——人民小学。值得欣慰的是，人民小学没有让记者失望——在把教育质量办到 NO.1 的前提下，尊师重教所作出的努力也得到了同行认可和社会赞誉。比如，他们以实际行动，为人民小学首任校长卓琳绘制了一幅 9 米长的画卷。画卷上，有人民小学的新校貌；有孩子们在大树下读背唐诗；有生龙活虎的小男生正在操场上百米冲刺……

　　丁继泉，人民小学现任校长。当她赶到北京，亲自把画卷展现给卓琳校长时，卓琳校长惊喜了。同时，她更像一位考古学家，目光不放过画上的每一个角落。"在'马背'生涯中创办的人民小学，背后有许多艰辛。卓校长在艰苦环境下坚持办学，作为她事业的接班人，我只有更好的工作才能对得起她。我们这个学校的孩子们，不但好好学习，还想着怎样向校长感恩！"9月2日，丁继泉接受记者采访时，一向开朗的她有了些许凝重。

不远千里谢师恩

　　教师节前夕，北京。重庆市人民小学首任校长卓琳在家中等待一位来自"故乡"的人。

"小主人"为卓琳校长绘制的9米长的画卷

　　在电话中，这位"故乡"的人说要把人民小学给她带到北京来。为了这句话，她已等了许久。她太想亲眼看到，亲耳听到关于人民小学的一切了。

　　知道她会等，知道这位老校长会着急，丁继泉一下飞机径直上了来接她的专车。

　　这是一次人民小学的感恩之行——现任校长丁继泉代表3200名在校师生向首任校长卓琳表达感恩之情。

　　60年过去了，人民小学仍然感恩老校长！徐徐打开人民小学24位小画家的精心巨作，9米长的画卷上，人民小学的一草一木都那么清晰可见。体艺楼、逸夫楼、贺龙元帅与孩子们在一起的雕塑、刘伯承元帅校训碑、五星大楼……

　　看到眼熟而又有些陌生的人民小学，卓琳校长惊喜了。同时，她更像一位考古学家，目光不放过画上的每一个角落。

　　为了让卓琳校长从画上看到一个最真实的人民小学，人民小学的24位小画家用课余时间在校园内零距离写生：建筑、雕塑、球场、树木、寄语碑在小画家的笔下被真实地展现出来。

沉浸在回忆、感动中的卓琳老校长拿着画久久舍不得放下……

看到卓琳老校长脸上的欣慰之情，丁继泉悬着的一颗心放下了：不远千里谢师恩的任务完成了。

丁继泉表示，感谢卓琳首任校长及历届人民小学校长，将成为人民小学尊师重教的一个传统。这个传统要一直保留下去。

人民小学在路上！

感恩在路上！

（摘自《今日重庆》2006 年第 9 期）

小画家们的 24 句心里话

（为什么要想到给卓琳奶奶画画呢？画画过程中受到了怎样的教育和启发？在以后的学习和生活中，怎样做一个"人民小学人"？一起来听听 24 位小画家的心里话。）

用一颗感恩的心绘画（段莹 10 岁）

卓奶奶肯定会喜欢我们的画（龚钰秋 9 岁）

我圆了一个感恩的梦（杜青山 10 岁）

我要帮卓奶奶照看花草树木（何希来 8 岁）

丁校长说她以卓奶奶为榜样（窦晓丽 10 岁）

我也要以卓奶奶为榜样（胡滨 9 岁）

牢记卓奶奶的"人民小学精神"（邓楚克 10 岁）

她的和蔼像我奶奶（林森 12 岁）

我长大也要当校长（冯冶良 10 岁）

想听"马背"学校的故事（孟也圆 9 岁）

送最清香的康乃馨给卓奶奶（玛桑伲 10 岁）

好好学习才对得起卓奶奶（李虹雨 9 岁）

我以后也要办学校（刘思齐 9 岁）

做卓校长的三好学生（陶贞羽 9 岁）

卓奶奶的笑容给我力量（吴学瑗 9 岁）

学校似家校长如妈（吴多多 11 岁）

卓奶奶的《昨天、今天、明天》给我自信（王耀彬 9 岁）

愿卓奶奶天天快乐（王瀚仪 7 岁）

在革命摇篮中长大做革命接班人（谢光莹 9 岁）

不骄不躁不做特殊生（杨榕 11 岁）

请卓奶奶放心我们的学习和生活（杨隆灿 11 岁）

希望有一天向卓奶奶行少先队员礼（赵俊鑫 12 岁）

学校 60 年华诞卓奶奶来信了（詹徽宇 12 岁）

卓奶奶多久来看我们呢（钟凯捷 9 岁）

"主动教育"被纳入国家级课题

"现代教育培养的人应该是有主体性的人，只有这样的人才能主动、积极地参与社会活动，并为社会进步做出贡献。主动教育是实现这一要求的必要环节。"在日前召开的全国教育科学"十一五"规划课题——"主动教育理论与实践研究"开题会上，课题组负责人、人民小学校长丁继泉说。

24 年深厚积淀

在开题现场，孩子们热情大方地迎接客人，并认真地介绍他们的作品——用废易拉罐做成的"神六"模型、用废餐巾纸粘成的祖国地图，还有可以往回滚的罐子……而这，仅仅是人民小学实施主动教育以来，教学效果最直观的体现。

早在 1984 年，人民小学全校师生历经对"自主教育"的追寻、创立、挖掘、系统化四个阶段的默默探索，从理论层面上进行以主动教育思想、主动教育学校精神和学校文化为核心的研究；从实践层面上提出了通过共建"五园"（主人翁之园、健康之园、科学之园、园林之园、幸福之园）为载体，打造"小主人课程"和"'成就主人'文化的研究"。"主动教育办学特色的研究"曾两次获重庆市教育改革成果一等奖，2007 年获重庆市政府首届教学成果奖。

重量级课程再度提升

丁继泉校长认为，作为课题的纵深研究，要从理论上明确主动教育的基本特质，形成主动教育的学校观、教师观、学生观，提炼总结主动教育思想，继续深入研究，从实践上完善主动教育的育人模式。

"课题研究已经有了非常丰硕的成果，再进一步研究的确不容易。"市教科院院长、市教育科学规划办公室主任万明春说。

"自主教育的研究，要充分关注自下而上的理论提炼、'草根式'理论元素的升华。"重庆师范大学副校长黄翔认为，课题应在研究过程、成果形态等方面的规范上做得更好，内容更加鲜活。

城乡联动做课题

人民小学的兄弟学校大足龙岗小学、武隆火炉小学、垫江五洞小学等农村学校也参与了此项课题的子课题研究。

市教委教育督导万力认为，由区县、农村小学协助子课题研究，是人民小学在统筹城乡教育发展上的重要举措，为城乡教育改革作出了积极贡献。

万明春希望该课题成为一所独立学校独立承担国家级课题"规范性"的示范，成为城乡联动、城乡教育统筹发展总的思路下，探索城乡教育改革的示范。

（摘自《重庆日报》2008年1月10日）

城乡学校联手研究主动教育

人民小学校长丁继泉称，教育中的"三独"问题是研究的重要内容

"第一代独生子女现已成为我们学生的父母和老师，面对新一代的独生子女，他们显得教育乏力！"昨日，在全国教育科学"十一五"规划课题"主动教育理论与实践研究"开题会上，课题组负责人、人民小学校长丁继泉介绍，现在教育中的"三独"（父母、老师和学生均为独生子女）问题，将成为他们研究的重要内容。

"三独"教育现象突出

"过去孩子在学校跟同学发生争执，家长知道后一般都虚心听取老师的意见，先纠正自己孩子的问题。但现在的一些独生子女家长却显得很有'个性'，一定程度助长孩子的不良习惯，如果孩子在集体活动中发生了摩擦，大家很难站在别人的角度看问题。这样不利于小学生与人相处的能力和社会实践能力的发展。"丁校长在开题报告中，特别对"三独"教育现象作了分析。

"'三独'现象给学校教育带来的影响,我们还将系统地调查,并针对性地给出解决措施。"丁校长说,研究成果估计明年出炉。

城乡学校研究主动教育

"所谓主动教育就是让学生自己"'好学'、'乐学',让老师学会'引而不发'的教育技巧。"丁继泉说,为全面研究我市各类型小学主动教育的情况,她们将联手垫江五洞小学、武隆火炉小学、大足龙岗小学进行"农村学校师生主动体验、合作交往能力的培养","农村留守儿童主动教育实践研究","城镇小学生自主活动,主动发展模式的研究"。

另外,人民小学学生制作的数百件科技手工作品引起了专家的好评。

(摘自《重庆晨报》2008 年 1 月 8 日)

开学第一天　校园故事多

镜头一:"小主人"的新闻发布会

"欢迎各位同学参加'小主人社团'新闻发布会。"昨日上午 8 点 40 分,人民小学操场,一场别开生面的新闻发布会在这里举行。新闻发布会的主角是学校社团的负责人。

"我是合唱团团长黄兰茜,在新学期开学之际,我首先要向大家报告一个好消息:2 月 25 日,我们'小主人合唱团'38 位团员即将走进奥地利维也纳金色大厅,还将和维也纳童声合唱团同台演出,展示我们中国少年儿童的艺术风采。"

"我是'贺龙杯体协'会长杨栋俊。2008 年北京奥运会离我们越来越近了,我们拥抱奥运绝不能只做一名观众,运动起来才是对奥运精神真正的理解。4 月的体育节上,让我们一同在田径场上动起来吧!"

"我是星空艺术团团长赵宏博,5 月的'星空灿烂艺术节'将如期开展,这次可是全体总动员元哟,绘画、舞蹈、声乐……我们要用艺术为奥运添上最美丽的花瓣。"

每发布一项新闻,操场上总会响起热烈的掌声。这些丰富多彩的活动,都是同学们十分喜爱的。

(摘自《重庆日报》2008 年 2 月 19 日)

威尔士娃娃迷上中国功夫

2月22日，当四年级的洋娃娃们耍枪弄棍，学前班的洋娃娃们串成小龙时，英国威尔士卡地夫市奥克菲尔德小学体育馆里被笑声和掌声填满。

"这可不是故意为你们准备的，在今年中国春节期间，我们学校搞了一次中国周，就包括这些节目。"校长大卫对来访的重庆媒体代表团说，"可惜，没法教孩子们中文，我们没有中国老师。"

大卫的愿望，很快就可以实现。今年，奥克菲尔德小学和重庆人民小学将启动教师交流计划。这两所远隔重洋的学校，已在去年结为友谊学校。

五百洋娃娃当上中国使者

2月底，重庆媒体代表团应英国外交部和威尔士议会政府的邀请赴英国采访，其间，将造访奥克菲尔德小学。

奥克菲尔德小学所在的圣美伦社区，在卡地夫是个不错的社区。让中国人更感到亲切的是，这里的很多居民，都会用中文打招呼："你好！"

这得归功于奥克菲尔德小学。"我的学校有 500 个孩子，现在可是中国使者了。"大卫笑着说，500 个孩子背后就有 500 个家庭，"孩子在了解中国，家长也在了解中国"。

这本是一所与中国没有任何渊源的学校，但大卫看来，中国的发展在改变世界，也会影响到孩子们的未来。2006 年，大卫参加了"中国汉办"的汉语言国际推广计划。2007 年，他两次来到重庆，和人民小学确立了友谊学校关系。

此后，奥克菲尔德小学有了中国角，有了中国周，孩子们在华侨的帮助下，迷上了中国武术和舞龙舞狮。"我知道，这只是中国文化的皮毛，但我们开始了，这是最重要的。"大卫说，今年他还要再来一次重庆。

威尔士开办孔子课堂

在重庆，人民小学校长丁继泉已开始为大卫的来访做准备了。"希望今年就能和奥克菲尔德小学启动教师交流计划。"昨日，丁继泉对记者说。

人民小学与外国小学结成友谊学校，已不是第一次，但丁继泉尤为看重与奥克菲尔德小学的关系。"一个友谊学校，也是一个传播中国文化的渠道。"丁继泉说，希望能通过奥克菲尔德小学，拓展与英国教育界的交流。

友谊班级之间，学生通过互联网，交流已经火热。接下来，将是教师层面的交流。"我们的老师到威尔士教中文，威尔士的老师到重庆来教英语。"丁继泉说，"大学可在国外开设孔子学院，我们小学也希望能在威尔士开设一个孔子课堂，让威尔士的孩子们与中国文化结缘。"

（摘自《重庆晚报》2008 年 3 月 17 日）

教育奠基重庆   思想决定未来

——对话思想型教育管理者·丁继泉

核心提示

"昔日是'马背上的摇篮'，今天是'小主人成长的摇篮'。"有着光荣历史的人民小学，在几十年的发展进程中，得到了党和政府、社会各界的关爱，有着深厚的文化积淀和教育研究能力，在教育现代化进程中，将以光荣的使命感和责任感去主动探索和创新。

校长妙语

教育既是今天的事业，又是这座城市明天的希望和理想。我要用激情燃烧理想，用心血去脚踏实地将这座城市的理想转化为现实。

人民小学是重庆市的优质教育学校，必须充分发挥实验性、示范性作用，担起领跑西部基础教育的责任。作为直辖市基础教育的领头羊，我们必须奋起直追，要赶上和超过东部发达地区，率先迈向国际化、现代化。

向一流迈进，向现代化进军，靠的是杜绝平庸、追求卓越、主动发展的信念和决心。

（摘自《重庆日报》2008 年 1 月 16 日）

重庆市人民小学

——在现代化教育进程中主动探索

"胡锦涛总书记在党的十七大，提出'要全面贯彻党的教育方针，实施素质教育，培养德、智、体、美全面发展的社会主义建设者和接班人'和'优先发展教育，建设人力资源强国'的论述为基础教育战线的教育工作者，指明了中国奔向教育现代化的前进方向。"作为重庆基础教育战线的党的十七大代表，重庆市人民小学校长丁继泉说。

思想决定未来·理念

"办出学校特色就是探索教育现代化"

"我们的教育要为社会主义建设培养数以亿计的高素质劳动者、数以千万计的专门人才和一大批拔尖创新人才。"丁继泉校长对胡锦涛总书记在十七大报告中提出的"培养德智体美全面发展的社会主义建设者和接班人"的论述，有着自己的理解："作为有着光荣革命传统和深厚文化积淀的人民小学，除了培养社会主义建设的合格人才外，还承担着培养未来的科学家、企业家和党的事业的'接班人'——政治家的重任。这是我们在人才培养的目标和模式上必须有特色的重要观点。"

"办出学校特色，就是探索教育现代化。"她说，没有个性化，就没有现代化。全面贯彻党的教育方针是每个学校的共性，而地域不同、学校文化内涵不同，就呈现出不同的个性。

人民小学践行"三个小主人"特色培养目标，创新培养模式，因材施教，通过"小主人课程"和"成就主人文化"充分发掘人的各种潜力，使学生在文学、雄辩、科技、艺术、交际等方面的才能与众不同，实现了师生"有个性的全面发展"，学校"有特色的综合发展"。

中华人民共和国教育部

贺　信

重庆市人民小学:

　　值此你校六十周年校庆之际，谨向全校师生和广大校友致以热烈的祝贺!

　　重庆市人民小学是一所具有光荣革命传统的学校。长期以来，你校认真贯彻党的教育方针，坚持育人为本的教育理念，积累了丰富的办学经验，取得了丰硕的教育成果，赢得了社会各界的广泛赞誉，为基础教育事业做出了积极贡献。

　　希望你们继续高举邓小平理论和"三个代表"重要思想伟大旗帜，认真贯彻落实科学发展观，求真务实，开拓创新，不断深化教育改革，全面推进素质教育，为实施科教兴国战略再立新功。

教育部

二〇〇五年九月二十一日

学校六十周年校庆教育部发来贺信

"小主人"文化的积淀 形成"主动教育"特色

重庆市人民小学是一所具有光荣革命传统和深厚文化积淀的学校,前身是八路军晋冀鲁豫军区干部子弟学校。于1945年在刘伯承、邓小平同志的亲切关怀下,创建于河北邯郸。1950年年初,学校随刘邓大军迁至重庆,由邓小平同志的夫人卓琳女士担任首任校长,贺龙元帅任学校董事长。刘伯承元帅亲自为学校题写了"我们要为将来建设社会主义新中国培养人才,他们必须有文化、有道德、爱劳动、爱祖国,具有创造精神和铁的纪律"的校训。

60多年来,人民小学坚持"传承与创新相结合"的办学方针,秉承刘伯承元帅的校训,明确了"千万不能培养特殊阶层和娇骄儿"的办学宗旨,形成了"不骄不躁、求真求新"的校风。以培养现代化建设的高素质人才和党的事业的接班人为己任,将革命战争年代"马背上摇篮"的精神赋予时代的气息,提出了"人民小学——小主人成长的摇篮"的办学理念,确立了让学生做"学习的主人、活动的主人、生活的主人"的特色培养目标。将卓琳校长所倡导的"艰苦奋斗、自强不息"延安精神,内化为"主动学习、主动发展"的主人翁学校精神。

"树主人翁文化之魂、品主人翁文化之味、探主人翁文化之径、展主人翁文化之采。"学校以小主人文化为基础的"主动教育"特色鲜明,成果显著,成为有影响的中华名校。

思想决定未来·举措

建设特色育人阵地 师生主动发展 共同成长

人民小学的"主人翁文化"以"主人翁精神"为核心和引领,学生的"小主人文化"以"小主人社团"为载体,教师的"成就主人文化"以"名师成长苑"为载体,将文化的特色和风格浸润在学校的课程环境、师生共同成长的实践活动中。

"小主人社团"根据《小主人手册》,以课堂学习、学科活动、社团内各色小团体为纬,以校、级、班为经的,形成全面的育人阵地,通过定时间、定地点、定场馆、定人员、定内容,常抓不懈。设立"庆铃杯小主人奖",根据《小主人手册》,将评价与评选相结合,命名三个层次的"学习小标兵"、"活动小专家"、"生活小能人",授予"庆铃杯小主人奖",在学生中树立各类小主人的学习榜样,用身边的榜样激励学生,形成学生主动学习、主动成长、全面发展、张扬个性的良好氛围。

　　"名师成长苑"以《名师成长章程》为指导，根据教师的不同年龄、不同层次，确立了"名师、骨干教师、特色之师、教坛新秀、青年教师"五种类型的教师，每一位教师选择自己的发展方向和目标，在教育教学实践中自主践行。授予"融侨杯成就主人奖"，落实教师的个性化评价，彰显教风，使青年教师健康发展，骨干教师茁壮成长，名师不断追求卓越。

　　学校—家庭—社区联动　营造立体综合育人氛围

　　主动教育注重环境对人的教育作用，对校园环境进行了充分的整体规划。生均占地面积、体育用地、活动用地、绿化用地、消防安全、通道安全等现代学校的硬件指标均达到和超过国家标准。仅学生运动场地面积就达5080.5平方米。校园内不仅有鸟语花香、生机勃勃的自然环境，而且有体现学校悠久历史、民族优良传统、现代人类文明的人文环境。

　　学校坚持了每学年定员定额的传统家访制度，十年来的每一个暑期，全校200多位教师顶着烈日、冒着酷暑，在山城的大街小巷穿行，对每一位学生进行热情细致的家访，为每一个家庭送去电话、网络所不能代替的关切与温情。学校主动邀请家长、社会共同参与校园文化的建设，每期三次家长开放日，集观摩、咨询、讲座、互动等多种生动形式的家长会，不定期的家校互动。先后累计评选"十佳家长"数百名，使家长感受学校特色，自觉支持办学理念，形成强大的教育合力。

　　除此以外，人民小学还建立了与校外社区的广泛联系，为学生加强生活实践、培养"生活的小主人"，提供了更为广阔的天地。街道、小区是孩子们进行生活实践常去的地方，农科所、柑橘种植基地、荣昌猪繁殖基地、气象站、梁滩河畔、金佛山里……留下了小主人坚实的考察足迹。十多年来人民小学的"科学考察队"，先后八次获全国科学创新大赛一等奖，成为学校40多个小主人团队中的明星团队。11岁的申明月关注生活，历经数次深入仔细的调查访问，撰写《中国西南铝参观访问简记》，获全国环保总局新闻征文一等奖，将赴德国考察交流。

　　学校—家庭—社区联动，让师生在超越自我的学习生活中体验着幸福，教师在奉献敬业与创新服务中追求着卓越，家校在民主开放的合作与交流中流淌着和谐。

　　特色教育科研　"主动教育"研究的整体性和系统性

　　人民小学"主动教育"的特色研究，从1984年开始坚持至今，从来没有间断过。从追寻"自己的事自己做，不吃现成饭，不享现成福"的办学主张，到创立

"主动教育育人模式",到挖掘教育、教学、管理全方位的"主动教育"特色,再到"主动教育理论与实践"的系统性研究,人民小学的教育科研在探索教育现代化的过程中,整体着眼于研究"主动教育办学特色",经历着"追寻—创立—挖掘—系统"四个历史阶段,它体现了人民小学几代教师在丁继泉校长领导下对教育的执著追求,生动地诠释着"人民小学——小主人成长摇篮"的主动教育特色办学理念。

"主动教育办学特色的研究"曾两次获重庆市教育改革成果一等奖,2007年获重庆市政府首届教学成果一等奖。最近,该课题进一步向纵深研究——"主动教育理论与实践研究"纳入全国教育科学"十一五"规划课题,并顺利开题,成为我市由一所小学独立承担研究的国家级课题,这将意味着人民小学走在了21世纪全国基础教育研究的最前沿。

思想决定未来·创新

努力创"三高"　同心建"五园"

"主动教育"在传承中创新,在创新中发展。"十一五"阶段,"主动教育"将学生的"三小"目标,全面提升为"三高"的目标,通过师生共建"五园"为载体,实现人民小学师生们"高质量的学习、高水平的活动、高品位的生活"的更高追求,实现教育现代化的宏伟理想。人民小学,正在成为学生自理自治、自主发展、教师实现自我、超越自我的"主人翁之园";成为师生们的身心健康、活力旺盛、平安文明、人人舒畅的"健康之园";成为崇尚和践行科学管理、科学育人、科学学习的"科学之园";成为师生们亲近自然、珍爱环境、勤俭兴校、效法自然"园林之园";成为教育之园、文化之园、和谐之园、硕果之园,成为师生们追求更加完整的幸福体验和成长乐趣的"幸福之园"!

主人翁文化与奥林匹克精神同行

作为"2008北京奥林匹克示范学校",人民小学凭着强烈的责任感,充分发挥示范性,把"阳光体育"与学校主动教育特色相结合,以博大深厚的奥林匹克精神培养小主人,使主动教育特色与奥林匹克精神同行;以"健康之园"的实施,将"阳光体育"推向高潮;以完善"小主人奥运课程"来保障"阳光体育"发挥长效性,形成常规化,切实减轻了学生课业负担,使学生身心得到健康成长。

今年,学校将以"迎奥运、创示范"为契机,打造"健康之园",体现学校在全面深化素质教育的实践中、在努力"减负"的道路上，对师生身心健康全方位的关注、对师生生命质量人性化的关怀。

"主动教育"迎接"三独"时代的挑战

在最近召开的重庆市第三次妇代会上，丁继泉校长以教育家特有的眼光，看到了"三独"时代的到来，即爸爸妈妈是独生子女、老师是独生子女、学生也是独生子女。

她分析认为，20世纪70年代末，第一代计划生育政策下的独生子女，已经成为父母或教师，肩负着培养他们的独生子女孩子或学生的重任。家庭对独生子女学生寄予厚望，他们对优质教育过高的期望值，造成学校教育的压力。家长对独生子女过度保护，造成他们个性上的膨胀、缺失，心理脆弱、独立性较差、意志薄弱、以自我为中心，在人际交往方面普遍存在难以沟通的问题，"重权利，轻责任；重个性，轻共性；重张扬，轻规范"。这些问题也同样存在于独生子女老师或家长身上，并直接地、强有力地影响着下一代的成长。因此，要提升国民素质，要增强未来民族的竞争力，素质教育改革绝不能忽视"三独"现象的存在！而这，也是"主动教育"纵深研究升为国家级课题后，在如何具有时代性和针对性上巨大的研究空间。

思想决定未来·成就

在学校特色方面有思想建树的校长

"主动教育要创新教育培养目标，使小主人有个性的发展；主动教育要创新教育培养模式，使教师因材施教有章可循；主动教育还要创新教育评价方式，为师生营造宽松的成才环境。"

"优质教育的扩大不是简单的'复制'，'主动教育'要去寻找不同教育对象以及各分校的特点，确立办学特色。人民小学各园区在传承主动教育特色的同时，还应做到各有特色——校本部要把'主人翁'文化发扬光大；融侨园区实行家校、社区结合，创建温馨和睦的'家园'文化；大学城园区则要充分利用高校优势资源和广阔的农村教育天地，孕育'沃土'文化……"

谈起对未来的设想，丁继泉，这位伴随着人民小学"主动教育"走过了几十年的校长仍然是意气风发，热情执著不减当年。从一名普通的音乐教师，到少先队辅导员，到校长，主动教育成就着这位有思想的教育工作者，不懈地思考与实践，让她成为重庆市特级教师、重庆市首批学术技术带头人、享受国务院政府特殊津贴的教育专家，重庆市人民政府教育参事。"新形势、新任务、新挑战，呼吁校长努力成长为新时代的人民教育家。"丁继泉校长正是在不断的挑战和超越中，向着"新时代的人民教育家"不懈努力着。从她对教育发展充满激情的规划和布局中，我们也能清晰地看到人民小学无限美好的未来！

西部教育高地的一面有创新精神的旗帜

人民小学在素质教育上取得的成绩，得到了教育部周济部长的肯定："实施素质教育有突破性进展。"先后获得全国精神文明创建先进单位、全国教育系统先进单位、全国红旗大队、全国艺术教育、科技教育、现代教育技术、体育先进学校，全国双合格家长学校、重庆市直辖市精神文明先进单位、重庆市首批示范小学、重庆市教育系统行风评议一等奖等荣誉，成为教育系统"零投诉"单位，受到各级领导和社会各界的高度称赞。

"一花独放不是春。"人民小学放眼大重庆教育，热心投身公益事业。十年来，人民小学先后有400多人次教师外出支教，足迹遍及直辖市40个区、市、县近100所小学，行程上万公里，把先进的教育理念、教学技术、教育设施送到落后学校、贫困山区和三峡库区，帮助当地学校投入到教育改革，提高了教育教学质量。

教育不仅架起城市之间友谊的桥梁，也促进了不同文化的沟通和共荣。为了支持重庆经济建设，为中外来渝客商营造优质的投资环境，人民小学校从1998年起，率先成立了人民小学国际部，先后招收了来自欧洲、非洲、东南亚等10多个国家和地区40多名小留学生，成为重庆基础教育走向国际化的领头羊。学校每年接待来自美国、英国、加拿大、日本、韩国、泰国、中国香港等不同国家、地区的教育文化考察访问团，进行国际交流，常年与英国、加拿大等领馆保持良好的合作关系。学校突出的办学特色和办学水平赢得了外国友人的称赞，英国莱斯特郡议长称我校"是重庆市最好的小学"，是"一所和中国的传统历史、革命史和改革开放发展史紧密联系的学校"。

2004年10月，李鹏同志为学校题词："六十载桃李花千树，看今朝繁星耀九州"，并盛赞学校是"西部教育高地的一面有创新精神的旗帜"。

（摘自《重庆日报》2008年1月16日）

李鹏题词

在"红色摇篮"里"主动"成长

——重庆市人民小学在传承中探索"主动教育育人模式"纪实

　　教育是明天的理想和希望，更是传承文化的事业；学校既是传承文化的场所，也是创新和构建文化的基地。我们要以浸润着"延安精神"、"红岩精神"的"主人翁精神"为核心，汲取中华民族优秀文化精粹，创生出与时俱进的学校新文化，在"育人为本"的教育理念指导下，让学生们不仅掌握坚实的文化知识和技能，更要收获一种信仰、一个理想和一种精神，并将汇聚成我们民族的光荣传统，铸造民族坚强不屈的灵魂。——重庆市人民小学校长、党总支书记丁继泉。

　　近半年来，重庆市人民小学连续两次摘得了重庆市基础教育界教育教学及科研成果的最高桂冠——

在最近公布的重庆市教委、重庆市人民政府教育督导室、党政企业、社会各界及学生家长，对重庆市教委直属中小学几十个指标的教育综合项目督导评估中，重庆市人民小学获得了重庆市教委直属中小学一等奖的第一名！

以校长丁继泉领衔主研的"主动教育特色的小学学科教学研究"科研课题，在由市政府组织的首届教学成果奖的评选中，凭借其独特的研究视角，以及课题带动所取得的成绩，获得了一等奖！

这两个权威的基础教育界最佳奖项充分表明：重庆市人民小学坚持"在传承中创新，在创新中发展"的工作方针，发扬"自立自强，求真求新"的主人翁学校精神，使学校在办学特色、品牌经营、规模发展、质量提升、综合实力发展中，取得了跨越式的、协调的可持续发展，为直辖市的社会经济作出了应有的贡献，谱写了基础教育战线的一曲绚丽华章。

一、光荣、责任与荣誉同在

重庆市人民小学是一所具有光荣革命传统和深厚文化积淀的学校。其前身是八路军晋冀鲁豫军区干部子弟学校，1945年在刘伯承、邓小平同志的亲切关怀下，创建于河北邯郸。1950年，学校随刘邓大军迁至重庆，由小平同志的夫人卓琳女士担任首任校长，贺龙元帅任学校董事长。

"马背摇篮，历尽沧桑。"人民小学校长丁继泉意味深长地说。从炮弹壳做成的第一个敲钟，到边角料制成的简易校服，到校园农场的开垦、播种、管理、收割……人民小学从无到有、从点滴积累到逐步完善，艰苦创业、勤俭兴校，丁继泉正是凭着高度的责任感、强烈的事业心、追求卓越的教育理想，沿着几代校长的足迹流传，诠释着刘伯承元帅"千万不能培养特殊阶层和娇骄儿"的办学宗旨，践行着首任校长卓琳"以爱立德、教书育人、继承传统、不断创新"的教导，用智慧和心血书写着今天的荣耀。

丁继泉说，作为人民小学第九任校长，我唯有带领全校师生，在坚守与超越、传承与创新、守正与求变中，不断探索，认真实践，把今天的小主人培养成明天祖国的栋梁之材，去实现几代人振兴中华民族的夙愿，把学校建设成为弘扬民族教育与文化、培养创新人才的"小主人成长的摇篮"！

近年来，人民小学获得了"全国精神文明建设工作先进单位"、"全国'双合格'

优秀家长学校"、"全国少先队红旗大队"、"全国少年儿童'双有'主题教育活动先进集体"、"全国北京 2008 奥林匹克教育示范学校"、"全国贯彻《体育工作条例》优秀学校"、"全国艺术教育工作先进集体"等多项国家级荣誉以及数十项市级荣誉，被李鹏同志誉为"西部教育高地一面有创新精神的旗帜"。

丁继泉校长在她执著追求的"主动教育"理念中，和教师们一起进行着传承和创新、理论与实践的摸索，形成了"主动教育育人模式"，创新了具有校本化、常规化、科学化地实施素质教育的有效途径。为此，她先后获得了"全国优秀教师"、"享受国务院特殊津贴的教育专家"、"全国五一劳动奖章"获得者、"全国职业道德标兵"、"重庆市首批学术技术带头人"、"重庆市首届十大女杰"等诸多荣誉。在刚刚闭幕的重庆市第三次党代会上，作为重庆基础教育战线的代表，她又光荣地被推选出席党的十七大代表。

二、小主人成长的摇篮

"昔日是'马背上的摇篮'，今天是'小主人成长的摇篮'。"丁继泉校长说，我们秉承刘伯承元帅的校训，明确了"千万不能培养特殊阶层和娇骄儿"的办学思想，形成了"不骄不躁、求真求新"的校风，并将校训中"有文化、有道德、爱劳动、爱祖国"的要求，结合时代发展，定为可操作的特色育人目标，即培养学生做"学习的主人、活动的主人、生活的主人"。将革命战争年代"马背摇篮"的精神赋予时代的气息，提出了"小主人成长的摇篮"的办学理念，将"艰苦奋斗、自强不息"的延安精神，内化为"主动学习、主动发展"的主人翁学校精神。

自我管理是最高层次的管理，自我教育是最高境界的教育，一代代小主人在"摇篮"里苗壮成长起来。

——我的学习，我努力！孩子们最崇拜王文斌大哥哥，不仅表演"小萝卜头"活灵活现，尤其是他带着课本随《红岩魂》剧组在全国巡演的两年里，利用候场的间隙，躲在拥挤的化妆间里学习，以优异成绩获得"全国十佳少先队员"荣誉。

——我的活动，我做主！坚实的考察之旅，锻炼了小科学家李默涵，使他成为全国闻名的"中国少年科学院小院士"、第五届"全国十佳少先队员"。小画家詹微羽的个人画展令人赞叹不已。送给卓琳奶奶的生日礼物，一幅 9 米长的画卷，就是像他这样的 24 名小画家集体创作的。

——我的生活，我能行！走在市区著名的"童心桥"上，人们忘不了"重庆市政府市民优秀建议奖"获得者王静怡。为了让自己和小伙伴不再从飞驰的车流中穿行，她向市长伯伯提出了建议，也就有了现在这座人行天桥的屹立。

在"小主人成长的摇篮"里，还涌现出了全国少儿国际象棋冠军张惜晨，全国宋庆龄基金金奖获得者吴多多，全国少儿声乐比赛一等奖获得者陈文婷，全国生物百科论文一等奖获得者刘冰晓；人民小学"科学考察队"，十多年来八次获全国科学创新大赛一等奖；机器人制作大赛在全国勇夺第一；"小主人合唱团"在2006年首届中国少年儿童合唱节上，夺得"小云雀杯"，受到国务委员陈至立的亲切接见。

三、两代人成长的乐园

（一）从"三小"跨入"三高"

丁校长认为，全面实施素质教育，只靠名师和骨干教师是不够的，必须整体提升教师队伍的素质。经过不断地摸索和提炼，从学生做"三个小主人"的特色育人目标，深化提炼，生成为师生对"高质量的学习、高水平的活动、高品位的生活"（三高）的共同追求。

学校依托"名师成长苑"，提升教师群体的整体水平，将教师分为名师、骨干教师、特色教师、教坛新秀、青年教师五类，请教师自选成长平台，通过《名师成长章程》，实现教师动态管理与评价，促进教师主动发展。让教师做"专业发展的主人、科学管理的主人、幸福生活的主人"，最终实现"高质量的学习、高水平的活动、高品位的生活"的"三高"要求。

从"三个小主人"的培养，到师生共创"三高"；从完善主动教育育人模式，到引导教师修身示范、主动发展，人民小学实施素质教育凸显出了鲜明的办学特色，实现了全面提高育人质量的卓越目标。

（二）师生携手共建"五园"

人民小学以打造"健康之园、园林之园、主人翁之园、科学之园、幸福之园"（五园）为载体，实现师生"三高"的个性追求和学校的可持续发展，全面实施"两代人"素质教育工程。

——"主人翁之园"：在主人翁之园中，师生同心协力树主人翁文化之魂、品主人翁文化之味、探主人翁文化之径、展主人翁文化之彩。把主人翁之园打造成学生自理自治、自主发展的成长舞台，把主人翁之园营造成教师实现自我、超越自我的精神家园。

——"健康之园"："身心健康、活力旺盛、平安文明、人人舒畅"是健康之园的目标。健康之园使每个师生感受和体会到：身体健康、心态阳光，每天快乐，终身幸福。

——"科学之园"：科学育人的要求是"激之以情、启之以慧、悟之以理、知行共生"，启发学生好问善思、动静结合，养好习惯，举一反三。在社团活动中做到"志趣而聚、活而有序、动中求异、自主共进"，为学生全面发展和提高教育质量服务。

——"园林之园"：绿树成荫、鸟语花香的校园、红领巾气象站、植物园和小主人农场，充满着光荣传统与人文精神的教育性，渗透着浓郁的主人翁文化色彩，是实施素质教育的阵地。

——"幸福之园"：在"主人翁之园"张扬个性，在"科学之园"追求真理，在"健康之园"欢歌笑语，在"园林之园"修身养性。这是教育之园，文化之园，和谐之园，硕果之园，更是师生共同追求的境界——"幸福之园"！

近年来，有70%左右的教师在市级以上正式刊物发表论文，94位教师在全国、市、区获得表彰212次，52位教师发表各类文章107篇，124位教师获得各项比赛奖项421次。特级教师、中学高级教师、市级骨干教师达50多人，多名教师获得全国模范教师、全国优秀教师、全国优秀辅导员等荣誉。青年教师健康发展，骨干教师苗壮成长，名师不断追求卓越，成为专业发展的主人、科学管理的主人、幸福生活的主人。

四、"主动教育"在课堂内外

5月26日，在人民小学举行的"扬主动教育特色，展课程改革成果——重庆市人民小学第43届教学研讨活动"中，笔者看到，"我们是学校课程建设的主人"、"我们是学习的主人"的"主人翁学校精神"，在每一个教师和学生身上表现得淋漓尽致：教师以和颜悦色、润物无声的高超教学技巧，在向学生传授丰富知识的同时，也向孩子们传递着世间的真善美；学生主动探寻知识，师生智慧碰撞，呈现出互动交融的鲜活课堂，在向观摩教学的对口区县教师展示新课程理念成果的同时，也在向教育界彰显着人民小学所独特的、优质的教学质量。

一位来自区县的观摩教师说："从课堂上学生富有激情的学习，折射出人民小学主动教育特色越来越浓，这里真正是学生学习的摇篮。老师们无论从课堂教学技能、技巧、新课程教学理念，以及师生融合平等关系方面，都是我们学习的目标。"

人民小学是连续 3 届被重庆市评为教改成果一等奖的教育科研实验基地学校，教育科研为学校全面协调的主动发展提供了源源不断的核心动力。2001 年，《主动教育的学科教学研究》获重庆市优秀科研成果一等奖，由西南师大出版社出版了《主动教育的学科教学研究》专著一本；《校内外相结合的科技教育模式研究》获重庆市第三届教改成果一等奖；《创新学习中学生的主体性研究》已结题，并得到高度评价。

《主动教育理论与实践研究》课题，进一步完善了"主动教育育人模式"，《教师教学案例集》和《教师教育案例集》非常生动地诠释了主动教育的特色理念。同时，编写传统教育、科技与环境、文化艺术三大类校本教材 40 余套，充分体现了校本教育特色。2006 年被评为重庆市首届中小学教学成果一等奖。今年被评为重庆市教育科研先进集体和"十佳"科研基地学校。

五、教育理想的浸润延伸

重庆成为直辖市以来，人民小学紧随新重庆大发展的步伐，认准"办中国最好的小学"的发展目标，改善了办学条件，学校规模从 1997 年的 23 个班 1076 名学生，发展成 2007 年三校两园共计 100 个班 3500 名学生；学校除人民小学本部外，还发展了人民（融侨）小学、大学城人民小学、人民小学幼儿园、中央美地人民小学幼儿园等分部。

"2004 年 9 月，当我第一次与人民（融侨）小学的孩子在开学典礼上'互动'时，孩子们没有反应，还不知道自己是主人翁，我有一种'失落感'。可是，一学年后的毕业典礼上，融侨孩子和我的'互动'，让我感动得流泪了。"丁校长说，我们的"主动教育育人模式"，让羞怯自卑、沉默寡言的孩子自信自强了，个性鲜明了。

今年 9 月，大学城人民小学将接收一百多名分别来自虎溪花马村、伍家沟村、沙石村和新建村的农村孩子。丁校长为此兴奋而激动，其喜悦心情溢于言表：我们有信心、路径和方法，去拟订计划、步骤，把过去主要针对城市孩子的"主动教育育人模式"，施于不同生存状态、生活环境和教育经历的农村孩子。

在笔者眼中，丁继泉校长是一个有教育理想、有独立见解、务实严谨的教育实践家。她认为，汪洋同志在十三次党代会上所做的报告，明确提出了"城乡统筹发展"的基本格局和战略思路，人民小学这样的名校，应当在"城乡统筹发展"中有所作为。大学城分校，面对农村教育，给了我们一片教育科研的新天地，和农村孩子零距离长时间接触，人民小学的教师们又有了深化教育研究和著书立说的绝好机会，又一支优秀的教师队伍将会成长起来。让"人民小学的主动教育育人模式"积淀的理论和实践成果，在不同教育对象身上去研究、验证，这将是一件非常有意义的事情。我们将通过优化教育途径，创新"主动教育育人模式"，为探索"城乡统筹发展"有所贡献，为新重庆培养一批批健康成长的少年儿童，为未来社会高素质人才的层出不穷打下坚实的基础。

（摘自《重庆日报》2007 年 6 月 13 日）

大重庆的人民小学

和谐教育是和谐城市、和谐社会的根基。近年来，人民小学通过"主动教育"实施素质教育改革，教师以"艰苦奋斗、潜心实践"为荣，学生以"文明团结、乐学创新"为荣，学校以"服务家庭、服务社会"为荣，向社会各界展示了重庆教育战线的一流水平。经调查，社区对人民小学的满意度达 100%，家长的认可度达 95% 以上、教师对学校领导的满意率为 98%。

人民小学将"主动教育育人模式"与全国 40 多个省市教育文化考察团进行多次交流，许多成功经验为同行所借鉴。学校多名教师应邀到四川、湖南等省市上观摩课，赢得较高赞誉。

人民小学无私扶助巫溪百步小学、城厢小学、彭水下岩溪乡小学、垫江县五洞小学、万州区白羊小学等贫困山区库区学校近 50 万元的物资、30 多万元现金。先后选派优秀教师百余人次到城口、巫山等 30 多个区县，以讲座、送教等形式指导教育教学。

1998 年，人民小学率先成立了国际部，先后招收了 10 多个国家和地区 40 多名小留学生，成为重庆基础教育走向国际化的领头羊。英国莱斯特郡议长称，人民小学"是重庆市最好的小学"，是"一所和中国的传统历史、革命史和改革开放发展史紧密联系的学校"。

摇篮港湾载理想，烛映星光写辉煌。面对胡锦涛同志为重庆勾画的"三大定位、一个目标"的宏伟蓝图，人民小学将用璀璨的星光书写新世纪重庆教育的辉煌。

（摘自《重庆日报》）

教育公平是社会公平的重要基础

——访十七大代表胡安梅、刘川生、丁继泉

"促进义务教育均衡发展"，"坚持教育公益性质，加大财政对教育投入，规范教育收费，扶持贫困地区、民族地区教育，健全学生资助制度，保障经济困难家庭、进城务工人员子女平等接受义务教育"。十七大报告中关于"优先发展教育，建设人力资源强国"的论述，处处凸显着教育公平的理念。

"教育公平是社会公平的重要基础。"这一论断体现了以科学发展观统领教育工作，办让人民满意教育的要求；体现了我国教育的社会主义性质，教育将更加注重公益性、普惠性，制定各项教育政策要把教育公平作为出发点。十七大报告有关教育公平的论述，使广大教育界代表振奋不已，同时也在认真地思考：如何加快教育事业发展，进一步满足广大人民群众接受良好教育的强烈需求？对此，胡安梅、刘川生、丁继泉三位十七大代表畅谈了自己的体会。

十七大代表、湖北省郧西县湖北口回族乡桃园沟村小学校长 胡安梅

优先发展才能保障教育公平（略）

十七大代表、北京师范大学党委书记 刘川生

抓教师素质从根本上促进公平（略）

十七大代表、重庆市人民小学校长 丁继泉

教育公平最终是要教育质量公平

"十七大报告中突出强调教育公平问题，体现党中央高瞻远瞩，从新时期教育工作的实际情况出发，用发展的眼光解决发展中的问题。"

在十七大开幕前几个月，十七大代表、重庆市人民小学校长丁继泉就提前进入了"十七大时间"，在重庆市辖的忠县、长寿等区县调研农村基础教育情况，还把今年9月刚投入使用的重庆市人民小学大学城分校当成样本，就教育公平问题进行调研。

"教育公平的最终目标应该是教育质量的公平。当基本投入趋于均衡的时候，打工子女在城里拥有了一张课桌，是否就意味着他们能够融入城市？"丁继泉颇有感触地说，"在重庆，由三峡移民搬迁等带来的民工潮多少让人始料不及，由此带来的打工子女、留守儿童的教育问题，对教育公平提出了挑战。"

"打工子女普遍没有经历过学前教育，家庭教育也和城里孩子有很大差异，怎样给他们补上这些课，是我们在关注教育公平时必须考虑的。"在丁继泉眼中，城乡教育统筹发展的重点不仅是硬件，更要注重软件，尤其是师资的配备。在人民小学，丁继泉定下一条规矩——教学骨干必须到偏远农村支教，短则两三个月，长则一年。如今，人民小学对口帮扶的六所农村薄弱校都建起了科研室。去年，伍洞镇小学"农村小学生合作精神与交往能力的培养"课题还获得重庆市政府教学成果三等奖。

丁继泉感慨地说，教育公平最终要体现在教育质量公平上，尤其是要让打工子女和农村边远地区的孩子都能接受良好的教育。十七大报告强调教育公平的原则，使他们看到了希望。

（摘自《中国教育报》2007 年 10 月 21 日）

十七大代表的城乡统筹经

2007 年 7 月 6 日，人民小学校长丁继泉终于下了狠心，从校本部派自己的爱将——优质课全国一等奖获得者、学校语文组组长刘红强，去大学城人民小学执教。

重庆大学城的人民小学，将于 9 月启用。届时，7 个教学班中，将有 6 个班的学生是附近失地农民的子女。"就是要派最优秀的老师去那里，给农民的孩子上课。"丁继泉说，"以优质教育资源带动落后地区的教育，这是城乡统筹发展的需要。"

丁继泉是重庆市 40 名党的十七大代表中的一员。而连日来，本报采访几位十七大代表时发现，城乡统筹发展是他们最关心的问题。

不同代表的共同关注：

今年春节，米钰林代表回到贵州遵义的农村老家，发现房前屋后到处是生活垃圾。乡亲们用上了化工产品，获得了生活和生产的方便，却也带来了白色污染。想到几次去农家乐旅游，也同样发现房屋周边垃圾成堆，米钰林觉得，农村生活垃圾问题应该引起重视，否则，经济还没发展，环境就已被破坏。

也是在春节期间，孙才新代表回到垫江县鹤游镇水井村老家，拿出 2 万元，号召生活在外地的本村人为老家捐资修建公路。公路修起来后，乡亲们清贫的生活依然没有改善，他开始思索：什么才是治本之策，怎样才能让广大农民走上富裕之路。

其实，对农村问题的思索，丁继泉从 20 世纪 80 年代就开始了。当时还是普通教师的丁继泉，到垫江、大足的农村支教。90 年代，成为校领导后，她又带队下乡支教。她和同事们的脚印，留在了万州、黔江、江津、垫江和涪陵等地蜿蜒延伸的山间小道上。

米钰林对农村发展中的问题时刻警惕，孙才新寻思如何让农民富裕起来，而丁继泉则想通过教育改变农村落后面貌。

如何更好地推动城乡统筹发展，成了党代表们不约而同关注的问题。

（摘自"敏思博客"）